Gilberto Cotrim

Professor de História graduado pela USP
Cursou Filosofia na PUC-SP
Mestre em Educação e História da Cultura pela Universidade Mackenzie

FUNDAMENTOS DA FILOSOFIA

História e grandes temas

16ª edição reformulada e ampliada
1ª tiragem

2006

Editora Saraiva

ISBN 85-02-05787-1
ISBN 85-02-05788-X (Livro do Professor)

Fundamentos da Filosofia – História e grandes temas

Direitos desta edição:
SARAIVA S.A. – Livreiros Editores, São Paulo, 2006

Supervisão editorial: José Lino Fruet
Editor: Eneida C. da Silva Gordo
Revisão: Fernanda Almeida Umile (coordenação)
Pesquisa iconográfica: Cristina Akisino (coordenação)
Márcia Alessandra Trindade

Gerência de arte: Nair de Medeiros Barbosa
Finalização: Hamilton Olivieri
Assistente de produção: Grace Alves
Projeto gráfico e criação de capa: Gislaine Ribeiro
Diagramação: Gislaine Ribeiro (livro)
Edsel Moreira Guimarães (manual)

Assessoria técnico-pedagógica:

- Ana Selva Albinati, mestre em Filosofia pela Universidade Federal de Minas Gerais, professora da rede municipal de ensino de Belo Horizonte e da PUC-MG (15ª edição).
- Mirna Fernandes, bacharel em Filosofia pela Universidade de São Paulo (16ª edição).

Dados Internacionais de Catalogação na Publicação (CIP)
(Câmara Brasileira do Livro, SP, Brasil)

Cotrim, Gilberto
Fundamentos da filosofia : história e grandes temas / Gilberto Cotrim. — 16. ed. reform. e ampl. — São Paulo : Saraiva, 2006.

Suplementado por manual do professor.
ISBN 85-02-05787-1 (aluno)
ISBN 85-02-05788-X (professor)

1. Educação - Filosofia 2. Educação - História I. Título. II. Título: História e grandes temas.

CDD-370.1
06-7299 -370.9

Índices para catálogo sistemático:

1. Educação : Filosofia 370.1
2. Educação : História 370.9
3. Filosofia da educação 370.1

Impressão e acabamento: Editora Saraiva

Editora Saraiva 2006

Av. Marquês de São Vicente, 1697 – CEP 01139-904 – Barra Funda – São Paulo-SP
Tel.: PABX (0**11) 3613-3000 – Fax: (0**11) 3611-3308 – Televendas: (0**11) 3613-3344
Fax Vendas: (0**11) 3611-3268 – Atendimento ao Professor: (0**11) 3613-3030
Endereço Internet: www.editorasaraiva.com.br – E-mail: atendprof.didatico@editorasaraiva.com.br

Apresentação

Esta nova edição de **Fundamentos da Filosofia — História e Grandes Temas** apresenta uma proposta de estudo das filosofias mediante uma exposição histórico-filosófica clara e concisa, sempre enriquecida com o pensamento dos grandes filósofos.

O conteúdo foi organizado em três unidades, tendo como objetivo abordar as filosofias sob duplo enfoque: a visão **temática** e a visão **histórica**.

- **Ser Humano - Ação e Reflexão**: aborda temas introdutórios como cultura, consciência crítica, trabalho e teoria do conhecimento.
- **História da Filosofia**: oferece uma visão geral do pensamento filosófico ocidental desde a antiguidade até a época contemporânea.
- **Grandes Temas Atuais**: aborda temas filosóficos relevantes, como filosofia da ciência, filosofia moral, filosofia política e estética.

Essa introdução ao estudo filosófico deve ser trabalhada com flexibilidade. Nessa dinâmica, o livro serve como ponto de partida para reflexões e estudos, nunca como ponto de chegada. Seu conteúdo deve ser discutido, ampliado e questionado.

Esperamos que o estudante, por meio da reflexão filosófica, cresça cada vez mais na consciência de si mesmo e do mundo em que vive.

O Autor

Sumário

SER HUMANO: AÇÃO E REFLEXÃO
UNIDADE 1

HISTÓRIA DA FILOSOFIA

UNIDADE 2

CAPÍTULO 9
Filosofia Moderna: Empirismo e Iluminismo, 147

CAPÍTULO 10
Filosofia Contemporânea I, 167

CAPÍTULO 11
Filosofia Contemporânea II, 193

GRANDES TEMAS ATUAIS
UNIDADE 3

CAPÍTULO 12
Filosofia da ciência, 220

Percepções do que acontece.
Duas mulheres à janela (1670) – Bartolomé Estebán Murillo.

SER HUMANO: AÇÃO E REFLEXÃO

UNIDADE 1

1 Cultura: o cosmo humano

Que quimera é, então, o homem? Que novidade, que monstro, que caos, que motivo de contradição, que prodígio! Juiz de todas as coisas, (...) glória e escória do Universo.

Pascal

Reprodução

Vaso de cerâmica maia, com desenhos figurativos em relevo: expressão de uma cultura criada, vivida e transmitida por um povo a outras gerações.

SER HUMANO
Entre dois mundos

O que é o ser humano? Assim podemos sintetizar a reflexão de Blaise Pascal, filósofo e cientista francês do século XVII. E a partir dela, formular outras mais, como, por exemplo, "Qual o lugar do homem no Universo?" e "O que é o Universo para o ser humano?" Ou seja, antes de falar de filosofia, vamos iniciar o nosso estudo discutindo sobre o ser que a produz. Vamos primeiro filosofar sobre o ser humano e aquilo que o torna diferente e singular.

Os animais e o homem

Comecemos esta busca comparando o corpo humano ao de outros animais. Veremos que nosso corpo não é tão capacitado quanto o deles para enfrentar uma série de dificuldades. Como ilustra o arqueólogo australiano Gordon Childe (1892-1957), o homem não tem, por exemplo, um couro peludo como o do urso para manter o calor corporal num ambiente frio. O corpo humano também não é excepcionalmente bem adaptado, como o de alguns animais, à fuga, à defesa própria ou à caça. Não tem a capacidade de correr como uma lebre ou um avestruz. Não tem a coloração protetora do tigre ou a armadura defensiva da tartaruga ou da lagosta. Não tem asas para voar e dar-lhe a vantagem de espionar e localizar sua caça. Faltam-lhe o bico, as garras e a acuidade do gavião. No entanto, conclui Gordon Childe:

> O ser humano pode ajustar-se a um número maior de ambientes do que qualquer outra criatura, multiplicar-se infinitamente mais depressa do que qualquer mamífero superior, e derrotar o urso polar, a lebre, o gavião e o tigre, em seus recursos especiais. Pelo controle do fogo e pela habilidade de fazer roupas e casas, o homem pode viver, e vive e viceja, desde os pólos da Terra até o equador. Nos trens e automóveis que constrói, pode superar a mais rápida lebre ou avestruz. Nos aviões e foguetes pode subir mais alto do que a águia, e, com os telescópios, ver mais longe do que o gavião. Com armas de fogo pode derrubar animais que nenhum tigre ousaria atacar.
> Mas fogo, roupas, casas, trens, automóveis, aviões, telescópios e armas de fogo não são parte do corpo do homem. Eles não são herdados no sentido biológico. O conhecimento necessário para sua produção e uso é parte do nosso legado social. Resulta de uma tradição acumulada por muitas gerações e transmitida, não pelo sangue, mas através da linguagem (fala e escrita).
> A compensação que o homem tem pelos seus dotes corporais relativamente pobres é o cérebro grande e complexo, centro de um extenso e delicado sistema nervoso, que lhe permite desenvolver sua própria cultura.
>
> CHILDE, Gordon. *A evolução cultural do homem*, p. 40-1.

Assim, diferentemente dos outros animais, os homens não são apenas seres biológicos produzidos pela natureza. Os homens são também seres **culturais** que modificam o **estado de natureza**, isto é, o modo de ser, a condição natural das coisas, definida pela natureza. Esmiucemos, então, isso que acabamos de afirmar.

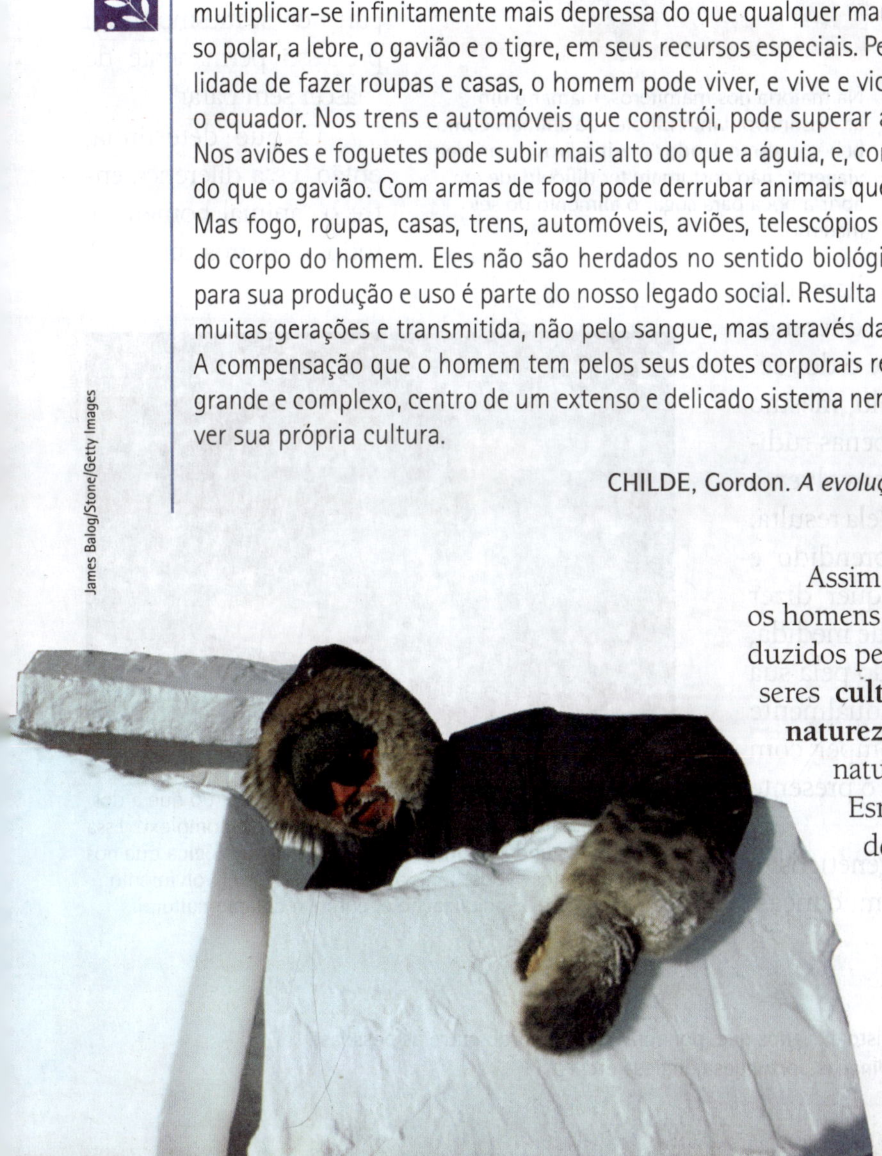

James Balog/Stone/Getty Images

Esquimó constrói um iglu (habitação em forma de cúpula usada para proteger-se do frio extremo) juntando blocos de neve, cortados e extraídos do ambiente. Exemplo marcante da inventividade e adaptabilidade humana.

Natureza e instintos

O comportamento de grande parte dos animais é basicamente determinado por reflexos e instintos vinculados a estruturas biológicas hereditárias. Isso faz com que o comportamento de um inseto seja praticamente igual ao de outro de sua espécie, hoje e sempre. Comprovamos isso observando, por exemplo, a atividade das abelhas nas colméias ou das aranhas tecendo as teias.

Existem animais que parecem mais livres do que outros da dependência dos instintos ou reflexos automáticos, que apresentam alguns comportamentos mais flexíveis, mais imprevisíveis, mais maleáveis às circunstâncias ambientais. É o caso, por exemplo, de cães e gatos, nos quais distinguimos muitas vezes o que se poderia chamar "personalidade". E, dependendo do animal, como chimpanzés e gorilas, é possível encontrar atos inteligentes e uma capacidade elementar de raciocínio.

VER Mark Adams/Photonica

Na maioria dos mamíferos, mamar é um ato instintivo: tanto filhotes de animais como bebês, mesmo sendo "marinheiros de primeira viagem", não costumam ter dificuldade em abrir a boca para sugar o alimento do seio materno.

Apesar de tudo isso, podemos dizer que existe um grande abismo, uma grande diferença entre o comportamento dos animais e o dos seres humanos. Para dar um só exemplo, mesmo o chimpanzé mais evoluído possui apenas rudimentos do que lhe permitiria desenvolver a **linguagem simbólica**[1] e tudo o que dela resulta: aprender, reelaborar o conteúdo aprendido e promover o novo (invenção). Isso quer dizer que a vida de cada animal é, em grande medida, uma repetição do padrão básico vivido pela sua espécie. Já o ser humano tem, individualmente e como espécie, a capacidade de romper com boa parte do seu passado, questionar o presente e criar a novidade futura.

É claro que existem fatores genéticos e socioeconômicos que limitam certas mudanças, favorecem ou dificultam a realização de determinados desenvolvimentos. Além disso há vários tipos de crenças, ideologias e condicionamentos que impedem as pessoas de sequer desejar uma transformação em si mesmas ou à sua volta. Por fim, todo ser humano apresenta também reflexos e instintos vinculados a estruturas biológicas hereditárias próprias da espécie humana.

O que queremos destacar, no entanto, é que o ser humano não nasce pronto pelas "mãos da natureza". A vida de cada indivíduo depende do parto de si mesmo, num processo permanente de "nascer sem parar".

O que determina, então, essa diferença entre o "animal homem" e todos os outros animais?

Images.com/Corbis

O ser humano tem uma massa encefálica maior do que a dos outros animais e um sistema nervoso extenso e complexo. Essa pode ser, segundo alguns estudiosos, a base biológica que nos permitiu certos "vôos" mais altos, como o desenvolvimento da linguagem, a socialização e, enfim, a criação cultural.

1. **Linguagem simbólica**: sistema de símbolos, isto é, signos que, por convenção (acordo entre as pessoas), representam alguma coisa. Por exemplo, as línguas portuguesa, inglesa etc.

A síntese natureza-cultura

Do ponto de vista biológico, essa característica humana de aprender e inventar, de perceber, interpretar e comunicar o que percebeu, de transformar a si mesmo e o que está ao seu redor parece estar intimamente ligada às características da mente humana, do **sistema nervoso central** e, especificamente, do **cérebro**.

Tudo isso levou a que o comportamento humano fosse fundamentalmente diferente do dos outros animais. Graças ao desenvolvimento de seu **psiquismo**, o homem tornou-se um ser biológico e cultural ao mesmo tempo. Ocorre no ser humano uma **síntese**, isto é, uma integração de características hereditárias e adquiridas, aspectos individuais e sociais, elementos do estado de natureza e de cultura.

Por isso, como exclama interrogativamente Pascal no início deste capítulo, o ser humano é contraditório, ambíguo, instável e dinâmico. Um produto da natureza e da cultura e, ao mesmo tempo, um transformador da natureza e da cultura. Criatura e criador do mundo em que vive. Um ser capaz de, em muitos aspectos, dominar a natureza mesmo fazendo parte dela. Capaz não só de criar coisas extraordinárias, mas também de destruir de modo devastador. Capaz de acumular um saber imenso e, no entanto, permanecer angustiado por dúvidas profundas que o fazem sempre propor novas perguntas e novos problemas a si próprio.

Mediante a cultura, o ser humano criou para si um "mundo novo", diferente do cenário natural originalmente encontrado. Em outras palavras, dentro da **biosfera** (a parte do planeta que reúne condições para o desenvolvimento da vida), os humanos foram construindo a **antroposfera** (a parte do mundo que resulta do ajustamento da natureza às necessidades humanas). Essa antroposfera, criada pelas diferentes culturas, é a morada do ser humano no mundo. Ela constitui o **cosmo humano**, um espaço construído pelos conhecimentos e realizações desenvolvidos e compartilhados pelos diferentes grupos sociais.

A relação do homem com a natureza

Vimos até aqui que o homem é um ser que se distingue dos demais por transformar a natureza, criando para si uma "segunda natureza", a cultura. Embora essa intervenção tenha trazido, ao longo dos séculos, melhorias à vida humana, não se pode negar que provocou também grandes problemas ambientais, em virtude da forma e da intensidade com que ela se deu, sobretudo no século XX.

Nem sempre foi assim. No passado remoto da humanidade, a natureza era sentida como uma potência superior à qual os homens estavam submetidos. Os fenômenos naturais eram compreendidos como "fenômenos sagrados", que revelavam uma intenção, uma razão. Ora eram vistos como recompensa ou punição divina pelos atos humanos, ora eram percebidos como a própria manifestação dos deuses, que conversavam diretamente com os homens. Era uma natureza encantada.

"Desencantamento" do mundo

Esse respeito e temor à natureza foi sendo gradativamente reduzido à medida que as sociedades se tornavam mais complexas e desenvolviam novas formas de conhecer. Por meio do conhecimento racional, o homem foi se desprendendo dos elos míticos, sobrenaturais, que o ligavam à natureza.

Esse processo, iniciado nos séculos XVI e XVII com o desenvolvimento da ciência moderna, pode ser chamado "desencantamento" do mundo, ou seja, a natureza foi perdendo o seu caráter sagrado e passou a ser estudada e manipulada. Em termos históricos, esse "desencantamento" vincula-se à crença no progresso, característica do movimento iluminista do século XVIII. É a época das revoluções burguesas no campo político e da revolução industrial no campo econômico.

A partir do século XIX, intensificaram o domínio e a exploração da natureza, possibilitados pelo avanço da ciência e da tecnologia e pelo modo de organização social (aglomeração nas cidades) e econômico (capitalismo).

Questão ecológica

Esse modelo de relação do homem com a natureza — que fez surgir diversos problemas ambientais e ameaça acabar com os recursos naturais — tem sido, no entanto, questionado por ambientalistas e pensadores do mundo inteiro, e de distintas maneiras.

Uma delas fundamenta seu questionamento na **crítica ao antropocentrismo**, isto é, nega a crença básica de que o homem seja superior aos demais seres da natureza por seus dotes racionais. Um dos principais argumentos é o de que foi justamente a razão humana que conduziu grande parte da humanidade a graves problemas, como a perda da biodiversidade, a poluição e o aquecimento global, o que enfraquece esse estatuto de superioridade. É a posição da chamada **ecologia profunda**, movimento ecológico que cresce na Europa e nos Estados Unidos.

Laio de Almeida/Folha Imagem

A cidade avança sobre o campo, e a paisagem torna-se artificial, triste, ameaçadora. Daí essa nostalgia da natureza, essa sensibilidade ecológica cada vez maior de nossos contemporâneos.

A principal via de questionamento da atual relação homem-natureza não abandona, no entanto, a **perspectiva humanista**, posicionando o homem como centro de preocupação e referência. Critica igualmente o tipo de racionalidade que orientou até aqui o processo civilizatório ocidental, mas entende que somente o homem pode, entre outras coisas, julgar o que lhe convém e o que não lhe convém e, dessa forma, contribuir na reorientação da vida social, a fim de assegurar uma relação mais harmoniosa com a natureza.

O ponto de transição

Podemos fazer agora as seguintes perguntas: onde acaba, no ser humano, a natureza e começa a cultura? Em que ponto, em que momento, com que fato ocorreu essa transição ou essa síntese?

O tema é polêmico. Alguns estudiosos afirmam que não há um limite rígido entre natureza e cultura, enquanto para outros um provável indicador desse limite seria a construção de instrumentos de trabalho. Aqui destacaremos duas correntes interpretativas que consideramos as mais relevantes.

Linguagem e comunicação

Alguns estudiosos entendem que o fator determinante da transição natureza–cultura é a **linguagem**. Trata-se de uma corrente que entende o ser humano fundamentalmente como um ser lingüístico. Para ilustrar essa concepção, o antropólogo francês Claude Lévi-Strauss (1908) faz o seguinte exercício de imaginação:

> Suponhamos que num planeta desconhecido encontremos seres vivos que fabricam utensílios. Isso não nos dará a certeza de que eles se incluem na ordem humana. Imaginemos, agora, esbarrarmos com seres vivos que possuam uma linguagem que, por mais diferente que seja da nossa, possa ser traduzida para nossa linguagem – seres, portanto, com os quais poderíamos nos comunicar. Estaríamos, então, na ordem da cultura e não mais da natureza.
>
> LÉVI-STRAUSS, Claude. Culture et langage. Apud CUVILLIER, Arnoud. *Sociologia da cultura*, p. 2.

Assim, segundo esse antropólogo, o que teria distanciado definitivamente o homem da ordem comum dos animais – animal que ele também é e nunca deixará de ser – e permitido a sua entrada no universo da cultura seria o desenvolvimento da linguagem e da comunicação.

De fato, a linguagem constitui uma das dimensões mais importantes da cultura, pois é ela que permite o intercâmbio das experiências e as aquisições culturais. É pela linguagem, por exemplo, que os pais comunicam aos filhos não apenas suas experiências pessoais, mas algo mais amplo: as experiências acumuladas e compartilhadas pela sociedade. De modo inverso, é também por meio da linguagem que o conhecimento individual de cada pessoa pode incorporar-se ao patrimônio social.

O impacto de invenções ligadas à linguagem através da história

Costuma-se conceber a história como a seqüência das marcas deixadas pelos acontecimentos do passado, mas nem todo acontecimento tem o mesmo impacto sobre o futuro. Alguns são mais fecundos nas possibilidades que abrem para a humanidade. É o caso de um conjunto de invenções ligadas à esfera da linguagem e da comunicação: a criação do alfabeto, a invenção da imprensa e, em nossos dias, o desenvolvimento da linguagem eletrônica.

Antes da invenção do alfabeto, eram os poetas que se encarregavam da educação na Grécia antiga, e o faziam relatando histórias épicas ou fábulas, narrações sobre as aventuras e desventuras realizadas por humanos, heróis e deuses. Assim, os jovens aprendiam com esses personagens o que era piedade, amor, traição etc. Para serem sábios, tinham de agir, por exemplo, como lhes contavam que atuava Ulisses; para serem corajosos, tinham de agir como lhes diziam que agia Aquiles (dois personagens dos maiores poemas épicos da Antiguidade grega, atribuídos a Homero). Desse modo, linguagem e ação estavam estreitamente ligadas. Podemos dizer que o falar, o pronunciar certas palavras, tinha o poder de promover determinadas coisas, fazer com que elas acontecessem, indicar modelos a serem atingidos. Era uma linguagem de ação, baseada no relato dos acontecimentos reais ou imaginários.

Por volta de 700 a.C., com o surgimento do **alfabeto**, facilitando a **linguagem escrita**, teve início uma transformação cujas conseqüências se observam até os dias atuais. O relato oral foi perdendo a relevância exclusiva de antes, pois o texto escrito, que lentamente se difundia, falava por si mesmo e, para escutá-lo, o orador deixou de ser imprescindível. E a linguagem da reflexão foi gradativamente suplantando o papel antes desempenhado pelo relato oral dos acontecimentos: passou-se a perguntar "o que é a sabedoria?", "o que é a coragem?", sem recorrer aos exemplos de Ulisses ou Aquiles. Os poetas, declamadores e oradores foram sendo substituídos pelos filósofos, preceptores e professores na tarefa de educar a juventude. A narrativa épica deixou de ser a fonte exclusiva dos exemplos e modelos, cedendo espaço para os tratados filosóficos e científicos.

Da escrita cuneiforme em tabuinhas de argila da Mesopotâmia (foto) aos textos que viajam de forma instantânea pela rede mundial de computadores. Como as sucessivas revoluções da comunicação afetaram nossas vidas?

A partir do século XV, com outro invento, a **imprensa** de Gutenberg, ocorreu uma nova revolução, que aprofundou a mudança de mentalidade iniciada com o advento do alfabeto. Os livros, antes manuscritos, passaram a ser impressos e se tornaram produtos que podiam ser adquiridos com maior facilidade, favorecendo a educação, a expansão da alfabetização e divulgação das idéias filosóficas e científicas.

Algo semelhante está acontecendo nas últimas décadas, como resultado do desenvolvimento da **linguagem eletrônica**, que compreende grande quantidade de **meios de comunicação**, desde os antigos telégrafos e gramofones, até os atuais telefone, telex, fax, rádio, televisão, cinema, vídeo, fotocopiadora, computador, *internet*, correio eletrônico e telefone celular. O problema da distância para a comunicação praticamente acabou. Como resultado, o mundo se transformou em uma "aldeia global", (expressão usada pelo comunicólogo Marshall MacLuhan) onde diferentes culturas se interpenetram e as mudanças se converteram num aspecto permanente da vida moderna.

RAFAEL ECHEVERRÍA. *Ontología del lenguaje*, p. 19-26. (Excertos traduzidos e adaptados pelo autor.)

Trabalho

Outra vertente interpretativa, desenvolvida por Karl Marx, filósofo alemão do século XIX, entende que é o **trabalho** que possibilita a distinção entre ser humano e animais; portanto, entre cultura e natureza. É a partir do trabalho, e da forma como se dá o processo de produção da vida material dos homens, que todas as outras formas de manifestações humanas se desenvolvem. Para Marx:

> Pode-se considerar a consciência, a religião e tudo o que se quiser como distinção entre os homens e os animais; porém esta distinção só começa a efetivar-se quando os homens iniciam a produção dos seus meios de vida.
>
> MARX, K. e ENGEL, F. *Ideologia alemã*, v. 1, p. 19.

De acordo com essa interpretação, portanto, é o modo como os homens constroem sua vida material que dá origem à elaboração da vida espiritual e das relações sociais, formando um conjunto que constitui a cultura. Isso quer dizer também que não podemos falar de cultura no singular, mas sim de **culturas**, pois elas são múltiplas e variáveis, de acordo com a diversidade dos modos de ser e viver das coletividades humanas. (Veremos com mais detalhe a temática do trabalho no Capítulo 2 e o pensamento de Marx no Capítulo 10.)

Cultura

As respostas ao desafio da existência

Falamos até agora sobre essa distinção entre natureza e cultura. Mas o que queremos dizer exatamente quando usamos a palavra **cultura**? Para responder a essa pergunta, investiguemos primeiro o uso desse vocábulo em contextos distintos:

- Os biólogos, por exemplo, se referem à criação de certos animais falando em cultura de germes, cultura de carpas etc.
- Na linguagem cotidiana dizemos que uma pessoa tem cultura quando freqüentou boas escolas, leu bons livros, adquiriu conhecimentos científicos etc.
- Na Grécia Antiga o termo cultura adquiriu uma significação toda especial, ligada à formação individual do cidadão. Correspondia à chamada ***paidéia***, processo pelo qual o homem realizava o que os gregos consideravam a sua verdadeira natureza, isto é, desenvolver a filosofia (o conhecimento de si e do mundo) e a consciência da vida em comunidade.

Apesar dessas diferentes acepções, podemos perceber em todas a existência de uma idéia básica: a de desenvolvimento, formação e realização. Essa idéia básica está presente aqui também, no uso que estamos dando à palavra cultura. Empregada por antropólogos, historiadores e sociólogos, cultura designa o conjunto dos modos de vida criados e transmitidos de uma geração para outra, entre os membros de uma sociedade. Abrange conhecimentos, crenças, artes, normas, costumes e muitos outros elementos adquiridos socialmente pelos homens.

A cultura pode ser considerada um amplo conjunto de conceitos, símbolos, valores e atitudes que modelam uma sociedade. Envolve o que **pensamos**, **fazemos** e **temos** como membros de um grupo social. Nesse sentido, todas as sociedades humanas, da pré-história aos dias atuais, possuem uma cultura. E cada cultura tem seus próprios valores e sua própria verdade.

Podemos falar, então, em cultura ocidental ou oriental (própria de um conjunto de povos com determinadas características comuns), cultura chinesa ou brasileira (própria de uma nação ou civilização), cultura tupi ou africana (própria de um grupo étnico), cultura cristã ou muçulmana (própria de um grupo religioso), cultura familiar ou empresarial (própria do conjunto de pessoas que constituem uma instituição) etc. Observem que, como dissemos antes, cada grupo cultural mencionado tem seus próprios valores e suas próprias verdades.

Cultura é, numa abordagem mais filosófica, a resposta oferecida pelos grupos humanos ao desafio da existência. Resposta que se manifesta em termos de conhecimento (*logos*), paixão (*pathos*) e comportamento (*ethos*). Isto é, em termos de razão, sentimento e ação.

Características gerais da cultura

O arqueólogo norte-americano Robert Braidwood procurou indicar os principais elementos que caracterizam a cultura:

> A cultura é duradoura embora os indivíduos que compõem um determinado grupo desapareçam. No entanto, a cultura também se modifica conforme mudam as normas e entendimentos.
>
> Quase se pode dizer que a cultura vive nas mentes das pessoas que a possuem. Mas as pessoas não nascem com ela; adquirem-na à medida que crescem. Suponha que um bebê húngaro recém-nascido seja adotado por uma família residente nos Estados Unidos, e que nunca digam a essa criança que ela é húngara. Ela crescerá tão alheia à cultura húngara quanto qualquer outro americano.
>
> Assim, quando falo da antiga cultura egípcia, refiro-me a todo o conjunto de entendimentos, crenças e conhecimentos pertencentes aos antigos egípcios. Significa, por exemplo, tanto suas crenças sobre o que faz o trigo crescer, quanto sua habilidade para fazer os implementos necessários à colheita. Ou seja, suas crenças a respeito da vida e da morte.
>
> Quando falo de cultura, estou pensando em algo que perdurou através do tempo. Se qualquer egípcio morresse, mesmo que fosse o faraó, isso não afetaria a cultura egípcia daquele momento determinado.

BRAIDWOOD, Robert.
Homens pré-históricos, p. 41-2.

Vários estudiosos concordam com os elementos apontados por Braidwood, caracterizando a cultura como:

- adquirida pela aprendizagem, e não herdada pelos instintos;
- transmitida de geração a geração, através da linguagem, nas diferentes sociedades;
- criação exclusiva dos seres humanos, incluindo a produção material e não-material;
- múltipla e variável, no tempo e no espaço, de sociedade para sociedade.

Cultura e cotidiano

Pensemos agora sobre a vida cotidiana de cada pessoa e sua relação com o universo cultural de que ela participa.

Vimos que a cultura abrange um conjunto de conceitos, valores e atitudes que modelam uma comunidade. Assim, podemos dizer que toda pessoa vive sob a influência de diversas culturas, e não só de uma, pois participa de distintos grupos sociais, e cada um deles lhe imprime a sua marca cultural.

Vejamos um exemplo: um brasileiro que tem uma família, freqüenta uma igreja e trabalha numa empresa, recebe influência de pelo menos quatro fontes culturais — a cultura popular brasileira (ampla e expressiva, mas que não é homogênea e pode ser dividida em diversas subculturas); a cultura familiar, basicamente transmitida por seus pais e avós; a cultura de seu grupo religioso; e a cultura organizacional desenvolvida em seu local de trabalho.

Yellow Dog Productions/ImageBank/Getty Images

Grupo de africanos de etnia massai diante de um *notebook*. O que podem estar pensando? Os massais são um povo nômade que crê que todo gado do mundo lhes pertence.

Cada universo cultural de que uma pessoa participa influi de forma específica em sua maneira de pensar, sentir e agir, ou seja, em sua **forma de ser** no dia-a-dia. Ilustremos um pouco essa idéia:

- Uma jovem criada num país distante, de cultura muçulmana ortodoxa, e que para sair à rua deve usar a burca (traje que cobre todo o corpo e o rosto, deixando descobertos apenas os olhos), provavelmente terá uma vivência social com seu corpo bem diferente da experiência de outra mulher que cresceu brincando seminua nas praias de Copacabana.
- Também é provável que um menino que viveu no meio rural possa ver e distinguir muitas plantas num jardim, onde um garoto criado num apartamento de cidade não identificaria mais que uma massa de vegetação.

Então, se por um lado a cultura é uma criação coletiva dos grupos humanos através do tempo, por outro lado cada pessoa também é, em grande medida, **uma criação diária e constante da cultura em que vive**, desde o instante do seu nascimento. No entanto, quase não percebemos isso, pois a cultura à qual pertencemos é praticamente **invisível** para nós em nosso cotidiano.

A presença invisível da cultura

Em geral, vivemos dentro de nossa cultura num fluir contínuo, como se o nosso **modo de ser** fosse igual para todas as pessoas e as diversas coisas do mundo fossem sempre assim como as experimentamos. Somos como um peixe que nasceu dentro de um aquário e toma esse ambiente como sendo o mundo. Esse estado habitual de nossas vidas se vê confrontado, por exemplo, quando viajamos para fora do nosso país. Aí percebemos uma série de diferenças no modo de falar, comer, vestir e cumprimentar do *estrangeiro*, palavra de origem latina que significa "o que é de fora" da nossa cultura.

Nesse instante, ocorre um estranhamento em relação a esses elementos culturais que estão fora de nós, quebrando a invisibilidade da nossa própria cultura. Percebemos, então, nossas diferenças em relação ao outro: como nos vestimos, comemos, pensamos, nos relacionamos etc. Mas depois que voltamos ao nosso cotidiano, nossa cultura se torna "invisível" de novo para nós. Portanto, de modo geral, só temos consciência da nossa própria cultura quando somos confrontados com outra.

Isso nos leva a uma análise mais profunda da invisibilidade cultural em nosso cotidiano: não nos damos conta de **como e quanto** a cultura atua sobre nós, impactando nossa maneira de perceber as coisas no dia-a-dia.

Nesse sentido, a invisibilidade da cultura é análoga à dificuldade que qualquer pessoa tem para reconhecer o sotaque do seu modo de falar. Para um brasileiro, quem tem sotaque é português; para um português, quem tem sotaque é o brasileiro. Cada um não consegue perceber o próprio sotaque, só o do outro, porque nasceu e cresceu pronunciando as palavras da forma caraterística dos falantes de sua região. Como conseqüência, o sujeito pensa: "eu falo 'normal'. Os outros é que falam 'esquisito'".

Na cultura em geral ocorre algo semelhante: a pessoa percebe e aprende do grupo cultural do qual participa, por imitação e de forma quase inconsciente, boa parte de como deve pensar e agir nas mínimas coisas — o que é bonito ou feio, o que é adequado ou inadequado, o que é possível ou impossível, como é a vida, como são as pessoas, que coisas são importantes etc. Isso ocorre primeiro dentro de sua família e, depois, no contato com a vizinhança, na escola em que estuda, na igreja que freqüenta, na empresa em que trabalha.

Essa assimilação cultural ocorre de forma tão "transparente" que quem assimila ou aprende não percebe que está aprendendo algo com alguém ou uma situação. E aqueles que lhe transmitem esses ensinamentos nem sempre se dão conta de que lhe estão transmitindo a sua maneira de ser e viver, o seu modelo de mundo, o seu "filtro" da realidade. Assim, de modo geral, vivemos nossa própria cultura sem vê-la e, muitas vezes, sem questioná-la.

Isso não é um problema em si, já que essa característica nos é bastante conveniente e útil: cada pessoa não precisa percorrer toda a trajetória

Como a cultura influencia a nossa maneira de ver as coisas

Olhe bem esse desenho. O que ele representa para você?
Saiba que pode haver mais de uma resposta. Esse mesmo desenho foi mostrado em um estudo

para pessoas de uma comunidade rural africana e quase todas concordaram que eram duas pessoas caminhando, sendo que uma delas levava uma carga sobre a cabeça, algo bastante comum em sua região. Elas não viram duas pessoas em pé numa sala, representada por duas paredes e uma janela, a interpretação mais comum em sociedades urbanizadas.

realizada por seus ancestrais ou antecessores para enfrentar os desafios da existência, pois já domina "respostas" ou "soluções" que lhe satisfazem ou à sua comunidade.

O problema dessa invisibilidade está, no entanto, em que, como os integrantes de uma cultura compartilham a mesma maneira de ver e viver as coisas, comumente acreditamos que essa **visão compartilhada** constitui **uma** realidade única ou **a** verdade absoluta. E, por conta disso, podemos:

- desprezar grupos culturais com visões distintas e entrar em confronto com eles, sendo intolerantes em relação à diferença;
- não encontrar saídas para as dificuldades ou novos desafios que surjam em nossa família, escola, trabalho e sociedade. Não vemos alternativas porque, muitas vezes, estamos condicionados pelo padrão cultural em que vivemos. Isso é fonte de conformismo expresso em frases como "o mundo foi sempre assim", "todas as pessoas são desse jeito".

Acreditamos que a filosofia pode ser um bom apoio nesse processo de transformação cultural, pois filosofar é promover uma reflexão profunda sobre a natureza e o ser humano, analisando o que fazemos, sentimos, pensamos e manifestamos. Aprender a filosofar contribui para a compreensão do mundo e nos impulsiona a desempenhar um papel mais consciente e ativo dentro dele.

Análise e entendimento

O homem e os animais

1. Pesquise e dê exemplos de comportamento instintivo em seres humanos e em animais.
2. Qual o significado da afirmação: "os homens não nascem prontos pelas 'mãos da natureza'"?
3. De acordo com o que você leu, que fator parece determinar biologicamente essa diferença entre os seres humanos e os animais?
4. Releia o texto que apresenta as idéias de Gordon Childe (p.11). Como você analisa os recursos de que faz uso o homem para compensar seus dotes corporais relativamente pobres em relação aos dos animais?

Síntese natureza-cultura

5. A que se refere o texto quando fala em uma "síntese" humana?
6. Explique:
   a) o que são, respectivamente, biosfera e antroposfera;
   b) como você entende que uma pode ameaçar a sobrevivência da outra.
7. De acordo com o texto, existe um ponto claro e definido da transição ou síntese natureza-cultura? Justifique sua resposta.

Cultura e cotidiano

8. A partir da caracterização de cultura apresentada no texto do capítulo, explique com suas palavras:
   a) por que a linguagem é um fato cultural;
   b) qual é o seu papel no desenvolvimento da cultura.
9. Baseando-se no texto, justifique as seguintes afirmações:
   a) A cultura à qual pertencemos é praticamente invisível para nós em nosso cotidiano.
   b) Cada pessoa é, em grande medida, a criação diária e constante da cultura em que vive.

Debate e reflexão

1. ***Valores e verdades***
   "Todas as sociedades humanas, da pré-história aos dias atuais, possuem uma cultura. E cada cultura tem seus próprios valores e sua própria verdade." Interprete e discuta essa afirmação.

2. ***Pluralidade cultural***
   Identifique pelo menos três grupos culturais que exemplifiquem a pluralidade da cultura brasileira. Reflita junto com seus colegas sobre seus valores e atitudes.

3. **Cultura dos jovens**
   É possível identificar os traços característicos (crenças, valores, atitudes, normas, condutas) de uma cultura dominante entre grupos de jovens brasileiros? Quais seriam esses traços? Discuta esse tema.

Sugestões de filmes

- **A guerra do fogo** (1981, França/Canadá, direção: Jean-Jacques Annaud)
  Filme que aborda o processo de hominização (surgimento em certos primatas de características próprias do homem) e os primórdios da humanidade.
- **Blade Runner, o caçador de andróides** (1982, EUA, direção: Ridley Scott)
  Ficção sobre a vida na Terra no século XXI. A semelhança entre os homens e os andróides coloca a questão sobre o que é o ser humano.
- **Derzu Uzala** (1975, Japão/URSS, direção: Akira Kurosawa)
  A amizade inabalável de dois homens aparentemente diferentes entre si, um humilde caçador e um militar que mapeia regiões inóspitas da URSS, e os ensinamentos que este absorve sobre a natureza através do experiente nativo.
- **O enigma de Kaspar Hauser** (1975, Alemanha, direção: Werner Herzog)
  Garoto é criado num porão, longe de qualquer contato com outro ser humano, até completar 18 anos. Sem saber falar, andar ou sua própria identidade, ele é levado para a cidade, onde é objeto de curiosidade e desprezo da população local.

Para pensar

A seguir apresentamos dois textos com distintas visões sobre a relação do homem com a natureza. Leia e discuta com seus colegas qual seria a melhor perspectiva para entender e modificar essa relação.

1. A defesa do reencantamento do mundo

A concepção da realidade que predominou no Ocidente até as vésperas da revolução científica era a de um "mundo encantado". As rochas, as árvores, os rios e as nuvens eram tidos pelo homem como seres maravilhosos e portadores de vida. Os homens, por sua vez, sentiam-se em casa neste "mundo encantado". O cosmo era o lar ao qual pertenciam. Cada pessoa não era um observador distante e alienado, mas um direto participante da trama da vida. O destino pessoal de cada um estava ligado ao destino do cosmo, e essa inter-relação conferia sentido profundo à vida de todos. Esse tipo de concepção da realidade — que chamarei consciência participante — envolve a fusão ou identificação do homem com o seu ambiente natural, expressando uma integração psíquica que há muito tempo deixou de existir.

Considerando-se o plano mental, a história da Idade Moderna é uma história de progressivo desencantamento. A partir do século XVI, a mentalidade científica nos tornou verdadeiros estrangeiros (seres não-integrados) em relação aos fenômenos do mundo. Inovações capazes de questionar essa visão da realidade — física quântica ou certas pesquisas ecológicas — não foram suficientemente fortes para abalar a forma dominante do pensamento vigente. Essa forma pode ser adequadamente descrita com palavras como desencantamento, não-integração, pois ela insiste em estabelecer uma rígida separação entre o observador e o objeto observado. Assim, a consciência científica tornou-se uma consciência alienada no sentido de que não promove uma fusão harmoniosa com a natureza, mas sim a separação plena dela. O sujeito conhecedor e o objeto investigado são encarados como pólos opostos, antagônicos. "Não sou minhas experiências e conclusões sobre o mundo. Portanto, não faço parte deste mundo" — raciocina o cientista. A conseqüência lógica dessa visão de mundo é um sentimento de coisificação: tudo é objeto, estranho, não-eu. E "eu", afinal, também sou um objeto; um ser à parte, em meio a tantos outros seres. O cosmo não foi construído por mim; tampouco se importa com minha existência e eu não tenho a sensação de estar nele integrado.

Durante mais de 99% da história da humanidade, vigorou a concepção de que o mundo era encantado e o homem se sentia como parte integrante dele. Nos últimos quatro séculos, a total reversão dessa concepção destruiu, no plano psíquico e físico, o sentimento de integração do homem em relação à natureza. Isso foi responsável pela quase-destruição ecológica do planeta. A única esperança, parece-me, está no reencantamento do mundo como meio de nosso reencontro.

MORRIS BERMAN.
The reenchantment of the world (excertos da introdução, traduzidos e adaptados pelo Autor).

2. Crítica à idealização da natureza

Ao instituir a natureza em pessoa jurídica, a ecologia profunda consegue realmente, quando é rigorosa, fazer do universo material, da biosfera ou do cosmo, um modelo ético a ser imitado pelos homens. Como se a ordem do mundo fosse boa em si mesma, emanando toda a corrupção do mundo, portanto, da vaidosa e poluente espécie humana. (...) No entanto, a sacralização da natureza é intrinsecamente insustentável. À semelhança daqueles fanáticos religiosos, hostis a toda intervenção médica que eles supõem ser contrária às intenções divinas, os ecologistas profundos ocultam alegremente tudo o que é detestável na natureza. Desta só retêm o que é harmonia, paz e beleza. É nessa ótica que alguns desqualificam facilmente a categoria dos "nocivos", considerando que tal noção, inteiramente antropocentrista, é um absurdo. Inspirando-se na teologia, eles supõem que a natureza é não só o Ser supremo mas também (...) a entidade perfeita que seria sacrílego pretender modificar ou melhorar. Uma pergunta simples: como explicar então os vírus, as epidemias, os sismos e tudo o mais que tem, com toda razão, o nome de "catástrofe natural"? Alguém dirá que são "úteis"? Mas para quê e a quem? Alguém julgará que possuem as mesmas legitimidades que nós para perseverar em seu ser? Por que não, nesse caso, um direito do ciclone a devastar, dos abalos sísmicos a engolir, dos micróbios a inocular enfermidades? A menos que se adote uma atitude antiintervencionista em todos os pontos e em todas as circunstâncias, é necessário que se resolva admitir o fato de a natureza, como um todo, não ser "boa em si", mas conter tanto o melhor quanto o pior. Em relação a quem, perguntar-se-á? Ao homem, é claro, que continua sendo, até prova em contrário, o único ser suscetível de enunciar juízos de valor e de, como diz a sabedoria das nações, separar o trigo do joio.

LUC FERRY.
A nova ordem ecológica, p. 173-74.

Questões

1. De acordo com o texto de Morris Berman, temos que "A concepção da realidade que predominou no Ocidente até as vésperas da revolução científica era a de um 'mundo encantado'". O que você entendeu por "mundo encantado"?
2. Em que consistiu o processo de "desencantamento" do mundo?
3. É possível, na sua opinião, um "reencantamento" do mundo, como propõe Morris Berman?
4. Que divergência o texto de Luc Ferry apresenta em relação ao de Morris Berman no que se refere ao relacionamento entre homem e natureza?

2 Trabalho: liberdade e submissão

O animal também produz. Faz um ninho, uma habitação, como as abelhas, os castores, as formigas etc. Mas só produz o que é estritamente necessário para si ou para as suas crias. O animal produz apenas numa só direção, ao passo que o homem produz universalmente. O animal produz unicamente sob a dominação da necessidade física imediata, enquanto o homem produz quando se encontra livre da necessidade física e só produz, verdadeiramente, na liberdade de tal necessidade.

Karl Marx

Pela ação coordenada, as pessoas buscam alcançar um objetivo compartilhado. *Camponês e camponesa plantando batatas (1885)* – Vincent van Gogh.

TRABALHO Essa atividade típica do homem

O ser humano, diz Marx em *O capital*, "não transforma apenas o material em que trabalha. Ele realiza no material o projeto que trazia em sua consciência".

Entendemos por **trabalho** toda atividade na qual o ser humano utiliza sua energia para satisfazer necessidades ou atingir determinado objetivo. A palavra energia é utilizada, aqui, como a capacidade de uma pessoa para realizar uma obra, um trabalho. Energia vem do grego *en = dentro* e *érgon = obra, trabalho.*

Por intermédio do trabalho, o ser humano acrescenta um mundo novo, da **cultura**, ao **mundo natural** já existente. Por isso, trabalho é elemento essencial da relação dialética[1]: homem e natureza; saber e fazer; teoria e prática.

Nesse sentido, o trabalho é uma atividade **tipicamente humana**, porque implica a existência de um projeto mental que modela uma conduta a ser desenvolvida para se alcançar um objetivo.

> Uma aranha executa operações semelhantes às do tecelão, e a construção das colméias pelas abelhas atinge tal perfeição que envergonha muitos arquitetos. Mas o que distingue o pior dos arquitetos da melhor das abelhas é que ele projeta mentalmente a construção antes de realizá-la. No final do processo de trabalho obtém-se um resultado que, desde o início, já existia na mente do trabalhador. Pois o homem não transforma apenas o material em que trabalha. Ele realiza no material o projeto que trazia em sua consciência. Isso exige, além do esforço físico dos órgãos que trabalham, uma vontade orientada para um objetivo, vontade que se manifesta pela atenção e controle das operações durante o tempo de trabalho.
>
> MARX, Karl. *O capital*, l. 1, seção III, cap. V.

Os diferentes papéis do trabalho

Pensemos então sobre o papel do trabalho. Para que serve o trabalho, qual é sua função? Essa questão pode ser abordada, por exemplo, a partir de duas perspectivas:

- em seu **aspecto individual**, percebemos que o trabalho pode permitir ao homem expandir suas energias, desenvolver sua criatividade e realizar suas potencialidades. Pelo trabalho o ser humano é capaz de moldar e mudar a realidade sociocultural e, ao mesmo tempo, transformar a si próprio. Ou seja, trabalhando podemos modificar o mundo e a nós mesmos.
- em seu **aspecto social**, isto é, como esforço conjunto dos membros de uma comunidade, o trabalho teria como objetivos últi-

1. **Relação dialética:** relação em que, por meio de influências recíprocas, as contradições entre elementos opostos são superadas. O tema dialética será estudado no Capítulo 6 e, principalmente, no Capítulo 11.

mos a manutenção e satisfação da vida e o desenvolvimento da sociedade.

Assim, dentro dessa visão positiva e ideal, o trabalho poderia promover a realização da pessoa, a edificação da cultura e a solidariedade entre os seres humanos.

Ocorre que, de categoria central da existência para a expressão de nossas potencialidades, o trabalho estaria perdendo seu poder libertador. Como isso aconteceu?

Ao longo da história, com o aparecimento da dominação de uma classe social sobre outra, o trabalho foi desviado de sua função positiva. Em vez de servir ao bem comum, foi utilizado para o enriquecimento de alguns. De ato de criação virou rotina de reprodução. De recompensa pela liberdade se transformou em castigo. Enfim, em vez de elemento de realização de nossas potencialidades, foi transformado em instrumento de **alienação**, conceito que estudaremos mais adiante neste capítulo.

É interessante ressaltar que, etimologicamente, o termo **trabalho** vem do latim *tripalium*, nome de um instrumento de tortura feito de três paus. Como veremos adiante, não há exagero em afirmar que, em diversas situações sociais, mesmo nos dias de hoje, o trabalho ainda serve para torturar e triturar o trabalhador.

O trabalho através da história

No decorrer da história das diferentes sociedades, foram muitas as maneiras de organizar e conceber o trabalho. Vejamos algumas delas.

Pré-história

De acordo com antropólogos, a **primeira divisão de trabalho** teria se dado entre os sexos. Determinadas tarefas, como caçar, guerrear, garantir a proteção do grupo, eram reservadas aos homens, enquanto os trabalhos domésticos, os cuidados com os filhos etc. eram reservados às mulheres. Além do sexo, levava-se em conta também a **idade** e a **força física** de cada indivíduo.

Nas comunidades onde a sobrevivência dependia da caça e da coleta, havia a necessidade de migrações quando as reservas naturais de uma região se tornavam insuficientes para o grupo, o que acontecia constantemente. Por isso essas comunidades eram **nômades** (sem habitação fixa).

Quando os grupos humanos desenvolveram a criação de animais e a agricultura, no período neolítico, foi possível o desenvolvimento de comunidades **sedentárias** (que têm habitações fixas). Essas comunidades foram então capazes de começar a produzir alimentos em quantidade

Trabalhadores do palácio do rei assírio Assurbanipal (668-63 a.C.). Desde a Antigüidade Oriental, as atividades de um grupo social já eram divididas por especialidades: metalúrgicos, ceramistas, vidraceiros, agricultores, pastores, sacerdotes, soldados etc.

maior do que a necessária para o consumo imediato, possibilitando com isso a troca de produtos entre os membros de aldeias vizinhas.

Antigüidade

Durante a Antigüidade, o trabalho manual foi considerado em várias sociedades como uma **atividade menor**, desprezível, que em pouco se diferenciava da atividade animal. Valorizava-se o **trabalho intelectual**, próprio dos homens que podiam se dedicar à cidadania, ao ócio, à contemplação e à teoria. Nesse sentido, o filósofo grego Aristóteles (384-322 a.C.) dizia:

> A utilidade do escravo é semelhante à do animal. Ambos prestam serviços corporais para atender às necessidades da vida. A natureza faz o corpo do escravo e do homem livre de forma diferente. O escravo tem corpo forte, adaptado naturalmente ao trabalho servil. Já o homem livre tem corpo ereto, inadequado ao trabalho braçal, porém apto para a vida do cidadão.
>
> Os cidadãos não devem viver uma vida de trabalho trivial ou de negócios (estes tipos de vida são ignóbeis e incompatíveis com as qualidades morais); tampouco devem ser agricultores os aspirantes à cidadania, pois o lazer (ócio) é indispensável ao desenvolvimento das qualidades morais e à prática das atividades políticas.
>
> ARISTÓTELES. *Política*, cap. II, 12546b. e cap. VIII,1329a.

Idade Média

A concepção anterior de trabalho não se alterou substancialmente, na Idade Média, em muitas sociedades da Europa ocidental. Santo Tomás de Aquino, teólogo e filósofo cristão (1221-1274), se referia ao trabalho como um "bem árduo", por meio do qual cada indivíduo se tornaria um homem melhor; porém o trabalho mais valorizado continuava sendo o intelectual. A novidade estava em que, de acordo com o cristianismo medieval, o trabalho passou a ser visto como uma forma de sofrimento que serviria como **provação e fortalecimento do espírito** para se alcançar o reino celestial.

IDADE MODERNA

A concepção católica sobre o trabalho sofreu contestação significativa a partir da ascensão social da burguesia, na Europa ocidental, a partir do século XVI. Nesse período, desenvolveu-se, no campo religioso, o **protestantismo**. O trabalho foi revalorizado, e principalmente o **sucesso econômico** foi interpretado como um sinal da bênção de Deus. De acordo com certa **ética protestante** (as vertentes **calvinistas**), o homem deveria viver uma vida ativa e lucrativa, pautada pelo trabalho. Conforme analisou o sociólogo alemão Max Weber (1864-1920), em sua obra *A ética protestante e o espírito do capitalismo*, haveria inclusive uma relação entre essa ética protestante, que valoriza o trabalho e a busca da riqueza, e o desenvolvimento do capitalismo nos países onde predominava o protestantismo. Mas este sentido de trabalho ficou restrito às classes que conseguiram acumular capital e investir nas atividades produtivas.

IDADE CONTEMPORÂNEA

No século XIX, o filósofo alemão Friedrich Hegel (1770-1831) definiria o trabalho como elemento de **autoconstrução do homem**. Ele destaca, assim, o aspecto positivo do trabalho, isto é, o fato de o homem não apenas se formar e se aperfeiçoar, mas também se libertar, através do trabalho, pelo domínio que exerce sobre a natureza.

Outro filósofo alemão, Karl Marx, também dá relevo a esse aspecto fundamental do trabalho, mas analisou o papel negativo que o trabalho tomou nas sociedades capitalistas. Para Marx, a suposta liberdade do trabalhador assalariado se veria abalada quando, sem outra opção para sobreviver, este é obrigado a vender sua força de trabalho para quem detinha meios de explorá-la.

Marx denunciou também as condições degradantes a que os trabalhadores teriam de se submeter no processo de produção capitalista, apontando os efeitos danosos dessa forma de produzir sobre os indivíduos. Em sua reflexão, Marx analisa em profundidade outra conseqüência importante do trabalho forçado: o **processo de alienação**. Vejamos.

PROCESSO DE ALIENAÇÃO

A pessoa alheia a si mesma

A palavra **alienação** vem do latim *alienare*, "tornar algo alheio a alguém", isto é, "tornar algo pertencente a outro". Hoje, esse termo é usado em diferentes contextos com significações distintas:

- em **direito**, designa a transferência da propriedade de um bem a outra pessoa. Nesse sentido, costuma-se dizer que "os bens do devedor foram alienados".
- em **psicologia**, refere-se ao estado patológico do indivíduo que se tornou alheio a si próprio, sentindo-se como um estranho, sem contato consigo mesmo ou com o meio social em que vive.
- na **linguagem filosófica contemporânea**, corresponde ao processo pelo qual os atos de uma pessoa são dirigidos ou influenciados por outros e se transformam em uma força estranha colocada em posição superior e contrária a quem a produziu. Nesta acepção, a palavra deve muito de seu uso a Karl Marx.

O termo alienação havia sido usado primeiramente por Hegel para designar o processo pelo qual os indivíduos colocam as suas potencialidades nos objetos por eles criados. Significaria, assim, uma exteriorização da criatividade humana, da sua capacidade de construir obras no mundo. Nesse sentido, o mundo da cultura seria uma alienação do espírito humano, uma criação do homem, que nela se reconheceria.

Diferentemente de Hegel, Marx identificou, nesse processo de exteriorização da criatividade humana, dois momentos distintos:

Nicholas Slim/Images.com/Corbis

A pessoa alienada perde contato consigo mesma, sua identidade, seu valor. Só lhe resta a angústia. "A angústia é essa situação afetiva fundamental que nos coloca diante do nada" (Heidegger).

- O primeiro seria o da **objetivação**, que se refere especificamente à capacidade de o homem se objetivar, se exteriorizar nos objetos e nas coisas que cria, o que é algo próprio do saber-fazer humano.
- O segundo momento, para o qual Marx reserva o termo **alienação**, seria aquele em que o homem, principalmente no capitalismo, após transferir suas potencialidades para os seus produtos, deixa de identificá-los como obra sua. Os produtos "não pertencem" mais a quem os produziu. Com isso, são "estranhos" a quem os produziu, seja no plano econômico, psicológico seja no social.

Na sociedade atual, o processo de alienação atinge múltiplos campos da vida humana, impregnando as relações das pessoas com o trabalho, o consumo, o lazer, seus semelhantes e consigo mesmas. Vejamos em seguida alguns aspectos dessas relações alienadas, seguindo, em linhas gerais, a análise do psicanalista Erich Fromm (1900-1980)[2].

Trabalho alienado

A alienação afeta milhões de trabalhadores nas sociedades contemporâneas, onde a produção econômica transformou-se no objetivo imposto às pessoas, em vez de a pessoa humana ser o objetivo da produção.

Esse processo acentuou-se no século XIX, quando o trabalho na maioria das indústrias tornou-se cada vez mais rotineiro, automatizado e especializado, subdividindo-se em múltiplas operações. Os empresários industriais visavam, com isso, economizar tempo e aumentar a produtividade. Como exemplificou o economista escocês Adam Smith (1723-1790), na fabricação de alfinetes, um operário puxava o arame, outro o endireitava, um terceiro o cortava, um quarto o afiava, um quinto o esmerilhava na outra extremidade para a colocação da cabeça, um sexto colocava a cabeça e um sétimo dava o polimento final.

Essa forma de organização do trabalho em linhas de operação e montagem foi, posteriormente, aperfeiçoada pelo engenheiro e economista estadunidense Frederick Taylor (1856-1915), cujo método ficou conhecido como **taylorismo**.

A principal conseqüência do taylorismo é que a fragmentação do trabalho conduz a uma fragmentação do saber, pois o trabalhador perde a noção de conjunto do processo produtivo. A situação desgastante de rotina e taylorização acaba com o envolvimento afetivo e intelectual que o trabalhador teria com seu trabalho, e essa relação vai se tornando fria, monótona e apática.

Isso ainda pode ser observado em muitas indústrias atuais, onde a função do operário restringe-se ao cumprimento de ordens relativas à qualidade e à quantidade da produção. Tudo transcorre sem que o trabalhador possa decidir sobre o resultado final do seu trabalho e sem que tenha controle algum sobre a finalidade do que produz. Sempre repetindo as mesmas operações mecânicas, ele produz bens estranhos à sua pessoa, aos seus desejos e às suas necessidades.

Ao executar a rotina do trabalho alienado, o trabalhador se submete a um sistema de exploração que, em grande parte, não lhe permite desfrutar financeiramente dos benefícios de sua própria atividade. Assim, no plano econômico, o trabalho alienado produz para satisfazer as necessidades do mercado e não propriamente do trabalhador. Fabrica, por exemplo, coisas maravilhosas para uma elite econômica, enquanto mantém o trabalhador na miséria. Produz palácios, enquanto grande número de trabalhadores mora em casebres. Produz "inteligência", mas também estupidez e bitolamento para os trabalhadores.

Enfim, o trabalho alienado costuma ser marcado pelo desprazer, pelo embrutecimento e pela exploração do trabalhador. Vejamos como Marx descreveu esse processo de alienação:

> Primeiramente, o trabalho alienado se apresenta como algo externo ao trabalhador, algo que não faz parte de sua personalidade. Assim, o trabalhador não se realiza em seu trabalho, mas nega-se a si mesmo. Permanece no local de trabalho com uma sensação de sofrimento em vez de bem-estar, com um sentimento de bloqueio de suas energias físicas e mentais que provoca cansaço físico e depressão. Nessa situação, o trabalhador só se sente feliz em seus dias de folga enquanto no trabalho permanece aborrecido. Seu trabalho não é voluntário, mas imposto e forçado.
>
> O caráter alienado desse trabalho é facilmente atestado pelo fato de ser evitado como uma praga; só

2. A estrutura dos textos seguintes sobre trabalho, consumo e lazer alienados baseia-se na obra de Fromm *Psicanálise da sociedade contemporânea*, p. 128-47.

> é realizado à base de imposição. Afinal, o trabalho alienado é um trabalho de sacrifício, de mortificação. É um trabalho que não pertence ao trabalhador mas sim à outra pessoa que dirige a produção.
>
> MARX, Karl. *Manuscritos econômico-filosóficos*, primeiro manuscrito, XXIII.

Atingido pela alienação, o ser humano perde contato com seu eu genuíno, com sua individualidade. Transformado em mercadoria, sente-se como uma "coisa" que precisa alcançar sucesso no "mercado das personalidades": sucesso financeiro, profissional, intelectual, social, sexual, político, esportivo etc. O tipo de sucesso perseguido depende do mercado em que a pessoa quer "vender" sua personalidade.

Dominado por essa orientação mercantil alienante, conforme definição de Fromm, o indivíduo não mais se identifica com o que ele é, sabe ou faz. Para ele não conta sua realização íntima e pessoal, apenas o sucesso em vender socialmente suas qualidades:

> Tanto suas forças quanto o que elas criam se afastam, tornam-se algo diferente de si, algo para os outros julgarem e usarem; assim, sua sensação de identidade torna-se tão frágil quanto sua auto-estima, sendo constituída do total de papéis que ele pode desempenhar: "Eu sou como você quer que eu seja".
>
> Id., ibid., p. 74.

> Como o homem moderno se sente ao mesmo tempo como o vendedor e a mercadoria a ser vendida no mercado, sua auto-estima depende de condições que escapam a seu controle. Se ele tiver sucesso, será "valioso"; se não, imprestável. O grau de insegurança daí resultante dificilmente poderá ser exagerado.
>
> FROMM, Erich. *Análise do homem*, p. 73.

F1online/Other Images

Estresse no trabalho: a necessidade de cumprir metas alheias. Já em 1880, Paul Lafargue comentava em *O direito à preguiça*: "o proletariado (...) deixou-se perverter pelo dogma do trabalho. Duro e terrível foi seu castigo. Todas as misérias individuais e sociais nasceram de sua paixão pelo trabalho".

As relações sociais também ficam seriamente comprometidas. Cada pessoa vê a outra segundo critérios e valores definidos pelo "mercado de personalidades". O outro passa a valer também como um objeto, uma mercadoria.

Um dos princípios que orientam as relações alienadas é o seguinte: "Não se envolva com a vida interior de ninguém". Esse não-envolvimento pode chegar a situações extremas de ausência de solidariedade social.

Consumo alienado

Antes de refletirmos sobre o consumo alienado, consideremos primeiramente o brutal abismo socioeconômico que separa ricos e pobres no mundo inteiro. Podemos dizer que bem mais da metade da humanidade ainda enfrenta o drama agudo da fome, da falta de moradia, do desamparo à saúde e à educação. Enquanto isso, pequena parcela de, aproximadamente, 15% da população mundial concentra 80% da renda econômica do planeta. Ou seja: enquanto a grande maioria não tem o mínimo necessário para sobreviver, uma minoria pode se dar ao luxo de consumir quase tudo e esbanjar o supérfluo.

Assim, é principalmente entre a parcela da população de bom poder aquisitivo que ocorre o fenômeno de consumo alienado. Não tem muito sentido falarmos em consumo alienado entre a multidão de famintos, esmagada pela miséria.

Como podemos definir o termo **consumo**? Consumir significa utilizar, gastar, dar fim a algo, para alcançar determinado objetivo.

O ser humano necessita de objetos exteriores para a sua sobrevivência e realização. Por isso, os homens produzem, em sociedade, os objetos para o seu consumo.

Relação produção-consumo

Karl Marx observou que **produção é ao mesmo tempo consumo**, pois quando o trabalhador produz algo, além de consumir matéria-prima e os próprios instrumentos de produção, que se desgastam ao serem utilizados, ele também consome suas forças vitais nesse trabalho. Por outro lado, completa o filósofo, **consumo é também produção**, pois os homens se produzem através do consumo. Isso se verifica de forma mais imediata na nutrição, processo vital pelo qual consumimos alimentos para "produzir" nosso corpo. Porém, o consumo nos produz não apenas no plano físico, mas também nos aspectos intelectual e emocional, como ser total.

Há, portanto, uma relação dialética entre consumo e produção. A produção cria não só bens materiais e não-materiais, mas também o consumidor para esses bens. Se não fosse assim, a produção não teria sentido. Ou seja, quando se produz algo, é preciso que alguém consuma essa produção.

Por isso, a **propaganda** é elemento fundamental das sociedades capitalistas, uma vez que é através dela que se impulsiona nos indivíduos a necessidade de consumir mercadorias. E o consumo dessas mercadorias cria a necessidade de uma nova produção. Essa dupla criação de necessidades (a produção criando o consumo, e o consumo criando a produção) gera a "reprodução" do sistema capitalista.

Mas onde está a alienação no consumo?

Se entendemos que os homens se formam interagindo com o mundo objetivo, consumir significa participar de um patrimônio construído pela sociedade. Assim, além de atender às necessidades individuais, o consumo expressaria também a forma pela qual o indivíduo está integrado à sociedade.

No entanto, observamos nas sociedades contemporâneas a exclusão da maior parte das pessoas do consumo efetivo do patrimônio produzido. Além disso, vemos que o circuito produção-consumo não visa atender prioritariamente às necessidades individuais, mas sim às necessidades de expansão do sistema capitalista, de busca permanente de lucratividade, o que levou à mercantilização de todas as coisas.

Nesse sistema, como apontou o historiador contemporâneo Immanuel Wallerstein, há algo de absurdo: "acumula-se capital a fim de se acumular mais capital. Os capitalistas são como camundongos numa roda, correndo sempre mais depressa a fim de correrem ainda mais depressa. Nesse processo, algumas pessoas sem dúvida vivem bem, mas outras vivem miseravelmente, e mesmo as que vivem bem pagam um preço por isso"[3]. Leia no box uma história que ilustra essa situação.

Lógica capitalista

Quando era presidente da República (1985-1990), José Sarney tomou conhecimento desta prestação de contas de um laboratório farmacêutico:

Severo Gomes era ministro da Indústria e Comércio e recebeu um relatório de um grande laboratório internacional, destinado a seus acionistas, justificando os seus lucros baixos naquele ano: "O inverno foi muito fraco e, com o tempo bom, não tivemos a incidência de pneumonia nem complicações respiratórias. Os casos de gripe foram muito aquém de nossas previsões e os gastos com anúncios sobre nossos produtos, excessivos. Assim, pedimos a compreensão dos nossos acionistas para os baixos lucros, que não foram decorrentes da falta de esforço de nossos executivos". E continuava: "Contudo as perspectivas de melhoria são excelentes. Todas as previsões meteorológicas indicam que vamos ter um rigoroso inverno, com novos vírus gripais, não sendo descartada a hipótese de incidência de epidemias. Assim, o volume de consumo dos nossos medicamentos vai ser muito grande e explosivo, compensando o fraco desempenho deste ano". Severo deu-me conhecimento do relatório e uma boa risada, advertindo que essa é a lógica capitalista.

JOSÉ SARNEY.
Um mundo de paradoxos. *Folha de S. Paulo*, 10 mar. 2000.

Cultura do consumo

Esses dois aspectos (a exclusão da maior parte das pessoas da possibilidade de consumir e a permanente busca por mais lucro) estão entrelaçados a tal ponto que o filósofo francês contemporâneo Jean Baudrillard considera que a lógica do consumo se baseia exatamente na **impossibilidade de que todos consumam**. De acordo com sua análise, o consumo funciona como uma forma de afirmar a diferença entre os indivíduos. Um exemplo simples é o fato de que alguém possuir um automóvel de luxo só tem sentido se poucos indivíduos o puderem ter. O objeto adquirido funciona, assim, como um signo da **diferença de *status***. Nas palavras de Baudrillard, "o prazer de mudar de vestuário, de objetos, de carro, vem sancionar psicologicamente constrangimentos de diferenciação social e de prestígio"[4].

A propaganda trata de assegurar essa distinção ao associar marcas e grifes a comportamentos

3. WALLERSTEIN, Immanuel. *O capitalismo histórico*, p. 34.
4. BAUDRILLARD, Jean. *Para uma crítica da economia política do signo*, p. 38.

Claudius

O "ter" substituindo o vazio do "ser". Muitas pessoas sofrem de um desejo compulsivo de comprar constantemente, o que pode se tornar um problema tão grave quanto a dependência das drogas ou do álcool.

e padrões inacessíveis à maioria da população e, mais que isso, impossíveis de serem alcançados em escala mundial, devido ao impacto que isso significaria em termos do meio ambiente. Essa impossibilidade é, evidentemente, escamoteada.

Esse tipo de consumo alienado é movido pelo desejo do consumidor de sentir-se uma "exceção" em meio à multidão. É como se a posse de um objeto satisfizesse a perda da própria identidade.

Os mestres da propaganda sabem disso e se empenham em oferecer produtos, que se sucedem numa rapidez impressionante, como substitutos para essa insatisfação que o indivíduo sente em relação a si próprio. Isso se traduz na busca ansiosa por adquirir o que se deseja; ignora-se a possibilidade de se desejar o que já se adquiriu.

Em outras palavras, o consumidor alienado age como se a felicidade consistisse, apenas, numa questão de poder sobre as coisas, ignorando o prazer obtido com aquilo que verdadeiramente ama. Como afirmou o filósofo alemão Max Horkheimer (1885-1973), "quanto mais intensa é a preocupação do indivíduo com o poder sobre as coisas, mais as coisas o dominarão, mais lhe faltarão os traços individuais genuínos"[5].

Assim, no consumo alienado não existe uma relação direta e real entre o consumidor e o verdadeiro prazer da coisa adquirida. O consumidor compra rótulos e grifes. Escova os dentes com o "sabor refrescante" do creme dental. Fuma movido pelos carrões e emoções sugeridos pelo anúncio. Toma banho com o sabonete das "estrelas do cinema". Induzidos pela propaganda que promove o **fetiche**[6] das mercadorias, "os consumidores se transformam em escravos dóceis", cujo gosto é condicionado pela rotina de produção daquilo que tem sucesso[7]. O consumo deixa de ser um meio de expressão do prazer pessoal e se transforma num fim em si mesmo. Torna-se um ato obsessivo alimentado pelo apetite de novidade e distinção social.

Para o consumidor alienado, comprar a coleção de roupa recém-lançada, as inovações em informática, os eletrodomésticos de última geração e o mais novo modelo de carro representa um sinal infalível de *status*, correspondendo ao

5. HORKHEIMER, Max. *Eclipse da razão*, p. 141.
6. **Fetiche**: objeto a que se presta culto ou adoração exagerada.
7. ADORNO, T.W. *O fetichismo na música*. *In: Os pensadores*. São Paulo, Abril Cultural, 1980, p.174.

desejo de projetar o "ter" para substituir o vazio do "ser" do homem–massa.

Assim, multidões freqüentam avidamente os grandes *shoppings* das cidades para contemplar as novidades das vitrines e, se possível, adquiri-las de imediato. Essa desesperada **neofilia** (amor obsessivo pelas novidades) afeta praticamente todas as relações de que o homem é capaz com o mundo exterior. "Para as pessoas contaminadas por essa doença cultural, um par de sapatos, uma roupa, um carro perdem o encanto com pouco tempo de uso, exatamente como a pessoa amada, o amigo ou até mesmo a pátria"[8].

Evidentemente, a neofilia desenfreada corresponde aos interesses dos grandes produtores econômicos. **Produzir objetos que logo se tornam obsoletos** é um princípio fundamental da indústria capitalista.

Escapar a essa armadilha do consumo não é um problema a ser resolvido apenas pela consciência e pela vontade individuais. É uma tarefa ampla que envolve a transformação dos valores dominantes em toda a sociedade.

O lazer alienado

O processo de alienação na sociedade industrial afeta também a utilização do tempo livre destinado ao lazer.

A indústria cultural e de diversão vende peças de teatro, filmes, livros, *shows*, jornais e revistas como qualquer outra mercadoria. E o consumidor alienado compra seu lazer da mesma maneira como compra seu sabonete. Consome os "filmes da moda" e freqüenta os "lugares badalados" sem um envolvimento autêntico com o que faz.

Agindo desse modo, muitos se esforçam e fingem que estão se divertindo, pensam que estão se divertindo, querem acreditar que estão se divertindo. Na verdade, "através da máscara da alegria se esconde uma crescente incapacidade para o verdadeiro prazer"[9].

A lógica capitalista afeta até mesmo a relação do indivíduo com as obras de arte. Reduzidas ao nível de mercadorias, estas passam a obedecer à lei da oferta e da procura. Tornam-se puros negócios fabricados pela **indústria cultural**, expres-

Antonio Milena/Abril Imagens

Fila para *show* em estádio de futebol. Nos momentos de lazer, pelo contato com nossa cultura, identidade, lugar, criamos e nos recriamos. Por isso se diz que o ócio é criativo. Mas se é imposto pela mídia massificadora, o lazer torna-se passivo e alienado.

8. LORENZ, Konrad. *Civilização e pecado*, p. 60.
9. LOBSENZ, Norman. Apud LOWEN, Alexander. *Prazer*, p.13-4.

são criada pelos filósofos Adorno e Horkheimer. E o que era fruto da espontaneidade criativa do sujeito se transforma em produção padronizada de objetos de consumo com vistas a obtenção de lucros econômicos.

> A técnica da indústria cultural levou apenas à padronização e à produção em série, sacrificando o que fazia a diferença entre a lógica da obra (de arte) e a do sistema social.
>
> ADORNO, T. e HORKHEIMER, M. *Dialética do esclarecimento*, p. 114.

PERSPECTIVAS

Sociedade do tempo livre ou do desemprego?

Na análise do processo histórico-social, vimos que o trabalho quase se transformou no oposto do que poderia ser para os homens. Ou seja, o trabalho — possibilidade de liberdade e realização — se tornou sinônimo de frustração, submissão e sofrimento.

Essa é a idéia que grande parte das pessoas tem acerca do trabalho, porque, de fato, é dessa forma que ele se apresenta para elas. O trabalho é tido unicamente como um meio de sobrevivência, como algo penoso pelo qual todos têm de passar, pois "quem não trabalha não come".

Em vista do que examinamos até aqui, podemos nos questionar: é realmente o trabalho uma categoria fundamental para ser humano? Ou seja, é através do trabalho que o homem se autoconstrói?

Não há como responder negativamente a essa questão. Mas então nos deparamos com outra: o que é o trabalho? Será apenas o que a ordem econômica exploradora reconhece como trabalho?

Se o que recusamos é a forma como o trabalho se apresenta — o trabalho forçado, o trabalho que é privação e não-realização das nossas capacidades —, será possível alcançarmos uma forma mais livre de trabalho?

Pensemos, então, no desenvolvimento tecnológico atual. Podemos perceber que a mecanização e automatização da produção vem suprimindo diversas tarefas rotineiras, que eram antes desempenhadas pelos trabalhadores. Como resultado dessa automatização, é possível imaginar que um dia viveremos numa sociedade na qual as pessoas possam dispor de maior tempo livre. É a perspectiva, como diversos teóricos denominam, da **sociedade do tempo livre**.

Em cerca de um século e meio (de 1850 ao final do século XX), um trabalhador em países como Inglaterra e França vivia, em média, de 45 a 50 anos, e trabalhava ao longo de sua vida, aproximadamente, 120 mil horas. Atualmente, nos países desenvolvidos, o trabalhador vive cerca de 75 a 80 anos e trabalha, aproximadamente, 80 mil horas ao longo da vida.

Para Domenico de Massi, "Tudo leva a crer que o processo tecnológico eliminará cada vez mais o trabalho humano, que todo o esforço físico e intelectual poderão ser delegados a máquinas e que ao homem restará só o monopólio das atividades criativas"[10].

A dificuldade está em que a simples automatização não garante, por si só, esse efeito, pois dela pode surgir também uma realidade opressiva e anti-social: uma **sociedade do desemprego**. Isso se comprova com o aumento do número de pessoas sem trabalho fixo nesses mesmos países onde a carga horária diminuiu, sem falar nos países da América Latina, onde os índices de desemprego tornam-se preocupantes e ainda subsistem situações de trabalho infantil e escravo.

Para evitar o desemprego em massa, uma alternativa seria a redução do tempo de trabalho, pretendida pelas organizações de trabalhadores, o que conduziria também à construção de uma sociedade de maior tempo livre.

10. Massi, Domenico. Em busca do ócio. In: *Veja 25 Anos*. São Paulo, Editora Abril, s/d, p. 48.

(...) o trabalho socialmente útil, distribuído entre todos os que desejam trabalhar, deixa de ser a ocupação exclusiva ou principal de cada um: a ocupação principal pode ser uma atividade ou conjunto de atividades autodeterminadas levada a efeito não por dinheiro, mas em razão do interesse, do prazer ou da vantagem que nela se possa encontrar. A maneira de se gerir a abolição do trabalho e o controle social desse processo serão questões políticas fundamentais dos próximos decênios.

GORZ, André. *Adeus ao proletariado*, p. 12.

Talvez estejamos caminhando para essa sociedade do tempo livre, mas diversos autores questionam os fundamentos e o alcance dessa perspectiva. Consideram que existe potencialmente essa hipótese, mas não como fruto automático do modelo econômico atual, globalizado, imposto à maioria das pessoas nos países em desenvolvimento.

Vivemos num mundo paradoxal, marcado por imensos contrastes. De um lado, percebemos realidades socioeconômicas homogêneas, desfrutadas por restrito conjunto de pessoas, **os incluídos**. Os *shoppings*, os produtos de grife, os aeroportos, os computadores tornam-se padronizados pela globalização. De outro lado, percebemos inúmeros problemas e mazelas, atingindo milhões de seres humanos, **os excluídos**.

Tuca Vieira/Folha Imagem

Condomínio de luxo, ao lado de favela. Imagem eloqüente de uma sociedade fraturada. Quem são os incluídos e os excluídos da grande "festa" do mundo globalizado atual?

Análise e entendimento

O ser humano e o trabalho

1. Que significa dizer que o trabalho é uma "atividade tipicamente humana"? Argumente.
2. Como tem sido valorizado o trabalho braçal ao longo da história? Justifique.
3. Apesar de entender o trabalho como uma "eterna necessidade natural da vida social", Marx desenvolveu um enfoque distinto ao de Hegel em sua interpretação sobre o trabalho. Como você analisa essa diferença?

Processo de alienação

4. Explique a diferença entre objetivação e alienação.
5. "O trabalhador só se sente feliz em seus dias de folga, enquanto no trabalho permanece aborrecido". Baseando-se no texto, como você explica essa frase de Marx?
6. Que papel tem a propaganda no processo de alienação? Justifique a sua resposta.
7. Considerando exemplos da sua vida cotidiana, explique como o processo de alienação afeta o indivíduo:
   a) em sua relação consigo mesmo;
   b) em sua maneira de relacionar-se com outras pessoas;
   c) em sua forma de consumir;
   d) em seu jeito de descansar e se entreter.

Tempo livre e desemprego

8. De acordo com o texto do filósofo austríaco André Gorz, estamos caminhando para um tipo de sociedade em que "o trabalho socialmente útil (...) deixa de ser a ocupação exclusiva ou principal de cada um". Explique e comente essa afirmação.

Debate e reflexão

1. ***Trabalho e dignidade***
   "O trabalho dignifica o homem" X "O trabalho escraviza o homem". Interprete e discuta essa contradição com seus colegas.

2. ***Grifes e alienação***
   Reflita sobre este trecho do poema "Eu, etiqueta", de Carlos Drummond de Andrade:

   Estou, estou na moda
   É doce estar na moda, ainda que a moda
   seja negar minha identidade,
   trocá-la por mil, açambarcando
   todas as marcas registradas,
   todos os logotipos do mercado.

3. ***O meu trabalho***
   Que profissão você gostaria de ter? Esse trabalho daria a você uma perspectiva de autoconstrução, alegria e liberdade? Como? O que você precisa fazer para realizar esse projeto? Compartilhe essa reflexão com seus colegas.

Sugestões de filmes

- **Tempos modernos** (1936, EUA, direção: Charles Chaplin)
  Obra em que, de uma forma ao mesmo tempo satírica e poética, Chaplin "passeia" pela paisagem moderna, a paisagem da indústria moderna. Mostra-nos a submissão do homem à máquina e a substituição do trabalho humano pelo trabalho mecânico, o que leva ao desemprego e à miséria. Mas mostra-nos também a solidariedade e a capacidade de gentileza e alegria que resiste à opressão do trabalho.
- **Germinal** (1993, Bélgica/França/Itália, direção: Claude Berri)
  Adaptação para o cinema de romance homônimo do escritor francês Émile Zola, publicado em 1885. Retrata as condições de trabalho e vida dos trabalhadores das minas de carvão na segunda metade do século XIX, bem como a emergência dos movimentos, greves e revoltas operárias.
- **Eles não usam black-tie** (1981, Brasil, direção: Leon Hirszman)
  Filme que retrata as dificuldades de organização dos trabalhadores na época da ditadura brasileira, tendo como foco uma família de operários e seus dilemas.
- **O show de Truman** (1998, EUA, direção: Peter Weir)
  História que se passa numa pequena comunidade racionalizada a partir da mais avançada tecnologia. Truman tem sua vida exposta a milhões de telespectadores, tendo sua imagem vinculada à propaganda de produtos diversos.

Para pensar

Temos em seguida dois textos que representam momentos histórico-sociais separados por quase três séculos.

O primeiro retrata a maneira como homens de sociedades e culturas distintas concebem sua relação com o mundo e com os outros homens. Trata-se de um diálogo entre um índio tupinambá (grupo indígena que povoava grande parte do litoral brasileiro nos séculos XVI e XVII) e Jean de Léry (pastor protestante e escritor francês que viveu no Brasil entre 1556 e 1558), no qual o índio explica a sua despreocupação com a acumulação de bens. O segundo texto, elaborado em 1848, é parte de uma reflexão de Marx e Engels sobre o desenvolvimento da burguesia e do modo de produção capitalista.

Leia os dois textos e responda às questões que se seguem.

Homem tupinambá (1641) – Albert Eckhout.

1. Diálogo sobre a produção de bens

Uma vez um velho perguntou-me:
— Por que vindes vós outros, *mairs* e *perôs* (franceses e portugueses), buscar lenha de tão longe para vos aquecer? Não tendes madeira em vossa terra?
Respondi que tínhamos muita, mas não daquela qualidade, e que não a queimávamos, como ele supunha, mas dela extraíamos tinta para tingir, tal qual o faziam eles com os seus cordões de algodão e suas plumas. Retrucou o velho imediatamente:
— E porventura precisais de muito?
— Sim — respondi-lhe — pois no nosso país existem negociantes que possuem mais panos, facas, tesouras, espelhos e outras mercadorias do que podeis imaginar e um só deles compra todo o pau-brasil com que muitos navios voltam carregados.
— Ah! — retrucou o selvagem — tu me contas maravilhas — acrescentando depois de bem compreender o que eu lhe dissera: — Mas esse homem tão rico de que me falas não morre?
— Sim — disse eu — morre como os outros.
Mas os selvagens são grandes discursadores e costumam ir em qualquer assunto até o fim, por isso perguntou-me de novo:
— E quando morre, para quem fica o que deixa?
— Para os filhos se os têm — respondi. — Na falta destes, para os irmãos ou parentes mais próximos.
— Na verdade — continuou o velho, que, como vereis, não era nenhum tolo — agora vejo que, vos *mairs*, sois grandes loucos, pois atravessais o mar e sofreis grandes incômodos, como dizeis quando aqui chegais, e trabalhais tanto para amontoar riquezas para vossos filhos ou para aqueles que vos sobrevivem! Não será a terra que vos nutriu suficiente para alimentá-los também? Temos pais, mães e filhos a quem amamos; mas estamos certos de que depois da nossa morte a terra que nos nutriu também os nutrirá, por isso descansamos sem maiores cuidados.

JEAN DE LÉRY.
Viagem à terra do Brasil, p. 169-70.

2. Reflexão sobre o modo de produção capitalista

Luta de classes

A história de todas as sociedades que existiram até nossos dias tem sido a história das lutas de classes.

Homem livre e escravo, patrício e plebeu, barão e servo, mestre de corporação e companheiro, numa palavra, opressores e oprimidos, em constante oposição, têm vivido numa guerra ininterrupta, ora franca, ora disfarçada. Uma guerra que terminou sempre ou por uma transformação revolucionária da sociedade inteira ou pela destruição das duas classes em luta. (...)

A sociedade burguesa moderna, que brotou das ruínas da sociedade feudal, não aboliu os antagonistas de classe. Não fez senão substituir novas classes, novas condições de opressão, novas formas de luta às que existiram no passado. (...)

Onde quer que tenha conquistado o poder, a burguesia calcou aos pés as relações feudais, patriarcais e idílicas. Todos os complexos e variados laços que prendiam o homem feudal a seus superiores naturais ela os despedaçou sem piedade, para só deixar subsistir, de homem para homem, o laço do frio interesse, as duras exigências do "pagamento à vista". (...)

A burguesia despojou de sua auréola todas as atividades até então reputadas veneráveis e encaradas com piedoso respeito. Do médico, do jurista, do sacerdote, do poeta, do sábio fez seus servidores assalariados. (...)

Exploração do mercado mundial

Impelida pela necessidade de mercados sempre novos, a burguesia invade todo o globo. Necessita estabelecer-se em toda parte, explorar em toda parte, criar vínculos em toda parte. Pela exploração do mercado mundial a burguesia imprime um caráter cosmopolita à produção e ao consumo em todos os países. As velhas indústrias nacionais foram destruídas e continuam a sê-lo diariamente. São suplantadas por novas indústrias, cuja introdução se torna uma questão vital para todas as nações civilizadas, indústrias que não empregam mais matérias-primas autóctones, mas sim matérias-primas vindas de regiões mais distantes, e cujos produtos se consomem não somente no próprio país, mas em todas as partes do globo.

Em lugar das antigas necessidades, satisfeitas pelos produtos nacionais, nascem novas necessidades, que reclamam para sua satisfação os produtos das regiões mais longínquas e dos climas mais diversos. Em lugar do antigo isolamento de regiões e nações que se bastavam a si próprias, desenvolvem-se um intercâmbio universal, uma universal interdependência das nações. (...)

KARL MARX e FRIEDRICH ENGELS.
Manifesto comunista (trecho adaptado). Apud FLORESTAN FERNANDES. *Marx-Engels*, p. 365-75.

Questões

1. De acordo com a informação contida no texto de Jean de Léry, o que você pode deduzir sobre o modo de produção dos tupinambás? Fundamente a sua resposta.

2. Qual é a principal crítica do velho tupinambá à visão européia sobre o trabalho e a riqueza? Comente.

3. "Impelida pela necessidade de mercados sempre novos, a burguesia invade todo o globo." Existe semelhança entre o processo descrito nessa afirmação e o atual processo de globalização da economia? Justifique sua resposta.

4. Que ponto(s) em comum você pode estabelecer nas críticas expressadas nesses dois textos?

3 Consciência crítica e filosofia

Filosofia, que palavra acertada! Todo o nosso saber sempre permanecerá filosofia, isto é, um saber sempre em progresso, cujo grau superior ou inferior devemos apenas ao nosso amor à sabedoria, à nossa liberdade.

Schelling

Filosofar é conversar. A tarefa do filósofo é a de impedir que essa conversação acabe.
Os dois filósofos (1628) — Rembrandt

DESENVOLVIMENTO DA CONSCIÊNCIA

O homem como sistema aberto

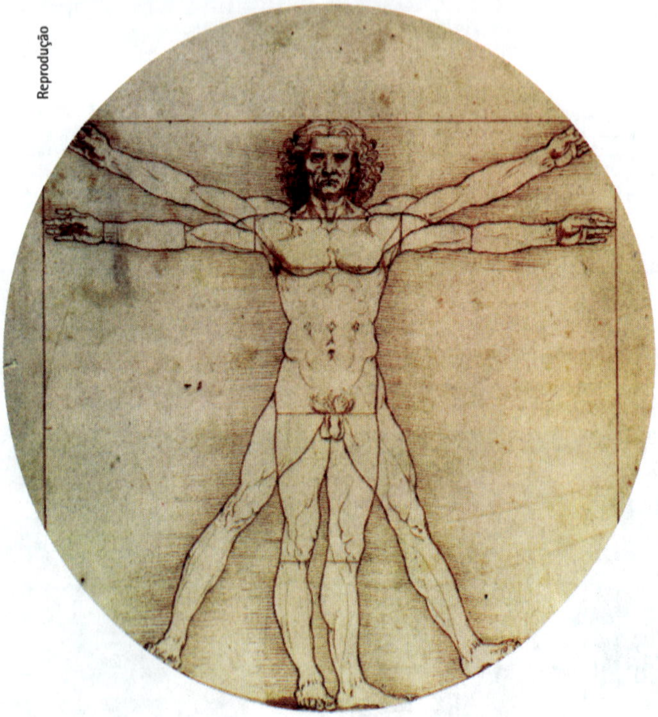

Estudo das proporções do corpo humano, de Leonardo da Vinci (1452-1519). Para Freud, o fundador da psicanálise, Leonardo "foi como um homem que acordou cedo demais na escuridão, enquanto os outros continuavam a dormir".

Nos primeiros capítulos desta unidade, estudamos dois aspectos fundamentais e característicos da existência humana e da convivência social — a cultura e o trabalho —, pertencentes à esfera do fazer e do saber fazer. Passemos agora a outro aspecto, mais ligado à esfera do saber propriamente dito: a **consciência**.

Talvez nada caracterize melhor o ser humano do que a consciência, isto é, o desenvolvimento dessa atividade mental que nos permite estar no mundo com algum saber, "com-ciência". Por isso, a biologia classifica o homem atual como *sapiens sapiens*: o ser que sabe que sabe. Isso significa que o homem é capaz de fazer sua inteligência debruçar sobre si mesma para tomar posse de seu próprio saber, avaliando sua consistência, seu limite e seu valor.

> O animal sabe. Mas, certamente, ele não sabe que sabe: de outro modo, teria há muito multiplicado invenções e desenvolvido um sistema de construções internas. Conseqüentemente, permanece fechado para ele todo um domínio do Real, no qual nos movemos. Em relação a ele, por sermos reflexivos, não somos apenas diferentes, mas outros. Não só simples mudança de grau, mas mudança de natureza, que resulta de uma mudança de estado.
>
> CHARDIN, Teilhard de. *O fenômeno humano*, p. 187.

O processo contínuo de conscientização faz do homem, portanto, um **sistema aberto**, fundamentalmente relacionado com o mundo e consigo mesmo. O ser humano pode voltar-se para dentro de si, investigando seu íntimo. E projetar-se para fora, investigando o universo.

Assim, a conscientização faz do homem um ser dinâmico, eterno caminhante destinado à procura e ao encontro da realidade. Caminhante cuja estrada é feita da harmonia e do conflito com o ser, o saber e o fazer, dimensões essenciais da existência humana.

Despertar da consciência crítica

Vimos que a consciência pode centrar-se sobre o próprio sujeito, sondando a interioridade, ou sobre os objetos exteriores, sondando a **alteridade** (do latim *alter*, "outro"). Há, portanto, duas dimensões complementares no processo de conscientização:

- **consciência de si**, isto é, a concentração da consciência nos estados interiores do sujeito, que exige **reflexão**. Alcança-se, por intermédio dela, a dimensão da interioridade, que se manifesta através do processo de falar, criar, afirmar, propor, inovar.
- **consciência do outro**, isto é, a concentração da consciência nos objetos exteriores, que exige **atenção**. Alcança-se, por intermédio dela, a dimensão da alteridade, que se

manifesta através do processo de escutar, absorver, reformular, rever, renovar.

O despertar da **consciência crítica** (ou **senso crítico**) depende do crescimento dessas duas dimensões da consciência: a reflexão sobre si e a atenção sobre o mundo. Se apenas um desses aspectos se desenvolve, há uma deformação, um abalo no desenvolvimento da consciência crítica.

Suponhamos, por exemplo, o crescimento só da consciência do outro. Essa atenção unilateral ao mundo, sem reflexão sobre si mesmo, conduziria à perda da identidade pessoal, à exaltação dos objetos externos, ao alheamento.

Por outro lado, imaginemos o crescimento só da consciência de si. Essa reflexão em torno do eu, sem atenção sobre o mundo, conduziria ao isolamento, ao fechamento interior, ao labirinto narcisista.

O escritor alemão Wolfgang Goethe (1749-1832) dizia que o homem só conhece o mundo dentro de si se toma consciência de si mesmo dentro do mundo. Assim, o desenvolvimento da conscientização humana depende da superação do isolamento e do alheamento. É processo **dialético**, que se move **do eu ao mundo** e **do mundo ao eu**. Do fazer ao saber. E do saber ao refazer, e assim por diante.

Modos da consciência

Geralmente relacionamos a consciência apenas à capacidade cognitiva, ou seja, à capacidade de apreensão intelectual de uma dada realidade. No entanto, o ser humano se relaciona com a realidade através de múltiplos sentidos e múltiplas capacidades. Por isso, podemos distinguir alguns modos da consciência que estabelecem essa relação homem — mundo.

Consciência mítica

O termo **mito** tem diversos significados. Pode significar: uma idéia falsa, como quando se diz "o mito da superioridade racial dos germânicos difundido pelos nazistas"; uma crença exagerada no talento de alguém, como em "Elvis Presley foi o maior mito da música popular mundial"; ou ainda algo irreal e supersticioso, como o "mito do saci-pererê".

Quando falamos em mito num sentido antropológico, que é o que nos interessa aqui, queremos nos referir às narrativas e ritos tradicionais, integrantes da cultura de um povo, principalmente entre as populações primitivas e antigas, que utilizam elementos simbólicos para explicar a realidade e dar sentido à vida humana. Para o especialista romeno em história das religiões Mircea Eliade (1907-1986): "O mito conta uma história sagrada: ele relata um acontecimento ocorrido no tempo primordial (...) O mito narra como, graças às façanhas dos entes sobrenaturais, uma realidade passou a existir"[1].

O psiquiatra suíço Carl Gustav Jung (1875-1961) notou a semelhança entre os sonhos de seus pacientes e os mitos. Também percebeu que mitos de culturas distintas eram bastante parecidos entre si. Assim, formulou a teoria segundo a qual os mitos seriam manifestações de arquétipos (modelos) que surgem do inconsciente coletivo da humanidade.

1. ELIADE, Mircea. *Mito e realidade*, p. 11.

Através dos mitos, os homens procuravam explicar a realidade e, a partir dessa explicação, criavam meios para, por exemplo, se proteger dos males que os ameaçavam. Por intermédio de ritos sagrados, afirmavam e renovavam suas alianças com os seres sobrenaturais e, com isso, produziam uma sensação de amparo diante dos perigos da vida.

Embora não fosse um conhecimento do tipo racional, conforme veremos adiante, a consciência mítica mostrava-se operativa, isto é, trazia resultados, transmitindo valores e normas de conduta desejados pelas sociedades. Nesse sentido, as lendas míticas de vários povos são ricas em metáforas e reflexões sobre os homens e sua condição no mundo.

Consciência religiosa

A consciência religiosa compartilha com a consciência mítica o elemento do sobrenatural, a crença em um poder superior inteligente, isto é, a divindade. No entanto, é uma consciência que, historicamente, conviveu, dialogou e debateu com a razão filosófica e científica. Sua diferença em relação a esses saberes está na crença em **verdades reveladas** pela **fé** religiosa enquanto a filosofia e a ciência se apóiam sobretudo na **razão** para alcançar o conhecimento.

Os longos debates travados entre os defensores da fé e os da razão, durante a Idade Média, não conseguiram conciliar satisfatoriamente esses dois termos. No período seguinte, a discussão prosseguiu entre os filósofos. O francês René Descartes (1596-1650), por exemplo, colocava a ênfase na razão, enquanto o também francês Pascal fazia o contraponto ao afirmar que "o coração tem razões que a razão desconhece"[2], isto é, existem outras possibilidades de conhecimento das quais a razão não participa.

Consciência intuitiva

A intuição é uma forma de consciência que pode ser apontada como um saber imediato, ou seja, que ocorre como um *insight*[3]. Desse modo, a intuição distingue-se do conhecimento formal, refletido, que se constrói através de argumentos.

É possível falar na existência de uma intuição sensível e uma intuição intelectual. O filósofo grego Aristóteles se referia à **intuição intelectual** como o conhecimento imediato de algo universalmente válido e evidente, que, posteriormente, poderia ser demonstrado através de argumentos. Já a **intuição sensível** seria um conhecimento imediato restrito ao contexto das experiências individuais, singulares. Ou seja, são aquelas "leituras de mundo" guiadas pelo conjunto de experiências de cada indivíduo e que, dessa forma, só podem ser "decifradas" a partir de suas vivências subjetivas.

Em um e outro caso, a intuição tem um caráter **sincrético**, isto é, representa uma aglutinação de elementos indistintos que, posteriormente, podem ser desdobrados em uma análise. Quando isso se der, estaremos entrando no conhecimento racional.

Consciência racional

O filósofo Hegel considera que há três grandes formas de compreensão do mundo, que seriam a religião, a arte e a filosofia. A diferença entre elas estaria no seu modo de consciência: enquanto a religião apreende o mundo pela fé, a arte o faz predominantemente pela intuição, e a filosofia, pelo conhecimento racional.

A consciência racional busca a compreensão da realidade por meio de certos princípios estabelecidos pela razão, como, por exemplo, o de causa e efeito (todo efeito deve ter a sua causa). Essa busca racional se caracteriza por pretender alcançar uma adequação entre pensamento e realidade, isto é, entre explicação e aquilo que se procura explicar.

2. PASCAL, Blaise. *Pensamentos*, 277, p. 107.
3. **Insight**: termo inglês que designa a compreensão repentina de um problema ou situação.

> Para o racionalismo grego, de Platão a Aristóteles e outros, conhecer significava entender as causas. (...) Para se conseguir definir o mundo em termos de causas, é essencial desenvolver a idéia de uma cadeia unilinear (...) é necessário supor uma série de princípios: o princípio de identidade (A = A) , o princípio de não contradição (é impossível algo ser A e não ser A ao mesmo tempo) e o princípio do terceiro excluído (ou A é verdadeiro ou A é falso e não há terceira possibilidade). A partir desses três princípios derivamos o modelo típico do pensamento racional ocidental.
>
> ECO, Umberto. *Interpretação e superinterpretação*, p. 31 e 32.

O conhecimento racional é comum à **ciência** e à **filosofia**. Esses dois campos do saber racional se mantiveram ligados por muitos séculos, mas, principalmente, a partir da revolução científica, no século XVII, foram separados e hoje guardam características próprias.

A ciência desenvolveu métodos científicos, baseados em experimentações, que permitem a observação dos dados empíricos e a sua organização em teorias, para alcançar o que é universal em relação ao fenômeno ou objeto investigado. Devido ao acúmulo de conhecimento já alcançado pela humanidade, a ciência tende cada vez mais à especialização.

A filosofia se distingue da ciência por ser mais teórica e não condicionar o objeto de sua análise a um laboratório de experimentações. A filosofia também não pretende um saber especializado, e sim um conhecimento que resgate a visão de conjunto. Por isso, o diálogo entre filosofia e ciência é fundamental, pois um lado complementa o outro. Nesse diálogo, a filosofia pode valer-se dos resultados alcançados pela ciência e questioná-los de uma forma global.

Enquanto a ciência procura, principalmente, compreender o que são as coisas, ou seja, fornecer a chave de compreensão da realidade, a filosofia, através da razão crítica, é capaz de "estranhar" essa realidade cotidianamente e, assim, proceder à reflexão em busca de seus fundamentos, percebendo o que ela é e propondo o que ela deveria ser. Em outras palavras, a filosofia não busca somente a descrição objetiva da realidade, mas avalia e questiona essa realidade.

Senso comum: o saber das opiniões

De maneira geral, os vários modos da consciência coexistem, em maior ou menor grau, quando emitimos algum juízo sobre a realidade. Isso nos leva a fazer outra distinção em relação a certo tipo de saber. Vejamos.

Em nossa conversa diária com as pessoas é comum surgir uma série de opiniões sobre os mais variados assuntos. Muitas dessas opiniões freqüentemente conseguem um **consenso**, isto é, obtêm a concordância da maioria das pessoas de um grupo. Essas opiniões podem também se tornar concepções aceitas por diversos segmentos de uma sociedade.

Esse vasto conjunto de opiniões, aceitas como verdadeiras, mas sem uma fundamentação de

Obra de Joseph Wright (1766), onde o filósofo usa um modelo mecânico (planetário) para explicar as teorias de cientistas como Copérnico, Kepler e Newton sobre o funcionamento do Universo.

sua validade, recebe o nome de **senso comum**. O filósofo belga Chaim Perelman (1912-1984) define o senso comum como uma série de crenças admitidas por um determinado grupo social, cujos membros acreditam serem compartilhadas por todos os homens.

Muitas das concepções do senso comum de um povo ou de um grupo social podem ser encontradas em frases feitas ou em ditados populares, como, por exemplo:

> Deus ajuda quem cedo madruga.
> Querer é poder.
> Filho de peixe peixinho é.

Repetidas irrefletidamente no cotidiano, algumas dessas noções podem esconder idéias falsas, parciais ou preconceituosas. Outras, no entanto, podem revelar profunda reflexão sobre a vida — o que chamamos "sabedoria popular".

Mas o que caracteriza basicamente as noções pertencentes ao senso comum não é a sua verdade ou falsidade. É a falta de **fundamentação** crítica. Isto é, as pessoas não sabem o **porquê** dessas noções. Trata-se, portanto, de um conhecimento adquirido sem uma base crítica, precisa, coerente e sistemática.

No senso comum, ou seja, no entendimento médio, comum, próprio à maioria das pessoas, os modos da consciência se encontram geralmente emaranhados de tal forma que suas noções se caracterizam por uma aglutinação **acrítica** de juízos, provenientes tanto da intuição como do campo racional ou religioso. Acrítica quer dizer que falta o reconhecimento exato da origem dos elementos que compõem essas noções ou conhecimentos.

Como resultado, temos a consagração de um dado conjunto de formulações teóricas que servirão como base de orientação para a vida prática da pessoa como se fossem definitivas. Nesse procedimento comum e cotidiano, elevamos à categoria de "verdades definitivas e absolutas" conhecimentos provisórios e parciais.

Em virtude da ausência da razão crítica, o senso comum se torna terreno favorável ao desenvolvimento do fenômeno da ideologia.

Ideologia: a dissimulação dos interesses

A palavra **ideologia** pode assumir diversos significados. Criada pelo filósofo francês Destutt de Tracy (1754-1836), queria dizer ciência das idéias, compreendendo o estudo da origem e do desenvolvimento das idéias. Posteriormente, o termo passou a significar as idéias próprias de certos grupos sociais e políticos. Assim é que se fala em ideologia liberal, ideologia de esquerda, ideologia burguesa etc.

Por influência do pensamento de Karl Marx, a palavra ideologia tornou-se largamente utilizada na filosofia e nas ciências sociais, adquirindo um significado crítico e negativo. De acordo com essa vertente, ideologia seria não apenas um conjunto de idéias que elaboram uma compreensão da realidade, mas também um conjunto de idéias que dissimulam essa realidade, porque mostram as coisas de forma apenas parcial ou distorcida em relação ao que realmente são.

O que se buscaria ocultar ou dissimular na realidade poderia ser, por exemplo, o domínio de uma classe social sobre outra. Neste caso, a ideologia teria funções como a de preservar a dominação de classes apresentando uma explicação apaziguadora para as diferenças sociais. Seu objetivo seria evitar um conflito aberto entre opressores e oprimidos.

A ideologia seria, portanto, uma forma de consciência da realidade, mas uma consciência parcial e ilusória, que se baseia na criação de conceitos e preconceitos como instrumentos de dominação.

Para a filósofa brasileira Marilena Chauí, a noção de ideologia apresenta, de forma resumida, os seguintes traços gerais:

- **anterioridade** — a ideologia funciona como um conjunto de idéias, normas e valores destinados a fixar e prescrever, de antemão, os modos de pensar, sentir e agir das pessoas. Em razão de sua anterioridade, a ideologia predetermina o pensamento e a ação, desprezando a história e a prática na qual cada pessoa se insere, vive e produz;

- **generalização** — a ideologia tem como finalidade produzir um consenso coletivo, um senso comum (aceitação geral) em torno de certas teses e valores. Com isso, generaliza para toda a sociedade aquilo que corresponde aos interesses específicos dos grupos ou classes dominantes. O "bem de alguns" é difundido como se fosse o "bem comum". Além disso, a generalização visa ocultar a origem dos interesses sociais específicos que nascem da divisão da sociedade em classes;
- **lacuna** — a ideologia desenvolve-se sobre uma lógica construída na base de lacunas, de omissões, de silêncios e de saltos. Uma lógica montada para ocultar em vez de revelar, falsear em vez de esclarecer, esconder em vez de descobrir. A eficiência de uma ideologia depende de sua capacidade para ocultar sua origem, sua lacuna e sua finalidade. Suas "verdades" devem parecer naturais, plenamente justificadas, válidas para todos os homens e para todo o sempre.

> A lógica ideológica só pode manter-se pela ocultação de sua gênese, isto é, a divisão social das classes, pois sendo missão das ideologias dissimular a existência dessa divisão, uma ideologia que revelasse sua própria origem se autodestruiria.
>
> CHAUÍ, Marilena. *Ideologia e educação*, p. 25.

Por outro lado, de acordo com a análise feita pelo filósofo marxista húngaro György Lukács (1885-1971), a característica fundamental da ideologia seria o fato de ela se prestar à **orientação da vida prática** dos indivíduos, ou seja, de fornecer a base para a resolução dos problemas práticos da vida em sociedade. Nesse sentido, a ideologia teria uma função operativa e existiria desde o momento em que os homens vivem em coletividade. Ou seja, Lukács destaca que a ideologia não tem necessariamente o caráter dissimulador da luta de classes, pois não seria um fenômeno apenas das sociedades divididas em classes.

Apenas quando o conflito social passa a fazer parte da realidade é que a ideologia se volta à resolução dos problemas gerados por esse conflito, manifestando-se então como instrumento de classe.

Assim, o fato de que a ideologia burguesa oculte ou mostre parcialmente a realidade se originaria, por um lado, de sua própria incapacidade de ver a realidade em sua totalidade e, por outro, da necessidade, comum a todas as classes dominantes, de tornar "universais" os seus valores particulares, a fim de garantir a estabilidade da ordem social que lhe interessa. Por isso, outro pensador marxista, o italiano Antônio Gramsci (1891-1937), se refere à ideologia como sendo o "cimento" que garante a coesão social.

A crítica de uma ideologia pode ser feita pelo exercício de "estranhamento" da realidade em questão. Nesse exercício, os elementos que compõem determinada realidade devem deixar de ser vistos como **dados naturais**, universais, óbvios, eternamente válidos, para serem analisados, relativizados, examinados com senso crítico, compreendidos como **construções histórico-sociais**. Desse modo, podemos dizer que "ao mesmo tempo que se iludem, os indivíduos inquietos podem questionar suas próprias ilusões. Tropeçando nas distorções do conhecimento, os seres humanos insistem em reagir contra elas. Conhecer é um anseio que não se dissipa com a constatação das colossais dificuldades encontradas no caminho do conhecimento".[4]

4 KONDER, Leandro. *A questão da ideologia*. São Paulo, Cia. das Letras, 2002, p. 259.

A esse respeito, o poeta e dramaturgo alemão Bertold Brecht (1898-1956) se expressa dizendo:

> Nós pedimos com insistência:
> Não digam nunca: isso é
> natural!
> Diante dos acontecimentos
> de cada dia.
> Numa época em que
> reina a confusão.
> Em que corre sangue,
> Em que se ordena a desor-
> dem,
> Em que o arbitrário tem
> força de lei,
> Em que a humanidade
> se desumaniza.
> Não digam nunca:
> isso é natural!
>
> Apud PEIXOTO, F. Brecht. *Vida e obra*, p. 126.

Sensibiliza e emociona este trágico retrato de família de excluídos, vítima da seca nordestina. Já a banalização da miséria e da violência pelos meios de comunicação de massa dessensibiliza as pessoas e promove o cinismo, servindo à ideologia dominante. *Retirantes* (1944) da série retirantes — Candido Portinari. Painel óleo/tela, 190x180. Coleção Museu de Arte de São Paulo Assis Chateaubriand/MASP.

Alienação, ideologia e razão

Nas sociedades marcadas pela alienação e por ideologias desenvolve-se a chamada **razão instrumental**[5], ou seja, uma razão que se torna simples instrumento para se atingir algum fim. É um tipo de razão calculadora, que mede utilidades e resultados. Está voltada para ser um instrumento de poder e dominação.

5. **Razão instrumental**: expressão utilizada por filósofos da Escola de Frankfurt, notadamente Theodor Adorno (1902-1969) e Max Horkheimer (1895-1973).

De acordo com Jürgen Habermas, filósofo alemão contemporâneo, a nossa sociedade se caracterizaria por uma "colonização" da vida humana por essa lógica da razão instrumental, que rege o processo de produção material.

Caberia à filosofia compreender como ocorre esse processo, bem como questionar essa "colonização", em nome do livre desenvolvimento do ser humano e da razão, que não pode ser confundida com a racionalidade puramente instrumental.

A arte, por sua vez, procura denunciar essa "colonização", que leva ao automatismo da vida cotidiana, não pela análise teórica, mas sobretudo através do conhecimento intuitivo, que apreende e apresenta essa realidade através da literatura, das artes plásticas, da música, da dança e do teatro.

FILOSOFIA

Do senso comum ao senso crítico

> Há algum tempo eu me apercebi de que, desde meus primeiros anos, recebera muitas falsas opiniões como verdadeiras, e de que aquilo que depois eu fundei em princípios tão mal assegurados não podia ser senão duvidoso e incerto, de modo que me era necessário tentar seriamente, uma vez em minha vida, me desfazer de todas as opiniões a que até então dera crédito, e começar tudo novamente desde os fundamentos.
>
> **Descartes**

O pensador (1904) — Auguste Rodin.

Reprodução

A exigência de clareza e de livre crítica é própria do percurso filosófico. Antes de Descartes, essa **recusa da opinião** (da *doxa*, em grego) e a busca da explicação e da verdade (a **teoria**) já eram encontradas nos diálogos socráticos, escritos pelo grego Platão no século IV a.C. Exercitando o senso crítico do interlocutor, esses diálogos tinham importante papel educativo. Eles mostravam a precariedade das opiniões do senso comum de sua época.

Primeiro foi o espanto[6], depois o despertar crítico e a decepção. O ser humano queria uma explicação para o mundo,

6. **Espanto**: usamos aqui esse termo com o sentido de admiração e inquietação diante do mundo e dos homens. A primeira virtude do filósofo, dizia Platão, é o espanto (*thaumázein*, em grego), a curiosidade insaciável, a capacidade de admirar e problematizar as coisas.

uma ordem para o caos. Ele queria, enfim, a verdade. Essa busca da verdade tornou-o cada vez mais exigente com o conhecimento que adquiria e transmitia. Ambicioso, o homem sentia uma necessidade crescente de entender e explicar de maneira clara, coerente e precisa. Essa busca do saber fez nascer a filosofia. Por isso, dizia Aristóteles: " Quando pergunta e se espanta, o homem tem uma sensação de ignorância. Para escapar dessa ignorância ele começa a filosofar."

A palavra **filosofia** é formada por dois termos gregos: *filos*, que traduz a idéia de amor, e *sofia*, que significa sabedoria. Assim, filosofia tem o sentido etimológico de "amor à sabedoria".

Conforme a tradição histórica, a criação da palavra filosofia é atribuída ao grego Pitágoras, que viveu no século VI a.C. Certa vez, perguntado pelo príncipe Leonte sobre qual era a natureza da sua sabedoria, Pitágoras disse: sou apenas um filósofo. Com essa resposta, desejava esclarecer que não detinha a posse da sabedoria. Assumia a posição de "amante do saber", alguém que procura a sabedoria, que busca a verdade.

Com o decorrer do tempo, entretanto, a palavra filosofia foi perdendo o significado original. Na própria Grécia Antiga passou a designar não apenas o amor ou a procura da sabedoria, mas um tipo especial de sabedoria: aquela que nasce do **uso metódico da razão**, da investigação racional, na busca do conhecimento.

Extensão do conhecimento filosófico

O saber filosófico designava, desde a Grécia Antiga, a totalidade do conhecimento racional desenvolvido pelo homem. Abrangia, portanto, os mais diversos tipos de conhecimento, que hoje entendemos como pertencentes à matemática, astronomia, física, biologia, lógica, ética e outras áreas do saber. Enfim, todo o conjunto dos **conhecimentos racionais** integrava o universo do saber filosófico. À filosofia interessava conhecer toda a realidade sem dividi-la em objetos específicos de estudo.

Na história do pensamento ocidental, esse significado **amplo** e **universalista** do saber filosófico manteve-se, de modo geral, até a Idade Média. Poucas áreas separaram-se da filosofia, como o fez a teologia, por exemplo, que se desenvolveu em estudo específico a respeito de Deus.

Durante a Idade Moderna, entretanto, o vasto campo filosófico entrou num processo de redução. A realidade a ser conhecida passou a ser dividida, recortada, despertando estudos especializados. Era a **separação entre ciência e filosofia**.

Gradativamente, foram conquistando autonomia muitas ciências particulares, que se desprenderam do tronco comum da árvore do saber filosófico. Ao se constituírem por um processo de especialização, essas ciências passaram a direcionar suas investigações a certos campos delimitados da realidade, e o fazem ainda hoje de forma cada vez mais "localizada". Exemplos dessas ciências são a matemática, a física, a química, a biologia, a antropologia, a psicologia, a sociologia etc.

Os dias atuais caracterizam-se como a "era dos especialistas". Para os críticos dessa especialização do mundo científico, ela conduz a uma pulverização do saber, à perda de uma visão mais ampla do conhecimento, a uma restrição mental sistemática. Nesse contexto, a filosofia passou a ter o papel, entre outros, de buscar a unidade do saber, de examinar a validade dos métodos e critérios adotados pelas ciências. Isto é, passou a desenvolver o trabalho de reflexão sobre os conhecimentos alcançados por todas as ciências, além da procura de respostas, por exemplo, ao sentido e ao valor da vida.

Assim, encontramos trabalhos filosóficos voltados ao estudo geral dos **ser**, do **conhecimento** e do **valor** das coisas. Em termos mais específicos, situam-se dentro do campo filosófico aqueles estudos que se referem a temas tais como teoria do conhecimento, fundamentos do saber científico, lógica, política, ética e estética. Esses temas são estudados em detalhe nas próximas unidades deste livro.

Análise e entendimento

O desenvolvimento da consciência

1. Segundo o filósofo jesuíta de origem francesa Teilhard Chardin (1881-1955): "O animal sabe. Mas, certamente, ele não sabe que sabe (...). Conseqüentemente, permanece fechado para ele todo um domínio do Real, no qual nos movemos." Com base nesse raciocínio, em que diferiria o ser humano do animal?
2. Para que serve, respectivamente, a atenção e a reflexão? Quando as exercitamos?
3. O despertar da consciência crítica depende do crescimento harmônico da consciência de si e da consciência do outro. Comente essa afirmação.
4. Identifique que modo da consciência (mítica, religiosa, intuitiva, racional) expressa cada frase abaixo. Justifique.
   a) Os antibióticos combatem as infecções porque evitam que as bactérias se reproduzam.
   b) A fúria de Netuno levantou ondas imensas, destruindo a embarcação.
   c) Algo me diz que ele está mentindo.
   d) Esta casa está abençoada por Deus.

Senso comum, ideologia e filosofia

5. Algumas noções do senso comum escondem idéias falsas, parciais ou preconceituosas, enquanto outras revelam profunda reflexão sobre a vida. Como você explica essa contradição?
6. Por que se pode dizer que o senso comum é um terreno favorável ao desenvolvimento de ideologias?
7. Qual o sentido original do termo filosofia? Explique.
8. Releia a frase citada de Descartes neste capítulo. Que relação você pode estabelecer entre essa declaração do filósofo, o senso comum e a filosofia?

Debate e reflexão

1. ***Consciência crítica***
   Encontre situações que expressem as seguintes atitudes: a) consciência de si; b) consciência do outro; c) consciência crítica. Escreva pelo menos uma frase para cada uma. Depois compartilhe-as com seus colegas.
2. ***O exercício do "estranhamento"***
   "Não digam nunca: isso é natural!" Discuta com seus colegas o sentido desse verso de Brecht.
3. ***O despertar da filosofia***
   Que é e para que serve a filosofia? Reflita sobre o tema e o apresente a seus colegas.
4. ***A era dos especialistas***
   No mundo científico atual existem inúmeros especialistas para cada setor do conhecimento. Debata o seguinte tema: Vantagens e desvantagens da especialização extrema.

Sugestões de filmes

- **Os últimos rebeldes** (1992, EUA, direção: Thomas Carter)
Filme que apresenta a ascensão do nazismo e a ideologização da consciência da juventude alemã. Um grupo de jovens amigos se encontra, devido ao momento histórico, exposto à ideologia nazista que, entre outras coisas, reprime toda forma de expressão cultural que possa significar uma ameaça a seus valores.
- **Sociedade dos poetas mortos** (1989, EUA, direção: Peter Weir)
Obra que, por trás de um enredo bastante previsível, aborda uma questão fundamental: em uma sociedade como a nossa, marcada por uma racionalidade que visa fins, objetivos úteis, sejam eles a sobrevivência, o sucesso ou o *status*, de que espaço podemos dispor para a expressão do que há de mais humano em nós, nossas dúvidas, nossas perguntas essenciais? Qual o lugar do "inútil", da poesia, da arte e da filosofia?
- **Mississípi em chamas** (1988, EUA, direção: Alan Parker)
Filme clássico sobre o racismo nos Estados Unidos dos anos 1960 que denuncia o problema da intolerância.

Para pensar

No texto a seguir, o filósofo brasileiro Roland Corbisier (1914-2005) ressalta a importância do ato de perguntar. Esse ato, tão "banal e cotidiano", nos distingue, essencialmente, de todos os demais seres viventes. Por isso, está na raiz da atividade filosófica.

Homem: o ser que pergunta

Normalmente perguntamos sem refletir sobre o próprio perguntar, sem indagar pelo significado dessa operação da inteligência que se acha na raiz de todo conhecimento e de toda ciência. E ao perguntar por perguntar, convertemos essa operação, que nos parece tão banal, tão quotidiana, em tema filosófico, a partir do momento em que passamos a considerá-la do ponto de vista da crítica radical.

Se compararmos, nesse aspecto, o comportamento humano com o do animal, verificaremos que o animal não pergunta, não indaga, limitando-se a responder.

Mas, por que o animal não pergunta? Não pergunta porque não precisa perguntar. E por que não precisa perguntar? Porque, para viver e reproduzir-se, dispõe do instinto que o torna capaz de fazer, embora inconsciente e sonambulicamente, tudo o que é necessário para sobreviver e assegurar a sobrevivência de sua espécie.

A existência humana parece ser um enigma indecifrável, ao mesmo tempo fascinante e assustador. *O enigma sem fim* (1938) – Salvador Dali.

O animal não pergunta, limita-se a responder a estímulos e provocações do contexto em que se encontra, a responder imediatamente, fugindo do perigo, quando é ameaçado, e atacando a presa quando está com fome.

Em contraste, o homem pergunta. E, por que pergunta? Porque precisa perguntar. Mas, por que precisa perguntar? Precisa perguntar porque não sabe e precisa saber, saber o que é o mundo em que se encontra e no qual deve viver. Para poder viver, e viver é conviver, com as coisas e com os outros homens, precisa saber como as coisas e os outros homens se comportam, pois sem esse conhecimento não poderia orientar sua conduta em relação às coisas e aos homens. Para o ser humano o conhecimento não é facultativo, mas indispensável, uma vez que sua sobrevivência dele depende.
Ora, que está na origem do conhecimento, tanto filosófico quanto científico? Na origem desse conhecimento está a capacidade, ou melhor, a necessidade de perguntar, de indagar, o que são as coisas e o que é o homem.

ROLAND CORBISIER.
Introdução à filosofia, t. 1, p. 125-27.

Questões

1. Baseando-se no texto, responda: por que o animal, para viver, não precisa perguntar?
2. Em contraste com o animal, por que o homem precisa perguntar?
3. Qual é a contradição irônica entre o que diz Corbisier a respeito do ser humano e a classificação biológica da espécie humana?
4. Comente a seguinte afirmação: Apesar de pouco praticado, perguntar é um ato inteligente e muito importante numa conversação. É a melhor maneira de confirmar que o que a pessoa está entendendo é realmente o que quis dizer o outro. Por meio de perguntas, a pessoa também mostra sua atenção, curiosidade, seu interesse e respeito pelo que faz, sente e pensa seu interlocutor. Não fica apenas preocupada em exibir seus próprios conhecimentos, ou esconder sua ignorância, e aprende mais. Por isso há quem diga que fazer perguntas é mais importante que dar respostas.

4 Teoria do conhecimento: investigando o saber

O que sou eu? Uma substância que pensa. O que é uma substância que pensa? É uma coisa que duvida, que concebe, que afirma, que nega, que quer, que não quer, que imagina e que sente.

Descartes

Alinari Archives/Corbis

Os seres humanos buscam constantemente o conhecimento de si mesmos, dos outros e do mundo à sua volta.

CONHECIMENTO
Um tema para muitas discussões

Hélene Crochemore/Images.com/Corbis

Poderá a "luz" do conhecimento "iluminar" todas as esferas da existência humana?

A história do pensamento ocidental testemunha a atenção que as especulações filosóficas têm concentrado sobre determinados temas. Esses temas, discutidos em diversos períodos, tornaram-se o que chamamos **problemas filosóficos**. Entre os principais problemas filosóficos está o do **conhecimento**, assunto central deste capítulo.

Para que investigar o conhecimento? Como vimos anteriormente, o ser humano, desde seus primórdios até nossos dias, vive uma busca incessante por compreender a si mesmo e o mundo à sua volta. Isso levou a que muitos pensadores sentissem que era necessário entender primeiro sua própria **capacidade de entender**, antes de confiar plenamente na percepção e compreensão que alcançavam das coisas.

Desde a Antigüidade grega, quase todos os filósofos se preocuparam com o problema do conhecimento. Problema que envolve questões básicas como:

- O que é conhecimento?
- Qual é o fundamento do conhecimento?
- É possível o conhecimento verdadeiro?

Todas essas questões têm sido tratadas por uma disciplina filosófica que costuma ser designada por diversos nomes: teoria do conhecimento, gnosiologia, crítica do conhecimento ou epistemologia. Neste capítulo, utilizaremos a denominação **teoria do conhecimento**.

Em que consiste, então, a teoria do conhecimento?

A teoria do conhecimento pode ser definida como a investigação acerca das condições do conhecimento verdadeiro. Neste sentido podemos dizer que existem tantas teorias do conhecimento quantos foram os filósofos que se preocuparam com o problema, pois é impossível constatar uma coincidência total de concepções mesmo entre filósofos que habitualmente são classificados dentro de uma mesma escola ou corrente.

Dentre as principais questões tematizadas na teoria do conhecimento podemos citar: as **fontes** primeiras de todo conhecimento ou o ponto de partida; o processo que faz com que os dados se transformem em juízos ou afirmações acerca de algo; a maneira como é considerada a **atividade do sujeito frente** ao objeto a ser conhecido; o **âmbito** do que pode ser conhecido segundo as regras da verdade etc.

LEOPOLDO E SILVA, Franklin. Teoria do conhecimento.
In: MORA DE OLIVEIRA, Armando et al. *Primeira filosofia. Tópicos de filosofia geral*, p. 175.

Cada teoria do conhecimento constitui, portanto, uma reflexão filosófica com o objetivo de investigar as **origens**, as **possibilidades**, os **fundamentos**, a **extensão** e o **valor** do conhecimento.

Foi somente a partir da Idade Moderna que a teoria do conhecimento passou a ser tratada como uma das disciplinas centrais da filosofia. Nesse seu processo de valorização colaboraram, de forma decisiva, as obras do filósofo francês René Descartes (1596-1650), do filósofo inglês John Locke (1632-1704) e do filósofo alemão Immanuel Kant (1724-1804), conforme veremos adiante.

Sujeito e objeto: elementos do processo de conhecer

O que é, afinal, conhecer? Conforme analisa o filósofo norte-americano contemporâneo Richard Rorty, na concepção de grande parte dos filósofos, "conhecer é representar cuidadosamente o que é exterior à mente". É a interpretação de que o conhecimento é **representação**, isto é, uma "imagem" ou "reprodução" mental da coisa conhecida.

Assim, de acordo com a noção representacionista do conhecimento, quando conhecemos, por exemplo, um pássaro, formamos uma representação, uma "imagem adequada" desse pássaro em nossa mente.

Outra noção importante é a de que, no processo de conhecimento, sempre existiria a relação entre dois elementos básicos:

- um **sujeito** conhecedor (nossa consciência, nossa mente) e
- um **objeto** conhecido (a realidade, o mundo, os inúmeros fenômenos).

Só haveria conhecimento se o sujeito conseguisse apreender o objeto, isto é, conseguisse representá-lo mentalmente.

Dependendo da corrente filosófica, será dada, no processo de conhecimento, maior importância ao sujeito (é o caso do **idealismo**) ou ao objeto (é o caso do **realismo** ou materialismo). Vejamos.

Acredita-se, em geral, que conhecimento perfeito é aquele em que a representação é idêntica à realidade. *A condição humana* (1935) — René Magritte.

Realismo

De acordo com as teorias realistas do conhecimento, as percepções que temos dos objetos são **reais**, ou seja, correspondem de fato às características presentes nesses objetos, na realidade. Por exemplo: as formas e cores que o sujeito percebe no pássaro são cores e formas que o pássaro **realmente** tem em si.

No realismo mais ingênuo, isto é, menos crítico, o conhecimento ocorre por uma apreensão imediata das características dos objetos, isto é, os objetos se mostram como realmente são ao sujeito que o percebe, determinando o conhecimento que então se estabelece.

Há, no entanto, outras formas mais críticas de realismo, que problematizam a relação sujeito-objeto, mas que mantêm a idéia básica de que o objeto é determinante no processo de conhecimento.

Idealismo

Segundo as teorias idealistas do conhecimento, o sujeito é que predomina em relação ao objeto, isto é, a percepção da realidade é construída pelas nossas idéias, pela nossa consciência. Assim, os objetos seriam "construídos" de acordo com a capacidade de percepção do sujeito.

Conseqüentemente, o que existiria como realidade seria a representação que o sujeito faz do objeto. Por exemplo: as formas e cores que o sujeito percebe no pássaro são apenas **idéias** ou **representações** desses atributos; não entra em questão se elas realmente estão no pássaro.

Também no idealismo, há posições mais ou menos radicais em relação à afirmação do sujeito como elemento determinante na relação de conhecimento.

POSSIBILIDADES DO CONHECIMENTO

A capacidade de conhecer a verdade

Somos capazes de conhecer a verdade? É possível ao sujeito apreender o objeto? Afinal, quais são as possibilidades do conhecimento humano?

As respostas dadas a essas questões levaram ao surgimento de duas correntes básicas e antagônicas na história da filosofia. Uma é o **ceticismo**, que diagnostica a impossibilidade de conhecermos a verdade. A outra é o **dogmatismo**, que defende a possibilidade de conhecermos a verdade.

Mas o que queremos dizer por **verdade**? Que verdade é essa da qual tratam tantos pensadores? A palavra verdade tem o sentido básico de uma correspondência entre o que se pensa ou se diz e a realidade que se quer conhecer ou expressar. Se eu digo "O pássaro é azul" e o pássaro é realmente azul, então isso é uma verdade, um conhecimento verdadeiro.

No entanto, quando os diversos filósofos que tratam da temática do conhecimento falam em "conhecer a verdade" estão se referindo não só a esse sentido básico, mas também, e principalmente, à idéia de conhecer como o objeto é na sua **essência**, ou seja, a **realidade mesma**, **intrínseca**, daquilo que se quer conhecer.

Nesse sentido, eles também usam a expressão **o ser** das coisas, ou seja, sua realidade essencial. O que se discute aqui é que, por exemplo: o pássaro pode parecer azul a muitas pessoas, mas ser de um verde-azulado para outras, talvez ter outra cor totalmente distinta ou mesmo não ter cor nenhuma. Qual será a cor verdadeira desse pássaro? Será possível conhecer a verdade?

A relatividade da experiência sensorial: conforme explicam diversos estudiosos, a percepção das cores não é apenas um fenômeno físico e neurológico, mas também cultural.
O violinista verde (1923-24) — Marc Chagall.

Vejamos, então, algumas das teses (ou respostas dadas a essa pergunta), das principais correntes do ceticismo e do dogmatismo e, em seguida, uma terceira doutrina, o criticismo, que tenta superar o impasse criado por essas posições antagônicas.

Ceticismo absoluto: tudo é ilusório

O ceticismo absoluto consiste em negar de forma total nossa possibilidade de conhecer a verdade. Assim, para o ceticismo absoluto, o homem nada pode afirmar, pois nada pode conhecer com total certeza.

Muitos consideram o filósofo grego **Górgias** (485-380 a.C.) o pai do ceticismo absoluto. Segundo ele: "o ser não existe; se existisse não poderíamos conhecê-lo; e se pudéssemos conhecê-lo, não poderíamos comunicá-lo aos outros".

Outros estudiosos apontam o filósofo grego **Pirro** (365-275 a.C.) como o fundador do ceticismo absoluto. Pirro afirmava ser impossível ao homem conhecer a verdade devido a duas fontes principais de erro:

- **os sentidos** — segundo Pirro, nossos conhecimentos são provenientes dos sentidos (visão, audição, olfato, tato, paladar). Mas estes não são dignos de confiança, pois podem nos induzir ao erro;
- **a razão** — para Pirro, as diferentes e contraditórias opiniões manifestadas pelas pessoas sobre os mesmos assuntos revelam os limites de nossa inteligência. Jamais alcançaremos certeza de qualquer coisa.

Os críticos do ceticismo absoluto consideram-no uma doutrina radical, estéril e contraditória. Radical porque nega totalmente a possibilidade de conhecer. Estéril porque não leva a nada. Contraditória porque, ao dizer que **nada é verdadeiro**, acaba afirmando que pelo menos existe **algo de verdadeiro**, isto é, o **conhecimento** de que nada é verdadeiro. Então, aqueles que duvidam plenamente da nossa possibilidade de conhecer, ironiza o filósofo Jacques Maritain, "só poderiam filosofar guardando um silêncio absoluto — mesmo no interior de suas almas".

Ceticismo relativo: o domínio do provável

O ceticismo relativo, como o próprio nome diz, consiste em negar apenas parcialmente nossa capacidade de conhecer a verdade, ou seja, apresenta uma posição moderada em relação às possibilidades de conhecimento, comparada ao ceticismo absoluto.

Entre as doutrinas que manifestam um ceticismo relativo, destacamos as seguintes:

- **subjetivismo** — considera o conhecimento uma relação puramente **subjetiva** e **pessoal** entre o sujeito e a realidade percebida. O conhecimento limita-se às idéias e representações elaboradas pelo sujeito pensante, sendo impossível alcançar a objetividade. O subjetivismo nasce com o pensamento do grego **Protágoras**, sofista do século V a.C., que dizia que *o homem é a medida de todas as coisas*, ou seja, a verdade é uma construção humana, ela não está nas coisas;
- **relativismo** — entende que não existem verdades absolutas, mas apenas verdades **relativas**, que têm uma validade limitada a um certo tempo, a um determinado espaço social, enfim, a um contexto histórico etc.;

Reprodução

Para os relativistas a imagem da coisa não se confunde com a coisa em si. *Isto não é uma maçã* (1964) — René Magritte.

- **probabilismo** — propõe que nosso conhecimento é incapaz de atingir a certeza plena. O que podemos alcançar é uma verdade **provável**. Essa probabilidade pode ser digna de maior ou menor credibilidade, mas nunca chegará ao nível da certeza completa, da verdade absoluta;
- **pragmatismo** — propõe uma concepção dos homens como seres práticos, ativos, e não apenas como seres pensantes. Por isso, abandonam a pretensão de alcançar a verdade, entendida como a correspondência entre o pensamento e a realidade. Para o pragmatismo, o conceito de verdade deve ser outro: verdadeiro é aquilo que é **útil**, que dá **certo**, que serve aos **interesses** das pessoas na sua vida **prática**. Nesse sentido, a verdade não seria correspondência do pensamento com o objeto, mas a correspondência do pensamento com o objetivo a ser atingido.

Dogmatismo: a certeza da verdade

Uma doutrina é dogmática quando defende, de forma categórica, a possibilidade de atingirmos a verdade. Dentro do dogmatismo, podemos distinguir duas variantes básicas:

- **dogmatismo ingênuo** — predominante no senso comum, confia plenamente nas possibilidades do nosso conhecimento. Não vê problema na relação sujeito conhecedor e objeto conhecido. Crê que, sem grandes dificuldades, percebemos o mundo tal qual ele é;
- **dogmatismo crítico** — defende nossa capacidade de conhecer a verdade mediante um esforço conjugado de nossos sentidos e de nossa inteligência. Confia que, através de um trabalho metódico, racional e científico, o ser humano se torna capaz de conhecer a realidade do mundo.

Criticismo: busca de superação do impasse

O criticismo, desenvolvido pela filosofia de Kant no século XVIII, representa uma tentativa de superação do impasse criado pelo ceticismo e o dogmatismo. Tal como o dogmatismo, acredita na possibilidade do conhecimento, mas se pergunta pelas reais condições nas quais seria possível esse conhecimento. Trata-se de uma posição **crítica** diante da possibilidade de conhecer.

O resultado dessa postura crítica desenvolvida por Kant leva a uma distinção entre o que o nosso entendimento pode conhecer e o que não pode. Ou seja, o criticismo admite a possibilidade de conhecer, mas esse conhecimento é limitado e ocorre sob condições específicas, apresentadas por Kant na obra *Crítica da razão pura* (conforme veremos no capítulo 9).

ORIGENS DO CONHECIMENTO

As fontes do saber

Para aqueles que admitem a possibilidade do conhecimento humano, resta perguntar: De onde se originam os conhecimentos? De onde se originam as idéias, os conceitos, as representações?

Este é outro problema central da teoria do conhecimento. De acordo com a resposta dada a esse problema, destacam-se basicamente duas correntes filosóficas: o **empirismo** e o **racionalismo**. Mas existe também uma terceira posição, o **apriorismo kantiano**, que conjuga essas duas posições. Vejamos.

Empirismo: a valorização dos sentidos

A palavra **empirismo** tem sua origem no grego *empeiria*, que significa "experiência sensorial".

O empirismo defende que todas as nossas idéias são provenientes de nossas percepções sensoriais (visão, audição, tato, paladar, olfato). Como disse o filósofo empirista inglês John Locke: "nada vem à mente sem ter passado pelos sentidos".

Locke afirmava também que, ao nascermos,

Para o empirista, todo conhecimento está baseado na experiência sensorial. Depende, portanto, em última instância, de um ou mais dos cinco sentidos.

nossa mente é como um papel em branco, desprovida de idéias. De onde provém, então, o vasto conjunto de idéias que existe na mente humana? A isso, Locke responde com uma só palavra: da experiência. E a experiência, segundo Locke, supre nosso conhecimento por meio de duas operações: sensação e a reflexão. A sensação leva para a mente as várias e distintas percepções das coisas, sendo, por isso, bastante dependente dos sentidos. Já a reflexão consiste nas operações internas de nossa própria mente que, nesse caso, desenvolve as idéias primeiras fornecidas pelos sentidos. Assim, conclui Locke:

> Afirmo que estas duas, a saber, as coisas materiais externas, como objeto da sensação, e as operações de nossas próprias mentes, como objeto da reflexão, são, a meu ver, os únicos dados originais dos quais as idéias derivam.
>
> LOCKE, John. *Ensaio acerca do entendimento humano*, p. 160.

Racionalismo: a confiança na razão

A palavra **racionalismo** deriva do latim *ratio*, que significa "razão". O termo é empregado de muitas maneiras. Aqui, racionalismo está sendo empregado para designar a doutrina que atribui exclusiva confiança na **razão humana** como instrumento capaz de conhecer a verdade. Ou, como recomendou o filósofo racionalista Descartes: "nunca nos devemos deixar persuadir senão pela evidência de nossa razão".

Os racionalistas afirmam que a experiência sensorial é uma fonte permanente de erros e confusões sobre a complexa realidade do mundo. Somente a razão humana, trabalhando com os princípios lógicos, pode atingir o conhecimento verdadeiro, capaz de ser **universalmente** aceito. Para o racionalismo, os **princípios lógicos fundamentais** seriam **inatos**, isto é, eles já estão na mente do homem desde o seu nascimento. Daí por que a razão deve ser considerada como a fonte básica do conhecimento.

Apriorismo kantiano: entre a experiência e a razão

Vimos que o empirismo considera a experiência dos sentidos como a base do conhecimento. Já o racionalismo afirma ser a razão humana a verdadeira fonte do conhecimento. Existem também posições filosóficas que buscaram um meio-termo para essas visões tão opostas. É o caso do que se denominou **apriorismo kantiano**. Vejamos.

Kant afirma que todo conhecimento começa com a experiência, mas que a experiência sozinha não nos dá o conhecimento. Ou seja, é preciso um trabalho do sujeito para organizar os dados da experiência. Por isso, ele buscou saber como é o sujeito *a priori*, isto é, o sujeito antes de qualquer experiência, e concluiu que existem no homem certas faculdades ou estruturas (as quais ele denomina **formas da sensibilidade e do entendimento**) que possibilitam a experiência e determinam o conhecimento.

Para Kant, portanto, a experiência forneceria a **matéria do conhecimento** (os seres do mundo), enquanto a razão organizaria essa matéria de acordo com suas formas próprias, estruturas existentes *a priori* no pensamento (daí o nome **apriorismo**).

Depois de Kant, muitos outros pensadores continuaram se debruçando sobre o problema do conhecimento e chegando a posições diversas do apriorismo kantiano. Como em tantos outros campos da filosofia, a questão do conhecimento é assunto que escapa a uma palavra final e definitiva.

Pinturas da catedral de Rouen (1892/1894), na França, em momentos diferentes. O pintor Monet retrata não a catedral (a coisa-em-si no dizer de Kant), mas a catedral tal como ela é apreendida pelo pintor com as variações de luz de um dia (o fenômeno).

Análise e entendimento

A questão do conhecimento

1. Para que os filósofos investigam o processo do conhecimento?
2. De acordo com a tese representacionista, qual seria a relação entre conhecimento e representação?
3. Que elementos básicos se distinguem no processo do conhecimento? Explique cada um deles e sua relação.
4. Em que diferem idealismo e realismo?

As possibilidades do conhecimento

5. Que relação se pode estabelecer entre verdade (ou conhecimento verdadeiro) e representação?
6. O criticismo representa uma tentativa de superação do impasse criado pelo ceticismo e o dogmatismo. Explique essa afirmação.

A origem do conhecimento

7. "Ao nascermos, nossa mente é como um papel em branco". Explique essa afirmação, quem a formulou e a que corrente pertence.
8. "Nunca nos devemos deixar persuadir senão pela evidência de nossa razão". Por que Descartes faz essa advertência?
9. De que maneira Kant resolve o impasse criado por racionalistas e empiristas?

Debate e reflexão

1. ***A busca da verdade***
A busca da verdade tem empolgado inúmeros homens de todos os tempos. Mas o que é a verdade? Santo Tomás de Aquino dizia que a verdade é a adequação do pensamento à coisa real (*adequatio rerum et intellectus*). Para você, isso é possível? Podemos conhecer a verdade? Como? Reflita sobre o tema e discuta com seus colegas. Dê exemplos que possam ilustrar suas afirmações.

2. ***Verdade e mentira***
Considerando o que você aprendeu no capítulo, pesquise em revista ou jornal pelo menos duas frases que você considera falsas ou mentirosas. Depois apresente-as a seus colegas, justificando por que, para você, não seriam verdadeiras.

3. ***Realismo e idealismo***
"A noção de conhecimento do senso comum é realista e dogmática, embora as pessoas não se dêem conta disso". Comente e debata essa afirmação com seus colegas.

Para pensar

Os textos que seguem tratam do tema da origem do conhecimento. Leia-os atentamente e responda às questões.

1. A luz da razão

A certeza de pensar

Assim, porque os nossos sentidos nos enganam às vezes, quis supor que não havia coisa alguma que fosse tal como eles nos fazem imaginar. (...) E, enfim, considerando que todos os mesmos pensamentos que temos quando despertos nos podem também ocorrer quando dormimos, sem que haja nenhum, nesse caso, que seja verdadeiro, resolvi fazer de conta que as coisas que até então haviam entrado no meu espírito não eram mais verdadeiras que as ilusões de meus sonhos. Mas, logo em seguida, percebi que, enquanto eu queria assim pensar que tudo era falso, seria necessário que eu, que pensava, fosse alguma coisa. E, notando que esta verdade: *eu penso, logo existo* era tão firme e tão certa que todas as mais extravagantes suposições dos céticos não seriam capazes de a abalar, julguei que podia aceitá-la, sem escrúpulo, como o primeiro princípio da filosofia que procurava.

A substância pensante

Depois, examinando com atenção o que eu era, e vendo que podia supor que não tinha corpo algum e que não havia qualquer mundo, ou qualquer lugar onde eu existisse, mas que nem por isso podia supor que não existia; e que, ao contrário, pelo fato mesmo de eu pensar em duvidar da verdade das outras coisas seguia-se mui evidente e mui certamente que eu existia; (...) compreendi por aí que era uma substância cuja essência ou natureza consiste apenas no pensar, e que, para ser, não necessita de nenhum lugar, nem depende de qualquer coisa material. De sorte que esse eu, isto é, a alma, pela qual sou o que sou, é inteiramente distinta do corpo e, mesmo, que é mais fácil de conhecer do que ele, e, ainda que este nada fosse, ela não deixaria de ser tudo o que é. (...)

A idéia de Deus

Mas o que leva muitos a se persuadirem de que há dificuldade em conhecer a Deus e mesmo também em conhecer o que é sua alma é o fato de nunca elevarem o espírito além das coisas sensíveis e de estarem de tal modo acostumados a nada considerar senão imaginando, que é uma forma de pensar particular às coisas materiais, que tudo quanto não é imaginável lhes parece não ser inteligível. E isto é assaz manifesto pelo fato de os próprios filósofos terem por máxima, nas escolas, que nada há no entendimento que não haja estado primeiramente nos sentidos, onde todavia é certo que as idéias de Deus e da alma jamais estiveram. E me parece que todos os que querem usar a imaginação para compreendê-las procedem do mesmo modo que se, para ouvir os sons ou sentir os odores, quisessem servir-se dos olhos; exceto com esta diferença ainda: que o sentido da vista não nos garante menos a verdade de seus objetos do que os do olfato ou da audição; ao passo que a nossa imaginação ou os nossos sentidos nunca poderiam assegurar-nos de qualquer coisa, se o nosso entendimento não interviesse.

RENÉ DESCARTES.
Discurso do método, quarta parte. (intertítulos criados pelo Autor)

2. As idéias são cópias das impressões e sensações

(...) quando analisamos nossos pensamentos ou idéias, por mais complexos e sublimes que sejam, sempre descobrimos que se resolvem em idéias simples que são cópias de uma sensação ou sentimento anterior. Mesmo as idéias que, à primeira vista, parecem mais afastadas dessa origem mostram, a um exame mais atento, ser derivadas dela. A idéia de Deus, correspondendo a um Ser infinitamente inteligente, sábio e bom, surge das reflexões que fazemos sobre as operações de nossa própria mente, aumentando sem limites essas qualidades de bondade e sabedoria. Podemos prosseguir esse exame tanto quanto desejarmos, e sempre descobriremos que todas as idéias que examinamos são copiadas de uma impressão semelhante. Aqueles que afirmam que essa posição não é universalmente verdadeira, nem sem exceções, têm apenas um único e bastante fácil método de refutá-la: apresentar uma idéia que em sua opinião não seja derivada dessa fonte. Caberá então a nós, se quisermos sustentar nossa doutrina, indicar a impressão ou percepção viva que lhe corresponda.

DAVID HUME.
Investigação sobre o entendimento humano, seção II, p. 14.

3. Da distinção entre conhecimento puro e empírico

As fontes do conhecimento

Não há dúvida de que todo o nosso conhecimento começa com a experiência (...) Mas embora todo o nosso conhecimento comece com a experiência, nem por isso todo ele se origina justamente da experiência. Pois poderia bem acontecer que mesmo o nosso conhecimento de experiência seja um composto daquilo que recebemos por impressões e daquilo que a nossa própria faculdade de conhecimento (apenas provocada por impressões sensíveis) fornece de si mesma, cujo acréscimo não distinguimos daquela matéria-prima antes que um longo exercício nos tenha chamado a atenção para ele e nos tenha tornado aptos a abstraí-lo.

Os conhecimentos *a priori* e *a posteriori*

Portanto, é uma questão que requer pelo menos uma investigação mais pormenorizada e que não pode ser logo despachada devido aos ares que ostenta, a saber, se há um tal conhecimento independente da experiência e mesmo de todas as impressões dos sentidos. Tais conhecimentos denominam-se *a priori* e distinguem-se dos empíricos, que possuem suas fontes *a posteriori*, ou seja, na experiência.

(...) por conhecimentos *a priori* entenderemos não os que ocorrem independente desta ou daquela experiência, mas absolutamente independente de toda a experiência. Opõem-se os conhecimentos empíricos ou aqueles que são possíveis apenas *a posteriori*, isto é, por experiência.

IMMANUEL KANT.
Crítica da razão pura, Introdução. (intertítulos criados pelo Autor)

Questões

1. Identifique qual a posição de cada um desses três filósofos, no que se refere à origem do conhecimento. Justifique sua resposta.
2. Como Descartes refuta o empirismo usando como argumento a idéia de Deus e da alma?
3. De acordo com Hume, como desenvolvemos a idéia de Deus, refutando o argumento de Descartes?
4. O que são, de acordo com Kant, conhecimentos *a priori* e conhecimentos *a posteriori*? Qual a sua origem? Procure exemplos.
5. Após o entendimento desses três textos, o que você pensa sobre a origem do conhecimento? Qual argumentação você considerou mais convincente ? Discuta com seus colegas e seu professor.

Neste "templo da filosofia" vemos, ao centro, Platão e Aristóteles, os maiores pensadores da Antigüidade, dialogando e avançando em direção a outros personagens da história do pensamento, como Sócrates, Zenão, Epicuro, Heráclito, Diógenes, Euclides, Ptolomeo etc. *Escola de Atenas* (1511/1512), Rafael.

Alinari Arquivo/Corbis

HISTÓRIA DA FILOSOFIA

UNIDADE 2

5 A aurora da filosofia: os pré-socráticos

A maioria dos primeiros filósofos queriam encontrar o princípio de todas as coisas existentes.

Aristóteles

A figura grega do séc. VI a.C. representa uma cena do cotidiano da Grécia na época do nascimento da filosofia.

Erich Lessing/Album

CIDADE GREGA E FILOSOFIA

O declínio dos mitos

Na história do pensamento ocidental, a filosofia nasce na Grécia entre os séculos VI e VII a.C., promovendo a passagem do **saber mítico** (alegórico) ao **pensamento racional** (*logos*). Essa passagem ocorreu, no entanto, durante longo processo histórico, sem um rompimento brusco e imediato com as formas de conhecimentos utilizadas no passado.

De fato, durante muito tempo os primeiros filósofos gregos compartilharam de crenças míticas, enquanto desenvolviam o conhecimento racional que caracterizaria a filosofia. Essa transição do mito à razão "significa precisamente que já havia, de um lado, uma lógica do mito e que, de outro lado, na realidade filosófica ainda está incluído o poder do lendário"[1]. Conforme analisa o historiador Pierre Grimal:

> O mito se opõe ao *logos* como a fantasia à razão, como a palavra que narra à palavra que demonstra. *Logos* e mito são as duas metades da linguagem, duas funções igualmente fundamentais da vida do espírito. O *logos*, sendo uma argumentação, pretende convencer. O *logos* é verdadeiro, no caso de ser justo e conforme à "lógica"; é falso quando dissimula alguma burla secreta (sofisma). Mas o mito tem por finalidade apenas a si mesmo. Acredita-se ou não nele, conforme a própria vontade, mediante um ato de fé, caso pareça "belo" ou verossímil, ou simplesmente porque se quer acreditar. O mito, assim, atrai em torno de si toda a parcela do irracional existente no pensamento humano; por sua própria natureza, é aparentado à arte, em todas as suas criações.
>
> GRIMAL, Pierre. *A mitologia grega*, p. 8-9.

A força da mensagem dos mitos reside, portanto, na capacidade que eles têm de sensibilizar estruturas profundas, inconscientes, do psiquismo humano. Conheçamos, então, um pouco mais a mitologia grega.

Mitologia grega

Os gregos cultuavam uma série de **deuses** (Zeus, Hera, Ares, Atena etc.), além de **heróis** ou **semideuses** (Teseu, Hércules, Perseu etc.). Relatando a vida desses deuses e heróis e seu envolvimento com os homens, os gregos criaram uma rica **mitologia**, isto é, um conjunto de lendas e crenças que, de modo simbólico, fornecem explicações para a realidade universal. Integra a mitologia grega grande número de "relatos maravilhosos" e de lendas que inspiraram e ainda inspiram diversas obras artísticas ocidentais.

O mito de Édipo, rico em significados, é um exemplo disso. Na Antigüidade, ele foi utilizado pelo dramaturgo **Sófocles** (496-406 a.C.), na tragédia *Édipo rei*, para uma reflexão sobre as questões da culpa e da responsabilidade dos homens perante as normas e tabus (comportamento que, dentro dos costumes de uma comunidade, é considerado nocivo e perigoso, sendo por isso proibido a seus membros). Damos em seguida um resumo desse relato mítico.

A saga de Édipo

Laio, rei da cidade de Tebas e casado com a bela Jocasta, foi advertido pelo **oráculo** (resposta que os deuses davam a quem os consultava) de que não poderia gerar filhos. Se esse aviso fosse desobedecido, seria morto pelo próprio filho e muitas outras desgraças surgiriam.

1. CHÂTELET, François. Do mito ao pensamento racional. In: *História da filosofia – idéias, doutrinas*, v. 1, p. 21.

A princípio, Laio não acreditou no oráculo e teve um filho com Jocasta. Quando a criança nasceu, porém, arrependido e com medo da profecia, ordenou que o recém-nascido fosse abandonado numa montanha, com os tornozelos furados, amarrados por uma corda. O edema provocado pela ferida é a origem do nome Édipo, que significa "pés inchados".

Édipo e a Esfinge.

Mas o menino Édipo não morreu. Alguns pastores o encontraram e o levaram ao rei de Corinto, Polibo, que o criou como se fosse seu filho legítimo. Já adulto, Édipo ficou sabendo que era filho adotivo. Surpreso, viajou em busca do oráculo de Delfos para conhecer o mistério de seu destino. O oráculo revelou que seu destino era matar o próprio pai e se casar com a própria mãe. Espantado com essa profecia, Édipo decidiu deixar Corinto e rumar em direção a Tebas. No decorrer da viagem encontrou-se com Laio. De forma arrogante o rei ordenou-lhe que deixasse o caminho livre para sua passagem. Édipo desobedeceu às ordens do desconhecido. Explodiu, então, uma luta entre ambos, na qual Édipo matou Laio.

Sem saber que tinha matado o próprio pai, Édipo prosseguiu sua viagem para Tebas. No caminho deparou-se com a Esfinge, um monstro metade leão, metade mulher, que lançava enigmas aos viajantes e devorava quem não os decifrasse. A Esfinge atormentava os moradores de Tebas.

O enigma proposto pela Esfinge era o seguinte: "Qual o animal que de manhã tem quatro pés, dois ao meio-dia e três à tarde?" Édipo respondeu: "É o homem. Pois na manhã da vida (infância) engatinha com pés e mãos; ao meio-dia (na fase adulta) anda sobre dois pés; e à tarde (velhice) necessita das duas pernas e do apoio de uma bengala".

Furiosa por ver o enigma resolvido, a Esfinge se matou.

O povo tebano saudou Édipo como seu novo rei. Deram-lhe como esposa Jocasta, a viúva de Laio. Ignorando tudo, Édipo casou-se com a própria mãe.

Uma violenta peste abateu-se então sobre a cidade. Consultado, o oráculo respondeu que a peste não findaria até que o assassino de Laio fosse castigado.

Ao longo das investigações para descobrir o criminoso, a verdade foi esclarecida. Inconformado com o destino, Édipo cegou-se e Jocasta enforcou-se. Édipo deixou Tebas, partindo para um exílio na cidade de Colona.

O complexo de Édipo

Como todo mito, a saga de Édipo apresentaria, em linguagem simbólica e criativa, a descrição de uma realidade universal da alma humana, conforme analisou nos tempos modernos o psiquiatra austríaco **Sigmund Freud** (1856-1939), fundador da psicanálise. Elaborando uma reinterpretação psicológica desse mito grego, Freud transformou-o em elemento fundamental da teoria psicanalítica, sob o nome de **complexo de Édipo**. O complexo de Édipo pode ser entendido como:

> Conjunto organizado de desejos amorosos e hostis que a criança experimenta relativamente aos pais. Sob a sua chamada forma positiva, o complexo apresenta-se como na história de Édipo rei: desejo da morte do rival, que é a personagem do mesmo sexo, e desejo sexual pela personagem do sexo oposto. Sob sua forma negativa, apresenta-se inversamente: amor pelo progenitor do mesmo sexo e ódio ciumento ao progenitor do sexo oposto. Na realidade, estas duas formas encontram-se em graus diversos na chamada forma completa do complexo de Édipo.
> Segundo Freud, o complexo de Édipo é vivido no seu período máximo entre os três e cinco anos (...)
> O complexo de Édipo desempenha um papel fundamental na estruturação da personalidade e na orientação do desejo humano.
>
> LAPLANCHE, J. e PONTALIS, J. B. *Vocabulário da psicanálise*, p. 116.

O exercício da razão na pólis grega

O momento histórico da Grécia Antiga em que se afirma a utilização do *logos* (a razão) para resolver os problemas da vida está vinculado ao surgimento da **pólis**, cidade-Estado grega, conforme a análise do historiador francês contemporâneo Jean-Pierre Vernant.

A pólis foi uma nova forma de organização social e política desenvolvida entre os séculos VIII e VI a.C. Nela, eram os cidadãos que dirigiam os destinos da cidade. Como criação dos cidadãos, e não dos deuses, a pólis estava organizada e podia ser explicada de forma racional,

Ruínas do Partenon, templo dedicado à deusa Atena, construído na Acróple, isto é, a parte mais alta do relevo da cidade de Atenas.

George Gricoriou/Stone/Getty Images

isto é, de acordo com a razão.

A prática constante da discussão política em praça pública pelos cidadãos fez com que, com o tempo, o raciocínio bem formulado e convincente, se tornasse o modo adotado para se pensar sobre todas as coisas, não só as questões políticas.

> Segundo o historiador Jean-Pierre Vernant, o nascimento da filosofia "relaciona-se de maneira direta com o universo espiritual que nos pareceu definir a ordem da cidade e se caracteriza precisamente por (...) uma racionalização da vida social."
>
> Para Vernant, a razão grega é filha da cidade.
>
> VERNANT, Jean-Pierre. *As origens do Pensamento Grego*, p.77e 95.

PRÉ-SOCRÁTICOS Os primeiros filósofos gregos

De acordo com a tradição histórica, a fase inaugural da filosofia grega é conhecida como **período pré-socrático**, isto é, anterior a Sócrates, filósofo que estudaremos no próximo capítulo.

O período pré-socrático abrange o conjunto das reflexões filosóficas desenvolvidas desde Tales de Mileto (623-546 a.C.) até o aparecimento de Sócrates (468-399 a.C.).

Os pensadores de Mileto: a busca da substância primordial

Quando afirmamos que a filosofia nasceu na Grécia, devemos tornar essa afirmação mais

MUNDO GREGO NO SÉC. VI a.C.

precisa. Afinal, nunca houve, na Antigüidade, um Estado grego unificado. O que chamamos de Grécia nada mais é que o conjunto de muitas cidades-Estado gregas (pólis), independentes umas das outras, e muitas vezes rivais.

No vasto mundo grego, a filosofia teve como berço a cidade de **Mileto**, situada na Jônia, litoral ocidental da Ásia Menor. Caracterizada por múltiplas influências culturais e por um rico comércio, a cidade de Mileto abrigou os três primeiros pensadores da história ocidental a quem atribuímos a denominação **filósofos**. São eles: Tales, Anaximandro e Anaxímenes.

Destaca-se, entre os objetivos desses primeiros filósofos, a construção de uma **cosmologia** (explicação racional e sistemática das características do universo) que substituísse a antiga **cosmogonia** (explicação sobre a origem do universo baseada nos mitos).

Por isso, tentaram descobrir, com base na razão e não na mitologia, o **princípio substancial** ou **substância primordial** (a *arché*, em grego) existente em todos os seres materiais. Isto é, pretendiam encontrar a "matéria-prima" de que são feitas todas as coisas.

Tales de Mileto

Tudo é água.

Tales

Tales (623-546 a.C., aproximadamente) costuma ser considerado o primeiro pensador grego, "o pai da filosofia". Na condição de filósofo, buscou a construção do pensamento racional em diversos campos do conhecimento que, hoje, não são considerados especialidades filosóficas. Foi astrônomo e chegou a prever o eclipse total do Sol ocorrido em 28 de maio de 585 a.C. Na área da geometria demonstrou, por exemplo, que todos os ângulos inscritos no meio círculo são retos e que em todo triângulo a soma de seus ângulos internos é igual a 180°.

Procurando fugir das antigas explicações mitológicas sobre a criação do mundo, Tales queria descobrir um elemento físico que fosse constante em todas as coisas. Algo que fosse o princípio unificador de todos os seres.

Inspirando-se provavelmente em concepções egípcias, acrescidas de suas próprias observações da vida animal e vegetal, concluiu que a **água** é a substância primordial, a origem única de todas as coisas. Para ele, somente a água permanece basicamente a mesma, em todas as transformações dos corpos, apesar de assumir diferentes estados — sólido, líquido e gasoso.

Anaximandro de Mileto

> Nem água nem algum dos elementos, mas alguma substância diferente, ilimitada, e que dela nascem os céus e os mundos neles contidos.
>
> Anaximandro

Reprodução

Anaximandro (610-547 a.C.) procurou aprofundar as concepções de Tales sobre a origem única de todas as coisas. Em meio a tantos elementos observáveis no mundo natural — a água, o fogo, o ar etc. —, ele acreditava não ser possível eleger uma única substância material como o princípio primordial de todos os seres, a *arché*.

Para Anaximandro, esse princípio é algo que transcende os limites do observável, ou seja, não se situa numa realidade ao alcance dos sentidos. Por isso, denominou-o ***ápeiron***, termo grego que significa "o indeterminado", "o infinito". O *ápeiron* seria a "massa geradora" dos seres, contendo em si todos os elementos contrários.

Anaxímenes de Mileto

> E assim como nossa alma, que é ar, nos mantém unidos, da mesma maneira o vento envolve todo o mundo.
>
> Anaxímenes

Reprodução

Anaxímenes (588-524 a.C.) admitia que a origem de todas as coisas é indeterminada. Entretanto, recusava-se a atribuir-lhe o caráter oculto de elemento situado fora dos limites da observação e da experiência sensível.

Tentando uma possível conciliação entre as concepções de Tales e as de Anaximandro, concluiu ser o **ar** o princípio de todas as coisas. Isso porque o ar representa um elemento "invisível e imponderável, quase inobservável e, no entanto, observável: o ar é a própria vida, a força vital, a divindade que "anima" o mundo, aquilo que dá testemunho à respiração"[2].

Pitágoras de Samos: o culto da matemática

> Todas as coisas são números.
>
> Pitágoras

Reprodução

Pitágoras (570-490 a.C., aproximadamente) nasceu na ilha de Samos, na costa jônica, não distante de Mileto. Por volta de 530 a.C., sofreu perseguição política por causa de suas idéias, sendo obrigado a deixar sua terra de origem. Instalou-se, então, em Crotona, sul da Itália, região conhecida como Magna Grécia.

Em Crotona, fundou uma poderosa sociedade de caráter filosófico e religioso e de acentuada ligação com as questões políticas. Depois de exercer, por longos anos, considerável influência política na região, a sociedade pitagórica foi dispersada por opositores, e o próprio Pitágoras foi expulso de Crotona.

Para Pitágoras, a essência de todas as coisas reside nos **números**, os quais representam a ordem e a harmonia. Segundo o historiador de filosofia norte-americano Thomas Giles, "pela primeira vez se introduzia um aspecto mais formal[3] na explicação da realidade, isto é, a ordem e a constância". Assim, a essência dos seres, a *arché*, teria uma estrutura matemática da qual derivariam problemas como: finito e infinito, par e ímpar, unidade e multiplicidade, reta e curva, círculo e quadrado etc.

Pitágoras dizia que no "fundo de todas as coisas" a diferença entre os seres consiste, essencialmente, em uma questão de números (limite e ordem das coisas).

As contribuições da escola pitagórica podem ser encontradas nos campos da matemática (lembre-se do célebre teorema de Pitágoras), da música e da astronomia. A essas contribuições junta-se uma série de crenças místicas relativas à imortalidade da alma, à reencarnação dos pecadores, à prescrição de rígidas condutas morais etc.

2. BERNHARDT, Jean. O pensamento pré-socrático: de Tales aos sofistas. In: CHÂTELET, *op. cit.*, v. 1, p. 28.
3. **Formal**: que considera as relações existentes entre os termos de uma operação do entendimento, independentemente da matéria ou conteúdo dessa operação.

Heráclito de Éfeso: o movimento perpétuo do mundo

> Tudo flui, nada persiste, nem permanece o mesmo.
> O ser não é mais que o vir-a-ser.
>
> Heráclito

Bettman/Corbis

Nascido em Éfeso, cidade da região jônica, Heráclito é considerado um dos mais importantes filósofos pré-socráticos. A data de seu nascimento e a de sua morte não são conhecidas. Há referências históricas de que, por volta do ano 500 a.C., estava em plena "flor da idade".

Heráclito é considerado o primeiro grande representante do **pensamento dialético**. Concebia a realidade do mundo como algo dinâmico, em permanente transformação. Daí sua escola filosófica ser chamada de **mobilista** (de movimento). Para ele, a vida era um fluxo constante, impulsionado pela luta de forças contrárias: a ordem e a desordem, o bem e o mal, o belo e o feio, a construção e a destruição, a justiça e a injustiça, o racional e o irracional, a alegria e a tristeza etc. Assim, afirmava que "a luta (guerra) é a mãe, rainha e princípio de todas as coisas". É pela luta das forças opostas que o mundo se modifica e evolui.

Atribuem-se a Heráclito frases marcantes, de sentido simbólico, utilizadas para ilustrar sua concepção sobre o fluxo e a movimentação das coisas, o constante **vir-a-ser**, a eterna mudança, também chamada **devir**:

> Não podemos entrar duas vezes no mesmo rio, pois suas águas se renovam a cada instante. Não tocamos duas vezes o mesmo ser, pois este modifica continuamente sua condição.

Assim, Heráclito imaginava a realidade dinâmica do mundo sob a forma de **fogo**, com chamas vivas e eternas, governando o constante movimento dos seres.

Os pensadores eleáticos: Reflexões sobre o ser e o conhecer

As diversas cosmologias que acabamos de estudar despertaram, na época, uma nova questão. Por que tanta divergência? Por que tantas opiniões contrárias?

Heráclito de Éfeso, como vimos, acreditava que a luta dos contrários formava a unidade do mundo. Já para os pensadores da cidade de Eléia, a partir de seu principal expoente, Parmênides, os contrários jamais poderiam coexistir. Os dois pensadores representam, portanto, pólos extremos do pensamento filosófico.

Foi a partir dessa discussão sobre os contrários, sobre o ser e o não-ser, que se iniciaram a **lógica** (os estudos sobre o conhecer) e a **ontologia** (os estudos sobre o ser) e suas relações recíprocas, conforme veremos a seguir.

Parmênides de Eléia

> O ente é; pois é ser e nada não é.
>
> Parmênides

Nascido em Eléia, na Magna Grécia, litoral oeste da península Itálica, Parmênides (510-470 a.C.), aproximadamente) tornou-se célebre por ter feito oposição a Heráclito. Platão o chamava de Grande Parmênides.

Parmênides defendia a existência de dois caminhos para a compreensão da realidade. O primeiro é o da filosofia, da razão, da essência. O segundo é o da crendice, da opinião pessoal, da aparência enganosa, que ele considerava a "via de Heráclito".

Segundo Parmênides, o caminho da essência nos leva a concluir que na realidade:

a) existe o ser, e não é concebível sua não-existência;

b) o ser é; o não-ser não é.

Em vista disso, Parmênides é considerado o primeiro filósofo a formular os **princípios lógicos de identidade** e **de não-contradição**, desenvolvidos depois por Aristóteles.

Ao refletir sobre o ser, pela via da essência, o filósofo eleático concluiu que o ser é eterno, único, imóvel e ilimitado. Essa seria a via da verdade pura, a via a ser buscada pela ciência e pela filosofia. Por outro lado, quando a realidade é pensada pelo caminho da aparência, tudo se confunde em função do movimento, da pluralidade e do devir (vir-a-ser).

Assim, na concepção de Parmênides, Heráclito teria percorrido o caminho das aparências ilusórias. Essa via precisava ser evitada para não termos de concluir que "o ser e o não-ser são e não são a mesma coisa". Parmênides teria descoberto, assim, os atributos do ser puro: o ser ideal do plano lógico. E negou-se a reconhecer como verdadeiros os testemunhos ilusórios dos sentidos e a constatar a existência do ser-no-mundo: o ser que se exprime de diversos modos, os seres múltiplos e mutáveis.

Mas o filósofo sabia que é no **mundo da ilusão**, das **aparências** e das **sensações** que os homens vivem seu cotidiano. Então, "o mundo da ilusão não é uma ilusão de mundo", mas uma manifestação da realidade que cabe à razão interpretar, explicar e compreender, até que alcance a essência dessa realidade. Não podemos confiar nas aparências, nas incoerências, na visão enganadora. Pela razão, devemos buscar a essência, a coerência e a verdade. "O esforço de toda sabedoria é, pois, para Parmênides, sistematizar isso, tornar pensável o caos, introduzir uma ordem nele."[4]

Images.com/Corbis

Para Parmênides, o mundo sensível é feito apenas de aparências e ilusões, inaugurando a escola eleática de pensamento, que centraria sua discussão no confronto entre o conhecimento racional e o sensível.

4. JERPHAGNON, Lucien. *História das grandes filosofias*, p. 15.

Zenão de Eléia

> O que se move sempre está no mesmo agora.
>
> Zenão

Discípulo de Parmênides, Zenão de Eléia (488-430 a.C.) elaborou argumentos para defender a doutrina de seu mestre. Com eles pretendia demonstrar que a própria noção de **movimento** era inviável e contraditória.

Desses argumentos, talvez o mais célebre seja o **paradoxo de Zenão**, que se refere à corrida de Aquiles com uma tartaruga. Dizia Zenão:

a) Se, na corrida, a tartaruga saísse à frente de Aquiles, para alcançá-la ele precisaria percorrer uma distância superior à metade da distância inicial que os separava no começo da competição.

b) Entretanto, como a tartaruga continuaria se locomovendo, essa distância, por menor que fosse, teria se ampliado. Aquiles deveria percorrer, então, mais da metade dessa nova distância.

Ilustração de Ricardo Montanari

Os paradoxos de Zenão foram debatidos durante séculos por filósofos, físicos e matemáticos. E hoje já existe um cálculo que demonstra que Aquiles encontra a tartaruga.

c) A tartaruga, contudo, continuaria se movendo, e a tarefa de Aquiles se repetiria ao infinito, pois o espaço pode ser dividido em infinitos pontos.

Na observação que fazemos do mundo, através dos nossos sentidos, é evidente que os argumentos de Zenão não correspondem à realidade. Entretanto, esses argumentos demonstram as dificuldades pelas quais passou o pensamento racional para compreender conceitos como movimento, espaço, tempo e infinito.

Empédocles de Agrigento: a unidade de tudo aquilo que se ama

> Pois destes (os elementos) todos
> se constituíram harmonizados,
> e por estes é que pensam, sentem
> prazer e dor.
>
> Empédocles

Nascido em Agrigento (ou Acragas), sul da Sicília, Empédocles (490-430 a.C., aproximadamente) esforçou-se por conciliar as concepções de Parmênides e Heráclito. Aceitava de Parmênides a racionalidade que afirma a existência e permanência do ser ("o ser é"), mas procurava encontrar uma maneira de tornar racional os dados captados por nossos sentidos.

Defendia a existência de quatro elementos primordiais, que constituem as raízes de todas as coisas percebidas: o fogo, a terra, a água e o ar. Esses elementos são movidos e misturados de diferentes maneiras em função de dois princípios universais opostos:

- **amor** (*philia*, em grego) — responsável pela força de atração e união e pelo movimento de crescente harmonização das coisas;
- **ódio** (*neikos*, em grego) — responsável pela força de repulsão e desagregação e pelo movimento de decadência, dissolução e separação das coisas.

Para ele, todas as coisas existentes na realidade estão submetidas às forças cíclicas desses dois princípios.

Demócrito de Abdera: o átomo e a diversidade

> O homem, um microcosmo.
>
> Demócrito

Archivo Iconografico, S.A./Corbis

Nascido em Abdera, cidade situada no litoral entre a Macedônia e a Trácia, Demócrito (460-370 a.C., aproximadamente) foi discípulo de Leucipo[5] e um pensador brilhante. "Só a tradição impõe o título de pré-socrático a este pensador importante, nascido e morto depois de Sócrates."[6]

Responsável pelo desenvolvimento do **atomismo**, Demócrito afirmava que todas as coisas que formam a realidade são constituídas por partículas invisíveis e indivisíveis. Essas partículas foram chamadas **átomos**, termo grego que significa "não-divisível" (*a* = negação; *tomo* = divisível).

Para ele, o átomo seria o equivalente ao "conceito de ser" em Parmênides. Além dos átomos, existiria no mundo real o **vácuo**, que representaria a ausência de ser (o não-ser). Devido à existência do vácuo, o movimento do ser torna-se possível. O movimento dos átomos permite infinita diversidade de composições. Demócrito distinguia três fatores básicos para explicar as diferentes composições dos átomos:

- **figura** — a forma geométrica de cada átomo. Exemplo: forma de A ≠ forma de B;
- **ordem** — a seqüência espacial dos átomos de mesma figura. Exemplo: AB ≠ BA;
- **posição** — a localização espacial dos átomos. Exemplo: B ≠ ᗺ.

Para Demócrito, é o **acaso** ou a **necessidade** que promove a aglomeração de certos átomos e a repulsão de outros. O acaso é o encadeamento imprevisível de causas. A necessidade é o encadeamento previsível e determinado entre causas. As infinitas possibilidades de aglomeração dos átomos explicam a infinita variedade de coisas existentes.

A principal contribuição trazida pelo atomismo de Demócrito à história do pensamento é a **concepção mecanicista**, segundo a qual "tudo o que existe no universo nasce do acaso ou da necessidade". Isto é, "nada nasce do nada, nada retorna ao nada". Tudo tem uma causa. E os átomos são a causa última do mundo.

Análise e entendimento

O nascimento da filosofia

1. "*Logos* e mito são as duas metades da linguagem, duas funções igualmente fundamentais da vida do espírito." Que quer dizer Pierre Grimal com essa afirmação?

2. Por que se pode dizer, baseado no estudo do helenista Jean-Pierre Vernant, que o surgimento da filosofia foi engendrado em "praça pública"?

3. Qual era a preocupação central dos filósofos de Mileto e o que encontrou cada um em sua busca?

Pitágoras

4. O pensamento de Pitágoras introduziu pela primeira vez, dentro da história da filosofia ocidental, um aspecto mais formal na explicação da realidade. Que aspecto é esse? Por que é mais formal? Em comparação ao quê? Justifique sua resposta com exemplos.

5. Segundo a tradição, Leucipo de Mileto é considerado o fundador da escola atomista.
6. BERNHARDT, *op. cit.*, p. 51.

Heráclito e Parmênides

5. Qual a concepção de realidade contida nesta frase de Heráclito: "A luta é a mãe, rainha e princípio de todas as coisas"?

6. Comente as divergências fundamentais entre Parmênides e Heráclito sobre a realidade do ser.

7. Qual o objetivo de Zenão de Eléia ao criar célebres argumentos, como o da corrida de Aquiles com uma tartaruga?

Empédocles e Demócrito

8. Empédocles tentou conciliar as concepções de Parmênides e Heráclito. Como essa tentativa de conciliação se expressa em sua teoria?

9. De que maneira o pensamento de Demócrito também formula uma solução que concilia a imobilidade do ser com o movimento do mundo?

Debate e reflexão

1. A persistência dos mitos

"Acredita-se ou não nele (o mito), conforme a própria vontade, mediante um ato de fé, caso pareça "belo" ou verossímil, ou simplesmente porque se quer acreditar." (Grimal)

Reflita sobre essa afirmação, investigue sobre o tema e procure identificar alguns mitos do mundo atual. Depois compartilhe as suas reflexões e descobertas com seus colegas.

2. Filosofia pré-socrática e mito

A filosofia nasceu promovendo a passagem do saber mítico ao saber racional, sem, entretanto, romper com todas as estruturas explicativas do mito.

Que elementos míticos você pode identificar no pensamento dos filósofos pré-socráticos estudados neste capítulo? Pesquise e reflita sobre o assunto.

3. Filosofia e cidadania

Segundo Jean-Pierre Vernant, a filosofia grega é filha da pólis. Por isso, para o grego, o *Homo sapiens* é *Homo politicus*, aquele que decide os destinos da sociedade em que vive. Hoje em dia a filosofia está distanciada de suas origens, isto é, ela não é mais uma prática comum entre os cidadãos, que pouco debatem e quase nada decidem sobre as grandes questões da vida pública.

Seria possível cada cidadão, como um filósofo, voltar a expressar e discutir suas opiniões em espaço público? O que teria que mudar? Discuta sobre este assunto com seus colegas.

Para pensar

Apresentamos, a seguir, um texto sobre os pré-socráticos e depois pequenos textos que ilustram a importância desses pensadores.

1. Os pré-socráticos e a ciência

A ciência se inicia com problemas

Um problema significa que há algo errado ou não resolvido com os fatos.

O seu objetivo é descobrir uma ordem invisível que transforme os fatos de enigma em conhecimento. (...)

Aqui somos forçados a viajar séculos para trás, para os tempos em que nossos pais, os gregos, começaram a pensar sobre o mundo e a se fazerem as perguntas com que os cientistas lutam até hoje. Porque as perguntas que eles fizeram não admitiam uma resposta única e final. Eram como portas que, uma vez abertas, vão dar numa outra porta, muito maior, é verdade, que por sua vez dá em outra, indefinidamente. E aqui estamos nós abrindo portas com as perguntas que geraram as nossas chaves. Vamos seguir o seu pensamento.

Você já notou que a nossa experiência cotidiana, o que vemos, ouvimos, sentimos, é um fluxo permanente de impressões que não se repete nunca? "Tudo flui, nada permanece. Não se pode entrar duas vezes num mesmo rio", dizia Heráclito de Éfeso.

A despeito disso — e aqui está algo que é muito curioso — nós somos capazes de falar sobre as coisas, de ser entendidos, de ter conhecimento.

Images.com/Corbis

A história da filosofia é feita de perguntas cujas respostas geram novas perguntas, e assim sucessivamente, atingindo-se, a cada instante, um novo patamar.

Nunca mais haverá nuvens idênticas àquelas que produziram o temporal de ontem. A despeito disto serei capaz de identificar nuvens como nunca existiram antes e dizer que delas a chuva virá. Também nunca mais terei uma laranjeira como aquela que morreu de velhice. Mas serei capaz de identificar uma outra da mesma qualidade e de prever quanto tempo levará para começar a dar os seus frutos.

Como explicar que o meu discurso sobre as coisas não fique colado às suas aparências? Parece que, ao falar, eu sou capaz de enunciar verdades escondidas, ausentes do visível, expressivas de uma natureza profunda das coisas. Tanto assim que, quando falo, pretendo que estou dizendo a verdade não apenas sobre aquele momento transitório, mas também sobre o passado e o futuro. Laranjas são doces, a água mata a sede, as estrelas giram em torno da Terra, o quadrado da hipotenusa é igual à soma dos quadrados dos catetos: estas não são afirmações sobre o sensório imediato. Elas têm pretensões universais.

Esta foi a grande obsessão da filosofia grega: estabelecer um discurso que falasse sobre a natureza íntima das coisas, que permanece a mesma em meio à multiplicidade de suas manifestações. (...)

A leitura da filosofia grega nos introduz, passo a passo, às diferentes fases desta busca, a partir dos filósofos milesianos que achavam que as coisas mantinham sua unidade em meio à multiplicidade porque, lá no fundo, todas se reduziam a um mesmo suco, uma mesma essência. Progressivamente houve uma passagem desta posição, que explica a unidade em termos de substância, para uma outra que considera que a questão fundamental são as relações e funções.

RUBEM ALVES.
Filosofia da ciência, p. 40-1.

Questões

1. Rubem Alves estabelece uma relação entre o início da filosofia e o início da ciência. Que relação é essa?

2. Como o autor sintetiza a evolução da filosofia grega em seus primórdios?

2. Sobre Tales

A filosofia grega parece começar com uma idéia absurda, com a proposição: a água é a origem e a matriz de todas as coisas. Será mesmo necessário determo-nos nela e levá-la a sério? Sim, e por três razões: em primeiro lugar, porque essa proposição enuncia algo sobre a origem das coisas; em segundo lugar, porque o faz sem imagem e fabulação; e, enfim, em terceiro lugar, porque nela, embora apenas em estado de crisálida (estado latente, prestes a se transformar), está contido o pensamento: "Tudo é Um". A razão citada em primeiro lugar deixa Tales ainda em comunidade com os religiosos e supersticiosos, a segunda o tira dessa sociedade e no-lo mostra como investigador da natureza, mas, em virtude da terceira, Tales se torna o primeiro filósofo grego.

FRIEDRICH NIETZSCHE.
A filosofia na época trágica dos gregos.
In: *Os pré-socráticos*, p. 10.

Questões

1. Interprete as razões apontadas pelo filósofo alemão Nietzsche (1844-1900) para levarmos a sério a proposição de Tales: "a água é a origem e a matriz de todas as coisas".

3. Sobre Heráclito

Heráclito diz em alguma passagem que todas as coisas se movem e nada permanece imóvel. E, ao comparar os seres com a corrente de um rio, afirma que não poderia entrar duas vezes num mesmo rio. Heráclito retira do universo a tranqüilidade e a estabilidade, pois isso é próprio dos mortos; e atribui movimento a todos os seres, eterno aos eternos, perecível aos perecíveis.

PLATÃO.
Crátilo. In: *Os pré-socráticos*, p. 77.

Questões

1. Justifique com trechos do texto a seguinte afirmação: "Heráclito proclama o permanente fluir da realidade. O ser é sempre dinâmico".
2. Interprete o significado da frase: "Heráclito retira do universo a tranqüilidade e a estabilidade".

4. Sobre Parmênides

O ser É; o não-ser Não é. (...) Este princípio, descoberto por Parmênides, é o princípio lógico da identidade.

Parmênides tem uma importância histórica imensa para a filosofia ocidental. Mas desde Parmênides, e por sua culpa, temos do ser uma concepção estática em lugar de uma concepção dinâmica.

A própria ciência física sente-se apertada dentro do conceito parmenídico da realidade. Mas o que não entra de maneira alguma dentro de tal conceito do ser é a ciência do homem. A concepção do homem como uma essência quieta, imóvel, eterna, e que se trata de descobrir e conhecer (...) tem que ser substituída por outra concepção de vida na qual o estático, o quieto, o imóvel, o eterno da definição parmenídica não nos impeça de penetrar por baixo e chegar a uma região vital, a uma região vivente, onde o ser (...) seja precisamente o contrário: um ser ocasional, um ser circunstancial, um ser que não se deixe espetar numa cartolina como a borboleta pelo naturalista.

Parmênides tomou o ser, espetou-o na cartolina há vinte e cinco séculos e lá continua ainda, preso na cartolina, e agora os filósofos atuais não vêem o modo de tirar-lhe o alfinete e deixá-lo voar livremente.

Este vôo, este movimento, esta funcionalidade, esta concepção de vida como circunstância, como chance, como resistência que nos revele a existência de algo anterior à posse do ser, algo do qual Parmênides não podia ter idéia, é isto que o homem tem que conquistar. Mas antes de reconquistá-lo reconheçamos que um filósofo que influenciou durante vinte e cinco séculos de maneira tão decidida o curso do pensamento filosófico merece algo mais que as poucas páginas que lhe costumam dedicar os manuais de filosofia.

MANUEL GARCÍA MORENTE.
Fundamentos de filosofia, p. 70-7.

Questões

1. Explique a afirmação: "A própria ciência física sente-se apertada dentro do conceito parmenídico da realidade". Pesquise, por exemplo, a teoria atômica da matéria e a teoria quântica.

2. Segundo García Morente, a ciência do homem não se encaixa de maneira nenhuma no conceito parmenídico de realidade. Por quê? O que ele propõe?

3. O que significa, para você, assumir uma concepção não-estática da vida? Ou você acha que existe algo de permanente e eterno que nunca muda nem deve mudar? Discuta esta questão: o permanente e o transitório na sua vida.

6 A filosofia da Grécia clássica ao helenismo

Conhece-te a ti mesmo.

Inscrição do Oráculo de Delfos

Images.com/Corbis

SOFISTAS

Os mestres da argumentação

Na Grécia Antiga, o período pré-socrático foi dominado, em grande parte, pela investigação da natureza. Essa investigação tinha, como vimos, um sentido cosmológico. Consistia na busca de explicações racionais para o universo manifestando-se na procura de um princípio primordial (a *arché*) de todas as coisas existentes. Seguiu-se a esse período uma nova fase filosófica, caracterizada pelo **interesse no próprio homem** e nas **relações políticas do homem com a sociedade.** Essa nova fase foi marcada, no início, pelos **sofistas**.

Os sofistas eram professores viajantes que, por determinado preço, vendiam ensinamentos práticos de filosofia. Levando em consideração os interesses dos alunos, davam aulas de eloqüência e de sagacidade mental. Ensinavam conhecimentos úteis para o sucesso nos negócios públicos e privados.

O momento histórico vivido pelo mundo grego favoreceu o desenvolvimento desse tipo de atividade praticada pelos sofistas. Era uma época de lutas políticas e intenso conflito de opiniões nas assembléias democráticas. Por isso, os cidadãos mais ambiciosos sentiam necessidade de aprender a arte de argumentar em público para conseguir persuadir em assembléias e, muitas vezes, fazer prevalecer seus interesses individuais e de classe.

As lições dos sofistas tinham como objetivo, portanto, o desenvolvimento da **argumentação**, da **habilidade retórica**, do conhecimento de **doutrinas divergentes**. Eles transmitiam, enfim, todo um jogo de palavras, raciocínios e concepções que seria utilizado na arte de convencer as pessoas, driblando as teses dos adversários.

Essas características dos ensinamentos dos sofistas favoreceram o surgimento de concepções filosóficas **relativistas** sobre as coisas. Conforme vimos anteriormente, para o relativismo, não há uma verdade única, absoluta. Tudo seria relativo ao indivíduo, ao momento histórico, a um conjunto de fatores e circunstâncias de uma sociedade.

Nem heróis nem vilões

Etimologicamente, o termo **sofista** significa "sábio". Entretanto, com o decorrer do tempo, ganhou o sentido de "impostor", devido, sobretudo, às críticas de Platão, cujo pensamento estudaremos mais adiante.

Desde então se considerou a **sofística**, isto é, a arte dos sofistas, apenas uma atitude viciosa do espírito, uma arte de manipular raciocínios, de produzir o falso, de iludir os ouvintes, sem qualquer amor pela verdade.

A verdade, em grego, se diz ***aletheia*** e significa a manifestação daquilo que é, o não-oculto. *Aletheia* se opõe a ***pseudos*** que significa o falso, aquilo que se esconde, que ilude. Os sofistas parecem não buscar a *aletheia*; se contentam com *pseudos*. Tanto assim, que se usa a palavra **sofisma**, derivada de sofista, para designar um raciocínio aparentemente correto, mas que na verdade é falso ou inconclusivo, geralmente formulado com o objetivo de enganar alguém.

Entretanto, abordagens mais recentes sobre a atuação dos sofistas procuram mostrar que o relativismo de suas teses fundamenta-se numa concepção flexível sobre os homens, a sociedade e a compreensão do real. Para os sofistas, as opiniões humanas são infindáveis, diversas e não podem ser reduzidas a uma única verdade. Assim, não existiriam valores ou verdades absolutas.

É importante destacar, porém, que não existe uma doutrina sofística única. O que há são alguns pontos comuns entre as concepções de certos sofistas, como Protágoras, Górgias e outros, o que permitiu que fossem considerados como um conjunto ou corrente.

Protágoras de Abdera: o homem como medida

> O homem é a medida de todas as coisas; daquelas que são, enquanto são; e daquelas que não são, enquanto não são.
>
> Protágoras

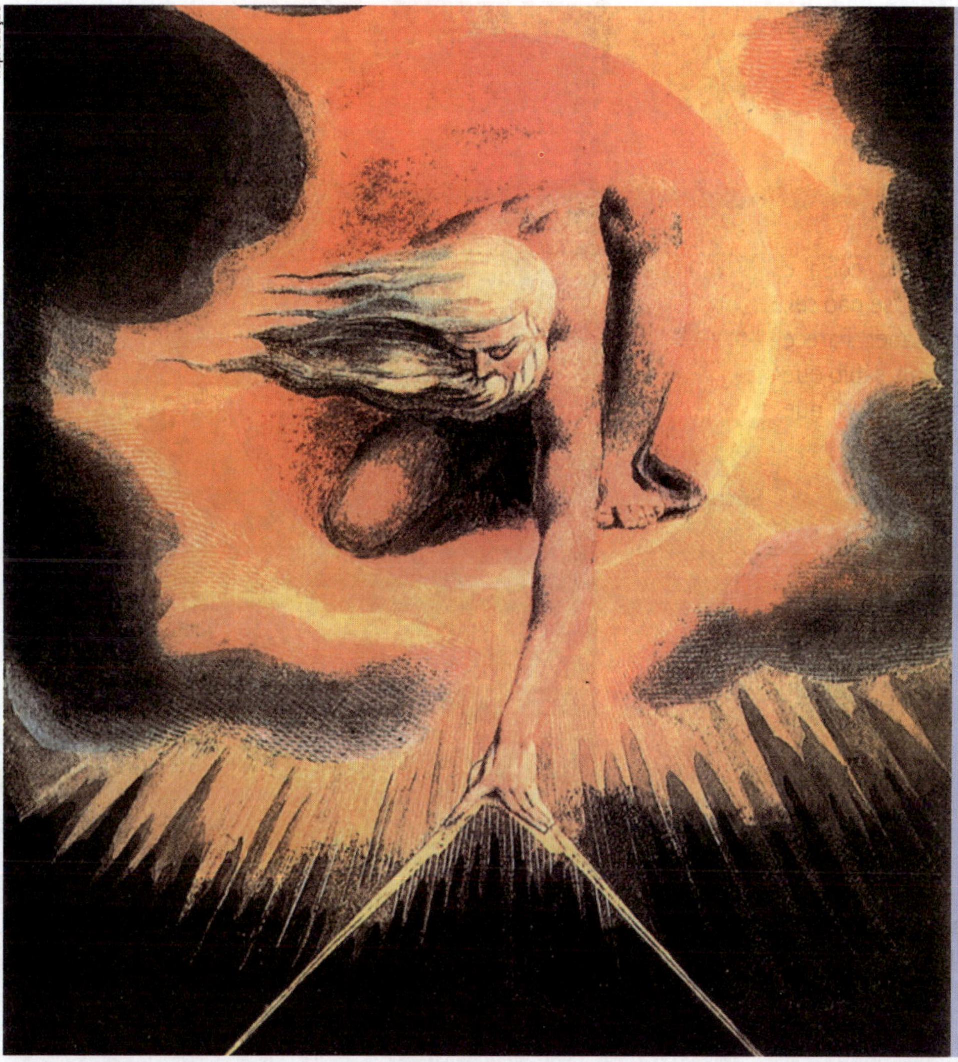

O "homem é a medida de todas as coisas". A frase de Protágoras tem sido reinterpretada segundo a tradição democrática contemporânea: o conhecimento do mundo é uma criação humana; portanto se constitui mediante o uso de nossa capacidade de perceber e entender as coisas, que varia de pessoa para pessoa, e de formar consensos.

O primeiro dia (1794) — William Blake

Nascido em Abdera, cidade litorânea entre a Macedônia e a Trácia, Protágoras (480-410 a.C.) é considerado o primeiro e um dos mais importantes sofistas. Ensinou por muito tempo em Atenas, tendo como princípio básico de sua doutrina a idéia de que o ***homem é a medida de tudo o que existe***.

Conforme essa concepção, todas as coisas são relativas às disposições do homem, isto é, o mundo é o que o homem constrói e destrói. Por isso não haveria verdades absolutas. A verdade seria relativa a determinada pessoa, grupo social ou cultura.

A filosofia de Protágoras sofreu críticas em seu tempo por dar margem a um grande **subjetivismo**: tal coisa é verdadeira se para mim parece verdadeira. Assim, qualquer tese poderia ser encarada como falsa ou verdadeira, dependendo da ótica de cada um.

Górgias de Leontini: o grande orador

O bom orador é capaz de convencer qualquer pessoa sobre qualquer coisa.

Górgias

Górgias de Leontini (487-380 a.C., aproximadamente), considerado um dos grandes oradores da Grécia, aprofundou o subjetivismo relativista de Protágoras a ponto de defender o **ceticismo absoluto**. Afirmava que:

a) nada existia;

b) se existisse, não poderia ser conhecido;

c) mesmo que fosse conhecido, não poderia ser comunicado a ninguém.

SÓCRATES DE ATENAS
O poder das perguntas decisivas

> Ele supõe saber alguma coisa e não sabe, enquanto eu, se não sei, tampouco suponho saber. Parece que sou um pouco mais sábio que ele exatamente por não supor que saiba o que não sei.
>
> Sócrates

Frase atribuída a Sócrates: "Penso que não ter necessidade é coisa divina e ter as menores necessidades possíveis é o que mais se aproxima do divino".

Nascido em Atenas, Sócrates (469-399 a.C.) é tradicionalmente considerado um marco divisório da história da filosofia grega. Por isso, os filósofos que o antecederam são chamados de pré-socráticos e os que o sucederam, de pós-socráticos. O próprio Sócrates, porém, não deixou nada escrito, e o que se sabe dele e de seu pensamento vem dos textos de seus discípulos e de seus adversários.

Conta-se que Sócrates era filho de um escultor e de uma parteira. Uma dupla herança que, simbolicamente, o levou a esculpir uma representação autêntica do homem, fazendo-o dar à luz suas próprias idéias.

O estilo de vida de Sócrates assemelhava-se, exteriormente, ao dos sofistas, embora não "vendesse" seus ensinamentos. Desenvolvia o saber filosófico em praças públicas, conversando com os jovens, sempre dando demonstrações de que era preciso unir a vida concreta ao pensamento. Unir o saber ao fazer, a consciência intelectual à consciência prática ou moral.

Tanto quanto os sofistas, Sócrates abandonou a preocupação dos filósofos pré-socráticos em explicar a natureza e se concentrou na **problemática do homem**. No entanto, contrariamente aos sofistas, Sócrates opunha-se, por exemplo, ao relativismo em relação à questão da moralidade e ao uso da retórica para atingir interesses particulares.

Embora tenha sido, em sua época, confundido com os sofistas, Sócrates travou uma polêmica profunda com eles, pois procurava um fundamento último para as interrogações humanas (O que é o bem? O que é a virtude? O que é a justiça?), enquanto os sofistas situavam as suas reflexões a partir dos dados empíricos, o sensório imediato, sem se preocupar com a investigação de uma essência da virtude, da justiça, do bem etc., a partir da qual a própria realidade empírica pudesse ser avaliada.

A pergunta fundamental que Sócrates tentava responder era: o que é a essência do homem? Ele respondia dizendo que o homem é a sua **alma**, entendendo-se "alma", aqui, como a sede da **razão**, o nosso **eu consciente**, que inclui a consciência intelectual e a consciência moral, e que, portanto, distingue o ser humano de todos os outros seres da natureza.

Por isso, o autoconhecimento era um dos pontos básicos da filosofia socrática. "Conhece-te a ti mesmo", frase inscrita no Oráculo de Delfos, era a recomendação básica feita por Sócrates a seus discípulos.

Sua filosofia era desenvolvida mediante **diálogos críticos** com seus interlocutores. Esses diálogos podem ser divididos em dois momentos básicos: a ironia e a maiêutica.

A ironia

Na linguagem cotidiana, a palavra **ironia** tem um significado depreciativo, sarcástico ou de zombaria. Mas não é esse o sentido da ironia socrática. No grego, ironia quer dizer "interrogação". De fato, Sócrates interrogava seus interlocutores sobre aquilo que pensavam saber. O que é o bem? O que é a justiça? E a coragem? E a piedade? São exemplos de algumas perguntas feitas por ele.

No decorrer do diálogo, atacava de modo implacável as respostas de seus interlocutores. Com habilidade de raciocínio, procurava evidenciar as contradições e os novos problemas que surgiam a cada resposta. Seu objetivo inicial era demolir, nos discípulos, o orgulho, a arrogância e a presunção do saber. A primeira virtude do sábio é adquirir consciência da própria **ignorância**. "Sei que nada sei", dizia Sócrates.

A ironia socrática tinha, portanto, um caráter purificador porque levava os discípulos a confessarem suas próprias contradições e ignorâncias, onde antes só julgavam possuir certezas e clarividências.

Nesta fase do diálogo, a intenção fundamental de Sócrates não era propriamente destruir o conteúdo das respostas dadas pelos interlocutores, mas fazê-los tomar consciência profunda de suas próprias respostas, das conseqüências que poderiam ser tiradas de suas reflexões, muitas vezes repletas de conceitos vagos e imprecisos.

A maiêutica

Libertos do orgulho e da pretensão de que tudo sabiam, os discípulos podiam então iniciar o caminho da reconstrução de suas próprias idéias. Novamente, Sócrates lhes propunha uma série de questões habilmente colocadas.

Nesta segunda fase do diálogo, o objetivo de Sócrates era ajudar seus discípulos a **conceberem** suas próprias idéias. Assim, transportava para o campo da filosofia o exemplo de sua mãe, Fenareta, que, sendo parteira, ajudava a trazer crianças ao mundo. Por isso, essa face do diálogo socrático, destinada à concepção de idéias, era chamada **maiêutica**, termo grego que significa "arte de trazer à luz".

Um corruptor da juventude?

Sócrates não dava importância à condição socioeconômica de seus discípulos. Dialogava com ricos e pobres, cidadãos e escravos. O que importava eram as qualidades interiores, psicológicas, de cada pessoa, pois essas condições eram indispensáveis ao processo de autoconhecimento.

Para a democracia ateniense, da qual não participava a maioria da população (composta de escravos, estrangeiros e mulheres), Sócrates foi considerado subversivo. Representava uma ameaça social pois desrespeitava a ordem vigente e dirigia suas atenções para as pessoas sem fazer distinções de categoria social. Interessado na prática da virtude e na busca da verdade, contrariava os valores dominantes da sociedade ateniense. Por isso, recebeu a acusação de ser injusto com os deuses da cidade e de corromper a juventude. No final do processo foi condenado a beber cicuta (veneno extraído de uma planta do mesmo nome).

Diante de seus juízes, Sócrates assumiu uma postura viril, altaneira, imperturbável, de quem nada teme. Permanecia absolutamente em paz com sua própria consciência. Se alguém lhe perguntasse "Não te envergonhas, Sócrates, de ter dedicado a vida a uma atividade pela qual te condenam à morte?", ele responderia:

> Estás enganado, se pensas que um homem de bem deve ficar pesando, ao praticar seus atos, sobre as possibilidades de vida ou de morte. O homem de valor moral deve considerar apenas, em seus atos, se eles são justos ou injustos, corajosos ou covardes.
>
> Assim, Sócrates concluiu suas últimas palavras: "É chegada a hora de partir. Eu para a morte; vós, para a vida. Quem segue melhor rumo? Isso é desconhecido de todos, menos da divindade."
>
> PLATÃO. *Defesa de Sócrates*, p. 14 e 27.

Foi assim que Sócrates procurou caracterizar sua vida. Construiu uma personalidade corajosa e guiando sua conduta pelo seu critério de justiça. Viveu conforme sua própria consciência. Morreu sem ter renunciado a seus mais caros valores morais.

Alguns filósofos ensinam filosofia, enquanto Sócrates viveu a filosofia. *A morte de Sócrates,* (1787) — David.

PLATÃO DE ATENAS
Das aparências ao mundo das idéias

> Os males não cessarão para os homens antes que a raça dos puros e autênticos filósofos chegue ao poder.
>
> Platão

Bettman/Corbis

Platão conheceu Sócrates quando tinha 20 anos. Foi seu discípulo e amigo durante oito anos, até a morte do mestre.

Nascido em Atenas, Platão (427-347 a.C.) pertencia a uma das mais nobres famílias atenienses. Seu nome verdadeiro era Arístocles, mas, devido a sua constituição física, recebeu o apelido de Platão, termo grego que significa "de ombros largos".

Platão foi discípulo de Sócrates, a quem considerava "o mais sábio e o mais justo dos homens"[1]. Depois da morte de seu mestre, empreendeu inúmeras viagens, num período em que ampliou seus horizontes culturais e amadureceu suas reflexões filosóficas.

Por volta de 387 a.C. retornou a Atenas, onde fundou sua própria escola filosófica, a

1. Platão. *Fédon*, p. 120.

Academia, nos jardins construídos por seu amigo Academus. Essa escola foi uma das primeiras instituições permanentes de ensino superior do mundo ocidental. Uma espécie de universidade pioneira dedicada à pesquisa científica e filosófica, além de se tornar um centro de formação política.

A maior parte do pensamento platônico nos foi transmitida por intermédio da fala de Sócrates, nos **diálogos socráticos**, escritos por ele mesmo, Platão.

O pensamento de Platão é tão vasto e importante que deu origem a uma expressão famosa: *toda filosofia ocidental são notas de rodapé a Platão.*

Teoria das idéias

Um dos aspectos mais importantes da filosofia de Platão é sua **teoria das idéias**, com a qual procura explicar como se desenvolve o conhecimento humano. Segundo ele, o processo de conhecimento se desenvolve por meio da passagem progressiva do **mundo das sombras** e **aparências** para o **mundo das idéias** e **essências**. Vejamos:

- A primeira etapa desse processo é dominada pelas **impressões** ou **sensações** advindas dos sentidos. Essas impressões sensíveis são responsáveis pela **opinião** que temos da realidade. A opinião representa o saber que se adquire sem uma busca metódica.
- O **conhecimento**, entretanto, para ser autêntico, deve ultrapassar a esfera das impressões sensoriais, o plano da opinião, e penetrar na esfera racional da sabedoria, o mundo das idéias. Para atingir esse mundo, o homem não pode ter apenas "amor às opiniões" (filodoxia); precisa possuir um "amor ao saber" (filosofia).

A opinião nasce, portanto, da percepção da aparência e da diversidade das coisas. O conhecimento, por sua vez, é elaborado quando se alcança a idéia, que rompe com as aparências e a diversidade ilusória.

O método proposto por Platão para realizar essa passagem e atingir o conhecimento autêntico (*epistéme*) é a **dialética**. No que consiste, basicamente, a dialética?

Consiste na contraposição de uma opinião com a crítica que dela podemos fazer, ou seja, na afirmação de uma tese qualquer seguida de uma discussão e negação desta tese, com o objetivo de purificá-la dos erros e equívocos.

Somente quando saímos do mundo sensível e atingimos o mundo racional das idéias é que alcançamos também o domínio do **ser absoluto**, **eterno** e **imutável**. Nesse mundo das idéias só podemos entrar, segundo Platão, através do conhecimento racional, científico ou filosófico.

> Assim, chegamos à conclusão de que a opinião se forma do mundo apresentado pelos sentidos, enquanto o conhecimento é de um mundo eterno; a opinião, por exemplo, trata de coisas belas determinadas; o conhecimento ocupa-se da beleza em si.
>
> RUSSELL, Bertrand. *História da filosofia ocidental*, v. 1, p. 140

E onde, por exemplo, podemos encontrar a beleza, em toda a sua plenitude? Platão responde: no mundo das idéias. Nesse mundo é que moram os seres totais e perfeitos: a justiça, a bondade, a coragem, a sabedoria etc.

Fora do mundo das idéias, tudo o que captamos através dos nossos sentidos possui apenas uma parte do ser ideal. O mundo sensível, portanto, é um mundo de seres incompletos e imperfeitos.

A teoria das idéias de Platão representa a tentativa de conciliar as duas grandes tendências anteriores da filosofia grega: a concepção do ser eterno e imutável de Parmênides e a concepção do ser plural e móvel de Heráclito. Para Platão, o ser eterno e universal habita o mundo da luz racional, da essência e da realidade pura. E os seres individuais e mutáveis moram no mundo das sombras e sensações, das aparências e ilusões.

PROCESSO DE EVOLUÇÃO DO CONHECIMENTO SEGUNDO PLATÃO

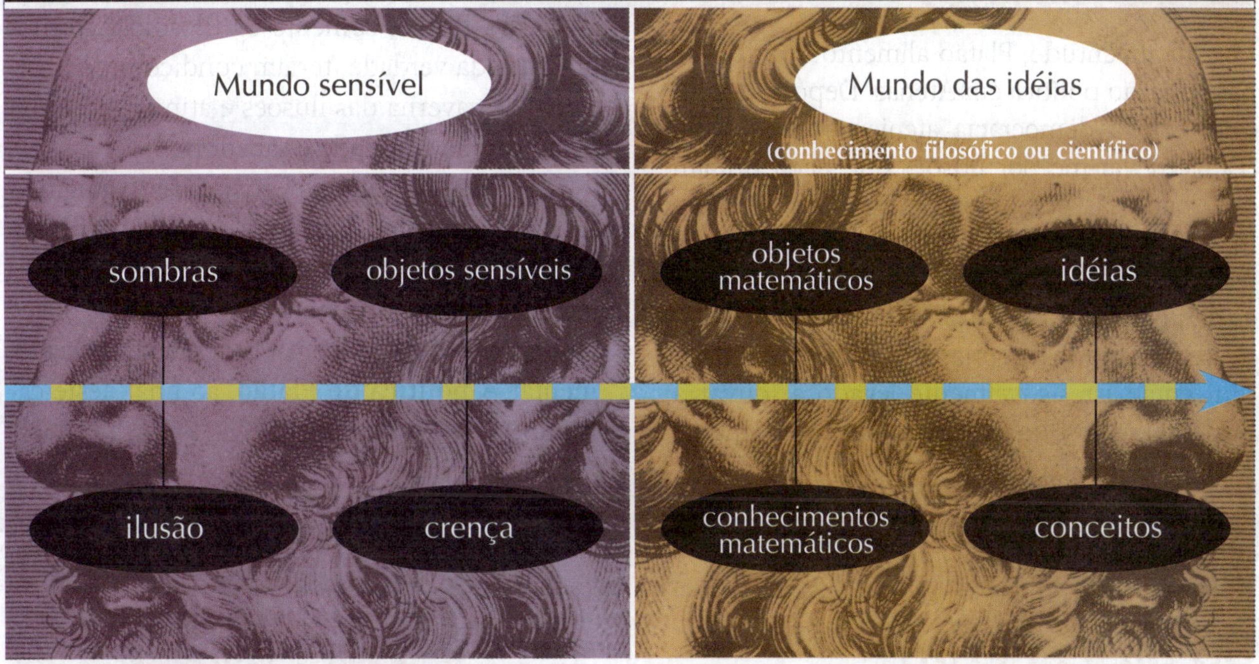

O mito da caverna

Platão criou uma alegoria, conhecida como **mito da caverna**, que serve para explicar a evolução do processo de conhecimento.

Segundo ele, a maioria dos seres humanos se encontra como prisioneira de uma caverna, permanecendo de costas para a abertura luminosa e de frente para a parede escura do fundo. Devido a uma luz que entra na caverna, o prisioneiro contempla na parede do fundo as projeções dos seres que compõem a realidade. Acostumado a ver somente essas projeções, assume a ilusão do que vê, as sombras do real, como se fosse a verdadeira realidade.

Se escapasse da caverna e alcançasse o mundo luminoso da realidade, ficaria livre da ilusão. Mas, estando acostumado às sombras, às ilusões, teria de habituar os olhos à visão do real: primeiro olharia as estrelas da noite, depois as imagens das coisas refletidas nas águas tranqüilas, até que pudesse encarar diretamente o Sol e enxergar a fonte de toda a luminosidade.

NMB

A filosofia no poder: os reis-filósofos

Na juventude, Platão alimentou o ideal de participação política em Atenas. Depois, desiludido com a democracia ateniense, confessou: "Deixei levar-me por ilusões que nada tinham de espantosas por causa de minha juventude. Imaginava que, de fato, governariam a cidade reconduzindo-a dos caminhos da injustiça para os da justiça"[2].

Abraçando a filosofia, adotou um novo ideal: "Fui então irresistivelmente levado a louvar a verdadeira filosofia e a proclamar que somente à sua luz se pode reconhecer onde está a justiça na vida pública e na vida privada"[3].

Para Platão, somente os filósofos, eternos amantes da verdade, teriam condições de libertar-se da caverna das ilusões e atingir o mundo luminoso da realidade e sabedoria.

Por isso, no seu livro *A república*, imaginou uma sociedade ideal, governada por **reis-filósofos**. Seriam pessoas capazes de atingir o mais alto conhecimento do mundo das idéias, que consiste na idéia do **bem**. (Leia o texto complementar **A política de Platão**, ao final deste capítulo.)

ARISTÓTELES DE ESTAGIRA

Do nascimento da lógica à ordenação do mundo

> O ser se exprime de muitos modos, mas nenhum modo exprime o ser.
> O ser se diz em vários sentidos.
>
> Aristóteles

De caráter mais reservado que Platão, Aristóteles foi um homem de estudo e de pesquisa. Seus discípulos do Liceu ficaram conhecidos como **peripatéticos** (os que passeiam), devido ao hábito de Aristóteles de ensinar ao ar livre, muitas vezes sob as árvores que cercavam a escola.

Nascido em Estagira, na Macedônia, Aristóteles (384-322 a.C.) foi um dos mais expressivos filósofos gregos de Antigüidade, junto com Platão. Há informações de que teria escrito mais de uma centena de obras, sobre os mais variados temas, das quais restam apenas 47, embora nem todas de autenticidade comprovada. Desempenhou extraordinário papel na organização do saber grego, acrescentando-lhe sua contribuição que impactou a história do pensamento ocidental.

Filho de Nicômaco, médico do rei da Macedônia, provavelmente herdou do pai o interesse pelas ciências naturais, que se revelaria poste-

2. PLATÃO. Carta VII. Apud *História do pensamento*, v. 1, p. 58.
3. Id., ibid.

riormente em sua obra. Aos dezoito anos foi para Atenas e ingressou na Academia de Platão, onde permaneceu cerca de vinte anos, tendo uma atuação crescentemente expressiva. Com a morte de Platão, a destacada competência de Aristóteles o qualificava para assumir a direção da Academia. Seu nome, entretanto, foi preterido por ser considerado estrangeiro pelos atenienses.

Decepcionado com o episódio, deixou a Academia e partiu para Assos, na Mísia, Ásia Menor, onde permaneceu até 345 a.C. Pouco tempo depois foi convidado por Felipe II, rei da Macedônia, para ser professor de seu filho Alexandre. O relacionamento de Aristóteles e Alexandre foi interrompido quando este assumiu a direção do Império Macedônico, em 340 a.C.

Por volta de 335 a.C., Aristóteles regressou a Atenas, fundando sua própria escola filosófica, que passou a ser conhecida como **Liceu**, em homenagem ao deus Apolo Lício. Nesse local permaneceu ensinando durante aproximadamente doze anos.

Em 323 a.C., após a morte de Alexandre, os sentimentos antimacedônicos ganharam grande intensidade em Atenas. Devido a sua notória ligação com a corte macedônica, Aristóteles passou a ser perseguido. Foi então que decidiu abandonar Atenas, dizendo querer evitar que os atenienses "pecassem duas vezes contra a filosofia" (a primeira vez teria sido com Sócrates).

Apaixonado pela biologia, dedicou inúmeros estudos à observação da natureza e à classificação dos seres vivos. Tendo em vista a elaboração de uma visão científica da realidade, desenvolveu a lógica para servir de ferramenta do raciocínio.

Da sensação ao conceito: o discípulo discorda do mestre

Segundo Aristóteles, a finalidade básica das ciências seria desvendar a constituição essencial dos seres, procurando defini-la em termos reais.

Ao abordar a realidade, reconhecia a multiplicidade dos seres percebidos pelos sentidos. Assim, tudo o que vemos, pegamos, ouvimos e sentimos é aceito como elemento da realidade sensível.

Nesse sentido, rejeitava a teoria das idéias de Platão, segundo a qual os dados transmitidos pelos sentidos não passam de distorções, sombras ou ilusões da verdadeira realidade existente no mundo das idéias. Para Aristóteles, a observação da realidade leva-nos à constatação da existência de inúmeros seres individuais, concretos, mutáveis, que são captados por nossos sentidos.

Partindo dessa realidade sensorial — empírica —, a ciência deve buscar as estruturas essenciais de cada ser. Em outras palavras, a partir da **existência** do ser, devemos atingir a sua **essência**, através de um processo de conhecimento que caminharia do individual e específico para o universal e genérico.

Aristóteles entendia que o ser individual, concreto, único não pode ser objeto da ciência. O objeto próprio das ciências é a compreensão do **universal**, visando o estabelecimento de definições essenciais, que possam ser utilizadas de modo generalizado.

Ted Spiegel/Corbis

Nesta obra, Platão é representado apontando o dedo para o alto, para o mundo das idéias, e Aristóteles com a mão à meia altura e espalmada para baixo, para o mundo concreto, indicando sua preferência pela moderação no plano ético e pelo estudo da natureza. *Detalhe da Escola de Atenas* (1511/12) — Rafael.

A **indução** (operação mental que vai do particular para o geral) representa, para Aristóteles, o processo intelectual básico de aquisição de conhecimento. Ela possibilita ao ser humano atingir conclusões científicas, de âmbito universal, a partir do trabalho metódico com os dados sensíveis — que sempre apresentam seres individuais, concretos e únicos.

Assim, por exemplo, o conceito escola — ou qualquer conclusão científica sobre esse conceito — foi elaborado tendo como base a observação sistemática das diferentes instituições às quais se atribui o nome de escola. Dessa maneira, o conceito escola tem sentido universal porque reúne em si a estrutura essencial aplicável ao conjunto das múltiplas escolas concretas existentes no mundo.

Nova interpretação para as mudanças do ser

Retomando a questão do **ser**, Aristóteles pretendeu resolver a contradição entre o caráter estático e permanente do ser em oposição ao movimento e à transitoriedade das coisas. Era a clássica polêmica entre Heráclito e Parmênides. Para essa questão, Aristóteles propôs uma nova interpretação ontológica (isto é, relativa ao estudo do ser), segundo a qual em todo **ser** devemos distinguir:

- **o ato** — a manifestação atual do ser, aquilo que já existe;
- **a potência** — as possibilidades do ser (capacidade de ser), aquilo que ainda não é mas pode vir a ser.

Assim, conforme Aristóteles, o movimento, a transitoriedade ou mudança das coisas se resumem na passagem da potência para o ato. Exemplo: a árvore que está sem flores pode tornar-se, com o tempo, uma árvore florida. Ao adquirir flores, essa árvore manifesta em ato aquilo que já continha, intrinsecamente, em potência.

Por outro lado, utilizando ainda o exemplo da árvore, pode acontecer que, em virtude de certas condições climáticas, uma árvore frutífera não venha a dar frutos (o que contraria a sua potência de dar frutos). Ou pode ser que as folhas da árvore se apresentem queimadas ou ressecadas, em conseqüência de um clima seco. Esses casos Aristóteles classifica como um **acidente**, ou seja, algo que não ocorre sempre, somente às vezes, por uma casualidade qualquer (no caso, a falta de chuva ou o excesso de calor), e que não faz parte da essência da árvore.

Assim, segundo Aristóteles, devemos distinguir também em todos os **seres** existentes:

- **a substância** — aquilo que é **estrutural** e **essencial** do **ser**;
- **o acidente** — aquilo que é atributo **circunstancial** e **não-essencial** do **ser**.

A substância corresponde àquilo que mais intimamente o ser é em si mesmo. Os acidentes pertencem ao ser, mas não são necessários para definir a natureza própria de cada ser.

O que determina a realidade do ser: a causa

A investigação do ato e da potência do ser depende, no entanto, de alguns esclarecimentos sobre a **causalidade**. Isto porque essa passagem da potência para o ato não se dá ao acaso: ela é **causada**.

Aristóteles emprega o termo **causa** em sentido bastante amplo, isto é, no sentido de **tudo aquilo que determina a realidade de um ser.** Distingue, assim, quatro tipos de causas fundamentais:

- **causa material** — refere-se à matéria de que é feita uma coisa. Exemplo: o mármore utilizado na confecção de uma estátua;
- **causa formal** — refere-se à forma, à natureza específica, à configuração de uma coisa, tornando-a "um ser propriamente dito". Exemplo: uma estátua em forma de homem e não de cavalo;
- **causa eficiente** — refere-se ao agente que produziu diretamente a coisa. Exemplo: o escultor que fez a estátua;
- **causa final** — refere-se ao objetivo, à intenção, à finalidade ou à razão de ser de uma coisa. Exemplo: o escultor tinha como finalidade exaltar a figura do soldado ateniense.

Segundo Aristóteles, a causa formal está diretamente subordinada à causa final, pois a finalidade de uma coisa determina o que os seres efetivamente são. A potência, em si mesma, não é capaz de formalizar o ser em ato. Para que se dê essa passagem, é preciso a intervenção de um agente transformador (causa eficiente), guiado por uma finalidade (causa final).

Assim, segundo Aristóteles, a causa final é que comanda o movimento da realidade. É pela causa final, em última instância, que as coisas mudam, determinando a passagem da potência para o ato. (Veja no texto complementar **As idéias e a realidade histórica**, ao final deste capítulo, uma análise do aspecto ideológico da teoria aristotélica das quatro causas.)

Estátua grega de mármore.

A felicidade humana

Aristóteles define o homem como ser racional e considera a atividade racional, o ato de pensar, como a essência humana. Por conseguinte, investigando a questão ética, ele diz:

> (...) aquilo que é próprio de cada criatura lhe é naturalmente melhor e mais agradável; para o homem, a vida conforme o intelecto (a razão) é melhor e mais agradável, já que o intelecto, mais que qualquer outra parte do homem, é o homem. Esta vida, portanto, é também a mais feliz.
>
> ARISTÓTELES. *Ética a Nicômaco*, (1178 a.C.), p. 203

Para ser feliz, portanto, o homem deve viver de acordo com a sua essência, isto é, de acordo com a sua razão, a sua consciência reflexiva. E, orientando os seus atos para uma conduta ética, a razão o conduzirá à prática da **virtude**.

Para Aristóteles, a virtude representa o **meio-termo**, a justa medida de equilíbrio entre o excesso e a falta de um atributo qualquer. Exemplos: a virtude da prudência é o meio-termo entre a precipitação e a negligência; a virtude da coragem é o meio-termo entre a covardia e a valentia insana; a perseverança é o meio-termo entre a fraqueza de vontade e a vontade obsessiva.

FILOSOFIAS HELENÍSTICAS

A busca da felicidade interior

Com a conquista da Grécia pelos macedônicos (322 a.C.), tem início o chamado **período helenístico**. Devido à expansão militar do Império Macedônico, efetuada por Alexandre Magno, o período helenístico caracterizou-se

Alexandre Magno (o Grande, como ficou conhecido) foi um grande guerreiro e estrategista militar. Era macedônio como seu mestre, Aristóteles. Em dez anos conquistou um dos maiores impérios de toda a Antigüidade.

por um processo de interação entre a cultura grega clássica e a **cultura dos povos orientais** conquistados.

Na história da filosofia, a produção filosófica do período helenístico corresponde basicamente à continuação das atividades das escolas platônica (Academia) e aristotélica (Liceu), dirigidas, respectivamente, pelos discípulos dos dois grandes mestres, Platão e Aristóteles.

Há, porém, uma transformação em relação ao passado nesse período. Os valores gregos mesclam-se com as mais diversas tradições culturais. A antiga liberdade do cidadão grego, exercida na autonomia de suas cidades, é desfigurada pelo domínio macedônico.

Da vida pública à vida privada

Com o declínio da participação do cidadão nos destinos da cidade, a reflexão política também se enfraqueceu. Substitui-se, assim, a vida pública pela **vida privada** como centro de reflexões filosóficas. As preocupações coletivas cedem lugar às preocupações **individuais**.

As principais correntes filosóficas desse período vão tratar da **intimidade**, da **vida interior** do homem. Formulam-se, então, diversos modelos de conduta, "artes de viver", "filosofias de vida". Parece que a principal preocupação dos filósofos é proporcionar aos indivíduos desorientados e inseguros com a vida social alguma forma de paz de espírito, isto é, alguma forma de felicidade interior em meio às atribulações da época. Um dos principais filósofos desse período, Epicuro, aconselha que as pessoas se afastassem dos perigos e intranqüilidade da vida política e buscassem a felicidade em sua vida privada. "Viva oculto", era um de seus mandamentos.

Entre as novas tendências desse período, devemos registrar correntes filosóficas como: o epicurismo, o estoicismo, o pirronismo e o cinismo.

Epicurismo

O **epicurismo**, fundado por Epicuro (324-271 a.C.), propunha que o ser humano deve buscar o **prazer** pois, segundo ele, o prazer é o princípio e o fim de uma vida feliz. No entanto, distinguia, dois grandes grupos de prazeres. No primeiro grupo estavam os prazeres mais duradouros, que encantam o espírito como, por exemplo: a boa conversação, a contemplação das artes, a audição da música etc. No segundo grupo estavam os prazeres mais imediatos, muitos dos quais movidos pela explosão das paixões e que, ao final, poderiam resultar em dor e sofrimento. Mas para desfrutarmos os grandes prazeres do intelecto precisamos aprender a dominar os prazeres exagerados da paixão: os medos, os apegos, a cobiça, a inveja. Os epicuristas buscavam a ***ataraxia***, termo grego usado para designar o estado de ausência da dor, quietude, serenidade e imperturbabilidade da alma.

O epicurismo muitas vezes é confundido com um tipo de hedonismo marcado pela procura desenfreada dos prazeres mundanos. No entanto, o que epicurismo defende é uma administração racional e equilibrada do prazer, evitando ceder aos desejos insaciáveis que, inevitavelmente, terminam no sofrimento.

Epicuro identificou o medo da morte como uma das mais principais fontes de todos os medos. Para combater este medo, desenvolveu um argumento interessante:

> "Acostuma-te à idéia de que a morte para nós não é nada, visto que todo bem e todo mal residem nas sensações, e a morte é justamente a privação das sensações. A consciência clara de que a morte não significa nada para nós proporciona a fruição da vida efêmera, sem querer acrescentar-lhe tempo infinito e eliminando o desejo de imortalidade.
>
> Não existe nada de terrível na vida para quem está perfeitamente convencido de que não há nada de terrível em deixar de viver. É tolo portanto quem diz ter medo da morte, não porque a chegada desta lhe trará sofrimento, mas porque o aflige a própria espera: aquilo que nos perturba quando presente não deveria afligir-nos enquanto está sendo esperado.
> Então, o mais terrível de todos os males, a morte, não significa nada para nós, justamente porque, quando estamos vivos, é a morte que não está presente; ao contrário, quando a morte está presente, nós é que não estamos."
>
> EPICURO. *Carta sobre a felicidade (a Meneceu)*, p. 27 e 28 (Citação completa: *Carta sobre a felicidade* (a Meneceu). Tradução e apresentação de Álvaro Lorencini e Enzo Del Carratore. São Paulo, Editora UNESP, 2002.)

Estoicismo

O **estoicismo** é a corrente filosófica de maior influência em seu tempo. Foi fundada por Zenão de Cício (336-263 a.C.), localidade da ilha de Chipre. Este Zenão não deve ser confundido com Zenão de Eléia, ao qual nos referimos à página 76.

Os representantes desta escola, conhecidos como **estóicos**, defendiam que toda realidade existente é uma realidade racional. Todos os seres, os homens e a natureza, fazem parte desta realidade. O que chamamos de Deus nada mais é do que a fonte dos princípios que regem a realidade. Integrados à natureza, não existe para o ser humano nenhum outro lugar para ir ou fugir, além do próprio mundo em que vivemos. Somos deste mundo e, ao morrer, nos dissolvemos neste mundo.

Não dispomos de poderes para alterar, substancialmente, a ordem universal do mundo. Mas pela filosofia podemos compreender esta ordem universal e viver segundo ela. Assim, em vez do **prazer** dos epicuristas, Zenão propõe o **dever** da compreensão como o melhor caminho para a felicidade. Ser livre é viver segundo nossa própria natureza que, por sua vez, integra a natureza do mundo.

No plano ético, os estóicos defendiam uma atitude de austeridade física e moral, baseadas em virtudes como a resistência ante o sofrimento, a coragem ante o perigo, a indiferença ante as riquezas materiais. O ideal perseguido era um **estado de plena serenidade** para lidar com os sobressaltos da existência, fundado na aceitação e compreensão dos "princípios universais" que regem toda a vida.

Pirronismo

O **pirronismo**, de Pirro de Élida (365-275 a.C.) — segundo suas teorias, nenhum conhecimento é seguro, **tudo é incerto**. O pirronismo defendia que se deve contentar com as aparências das coisas, desfrutar o imediato captado pelos sentidos e viver feliz e em paz, em vez de se lançar à busca de uma verdade plena, pois seria impossível ao homem saber se as coisas são efetivamente como aparecem. Assim, o pirronismo é considerado **uma forma de ceticismo**, pois professa a impossibilidade do conhecimento, da obtenção da verdade absoluta.

Cinismo

O **cinismo** vem do grego *kynos*, que significa "cão"; **cínico**, do grego *kynicos*, significa "como um cão". O termo cinismo designa a corrente

O barril e a esmola

Zombavam de Diógenes. Além de morar num barril, volta e meia era visto pedindo esmolas às estátuas. Cegas por serem estátuas, eram duplamente cegas porque não tinham olhos — uma das características da estatuária grega. (...)

Perguntaram a Diógenes por que pedia esmola às estátuas inanimadas, de olhos vazios. Ele respondia que estava se habituando à recusa. Pedindo a quem não o via nem o sentia, ele nem ficava aborrecido pelo fato de não ser atendido.

É mais ou menos uma imagem que pode ser usada para definir as relações entre a sociedade e o poder. Tal como as estátuas gregas, o poder tem os olhos vazados, só olha para dentro de si mesmo, de seus interesses de continuidade e de mais poder.

A sociedade, em linhas gerais, não chega a morar num barril. Uma pequena minoria mora em coisa mais substancial. A maioria mora em espaços um pouco maiores do que um barril. E há gente que nem consegue um barril para morar, fica mesmo embaixo da ponte ou por cima das calçadas.

Morando em coisa melhor, igual ou pior do que um barril, a sociedade tem necessidade de pedir não exatamente esmolas ao poder, mas medidas de segurança, emprego, saúde e educação. Dispõe de vários canais para isso, mas, na etapa final, todos se resumem numa estátua fria, de olhos que nem estão fechados: estão vazios. (...)

CARLOS HEITOR CONY.
Folha de S. Paulo, 5 jan. 2000.

dos filósofos que se propuseram a viver como os cães da cidade, sem qualquer propriedade ou conforto. Levavam ao extremo a filosofia de Sócrates, segundo a qual o homem deve procurar **conhecer a si mesmo** e **desprezar todos os bens materiais**. Por isso Diógenes, o pensador mais destacado dessa escola, é conhecido como o "Sócrates demente", ou o "Sócrates louco", pois questionava os valores e as convenções sociais e procurava viver estritamente conforme os princípios que considerava moralmente corretos.

Vivendo numa época em que as conquistas de Alexandre promovem o helenismo, mesclando culturas e populações, Diógenes também não tem apreço pela diferença entre grego e estrangeiro. Quando lhe perguntaram qual era sua cidadania, respondeu: sou **cosmopolita**, palavra grega que significa "cidadão do mundo".

Há muitas histórias de sabedoria e humor sobre Diógenes. Conta-se, por exemplo, que ele morava num barril e que, certa vez, Alexandre Magno decidiu visitá-lo. De pé em frente de sua "casa", Alexandre perguntou se havia algo que ele, como Imperador, poderia fazer em benefício do filósofo. Diógenes respondeu prontamente: *sim, podes sair da frente do meu sol*. Diz a lenda que Alexandre, impressionado com o desprezo do filósofo pelos bens materiais, comentou: se eu não fosse Alexandre, queria ser Diógenes.

O artigo do quadro desenvolve reflexões atuais a partir de outra história de Diógenes.

Representação de Diógenes no barril que morava. Desprezando as convenções e as hierarquias da sociedade, enalteceu o que para ele era o maior de todos os prazeres: a liberdade.

PERÍODO GRECO-ROMANO
A filosofia pagã e a penetração do cristianismo

O último período da filosofia antiga, conhecido como **greco-romano**, corresponde, em termos históricos, à fase de expansão militar de Roma (desde as Guerras Púnicas, iniciadas em 264 a.C., até a decadência do Império Romano, em fins do século V da era cristã). Trata-se de um período longo em anos, mas pouco notável no que diz respeito à originalidade das idéias filosóficas.

Os principais pensadores desse período, como **Sêneca**, **Cícero**, **Plotino**, **Plutarco**, dedicaram-se muito mais à tarefa de assimilar e desenvolver as contribuições culturais herdadas principalmente da Grécia clássica do que de criar novos caminhos para a filosofia.

A progressiva penetração do **cristianismo** no decadente Império Romano é uma das características fundamentais desse período. A difusão e a consolidação do cristianismo, através da Igreja Católica, atuaram no sentido de dissolver a força da filosofia grega clássica, que passou a ser qualificada de **pagã** (própria dos povos não-cristãos).

Análise e entendimento

Os sofistas

1. Em contraste com o período pré-socrático, marcado por reflexões cosmológicas, qual foi a grande preocupação do período que se inicia com os sofistas?

2. Caracterize os sofistas e o que favoreceu o seu surgimento.

3. "O homem é a medida de todas as coisas". Que relação você pode estabelecer entre essa frase de Protágoras e a concepção de verdade dos sofistas?

Sócrates de Atenas

4. Quais seriam as semelhanças e diferenças fundamentais entre Sócrates e os sofistas?

5. Explique as duas grandes fases do diálogo crítico de Sócrates com seus interlocutores?

6. Que fez Sócrates para ser considerado um elemento perturbador da democracia ateniense? Comente.

Platão de Atenas

7. Qual é a diferença, na teoria das idéias de Platão, entre o mundo das sombras e o mundo das idéias?

8. O método proposto por Platão para atingir o conhecimento autêntico é a dialética. Analise a dialética platônica e estabeleça sua relação com o diálogo crítico de Sócrates.

9. A teoria das idéias de Platão é outra tentativa de conciliar o grande debate da filosofia grega entre Parmênides e Heráclito. Você está de acordo com essa afirmação? Justifique.

Aristóteles de Estagira

10. Analise e defina as diferenças básicas entre a teoria do conhecimento de Platão (teoria das idéias) e a de Aristóteles.

11. Aristóteles e Platão aplicam o mesmo método para chegar ao conhecimento verdadeiro? Justifique.

12. Como Aristóteles explica o movimento e a mudança das coisas?

13. Explique os quatro tipos de causas fundamentais que levariam à passagem de uma cadeira de balanço em potência para uma mesa em ato.

14. Em que consiste a virtude para Aristóteles?

Os períodos helenístico e greco-romano

15. Caracterize, em termos gerais, a filosofia desenvolvida depois do período clássico.

Debate e reflexão

1. ***O poder da retórica***
"Dou-me conta de que a retórica é a lógica da filosofia. De que, com um pouco de boa vontade e algum engenho, sempre se pode construir um discurso filosófico bem argumentado a favor ou contra qualquer ponto de vista". Elabore uma reflexão sobre essa afirmação do pensador brasileiro contemporâneo Oswaldo Porchat Pereira e compartilhe-a com seus colegas.

2. ***Conhecimento e ignorância***
Na vida estamos constantemente aprendendo sobre nós mesmos e o mundo, num processo contínuo e, aparentemente, interminável. Como disse Sócrates, "quanto mais sei, mais sei que nada sei". Reflita sobre as dificuldades do conhecimento e do autoconhecimento e comente sobre a importância de abrir-nos para a dimensão de nossa "eterna ignorância". Procure exemplificar.

3. ***Filosofias helenísticas***
As diversas correntes filosóficas do período helenístico se preocuparam em proporcionar aos indivíduos desorientados alguma forma de paz de espírito, alguma forma de felicidade interior em meio às atribulações da época. Eram verdadeiras "filosofias de vida". Escolha a corrente que propõe o modo de vida com que você mais se identifica, elabore um comentário sobre as razões de sua escolha e apresente-o a seus colegas.

4. ***Substância e acidente***
Na sua vida cotidiana, seria possível empregar a distinção aristotélica entre substância e acidente? Como exercício de reflexão, procure apontar o que seria substancial e acidental em cada um dos conceitos seguintes, tendo como referência a situação brasileira: a) democracia; b) cidadão; c) professor; d) aluno.

Para pensar

Temos em seguida quatro textos. O primeiro é um trecho da *Metafísica*, obra em que Aristóteles se refere às quatro causas que explicam todos os seres. O segundo texto é uma interpretação de Marilena Chauí sobre o conteúdo ideológico dessa teoria. Para a filósofa brasileira, a teoria das quatro causas, que procura explicar a realidade, na verdade se explicaria a partir da realidade histórica em que foi produzida. O terceiro texto é uma passagem de *A república*, na qual Platão se refere aos reis-filósofos. E no último texto, com base nessa mesma obra, Donaldo Schüller interpreta as idéias centrais do filósofo grego aplicadas à vida política.

Leia primeiramente os textos de Aristóteles e Chauí e responda às questões que se seguem. Depois faça o mesmo com os textos de Platão e Schüller.

1. As quatro causas

É pois manifesto que a ciência a adquirir é a das causas primeiras (pois dizemos que conhecemos cada coisa somente quando julgamos conhecer a sua primeira causa); ora, causa diz-se em quatro sentidos; no primeiro, entendemos por causa a substância e a qüididade (o "porquê" reconduz-se pois à noção última, e o primeiro "porquê" é causa e princípio); a segunda causa é a matéria e o sujeito; a terceira é a de onde vem o início do movimento; a quarta causa, que se opõe à precedente, é o "fim para que" e o bem (porque este é, com efeito, o fim de toda geração e movimento).

ARISTÓTELES.
Metafísica.

2. As idéias e a realidade histórica

As quatro causas

A teoria aristotélica das quatro causas, tal como foi recolhida e conservada pelos pensadores medievais, é uma das explicações encontradas pelo filósofo para dar conta do problema do movimento. (...) Haveria, então, uma causa material (a matéria de que um corpo é constituído, como, por exemplo, a madeira, que seria a causa material da mesa), a causa formal (a forma que a matéria possui para constituir um corpo determinado, como, por exemplo, a forma da mesa, que seria a causa formal da madeira), a causa motriz ou eficiente (a ação ou operação que faz com que uma matéria passe a ter uma determinada forma, como, por exemplo, quando o marceneiro fabrica a mesa) e, por último, a causa final (o motivo ou a razão pela qual uma determinada matéria passou a ter uma determinada forma, como, por exemplo, a mesa feita para servir como altar em um templo). Assim, as diferentes relações entre as quatro causas explicam tudo que existe, o modo como existe e se altera, e o fim ou motivo para o qual existe.

Hierarquia das causas

Um aspecto fundamental dessa teoria da causalidade consiste no fato de que as quatro causas não possuem o mesmo valor, isto é, são concebidas como hierarquizadas, indo da causa mais inferior à causa superior. Nessa hierarquia, a causa menos valiosa ou menos importante é a causa eficiente (a operação de fazer a causa material receber a causa formal, ou seja, o fabricar natural ou humano) e a causa mais valiosa ou mais importante é a causa final (o motivo ou finalidade da existência de alguma coisa).

À primeira vista, essa teoria é uma pura concepção metafísica que serve para explicar de modo coerente e objetivo os fenômenos naturais (física) e os fenômenos humanos (ética, política e técnica). Nada parece indicar a menor relação entre a explicação causal do universo e a realidade social grega. Sabemos, porém, que a sociedade grega é escravagista e que a sociedade medieval se baseia na servidão, isto é, são sociedades que distinguem radicalmente os homens em superiores — os homens livres, que são cidadãos, na Grécia, e senhores feudais, na Europa medieval — e inferiores — os escravos, na Grécia, e os servos da gleba, na Idade Média.

Relação das causas com a divisão social

Mas, o que teria a concepção da causalidade a ver com tal divisão social? Muita coisa. Se tomarmos o cidadão ou o senhor e indagarmos a qual das causas ele corresponde, veremos que corresponde à causa final, isto é, o fim ou motivo pelo qual alguma coisa existe é o usuário dessa coisa, aquele que ordenou sua fabricação (por isso, na teologia cristã, Deus é considerado a causa final do universo, que existe "para Sua maior glória e honra"). Em outras palavras, a causa final está vinculada à idéia de uso e este depende da vontade de quem ordena a produção de alguma coisa. Se, por outro lado, indagarmos a que causa corresponde o escravo ou o servo, veremos que corresponde à causa motriz ou eficiente, isto é, ao trabalho graças ao qual uma certa matéria receberá uma certa forma para servir ao uso ou ao desejo do senhor. Compreende-se, então, por que a metafísica das quatro causas considera a causa final superior à eficiente, que se encontra inteiramente subordinada à primeira. Não só no plano da Natureza e do sobrenatural, mas também no plano humano ou social o trabalho aparece como elemento secundário ou inferior, a fabricação sendo menos importante do que seu fim. A causa eficiente é um simples meio ou instrumento.

Conteúdo ideológico da teoria da causalidade

Temos, portanto, uma teoria geral para a explicação da realidade e de suas transformações que, na verdade, é a transposição involuntária para o plano das idéias de relações sociais muito determinadas. Quando o teórico elabora sua teoria, evidentemente não pensa estar realizando essa transposição, mas julga estar produzindo idéias verdadeiras que nada devem à existência histórica e social do pensador. Até pelo contrário, o pensador julga que com essas idéias poderá explicar a própria sociedade em que vive. Um dos traços fundamentais da ideologia consiste, justamente, em tomar as idéias como independentes da realidade histórica e social, de modo a fazer com que tais idéias expliquem aquela realidade, quando na verdade é essa realidade que torna compreensíveis as idéias elaboradas.

MARILENA CHAUÍ.
O que é ideologia, p. 8-10. (intertítulos criados pelo Autor)

Questões

1. Caracterize a vinculação apontada no segundo texto, de Marilena Chauí, entre a teoria da causalidade aristotélica e as relações sociais preponderantes na Grécia Antiga.
2. Por que, segundo a autora, a teoria aristotélica da causalidade é ideológica? Comente.

3. Os reis-filósofos

A formação do rei-filósofo

Sócrates: — Observe agora, Glauco, que não seremos injustos para com os filósofos que se formarem entre nós, e lhes diremos coisas justas ao obrigá-los a guardarem e cuidarem dos outros. Nós lhes diremos, com efeito: Nas outras cidades, é natural que aqueles que se elevam até à filosofia não participem das vicissitudes da política, já que eles se formam por eles mesmos, à margem de seu governo respectivo; ora, quando se cresce por si mesmo, e sem dever sua nutrição a ninguém, é justo que não se queira reembolsa-la a quem quer que seja. Mas vocês, nós os formamos no interesse da cidade tanto quanto em seu próprio interesse, a fim de que se tornem o que os chefes e reis são nos enxames de abelhas; nós lhes demos uma educação mais perfeita e mais completa do que a dos filósofos estrangeiros, e nós os tornamos mais capazes do que eles para aliar a filosofia e a política.

O filósofo vai ao povo

Sócrates: — Vocês devem então, cada qual por sua vez, descer até a morada comum dos outros e habituar-se a enxergar as sombras; uma vez habituados, enxergarão mil vezes melhor do que os outros, conhecerão cada figura tal como está e tal como é, por terem visto em verdade o justo, o belo e o bom a respeito dela. Assim nossa constituição tornar-se-á uma realidade para nós e para vocês, na cidade, e não um sonho, como em muitas cidades de hoje, em que se luta contra sombras, uns contra os outros e se fomenta dissensões para governar, como se fosse um grande bem.

O melhor governante

Sócrates: — Mas sei qual é a verdade: a cidade em que governarem os que menos quiserem o comando e os que mais tardarem a tomá-lo será necessariamente melhor e mais pacificamente governada, e o contrário se dará naquela em que os governantes forem o contrário.

PLATÃO.
A república. (intertítulos criados pelo Autor)

4. O projeto político de Platão

Inimigo da democracia foi Platão, o maior dos discípulos de Sócrates. Em *A república*, apresenta-nos um Estado ideal desenvolvido a partir da constituição militarista de Esparta.

A organização social e política

Divide o Estado em três classes: os governantes, o exército e o povo.

Esta última classe (formada por artesãos, agricultores, comerciantes, profissionais liberais e escravos) não lhe merece o menor respeito. Totalmente excluídos do governo, devem curvar-se às leis que lhes são impostas. Nem lhes cabe buscar consolo na religião dos antepassados. Criada pelo Estado, a religião comparece como poderoso instrumento de domínio bem como a literatura e as artes. Embora duramente reprimido, compete ao povo suprir o Estado da produção pastoril, agrícola e industrial.

Aos incorporados no exército são negados quaisquer direitos privados. Não podem ser proprietários, não podem constituir família e o Estado controla as horas de lazer. A união sexual tem como finalidade única a procriação, sendo os casais e a data das conjunções determinadas pelo Estado por critérios políticos e de eugenia. A educação começa desde a infância e é, em todas as etapas, controlada pelo Estado para os interesses deste e não do indivíduo. Também o exército permanece excluído do governo. Velar pela segurança externa e interna é a sua única função. A admissão da mulher no exército e na educação, que poderia ser considerada um progresso, visa, contudo, aos exclusivos interesses do Estado.

Vaso de terracota, cuja pintura retrata o trabalho de ferreiros na Grécia antiga.

A classe dos governantes é constituída pelos filósofos, recrutados entre os militares, depois dos cinqüenta anos. Únicos detentores da verdade, compete-lhes legislar autoritariamente o Estado sem vigilância de outra classe. Já que os conteúdos metafísicos aos quais devem adequar as leis lhes são minuciosamente prescritos, suspeitamos que já não lhes cabe o nome de filósofos a eles atribuído. Se tomamos Sócrates como protótipo de filósofo, os governantes da República, presos a um sistema preconcebido e rígido, não se parecem nada com ele. Assemelham-se antes a sacerdotes de uma religião secreta, dogmaticamente elaborada pelo fundador.

Analogia entre a psique e o Estado

Platão localiza na psique três seções correspondentes à divisão do Estado: a razão, a vontade e as paixões. Cabe à razão descobrir as leis que regem o homem, a tarefa da vontade é executá-las, espera-se que as paixões as cumpram. A vontade regida pelas paixões leva a desmandos semelhantes aos que ocorrem no Estado governado pelo povo.
Como se vê, os mesmos motivos que requerem um Estado autoritário submetem o corpo ao imperativo da razão. O homem é cópia do Estado a que está subordinado.

Esta política e esta psicologia expelem da República os poetas, cultores dos sentimentos. Como poderia tolerá-los quem organiza um Estado aristocrático que recorre à razão para dominar? Não admira que as simpatias caiam sobre a poesia marcial de Tirteu[4].

O mito da caverna

Boa ilustração do sistema platônico vê-se no "mito da caverna". Imaginem-se escravos algemados desde sempre com o rosto voltado para o fundo da caverna. O sol que brilha fora projeta sobre a superfície rochosa as sombras dos que passam pela abertura. Os escravos, por não terem tido outro contato com a realidade senão as sombras moventes, não admitem a existência de outros seres além destes. Ocorre que um dos escravos se liberta e busca a luminosidade exterior. No primeiro instante, os raios do sol o cegam. Habituando-se, porém, à luz, percebe o mundo verdadeiro de quem apenas conhecia as sombras, tidas como reais. A alegria da descoberta o faz retornar à prisão para denunciar o mundo de ilusões em que todos vivem. Os companheiros, tomando-o como insolente, o matam ofendidos.

Na alegoria platônica, a caverna sombria é o nosso mundo cotidiano percebido pelos sentidos. O sol é a luz da verdade a iluminar essências eternas (as idéias) de que apenas percebemos sombras móveis. Libertar-nos das impressões sensoriais, para vermos as coisas como realmente são, é tarefa dos filósofos. A turba ignara e revoltada, preferindo a ilusão dos sentidos à luz da verdade, silencia os arautos da suprema sabedoria.
A imagem do homem comum não poderia ser mais negra.

DONALDO SCHÜLLER.
Literatura grega, p. 77-9. (intertítulos criados pelo Autor)

Questões

1. Platão, na *República*, divide o Estado em três classes: os governantes, o exército e o povo. Caracterize o papel de cada uma dessas classes, segundo a interpretação de Donaldo Schüller.

2. Conforme a teoria política de Platão, os elementos psíquicos razão, vontade e paixão correspondem, respectivamente, a que classes sociais? É possível estabelecermos alguma correlação com a sociedade atual?

3. No mito da caverna, qual a imagem que Platão faz do povo em geral, na interpretação de Schüller? Discuta essa concepção se aplicada à atualidade.

4. **Tirteu**: poeta lírico grego que viveu no séc. VII a.C. Segundo a tradição, incentivou com seus cânticos de guerra os soldados espartanos, influenciando sua vitória nas lutas contra os messênios.

7 O pensamento cristão: a patrística e a escolástica

*Quem não se ilumina com o esplendor de todas as coisas criadas, é **cego**.*

*Quem não desperta com tantos clamores, é **surdo**.*

*Quem, com todas essas coisas, não se põe a louvar Deus, é **mudo**.*

*Quem, a partir de indícios tão evidentes, não volta a mente para o primeiro princípio, é **tolo**.*

São Boaventura

Cenas da vida de Maria Madalena: Noli Me Tangere (1320) — Giotto di Bondone

Elio Ciol/Corbis/Latin Stock

IGREJA CATÓLICA
Filosofia medieval e cristianismo

Ao longo do século V d.C., o Império Romano do Ocidente sofreu ataques constantes dos "povos bárbaros". Do confronto desses povos invasores com os romanos desenvolveu-se uma nova estruturação da vida social européia, que corresponde ao período medieval.

Em meio ao esfacelamento do Império Romano, decorrente, em grande parte, das invasões germânicas, a **Igreja Católica** conseguiu manter-se como instituição social. Consolidou sua organização religiosa e difundiu o **cristianismo**, preservando, também, muitos elementos da cultura greco-romana.

Apoiada em sua crescente influência religiosa, a Igreja passou a exercer importante papel político na sociedade medieval. Desempenhou, às vezes, a função de órgão supranacional, conciliador das elites dominantes, contornando os problemas das rivalidades internas da nobreza feudal. Conquistou, também, vasta riqueza material: tornou-se dona de aproximadamente um terço das áreas cultiváveis da Europa ocidental, numa época em que a terra era a principal base da riqueza.

Elio Ciol/Corbis/Latin Stock

Como instituição mais rica e influente da Idade Média, a Igreja Católica – ou figuras poderosas do clero – financiou e inspirou grande parte da arte e da produção cultural desse período. Interior da Basílica de San Marco, Itália.

Conflitos e conciliação entre fé e razão

> Tomai cuidado para que ninguém vos escravize por vãs e enganadoras especulações da "filosofia", segundo a tradição dos homens, segundo os elementos do mundo, e não segundo Cristo.
>
> São Paulo

No plano cultural, a Igreja exerceu ampla influência, traçando um quadro intelectual em que a **fé cristã** se tornou o pressuposto (isto é, o antecedente necessário) de toda vida espiritual.

Em que consistia essa fé?

Consistia na crença irrestrita ou na adesão incondicional às **verdades reveladas** por Deus aos homens. Verdades expressas nas Sagradas Escrituras (Bíblia) e interpretadas segundo a autoridade da Igreja.

De acordo com a doutrina católica, a fé representava a fonte mais elevada das verdades reveladas — especialmente aquelas verdades consideradas essenciais ao homem e que dizem respeito à sua **salvação**. Nesse sentido, afirmava **Santo Ambrósio** (340-397, aproximadamente): "Toda verdade, dita por quem quer que seja, é do Espírito Santo".

Isso significava que toda investigação filosófica ou científica não poderia, de modo algum, contrariar as verdades estabelecidas pela fé católica. Em outras palavras, os filósofos não precisavam mais se dedicar à busca da verdade, pois ela já teria sido revelada por Deus aos homens. Restava-lhes, apenas, **demonstrar racionalmente as verdades da fé**.

Não foram poucos, porém, aqueles que dispensaram até mesmo essa comprovação racional da fé. Foi o caso de religiosos que desprezavam a filosofia grega, sobretudo porque viam nessa forma pagã de pensamento uma porta aberta para o pecado, a dúvida, o descaminho e a heresia[1].

Por outro lado, surgiram pensadores cristãos que defenderam o conhecimento da filosofia grega, percebendo a possibilidade de utilizá-la como instrumento a serviço do cristianismo. Conciliado com a fé cristã, o estudo da filosofia grega permitiria à Igreja enfrentar os descrentes e derrotar os hereges com as armas racionais da argumentação lógica. O objetivo era convencer os descrentes, tanto quanto possível, pela razão, para depois fazê-los aceitar a imensidão dos mistérios divinos, somente acessíveis à fé.

Nesse contexto, a filosofia medieval pode ser dividida em quatro momentos principais:

- o dos **padres apostólicos**, do início do cristianismo (séculos I e II), entre os quais se incluem os **apóstolos**, que disseminavam a palavra de Cristo, sobretudo em relação a temas morais. Entre estes se destaca a figura de **São Paulo** pelo volume e valor literário de suas **epístolas** (cartas escritas pelos apóstolos);
- o dos **padres apologistas** (séculos III e IV), que faziam a **apologia do cristianismo** contra a filosofia pagã. Entre os apologistas destacam-se Orígenes, Justino e Tertuliano, este o mais intransigente na defesa da fé contra a filosofia grega;
- o da **patrística** (de meados do século IV ao século VIII), no qual se busca uma conciliação entre a razão e a fé e se destacam a figura de **Santo Agostinho** e a influência da **filosofia platônica**;
- o da **escolástica** (do século IX a XVI), no qual se buscou uma sistematização da filosofia cristã, sobretudo a partir da interpretação da **filosofia de Aristóteles**, e se destaca a figura de **Santo Tomás de Aquino**.

A característica fundamental dessa filosofia medieval é a ênfase nas questões teológicas, destacando-se temas como: o dogma da Trindade, a encarnação de Deus-filho, a liberdade e a salvação, a relação entre fé e razão.

Destacaremos, neste livro, os dois momentos mais importantes da filosofia medieval — a patrística e a escolástica.

PATRÍSTICA
Matriz platônica nos argumentos da fé

No processo de desenvolvimento do cristianismo, tornou-se necessário explicar seus preceitos às autoridades romanas e ao povo em geral. A Igreja Católica sabia que esses preceitos não podiam simplesmente ser impostos pela força. Tinham de ser apresentados de maneira convincente, mediante um trabalho de pregação e conquista espiritual.

Foi assim que os primeiros **padres da Igreja**[2] se empenharam na elaboração de diversos textos sobre a fé e a revelação cristãs. O conjunto desses textos ficou conhecido como **patrística**, por terem sido escritos principalmente por esses grandes padres da Igreja.

1. **Heresia**: qualquer ato, palavra ou doutrina contrário ao que foi estabelecido pela Igreja, em termos de fé. Na sua origem grega, *heresia* significava escolha, uma preferência por uma doutrina. Herege era a pessoa que escolheu uma determinada heresia.
2. **Padres da Igreja**: denominação dada aos primeiros pensadores e escritores da Igreja Católica, especialmente aqueles que viveram entre os séculos IV e VIII. A palavra **padre** tem aqui o sentido de "pai", pois foram eles que formularam os primeiros conceitos da fé e tradição católica.

Pregador em praça pública da Idade Média. A conquista espiritual das populações ao cristianismo não dependeu apenas do trabalho dos pregadores. Necessitou da formulação de uma base teórica para estruturar e defender os princípios e dogmas da doutrina cristã. *Sermão de S. Vicente Ferrer* (1467-1477) — Bartolomeo degli Erri.

Uma das principais correntes da filosofia patrística, inspirada na filosofia greco-romana, tentou munir a fé de argumentos racionais, ou seja, buscou a conciliação entre o cristianismo e o pensamento pagão. Seu principal expoente foi **Agostinho**, posteriormente consagrado **santo** pela Igreja Católica.

Santo Agostinho: o pecado é o afastamento de Deus

> Compreender para crer, crer para compreender.
>
> Santo Agostinho

Aureliano Agostinho (354-430) nasceu em Tagaste, província romana situada na África, e faleceu em Hipona, hoje localizada na Argélia. Nessa última cidade ocupou o cargo de bispo da Igreja Católica.

Até completar 32 anos, no entanto, Agostinho não era cristão. Havia tido até então uma vida voltada aos prazeres do mundo e, de uma ligação amorosa ilícita para a época, nascera-lhe o filho Adeodato. Havia sido também professor de Retórica em escolas romanas.

Em sua formação intelectual, Agostinho despertou primeiramente para a Filosofia com a leitura de **Cícero**[3]. Posteriormente, deixou-se influenciar pelo **maniqueísmo**, doutrina persa

3. **Cícero** (106-43 a.C.): orador e político romano que se inspirou no ecletismo — a busca de um acordo entre os ensinamentos das escolas platônica, aristotélica, hedonista etc.

que afirmava ser o universo dominado por dois grandes princípios opostos, o **bem** e o **mal**, mantendo uma incessante luta entre si.

Mais tarde, já insatisfeito com o maniqueísmo, viajou para Roma e Milão, entrando em contato com o **ceticismo** e, depois, com o **neoplatonismo**, movimento filosófico do período greco-romano, desenvolvido por pensadores inspirados em Platão, que se espalhou por diversas cidades do Império Romano, sendo marcado por sentimentos religiosos e crenças místicas[4].

Cresceu e se aprofundou, então, em Agostinho uma grande crise existencial, uma inquietação quase desesperada em busca de sentido para a vida. Foi nesse período crítico que ele se encontrou com Santo Ambrósio, bispo de Milão, sentindo-se extremamente atraído por suas pregações. Pouco tempo depois, converteu-se ao cristianismo, tornando-se seu grande defensor pelo resto da vida.

Representação de Agostinho pregando em Hipona, de Carle van Loo. O filósofo escrevia e predicava o tempo todo e em diversos lugares. Também polemizou com aqueles que contrariavam a ortodoxia da doutrina cristã de sua época.

A superioridade da alma sobre o corpo

Em sua obra, Agostinho argumenta em favor da superioridade da alma humana, isto é, a **supremacia do espírito sobre o corpo**, a matéria. Para ele, a alma teria sido criada por Deus para reinar sobre o corpo, para dirigi-lo à prática do bem.

O homem pecador, entretanto, utilizando-

4. Entre os neoplatônicos, citam-se Plotino (205-270) e Proclo (411-485).

se do livre-arbítrio, costumaria inverter essa relação, fazendo o corpo assumir o governo da alma. Provocaria, com isso, a submissão do espírito à matéria, o que seria, para ele, equivalente à subordinação do eterno ao transitório, da essência à aparência.

A verdadeira liberdade estaria na harmonia das ações humanas com a vontade de Deus. Ser livre é servir a Deus, diz Agostinho, pois o prazer de pecar é a escravidão.

Boas obras ou graça divina?

Segundo o filósofo, o homem que trilha a via do pecado só consegue retornar aos caminhos de Deus e da salvação mediante a combinação de seu esforço pessoal de vontade e a concessão, imprescindível, da **graça divina**. Sem a graça de Deus, o homem nada pode conseguir. Mas nem todas as pessoas deverão receber essa graça, mas somente os **predestinados** à salvação.

A **questão da graça**, tal como colocada pelo filósofo, marcou profundamente o pensamento medieval cristão. E a doutrina da predestinação à salvação foi, posteriormente, adotada por alguns ramos da teologia protestante (Reforma Protestante). Na mesma época de Agostinho, outro teólogo, **Pelágio**, afirmava que a **boa vontade** e as **boas obras** humanas seriam suficientes para a salvação individual. Era a doutrina do **pelagianismo**.

Agostinho colocou-se contra essa doutrina e, no concílio de Cartago do ano de 417, o papa Zózimo condenou o pelagianismo como heresia e adotou a concepção agostiniana de necessidade da graça divina, doada livremente por Deus aos seus eleitos.

A condenação do pelagianismo se explica pelo fato de que conservava a noção grega de autonomia da vida moral humana, isto é, a noção de que o homem pode salvar-se por si só, sendo bom e fazendo boas obras, sem a necessidade da ajuda divina. Essa noção se chocava com a idéia de submissão total do homem ao Deus cristão, defendida pela Igreja. "O fato de assim a Igreja ter se pronunciado por tal doutrina assinalou o fim da ética pagã e de toda a filosofia helênica"[5].

De acordo com a doutrina da graça de Agostinho, a salvação não dependeria das boas ações dos indivíduos, mas da boa vontade de Deus para definir seus eleitos. O paraíso terreno — cena de *O jardim das delícias* — H. Bosch.

5. POHLENZ, M. Apud REALE, G. e ANTISERI, D. *História da filosofia*, v. I, p. 433.

Uma conseqüência disso é a forma como se passa a enfatizar a **subjetividade**, a **individualidade**. Enquanto na filosofia grega o indivíduo se identificava com o cidadão (isto é, o homem social, político), a filosofia cristã agostiniana enfatiza no indivíduo sua vinculação pessoal com Deus, a responsabilidade da cada indivíduo pelos seus atos e exalta a salvação individual.

Liberdade humana e pecado

Outro aspecto fundamental da filosofia agostiniana é o entendimento de que a **vontade** é uma força que determina a vida e não uma função específica ligada ao intelecto, tal como diziam os gregos. Agostinho contrapõe-se, dessa forma, ao **intelectualismo moral**, que teve sua expressão máxima em Sócrates.

Isso significa que, de acordo com Agostinho, a **liberdade humana** é própria da vontade e não da razão. E é nisso que reside a **fonte do pecado**. O indivíduo peca porque usa de seu livre-arbítrio para satisfazer uma vontade **má**, mesmo sabendo que tal atitude é pecaminosa. Nas palavras de Agostinho, vejamos as causas mais comuns do pecado:

> O ouro, a prata, os corpos belos e todas as coisas são dotadas dum certo atratativo. O prazer de conveniência que se sente no contato da carne influi vivamente. Cada um dos outros sentidos encontra nos corpos uma modalidade que lhes corresponde. Do mesmo modo a honra temporal e o poder de mandar e dominar encerram também um brilho, donde igualmente nasce a avidez e a vingança. (...) A vida neste mundo seduz por causa duma certa medida de beleza que lhe é própria, e da harmonia que tem com todas as formosuras terrenas.
> Por todos estes motivos e outros semelhantes, comete-se o pecado, porque, pela propensão imoderada para os bens inferiores, embora sejam bons, se abandonam outros melhores e mais elevados, ou seja, a Vós, meu Deus, à vossa verdade e à vossa lei. "
>
> Santo Agostinho. *Confissões*, p. 33 (Citação completa para o final do livro: São Paulo, Abril Cultural, 1984 – Os Pensadores)

Por isso, Agostinho afirma que o homem não pode ser autônomo em sua vida moral, isto é, deliberar livremente sobre sua conduta. No entanto, como o que conduz seus atos é a vontade e não a razão, o homem pode querer o mal e praticar o pecado, motivo pelo qual ele necessita da graça divina para salvar-se.

Precedência da fé sobre a razão

Agostinho também discutiu a diferença existente entre fé cristã e razão, afirmando que a fé nos faz crer em coisas que nem sempre entendemos pela razão: "creio tudo o que entendo, mas nem tudo que creio também entendo. Tudo o que compreendo conheço, mas nem tudo que creio conheço"[6].

Baseando-se no profeta bíblico Isaías, dizia ser necessário **crer para compreender**, pois a fé ilumina os caminhos da razão, e que a **compreensão nos confirma a crença** posteriormente. Isso significa que, para Agostinho, a fé revela verdades ao homem de forma direta e intuitiva. Vem depois a razão esclarecendo aquilo que a fé já antecipou.

A herança do helenismo

O pensamento agostiniano (de Agostinho) reflete, em grande medida, os principais passos de sua trajetória intelectual anterior à conversão ao catolicismo, que teve a influência do

6. SANTO AGOSTINHO. *De magistro*, p. 319.

helenismo. Vejamos alguns elementos:

- do **maniqueísmo** ficou uma concepção **dualista** no âmbito moral, simbolizada pela luta entre o bem e o mal, a luz e as trevas, a alma e o corpo. Nesse sentido, dizia que o homem tem uma inclinação natural para o mal, para os vícios, para o pecado. Insistia em que já nascemos pecadores (pecado original) e somente um esforço consciente pode nos fazer superar essa deficiência "natural". Considerando o mal como o afastamento de Deus, defendia a necessidade de uma intensa educação religiosa, tendo como finalidade reduzir essa distância.
- do **ceticismo** ficou a permanente **desconfiança nos dados dos sentidos**, isto é, no conhecimento sensorial, conhecimento que nos apresenta uma multidão de seres mutáveis, flutuantes e transitórios.
- do **platonismo**, Agostinho assimilou a concepção de que a verdade, como conhecimento **eterno**, deveria ser buscada intelectualmente no "mundo das idéias". Por isso defendeu a via do **autoconhecimento**, o caminho da **interioridade**, como instrumento legítimo para a busca da verdade. Assim, somente o íntimo de nossa alma, iluminada por Deus, poderia atingir a verdade das coisas. Da mesma forma que os olhos do corpo necessitam da luz do sol para enxergar os objetos do mundo sensível, os "olhos da alma" necessitam da **luz divina** para visualizar as verdades eternas da sabedoria.

ESCOLÁSTICA
Inspiração aristotélica nos caminhos de Deus

No século VIII, Carlos Magno, rei dos francos coroado imperador do ocidente em 800 pelo papa Leão III, organizou o ensino e fundou **escolas** ligadas às instituições católicas. Com isso, a cultura greco-romana, guardada nos mosteiros até então, voltou a ser divulgada, passando a ter uma influência mais marcante nas reflexões da época. Era o período da **renascença carolíngia**[7].

Adotou-se nessas escolas a educação romana como modelo. Começaram a ser ensinadas matérias como gramática, retórica e dialética (o *trivium*) e geometria, aritmética, astronomia e música (o *quadrivium*). Todas elas estavam, no entanto, submetidas à teologia.

Foi assim, no ambiente cultural dessas escolas e das primeiras universidades do século XI, que surgiu uma produção filosófico-teológica denominada **escolástica** (palavra derivada de **escola**).

A partir do século XIII, o **aristotelismo** penetrou de forma profunda no pensamento escolástico, marcando-o definitivamente. Isso se deveu à descoberta de muitas obras de Aristóteles, desconhecidas até então, e à tradução para o latim de algumas delas, diretamente do **grego**.

Carlos Magno: o rei semi-analfabeto que fomentou a renascença carolíngia.

7. **Renascença carolíngia**: refere-se ao estímulo dado à atividade cultural (letras, artes, educação), que marcou o governo de Carlos Magno. A obra realizada nessa época muito contribuiu para a preservação e a transmissão da cultura da Antigüidade clássica.

Além de cientista e filósofo, Avicena foi uma grande médico. Na ilustração acima, extraída de texto do século XV, Avicena é representado entre os pais da medicina e da farmacologia (em cima, o terceiro da esquerda para a direita).

Os filósofos árabes

Antes da descoberta das obras de Aristóteles em grego, os europeus só conheciam uma pequena parcela de seu pensamento. E o que conheciam vinha de traduções e comentários feitos pelos filósofos árabes, como **Avicena** e **Averróis**. Foi através deles que as obras de física, metafísica e ética haviam chegado à Europa.

Os árabes entraram em contato com o pensamento aristotélico a partir do século VI, quando iniciaram uma série de guerras religiosas para difundir o islamismo. Primeiro conquistaram parte do Oriente, onde entraram em contato com a cultura grega, que influenciava essas regiões desde as conquistas de Alexandre Magno.

Depois, em 711, os árabes dominaram parte da península Ibérica e, a partir dessa região, passaram a exercer uma influência notável sobre vários setores da cultura européia, tanto na arquitetura como na literatura, nas ciências e na filosofia.

No período escolástico, a busca de harmonização entre a fé cristã e a razão manteve-se como problema básico de especulação filosófica. Nesse contexto, a escolástica pode ser dividida em três fases:

- **primeira fase** (do século IX ao fim do século XII) — caracterizada pela confiança na perfeita harmonia entre fé e razão;
- **segunda fase** (do século XIII ao princípio do século XIV) — caracterizada pela elaboração de grandes sistemas filosóficos, merecendo destaque as obras de **Tomás de Aquino**. Nessa fase, considera-se que a harmonização entre fé e razão pode ser **parcialmente** obtida;
- **terceira fase** (do século XIV até o século XVI) — decadência da escolástica, marcada por disputas que realçam as diferenças entre fé e razão.

Além de apresentar o traço fundamental da filosofia medieval, que é a referência às questões teológicas, a escolástica promoveu significativos avanços no estudo da **lógica**.

Um dos filósofos que mais contribuiu para

o desenvolvimento dos estudos lógicos nesse período foi o romano **Boécio**, que, embora tenha vivido de 480 a 524, é considerado o primeiro dos escolásticos. Ele aperfeiçoou o **quadrado lógico**, sistema de relações entre afirmativas que fornece a base lógica para garantir a validade de certas formas elementares de raciocínio. Também foi o primeiro a introduzir a **questão dos universais**, problema filosófico longamente discutido por todo o período da escolástica.

A questão dos universais: o que há entre as palavras e as coisas

O método escolástico de investigação, segundo o historiador francês contemporâneo Jacques Le Goff, privilegiava o estudo da **linguagem** (o *trivium*) para depois passar para o exame das **coisas** (o *quadrivium*). Desse método surgiu a seguinte pergunta: **qual a relação entre as palavras e as coisas?**

Rosa, por exemplo, é o nome de uma flor. Quando a flor morre, a palavra rosa continua existindo. Nesse caso, a palavra fala de uma coisa inexistente, de uma idéia geral. Mas como isso acontece? O grande inspirador da questão foi o filósofo neoplatônico Porfírio (234-305, aproximadamente), em sua obra *Isagoge*:

> Não tentarei enunciar se os gêneros e as espécies existem por si mesmos ou na pura inteligência, nem, no caso de subsistirem, se são corpóreos ou incorpóreos, nem se existem separados dos objetos sensíveis ou nestes objetos, formando parte dos mesmos.
>
> ABELARDO. *Isagoge*. Apud *História do Pensamento*, v. 1, p. 161.

David Dixon; Papilio/Corbis

Catedral de Canterbury. O túmulo de Santo Anselmo encontra-se numa cripta dessa catedral.

Esse problema filosófico gerou muitas disputas. Era a grande discussão sobre a existência ou não das **idéias gerais**, isto é, os chamados **universais** de Aristóteles. Tal discussão ficou conhecida como a **questão dos universais**, isto é, da relação entre as coisas e seus conceitos. Envolvia não apenas problemas lingüísticos e gnoseológicos (relativos à questão do conhecimento), mas também teológicos.

Em relação a essa questão, surgiram duas posições antagônicas: o realismo e o nominalismo.

Os adeptos do **realismo** sustentavam a tese de que os universais **existiam de fato**, ou seja, as idéias universais existiriam por si mesmas. Assim, por exemplo, a bondade, a beleza, seriam modelos ou moldes a partir dos quais se criariam as coisas boas e as coisas belas. Os termos universais seriam entidades metafísicas, essências separadas das coisas individuais.

Essa posição foi defendida, por exemplo, pelo abade beneditino e arcebispo de Cantuária (Canterbury - cidade inglesa) **Santo Anselmo** (1035-1109), que acreditava que as idéias universais existiriam na mente divina.

O filósofo e bispo francês **Guilherme de Champeaux** (1070-1121) também era realista e acreditava que entre o universo das coisas e o universo dos nomes havia uma analogia tal que quanto mais "universal" fosse o termo gramatical, maior seria o seu grau de participação na perfeição original da idéia. Assim, por exemplo, o substantivo **brancura** teria uma perfeição maior do que o adjetivo **branco**, que se refere a um ente singular. Na mesma linha de raciocínio de Platão, o universal brancura seria mais perfeito do que qualquer coisa **branca** existente.

Já os defensores do **nominalismo** sustentavam a tese de que os termos universais, tais como beleza, bondade etc., não existiriam em si mesmos, pois seriam **apenas palavras** sem uma existência real. Para os nominalistas, o que existe são apenas os seres singulares, e o universal não passa, portanto, de um **nome**, uma **convenção**.

Essa era a posição do filósofo francês **Roscelin de Compiègne** (1050-1120), autor segundo o qual só existiria a **individualidade**. Logo, anulam-se os termos universais. Roscelin também negava que Deus pudesse ser uno e trino ao mesmo tempo, porque, para ele, cada pessoa da trindade seria uma individualidade separada.

Entre essas duas posições contrárias, surgiu uma terceira, o **realismo moderado**, sustentado por **Pedro Abelardo** (1079-1142). Para ele, só existiriam as realidades singulares, mas seria possível buscar semelhanças entre os seres individuais, através de abstração, de tal maneira a gerar os conceitos universais. Tais conceitos não seriam, de acordo com Abelardo, nem entidades metafísicas (posição do realismo) nem palavras vazias (posição do nominalismo), e sim discursos mentais, categorias lógico-lingüísticas que fazem a mediação, a ligação entre o mundo do pensamento e o mundo do ser.

A importância da questão dos universais está não só no avanço que essa discussão possibilitou em relação à busca do conhecimento da realidade, mas também porque, através dela, se alcançou um alto nível de desenvolvimento lógico-lingüístico. Isso propiciou o fortalecimento de uma razão autônoma em relação à teologia, por volta do século XII.

Filósofo de grande prestígio, Pedro Abelardo (acima) desenvolveu a reflexão no campo da lógica e mostrou-se um humanista no campo da ética. Em relação à teologia, acreditava que era necessário "entender para crer", cultivando a razão crítica, o que suscitou ásperas polêmicas com os pensadores conservadores do seu tempo.

Santo Tomás de Aquino: a cristianização de Aristóteles

> Se é correto que a verdade da fé cristã ultrapassa as capacidades da razão humana, nem por isso os princípios inatos naturalmente à razão podem estar em contradição com esta verdade sobrenatural.
>
> Santo Tomás de Aquino

Tomás de Aquino é a figura mais destacada do pensamento cristão medieval. Justificou os princípios da doutrina cristã numa síntese filosófica que teve como base o pensamento de Aristóteles, através das traduções de Averróis, filósofo árabe.

Tomás de Aquino (1226-1274) nasceu em Nápoles, sul da Itália, e faleceu no convento Fossanuova, próximo de sua cidade natal, aos 49 anos de idade. É considerado um dos maiores filósofos da escolástica medieval.

A filosofia de Tomás de Aquino (o **tomismo**) parece que nasceu com objetivos claros: não contrariar a fé. De fato, sua finalidade era organizar um conjunto de argumentos para demonstrar e defender as revelações do cristianismo.

Assim, Tomás de Aquino reviveu em grande parte o pensamento aristotélico em busca de argumentos que explicassem os principais aspectos da fé cristã. Enfim, fez da filosofia de Aristóteles um instrumento a serviço da religião católica, ao mesmo tempo em que transformou essa filosofia numa síntese original.

Princípios básicos

Retomando as idéias de Aristóteles sobre o ser e o saber (ver capítulo 6), Tomás de Aquino enfatizou a importância da **realidade sensorial**. Em relação ao processo de conhecimento dessa realidade, ressaltou uma série de princípios considerados básicos, dentre os quais se destacam:

- **princípio da não-contradição** — o ser **é** ou **não é**. Não existe nada que possa ser e não ser ao mesmo tempo e sob o mesmo ponto de vista;
- **princípio da substância** — na existência dos seres podemos distinguir a **substância** (a essência, propriamente dita, de uma coisa, sem a qual ela não seria aquilo que é) do **acidente** (a qualidade não-essencial, acessória do ser);
- **princípio da causa eficiente** — todos os seres que captamos pelos sentidos são seres **contingentes**, isto é, não possuem, em si próprios, a causa eficiente de suas existências. Portanto, para existir, o ser contingente depende de outro ser que representa a sua causa eficiente, chamado de ser **necessário**;
- **princípio da finalidade** — todo ser contingente existe em função de uma finalidade, de um objetivo, de uma "razão de ser". Enfim, todo ser contingente possui uma **causa final**;

- **princípio do ato e da potência** — todo ser contingente possui duas dimensões: o ato e a potência. O **ato** representa a existência atual do ser, aquilo que está realizado e determinado. A **potência** representa a capacidade real do ser, aquilo que não se realizou mas pode realizar-se. É a passagem da potência para o ato que explica toda e qualquer mudança.

Distinção entre ser e essência

Apesar de esses princípios terem vindo do pensamento aristotélico, não se pode dizer que Tomás de Aquino tenha apenas adaptado a filosofia de Aristóteles ao cristianismo. O que o filósofo escolástico empreendeu foi uma sistematização da doutrina cristã que se apóia em parte na filosofia aristotélica, mas que contém muitos elementos estranhos ao aristotelismo: o conceito de criação do mundo, a noção de um deus único, a idéia de que o vir-a-ser (a passagem da potência ao ato) não é autodeterminado, mas procede de Deus.

Mais que isso, Tomás de Aquino introduziu uma distinção entre o **ser** e a **essência**, dividindo a metafísica em duas partes: a do **ser em geral** e a do **ser pleno**, que é **Deus**. De acordo com essa distinção, o único ser realmente pleno, no qual o ser e a essência se identificam, é Deus. Para o filósofo, Deus é ato puro. Não há o que se realizar ou se atualizar em Deus, pois ele é completo. Tomás de Aquino dirá que Deus **é** Ser, e o mundo **tem** ser. Ou seja, Deus é o Ser que existe como fundamento da realidade das outras essências que, uma vez existentes, participam de seu Ser.

Isso equivale a dizer que, nas outras criaturas, o ser é diferente da essência, pois as criaturas são seres não-necessários. É Deus que permite às essências realizarem-se em entes, em seres existentes.

As provas da existência de Deus

Outro aspecto importante da filosofia tomista são as provas da existência de Deus. Em um de seus mais famosos livros, a *Suma teológica*, Tomás de Aquino propõe cinco provas da existência de Deus:

National gallery Collection/Corbis

A Suma teológica consta de três partes: a primeira, trata de Deus; a segunda, discorre sobre o movimento das pessoas em direção a Deus; e a terceira, não concluída devido à morte do filósofo, está dedicada a Cristo como salvador da humanidade.

1. **o primeiro motor** — tudo aquilo que se move é movido por outro ser. Por sua vez, este outro ser, para que se mova, necessita também que seja movido por outro ser. E assim sucessivamente. Se não houvesse um primeiro ser movente, cairíamos num processo indefinido. Logo, conclui Tomás de Aquino, é necessário chegar a um **primeiro ser movente** que não seja movido por nenhum outro. Esse ser é Deus.
2. **a causa eficiente** — todas as coisas existentes no mundo não possuem em si próprias a causa eficiente de suas existências. Devem ser consideradas **efeitos** de alguma causa. Tomás de Aquino afirma ser impossível remontar indefinidamente à procura das causas eficientes. Logo, é necessário admitir a existência de uma primeira causa eficiente,

responsável pela sucessão de efeitos. Essa **causa primeira** é Deus.

3. **ser necessário e ser contingente** — este argumento é uma variante do segundo. Afirma que todo ser contingente, do mesmo modo que existe, pode deixar de existir. Ora, se todas as coisas que existem podem deixar de ser, então, alguma vez, nada existiu. Mas, se assim fosse, também agora nada existiria, pois aquilo que não existe somente começa a existir em função de algo que já existia. É preciso admitir, então, que há um ser que sempre existiu, um ser absolutamente necessário, que não tenha fora de si a causa da sua existência, mas, ao contrário, que seja a causa da necessidade de todos os seres contingentes. Esse **ser necessário** é Deus.

4. **os graus de perfeição** — em relação à qualidade de todas as coisas existentes, pode-se afirmar a existência de graus diversos de perfeição. Assim, afirmamos que tal coisa é melhor que outra, ou mais bela, ou mais poderosa, ou mais verdadeira etc. Ora, se uma coisa possui "mais" ou "menos" determinada qualidade positiva, isso supõe que deve existir um ser com o máximo dessa qualidade, no nível da perfeição. Devemos admitir, então, que existe um ser com o máximo de bondade, de beleza, de poder, de verdade, sendo, portanto, um **ser máximo e pleno**. Esse ser é Deus.

5. **a finalidade do ser** — todas as coisas brutas, que não possuem inteligência própria, existem na natureza cumprindo uma função, um objetivo, uma finalidade, semelhante à flecha dirigida pelo arqueiro. Devemos admitir, então, que existe algum **ser inteligente** que dirige todas as coisas da natureza para que cumpram seu objetivo. Esse ser é Deus.

O mérito de Tomás de Aquino

Proclamado pela Igreja Católica como o **Doutor Angélico** e o **Doutor por Excelência**, Tomás de Aquino é reverenciado nos meios católicos pelos filósofos e professores de filosofia. É o caso do filósofo católico Jacques Maritain (1882-1973), que assim enaltece a contribuição de Tomás de Aquino:

> Não só transportou para o domínio do pensamento cristão a filosofia de Aristóteles na sua integridade, para fazer dela o instrumento de uma síntese teológica admirável, como também e ao mesmo tempo superelevou e, por assim dizer, transfigurou essa filosofia. Purificou-a de todo vestígio de erro (...) sistematizou-a poderosa e harmoniosamente, aprofundando-lhe os princípios, destacando as conclusões, alargando os horizontes, e se nada cortou, muito acrescentou, enriquecendo-a com o imenso tesouro da tradição latina e cristã.
>
> MARITAIN, Jacques. *Introdução geral à filosofia*, p. 65.

Já filósofos não-cristãos, como o britânico Bertrand Russell (1872-1970), questionam os méritos de Tomás de Aquino, considerando-os insuficientes para justificar sua imensa reputação. Diz Russell:

> Há pouco do verdadeiro espírito filosófico em Aquino (...) Não está empenhado numa pesquisa cujo resultado não possa ser conhecido de antemão. Antes de começar a filosofar, ele já conhece a verdade; está declarada na fé católica. Se, aparentemente, consegue encontrar argumentos racionais para algumas partes da fé, tanto melhor; se não, basta-lhe voltar de novo à revelação. A descoberta de argumentos para uma conclusão dada de antemão não é filosofia, mas uma alegação especial. Não posso, portanto, admitir que mereça ser colocado no mesmo nível que os melhores filósofos da Grécia ou dos tempos modernos.
>
> RUSSELL, Bertrand. *História da filosofia ocidental*, v. 2, p. 174.

Em que pese essa discordância de opiniões sobre os méritos de Tomás de Aquino, é praticamente unânime o reconhecimento de que sua obra filosófica representou o apogeu do pensamento medieval católico. Posteriormente a esse período, o tomismo seria progressivamente questionado pelos movimentos filosóficos que se desenvolveriam na Renascença e na Idade Moderna.

São Boaventura (sentado à direita) no Concílio de Lyon. Ficou conhecido como Doutor Seráfico. Temia que a filosofia suplantasse a teologia e que a razão se tornasse mais importante que a revelação.

A escolástica pós-tomista

> Os artigos de fé não são princípios de demonstração nem conclusões, não sendo nem mesmo prováveis, já que parecem falsos para todos, para a maioria ou para os sábios, entendendo por sábios aqueles que se entregam à razão natural, já que só de tal modo se entende o sábio na ciência e na filosofia.
>
> Guilherme de Ockham

Grandes acontecimentos históricos marcaram a Europa nos séculos XIII e XIV. Entre eles, estão: a Guerra dos Cem Anos, entre a França e a Inglaterra; a epidemia da peste bubônica, que matou cerca de três quartos da população européia; o cisma definitivo entre as Igrejas do Ocidente e do Oriente, que, entre outros fatores, diminuiu a influência da Igreja Católica Romana sobre o poder temporal (o Estado) e sobre a população; a criação de novas universidades, que iniciam o desenvolvimento de questões relativas às ciências naturais e a autonomia da filosofia em relação à teologia. Esses são alguns dos fatores que levarão ao questionamento do pensamento escolástico bem como ao fim da Idade Média.

Entre os filósofos significativos desse período, destacam-se:

- **São Boaventura** (1240-1284) — iniciou uma reação contra a filosofia tomista e buscou recuperar a tradição platônica agostiniana. Mais tarde essa reação seria desenvolvida pelos filósofos e teólogos franciscanos, sobretudo na Universidade de Oxford, Inglaterra.
- **Roberto Grosseteste** (1168-1243) e **Roger Bacon** (1214-1292) — iniciaram uma investigação experimental no campo das ciências naturais que abriu caminho para a ciência moderna.
- **Guilherme de Ockham** (1280-1349) — proclamou uma distinção absoluta entre fé e razão. Para Ockham, a filosofia não seria serva da teologia, e a teologia não poderia sequer ser considerada ciência, pois seria tão-somente um corpo de proposições mantidas não pela coerência racional, mas pela força da fé. Pensador empirista e nominalista, Ockham combateu a metafísica tradicional e iniciou o método da pesquisa científica moderna. Seu pensamento destacou-se porque apreendeu as transformações de seu tempo: a ruptura entre a Igreja e os nascentes Estados nacionais; a perda da concepção unitária da sociedade humana, que passou a se dividir cada vez mais entre o poder temporal e o poder espiritual; a ruptura entre fé e razão, ocasionada pelo nascente desenvolvimento da razão autônoma, que buscou através da investigação empírica o conhecimento dos fenômenos naturais.

Análise e entendimento

O papel da Igreja no pensamento medieval

1. Leia com atenção este texto do bispo São Gregório de Tours (século VI), que se dispôs a escrever uma história dos francos:

Os povos se enfureceram selvagemente; a fúria dos reis cresceu; igrejas foram assaltadas pelos heréticos e defendidas pelos católicos.
No entanto, nesses tempos em que o estudo das letras declinou e desapareceu nas cidades da Gália, não mais se encontram estudiosos da literatura para descrever os acontecimentos dessa época.
Por isso, procurei escrever para as gerações futuras a memória do passado.

Agora responda:

a) No primeiro parágrafo, a quais acontecimentos o texto se refere?
b) Nesse contexto histórico, qual o papel desempenhado pela Igreja no plano cultural?

2. "Toda verdade, dita por quem quer que seja, é do Espírito Santo". Interprete essa frase de Santo Ambrósio, em que contexto ela surgiu e como essa concepção afetou a investigação filosófica.

A patrística e Santo Agostinho

3. Em que consistiu a patrística? Qual era o seu objetivo?

4. Explique a relação que estabelece Agostinho entre corpo e espírito.

5. Que papel tem a vontade humana no pensamento agostiniano?

6. De que maneira o conceito de graça divina, defendido por Agostinho, rompe com a ética pagã?

A escolástica e Santo Tomás de Aquino

7. Em que contexto histórico se desenvolveu a escolástica?

8. Explique a chamada "questão dos universais". Qual posição você adotaria nessa discussão? Justifique.

9. "Inserida no movimento escolástico, a filosofia de Tomás de Aquino já nasce com objetivos preestabelecidos: não contrariar a fé." Explique essa afirmação e ilustre com pelo menos um exemplo do texto

10. Qual é a diferença entre ser em geral e Ser pleno, estabelecida por Tomás de Aquino?

Debate e reflexão

1. ***Fé e razão***

Os pensadores cristãos buscaram harmonizar a fé com a razão, cada um à sua maneira. Santo Anselmo (1033-1109), por exemplo, dizia: "Não busco compreender para crer, mas creio para compreender. Por isso creio, porque, se não cresse, jamais compreenderia". Santo

Agostinho, por sua vez, foi mais enfático: "É necessário crer para compreender". Como é para você? Você precisa primeiro acreditar em alguma coisa para conseguir entendê-la ou necessita compreendê-la antes para poder acreditar nela? Reflita primeiro sobre a diferença entre crer e entender. Depois discuta com seus colegas sobre as questões propostas.

2. ***Liberdade e pecado***

Agostinho pensava que o ser humano tinha uma inclinação natural para o mal, para os vícios, para o pecado. Reveja os argumentos do filósofo e redija uma reflexão sobre o assunto.

3. ***A existência de Deus***

- Santo Tomás de Aquino pretendeu provar racionalmente a existência de Deus. Para isso apresentou cinco provas. Reveja cada uma das provas apresentadas por ele. Qual seria para você a prova que apresenta a melhor argumentação? E a mais fraca? Justifique e defenda a sua opinião diante de seus colegas.

- **Big Bang** é o nome de uma teoria cosmológica que considera que o universo se originou de uma "grande explosão" (*big bang*, em inglês) há bilhões de anos. É a mais aceita pelos astrônomos nas últimas décadas. Pesquise sobre essa teoria e procure relacioná-la com alguma prova da existência de Deus, de Tomás de Aquino. Na sua opinião a teoria do Big Bang se choca com a idéia da existência de um Deus? Reflita sobre esses temas e debata com seus companheiros

4. ***Deus e filosofia***

- "Há pouco do verdadeiro espírito filosófico em Aquino (...) Não está empenhado numa pesquisa cujo resultado não possa ser conhecido de antemão. Antes de começar a filosofar, ele já conhece a verdade; está declarada na fé católica." Você concorda com esta crítica de Bertrand Russell a Tomás de Aquino? Justifique.

- Discuta com seus colegas se a existência de Deus é uma questão de filosofia ou só uma questão de fé e não deve ser tratada pelos filósofos.

Sugestões de filmes

- **O nome da rosa** (1986, Itália/França/Alemanha, direção: Jean-Jacques Annaud)
  Adaptação para o cinema da obra homônima do pensador italiano Umberto Eco. Trata-se de uma trama ambientada no século XIII. Uma série de mortes misteriosas em um mosteiro dominicano começa a ser investigada por um frade franciscano e seu jovem acompanhante. No decorrer das investigações, são levantadas algumas das questões centrais que caracterizam a Idade Média: a relação entre a doutrina cristã, a filosofia e a ciência; a atitude intolerante da ala mais ortodoxa da Igreja diante das divergências dentro do próprio credo; a questão das heresias; as diferenças entre as diversas orientações no seio do cristianismo; o processo da Inquisição.

- **Em nome de Deus** (1988, Inglaterra/Iugoslávia, direção: Clive Donner)
  Filme que se passa no século XII e enfoca o romance de Abelardo e Heloísa. Retrata o clima das discussões filosóficas e mostra o ambiente universitário na Universidade de Paris, entre 1114-1118, época em que Abelardo lecionou nessa instituição e em que viveu o célebre e dramático romance com Heloísa.

- **O sétimo selo** (1957, Suécia, direção: Ingmar Bergman)
  Filme que mostra um pouco da vida na Europa do século XIII, assolada pela peste negra. Tem como personagem central um soldado recém-chegado das Cruzadas, que joga xadrez

com a morte e se envolve com um grupo de atores mambembes que percorrem as cidades e vilas. Através dessas personagens e suas perambulações, o filme apresenta aspectos da religiosidade medieval, sobretudo em relação à morte.

- **O destino** (1997, Egito/França, direção: Youssef Chahine)
  No século XII, em Córdoba, os escritos do filósofo Averróis chocam os islâmicos. Para apaziguar a situação, o califa Al Mansour ordena que todas as suas obras sejam queimadas. É quando os discípulos do filósofo decidem fazer cópias manuscritas de suas obras, para levá-las para além das fronteiras do Islã.

Para pensar

Neste texto, Umberto Eco aponta importantes aspectos do papel cultural de Tomás de Aquino, empenhado em conciliar o cristianismo com uma visão mais racional do mundo.

O papel de Santo Tomás de Aquino

A oposição Céu e Terra

Platão e Agostinho tinham dito tudo o que era necessário para compreender os problemas da alma, mas quando se tratava de saber o que seja uma flor ou o nó nas tripas que os médicos de Salerno exploravam na barriga de um doente, e por que era saudável respirar ar fresco numa noite de primavera, as coisas se tornavam obscuras. Tanto que era melhor conhecer as flores nas iluminuras dos visionários, ignorar que existiam tripas, e considerar as noites de primavera uma perigosa tentação. Desse modo dividia-se a cultura européia, quando se entendia o céu, não se entendia a terra. Se alguém ainda quisesse entender a terra deixando de lado o céu, a coisa ia mal. (...)

Cristianizar Aristóteles

A essa altura os homens da razão aprendem dos árabes que há um antigo mestre (um grego) que poderia fornecer uma chave para unificar esses membros esparsos da cultura: Aristóteles. Aristóteles sabia falar de Deus, mas classificava os animais e as pedras, e se ocupava com o movimento dos astros. Aristóteles sabia lógica, preocupava-se com psicologia, falava de física, classificava os sistemas políticos. (...)

Tomás não era nem herege nem revolucionário. Tem sido chamado de "concordista". Para ele tratava-se de afinar aquela que era a nova ciência com a ciência da revelação, e de mudar tudo para que nada mudasse.

Mas nesse plano ele aplica um extraordinário bom senso e (mestre em sutilezas teológicas) uma grande aderência à realidade natural e ao equilíbrio terreno. Fique claro que Tomás não aristoteliza o cristianismo, mas cristianiza Aristóteles. Fique claro que nunca pensou que com a razão se pudesse entender tudo, mas que tudo se compreende pela fé: só quis dizer que a fé não estava em desacordo com a razão, e que, portanto, era até possível dar-se ao luxo de raciocinar, saindo do universo da alucinação. E assim compreende-se por que na arquitetura de suas obras os capítulos principais falam apenas de Deus, dos anjos, da alma, da virtude, da vida eterna: mas no interior desses capítulos tudo encontra um lugar, mais que racional, "razoável". (...)

A fé guiava o caminho da razão

Não se esqueça de que antes dele, quando se estudava o texto de um autor antigo, o comentador ou o copista, quando encontravam algo que não concordava com a religião revelada, ou apagavam as frases "errôneas" ou as assinalavam em sentido dubitativo, para pôr em guarda o leitor, ou as deslocavam para a margem. O que faz Tomás, por sua vez? Alinha as opiniões divergentes, esclarece o sentido de cada uma, questiona tudo, até o dado da revelação, enumera as objeções possíveis, tenta a mediação final. Tudo deve ser feito em público, como pública era justamente a *disputatio* na sua época: entra em função o tribunal da razão.

Que depois, lendo com atenção, se descubra que em cada caso o dado de fé acabava prevalecendo sobre qualquer outra coisa e guiava o deslindar da questão, ou seja, que Deus e a verdade revelada precediam e guiavam o movimento da razão laica, isso foi esclarecido pelos mais agudos e aficionados estudiosos tomistas, como Gilson. Nunca ninguém disse que Tomás era um Galileu. Tomás simplesmente fornece à Igreja um sistema doutrinário que a concilia com o mundo natural.(...) Antes dele se afirmava que "o espírito de Cristo não reina onde vive o espírito de Aristóteles", em 1210 estão ainda proibidos os livros de filosofia natural do filósofo grego, e as proibições continuam nas décadas seguintes enquanto Tomás manda traduzir esses textos por seus colaboradores e os comenta. Mas em 1255 toda a obra de Aristóteles está liberada.

UMBERTO ECO.
Viagem na irrealidade cotidiana, p. 335-36 e 339-40.

Monge copista em seu ofício. Sucessores dos escribas egípcios, os monges copistas da Idade Média eram homens que se dedicavam em período integral à reprodução de obras.

Questões

1. Segundo Umberto Eco, na cultura medieval européia, antes dos estudos aristotélicos, "quando se entendia o céu, não se entendia a terra". Interprete o significado dessa afirmação.

2. Qual foi a importância da redescoberta da filosofia de Aristóteles para o pensamento medieval, segundo Eco? Justifique.

3. Enumere os méritos de Tomás de Aquino apontados pelo autor do texto. Depois destaque entre eles aquele que você considera o de maior valor. Justifique sua escolha.

8 Filosofia Moderna: a nova ciência e o racionalismo

Percebi que todo saber que eu procurava podia ser encontrado em mim mesmo ou no grande livro do mundo.

René Descartes

A partir do Renascimento, o sagrado se humaniza e o humano se diviniza. *A sagrada família* (1504/05) — Michelângelo.

IDADE MODERNA
Uma nova concepção do homem e do mundo

Chegamos ao período histórico que se convencionou chamar **Idade Moderna**, que vai de meados do século XV a fins do século XVIII[1]. Antes de caracterizarmos a produção filosófica desse período (neste capítulo e no seguinte), vejamos alguns aspectos sociais relevantes dessa época.

A partir do século XV, teve início uma série de transformações nas sociedades européias que se relacionaram com a construção de uma nova mentalidade. Entre essas transformações, podemos destacar:

- **a passagem do feudalismo para o capitalismo** — que se vinculou ao florescimento do **comércio**, o estabelecimento das grandes rotas comerciais, o predomínio do capital comercial e a emergência da **burguesia**;
- **a formação dos Estados nacionais** — que fez surgir novas concepções político-econômicas, como a discussão sobre as formas do poder político (ocorreu então a centralização do poder através da **monarquia absoluta**) e a questão comercial (desenvolveu-se nesse período o **mercantilismo** e o fortalecimento econômico de alguns Estados, levando ao impulso das grandes navegações marítimas, à descoberta do Novo Mundo e ao estabelecimento das colônias);
- **o movimento da Reforma** — que provocou a quebra da unidade religiosa européia e rompeu com a concepção passiva do homem, entregue unicamente aos desígnios divinos, reconhecendo o trabalho humano como fonte da graça divina e origem legítima da riqueza e da felicidade; também concebeu a razão humana como extensão do poder divino, o que colocava o homem em condições de pensar livremente e responsabilizar-se por seus atos de forma autônoma;
- **o desenvolvimento da ciência natural** — que criou novos métodos de investigação científicos, impulsionados pela confiança na razão humana e pelo questionamento da submissão desta aos dogmas do cristianismo; a Igreja Católica, por sua vez, perdia, nesse momento, parte de seu poder de influência sobre os Estados e de dominação sobre o pensamento;
- **a invenção da imprensa** — que possibilitou a impressão dos textos clássicos gregos e romanos, contribuindo para a formação do humanismo (movimento que estudaremos adiante). A divulgação de obras científicas, filosóficas e artísticas, que se tornaram a partir de então acessíveis a um número maior de pessoas, propiciou um maior grau de consciência e liberdade de expressão.

Todas essas transformações modificaram, em muitas regiões, o modo de ser e viver de grande número de europeus. Nas artes, nas ciências e na filosofia surgiram novas idéias, concepções e valores.

Um exemplo importante dessas mudanças foi que, em vez de uma supervalorização da fé cristã, do teocentrismo (Deus como centro), houve uma tendência social **antropocêntrica** (homem como centro), ou seja, de valorização da obra humana. Isso levou ao desenvolvimento do **racionalismo** e de uma **filosofia laica** (não-religiosa), que se mostrarão, de modo geral, otimistas em relação à capacidade da razão de intervir no mundo, organizar a sociedade e aperfeiçoar a vida humana.

RENASCIMENTO
Revalorização do homem e da natureza

O movimento cultural que marcou essas transformações socioculturais européias é conhecido como **Renascimento** (séculos XV e

1. Para fins de estudo, estamos adotando essa periodização histórica tradicional, que tem a história européia como principal referência. Reconhecemos, no entanto, que essa divisão cronológica apresenta problemas em acomodar toda a produção do que geralmente se costuma designar **filosofia moderna**.

XVI). Tendo por berço a península Itálica, esse movimento criaria a base conceitual e de valores que permitiria a arrancada da razão e da ciência no século XVII.

O Renascimento inspirou-se no **humanismo**, movimento de intelectuais que defendiam o estudo da cultura greco-romana e o retorno a seus ideais de exaltação do homem e de seus atributos como: a **razão** e a **liberdade**. Por isso, o Renascimento propiciou o desenvolvimento de uma mentalidade racionalista. Revelando maior disposição para investigar os problemas do mundo, o homem moderno aguçou seu espírito de observação sobre a natureza, dedicou mais tempo à pesquisa e às experimentações, tornou a mente mais aberta ao livre exame do mundo.

Esse conjunto de atitudes contrapunha-se, em grande medida, à mentalidade medieval típica, influenciada pelo pensamento contemplativo e mais submissa às chamadas verdades inquestionáveis da fé. O pensador moderno buscava não somente conhecer a realidade, mas exercer controle sobre ela. Ele queria descobrir as leis que regem os fenômenos naturais. O objetivo era **prever** para **prover**, como mais tarde se diria.

Isso não significou, porém, um abandono completo das questões cristãs medievais, o que se torna claro se observamos o fundo religioso que persiste nas obras intelectuais e artísticas desse período. O que ocorreu foi uma renovação no tratamento dessas questões, a partir de uma nova perspectiva humana, de uma "humanização" do divino.

O traço unificador desses autores é, no entanto, o humanismo, que encontra uma expressão emblemática nas palavras do dramaturgo inglês William Shakespeare (1564-1616):

> Que obra-prima é o homem! Como é nobre em sua razão! Que capacidade infinita! Como é preciso e bem-feito em forma e movimento! Um anjo na ação! Um deus no entendimento, paradigma dos animais, maravilha do mundo
>
> SHAKESPEARE, W. *Hamlet*, p. 51

Grandes Nomes do Renascimento - Artes Visuais

Michelângelo

Detalhe do teto da Capela Sistina (a sibila) — Michelangelo.

Raphael

Madona de Meadow (1505) — Raphael Sanzio.

Grandes Nomes do Renascimento - Literatura
Camões
Shakespeare
Cervantes
Thomas More
Dante
Erasmo

Ameaças à nova mentalidade

A transição para a mentalidade científica moderna não foi um processo súbito, tranqüilo e sem resistências. Forças ligadas ao passado medieval lutaram duramente contra as transformações que se desenvolviam, punindo, por exemplo, muitos pensadores da época e organizando listas de livros proibidos (o *Index*).

Foi nesse contexto que vários pioneiros da ciência moderna sofreram perseguição do **Tribunal da Inquisição**[2], órgão da Igreja Católica encarregado de descobrir e julgar os responsáveis pela propagação de heresias, isto é, concepções contrárias aos dogmas dos católicos.

Exemplo marcante dessas perseguições é o julgamento do pensador italiano **Giordano Bruno** (1548-1600), que acabou condenado à morte na fogueira por contestar o pensamento católico, que se apoiava na idéia de que o planeta Terra era o centro imóvel do universo. Essa noção geocêntrica estava fundamentada na astronomia do grego Ptolomeu, na física de Aristóteles e em certas interpretações da Bíblia.

Contra essa concepção, Giordano Bruno defendeu a teoria heliocêntrica, formulada por Nicolau Copérnico (ver texto sobre ele em seguida), e afirmou que o universo é um todo **infinito**, cujo centro não está em parte alguma. As perseguições que sofreu por isso são denunciadas no seguinte trecho:

> Por ser eu delineador do campo da natureza, por estar preocupado com o alimento da alma, interessado pela cultura do espírito e dedicado à atividade do intelecto, eis que os visados me ameaçam, os observados me assaltam, os atingidos me mordem, os desmascarados me devoram.
>
> BRUNO, Giordano. *Sobre o infinito, o universo e os mundos*, p. 3.

The Bridgman Art Library/Getty Images

Representação do julgamento do espanhol Miguel de Servet que, por instigação de Calvino, foi condenado por heresia e queimado vivo em praça pública de Genebra (1553). Servet foi um médico de grande cultura e erudição, inclusive em assuntos religiosos. Isso lhe custou a vida, pois não aceitava o dogma da Trindade.

2. **Tribunal da Inquisição**: a Inquisição foi criada em 1232 pelo papa Gregório IX. Sua ação estendeu-se por vários reinos cristãos — Itália, França, Alemanha, Portugal e, especialmente, Espanha. Com o decorrer do tempo reduziu suas atividades, que somente foram reativadas em meados do século XVI diante do avanço do protestantismo.

Nicolau Copérnico

O sacerdote e astrônomo polonês **Nicolau Copérnico** (1473-1543) escreveu o livro *Da revolução das esferas celestes*, em que combatia a teoria geocêntrica (a Terra vista como centro do universo) e propunha a teoria heliocêntrica, demonstrando que a Terra girava em torno do Sol e que este era o centro do nosso sistema planetário.

O revolucionário livro de Copérnico foi publicado no ano de sua morte (1543) e escapou, de início, à condenação católica, que viria com a reativação da Inquisição, após o Concílio de Trento (1545-1563).

A formulação de Copérnico de que é o Sol, e não a Terra, o centro do universo atingia a concepção medieval cristã de que o homem é o ser supremo da criação e, nessa condição, seu hábitat, a Terra, deveria ter o privilégio de ser o centro em relação aos outros astros. Compreende-se assim o mal-estar causado pela tese copernicana.

Outro aspecto que incomodou as autoridades católicas foi que a natureza e o universo passaram a ser concebidos a partir de um novo paradigma (modelo ou referência para entender ou fazer algo), baseado tanto na **observação direta** como na **representação matemática**. Essa mudança de atitude e seus resultados foram entendidos como uma ameaça aos dogmas da Igreja e poderiam afastar os homens da fé cristã.

Em sua obra *Ensaios*, Montaigne (acima) pretendeu escrever sobre si mesmo, suas experiência e reflexões. Mas acabou criando uma obra de caráter universal, pois fala do ser humano de ontem, de hoje e de sempre. Muitas de suas idéias permanecem atuais e transmitem sabedoria.

Ética, educação e política

Além do desenvolvimento do pensamento científico, com implicações evidentes no campo filosófico, outras questões importantes desse período são as relativas à essência humana, à moral e à política. Nesse âmbito destacam-se, por exemplo, o francês **Michel de Montaigne** (1523-1592) e o italiano **Nicolau Maquiavel** (1469-1527).

Montaigne desenvolveu um pensamento de fundo **ceticista**, inspirado em parte no ceticismo da Antigüidade, mas também no **epicurismo** e no **estoicismo**. Ele afirmava não ser possível estabelecer os mesmos preceitos para todos os homens, sendo necessário que cada um construa uma sabedoria e uma consciência moral de acordo com as suas possibilidades e disposições individuais, mas tendo como regra geral para alcançar a sabedoria "o dizer sim à vida". Na educação, por exemplo, recomendava que todos os conteúdos fossem submetidos à reflexão do aluno. Nada devia ser imposto ao estudante por simples autoridade da tradição.

Nas palavras de Montaigne:

> Tudo se submeterá ao exame da criança e nada se lhe enfiará na cabeça por simples autoridade e crédito. Que nenhum princípio, de Aristóteles, dos estóicos ou dos epicuristas, seja seu princípio. Apresentem-lhe todos, em sua diversidade e que ele escolha se puder. E se não o puder fique na dúvida, pois só os loucos têm certeza absoluta em sua opinião.
>
> Quem segue outrem não segue coisa nenhuma; nem nada encontra, mesmo porque não procura.
>
> MONTAIGNE, Michel de. *Ensaios*, p. 78.

Maquiavel (que será estudado no capítulo 14, Filosofia Política) iniciou uma nova fase do pensamento político ao abandonar o enfoque ético e religioso e procurar uma abordagem mais realista da política. Ou seja, ele buscou descrever o **fenômeno político em si mesmo**, de modo autônomo. O centro de suas reflexões é o exercício do **poder político** pelo Estado.

Em seu livro mais célebre, *O príncipe*, ele desenvolve um **realismo político** em que busca identificar as causas do sucesso e do fracasso na manutenção do poder pelo governante. Nessa análise, o filósofo **desvincula** completamente as **razões políticas** das **razões morais**.

De uma forma geral, as considerações acerca do poder político em Maquiavel estão ligadas a uma visão **pessimista** do homem. Para ele:

> A propensão para o bem, para a construção da boa sociedade, não está inscrita na natureza humana. Esta, ao contrário, é má, fazendo-se necessária a existência do Estado para coibir os maus instintos do homem. Isto, para Maquiavel, deve ser levado em conta por todo aquele que está no exercício do poder.
>
> GOMES, João Carlos Lino. Ética, política e poder em Maquiavel. *Síntese*, v. 20, n. 60, p. 80.

Assim, o recurso à **força**, para conter a maldade humana, faz parte da **lógica do poder político**.

RAZÃO E EXPERIÊNCIA
Bases do conhecimento seguro

De acordo com a mitologia grega, no princípio de tudo havia o **caos** — aquilo que não tem forma e representa o vazio desordenado, obscuro e infinito. E foi o caos que criou o mundo, todos os deuses e o homem. Ora, um mundo criado pelo caos era, necessariamente, um mundo imperfeito, imprevisível, misterioso.

Conforme vimos, foi com os filósofos gregos jônicos que as crenças mitológicas começaram a ceder lugar ao **saber racional**. E a idéia de caos começou a ser dissolvida, nascendo, para substituí-la, o conceito de **cosmo**. Dentro desse novo e revolucionário conceito, o universo passou a ser encarado como algo ordenado, harmônico, previsível, capaz de ser compreendido racionalmente pelo homem.

O conceito grego de cosmo desenvolveu-se com os pré-socráticos, encontrando novas formulações com os filósofos do período clássico, entre eles Platão e Aristóteles. Estes legaram ao ocidente medieval a idéia de um cosmo ordenado, no qual a Terra tinha um lugar privilegiado. Era um cosmo finito, fechado, dividido em dois planos básicos: os céus e a Terra.

Podemos imaginar a revolução espiritual que representaram, portanto, as novas concepções da ciência nascente. As conquistas e realizações renascentistas deixaram a maioria das pessoas desorientadas e desconfiadas. O mundo racionalmente ordenado da Antigüidade foi questionado e, aos poucos, dissolvido. O que representariam a cidade, o Império ou a Igreja diante de um universo infinito? Nesse processo, conforme nos diz o historiador da ciência Alexandre Koyré:

> O homem perdeu seu lugar no mundo, ou, mais exatamente, perdeu o próprio mundo que formava o quadro de sua existência e o objeto de seu saber, e precisou transformar e substituir não somente suas concepções fundamentais, mas as próprias estruturas de seu pensamento.
>
> KOYRÉ, Alexandre. *Do mundo fechado ao universo infinito.*

Podemos dizer que esse quadro conceitual deu origem a algumas questões ou inovações que caracterizam a filosofia moderna. Vejamos em seguida quais são elas.

A busca de um novo centro

Uma das concepções fundamentais até então, a noção aristotélica de espaço **hierarquizado**, isto é, em que cada lugar apresenta uma qualidade diferente da de outro lugar, foi substituída pelo conceito de espaço **homogêneo**, ou seja, em que os lugares são equivalentes, sem um ponto fixo e referencial, sem uma hierarquia.

O Sol não se converteria no novo ponto fixo, pois o heliocentrismo de Copérnico representava apenas o primeiro passo de um processo de descentralização exterior do mundo.

Como ficará mais claro adiante, o ser humano só encontraria um novo centro **em si mesmo**, isto é, na **razão**, entendida como a capacidade humana de avaliar a realidade e distinguir o verdadeiro do falso.

Um mundo representado

Para muitos pensadores antigos, a realidade do mundo era **apresentada** diretamente às pessoas, isto é, a realidade mostrava-se por si mesma. No entanto, os pensadores da modernidade perceberam que a realidade podia apresentar-se de forma enganosa. Foi necessário, portanto, ultrapassar a realidade sensível e imediata para atingir outra concepção de mundo. E coube à razão realizar essa tarefa, por meio da **representação** (representação, conforme vimos no Capítulo 4, é uma operação da mente que *re-(a)presenta* o real e produz uma **imagem** do mundo, ou um **outro** mundo).

Com o heliocentrismo, teoria esboçada primeiramente no sistema copernicano, a Terra deixou de ser o centro do Universo. Essa nova concepção abalou a noção de um espaço finito e hierarquizado.

Assim, uma das principais características dos pensadores modernos foi tentar explicar a realidade a partir de novas formulações racionais. Galileu, por exemplo, explicaria o mundo concreto, sensível, por meio de **relações matemáticas**, **geométricas**, o que não se havia feito até então, embora hoje esse seja um procedimento bastante comum.

Procura-se um método

Outra pergunta que surgiu foi: Qual a garantia de que um pensamento é verdadeiro? A ruptura com toda autoridade preestabelecida de conhecimento fez com que os pensadores modernos buscassem uma **base segura**, algo que garantisse a verdade de um raciocínio. Procurava-se, portanto, um **método**.

> Por método eu entendo regras certas e fáceis que, observadas corretamente, levarão quem as seguirem a atingir o conhecimento verdadeiro de tudo o que for possível. O método consiste na ordem e na disposição das coisas para as quais devemos voltar o olhar do espírito, para descobrir a verdade.
>
> DESCARTES, René. *Regras para a direção do espírito*, p. 14 e 15. *Apud* REZENDE, Antônio (org.). *Curso de filosofia*, p. 88.

A razão estava em alta. O método escolhido foi o matemático, pois a matemática é o exemplo de conhecimento integralmente racional. Ela se tornaria, por isso, o modelo seguido pelo racionalismo do século XVII. Aprofundaremos a temática do desenvolvimento do método científico no estudo específico das obras de Galileu, Bacon e Descartes, adiante, neste capítulo.

Galileu Galilei: um mundo sem encantametos, expresso na linguagem matemática

> A filosofia encontra-se escrita neste grande livro que continuamente se abre perante nossos olhos (...). Ele está escrito em língua matemática, os caracteres são triângulos, circunferências e outras figuras geométricas. Sem estes meios, é impossível entender humanamente as palavras; sem eles nós vagamos perdidos dentro de um obscuro labirinto.
>
> Galileu

Nascido na cidade italiana de Pisa, Galileu Galilei (1564-1642) é considerado um dos fundadores da física moderna.

Galileu foi um entusiasmado defensor da cosmologia que se desenvolveu a partir da teoria heliocêntrica de Copérnico. Rejeitava, portanto, a astronomia de Ptolomeu e a física de Aristóteles, que, incorporadas pelo cristianismo católico, reinaram durante o período medieval.

Por contrariar a visão tradicional do mundo, foi advertido pelas autoridades católicas, que o julgavam herege. Suas idéias eram consideradas contrárias às Sagradas Escrituras. Galileu teria comentado então que a Bíblia, em se tratando de temas científicos, não era um manual a ser obedecido cegamente.

Esse pioneirismo rebelde de Galileu atraiu a fúria do Tribunal da Inquisição. Em 1633, foi condenado por seus inquisidores, que lhe impuseram a dramática alternativa: ser queimado vivo numa fogueira ou retratar-se publicamente, renegando suas concepções científicas. Galileu optou por viver e retratou-se perante o Tribunal. Permaneceu, entretanto, fiel às suas idéias e, em 1638, quatro anos antes de morrer, publicou clandestinamente mais uma obra que contrariava os dogmas oficiais de sua época.

Sheila Terry/Science Photo Library

Representação de Galileu usando seu telescópio. O cientista italiano é considerado um dos maiores gênios de toda a história da humanidade. Em 1983, a Igreja Católica reviu seu processo e concedeu-lhe a absolvição.

Método matemático-experimental

Na tradição grega, aristotélica, para se entender uma coisa não era preciso estudá-la **experimentalmente**. Bastava esforçar-se por compreender como esta coisa existe e funciona e, depois, elaborar uma teoria sobre isso. Assim, segundo muitos pensadores antigos e medievais, "observar as coisas, agir sobre a natureza e pensar como matemático"[3] eram atividades heterogêneas que não combinavam. Entretanto, Galileu — professor de matemática da Universidade de Pisa — decidiu, de forma inovadora, aplicar a matemática ao estudo experimental da natureza.

Desse modo, alcançou grandes realizações, entre as quais podemos destacar:

- a elaboração da lei da queda livre dos corpos, segundo a qual a aceleração de um corpo em queda é constante, independentemente de o corpo ser leve ou pesado, grande ou pequeno. A demonstração desta lei exige condições ideais (vácuo);
- a construção e o aperfeiçoamento de um telescópio, com o qual efetuou observações astronômicas que o levaram a descobrir o relevo montanhoso da Lua, quatro satélites de Júpiter, as formas diferentes de Saturno, as fases de Vênus e a existência das manchas solares.

Mas não é apenas por suas descobertas específicas que Galileu merece especial destaque na história das ciências. Uma de suas mais extraordinárias contribuições foi ter assumido uma **nova postura de investigação científica**, cuja metodologia se baseava:

- na **observação** paciente e minuciosa dos fenômenos naturais;
- na realização de **experimentações** para comprovar uma tese;
- na valorização da **matemática** como instrumento capaz de enunciar as **regularidades** observadas nos fenômenos.

A luneta na direção do céu

Em 1609, Galileu teve notícias de que, na Holanda, fora inventado um instrumento ótico (luneta) que permitia a observação de objetos longínquos. O grande mérito de Galileu não foi propriamente ter construído e aperfeiçoado essa luneta para uso próprio, mas ter a idéia de utilizá-la sistematicamente na observação do céu.

Telescópio de Galileu. Os primeiros telescópios teriam surgido na Holanda, por volta de 1600, para serem usados com finalidades bélicas. Sem nunca ter visto o instrumento, bastando-lhe apenas sua descrição, Galileu construiu seu próprio telescópio e o aperfeiçoou para fins astronômicos.

3. DESANTI, Jean-Toussaint. Galileu e a nova concepção de natureza. *In*: CHÂTELET, François (dir.) *História da filosofia – Idéias, doutrinas*, v. 3, p. 79.

Francis Bacon: o método experimental contra os ídolos

Saber é poder.

Bacon

Bacon (ao lado) compreendeu que a pesquisa experimental levaria ao avanço da ciência. Mas antes era preciso desfazer-se das falsas noções, ou ídolos, pois, conforme afirmou, "as pessoas preferem acreditar naquilo que elas preferem que se seja verdade".

Nascido em Londres, Francis Bacon (1561-1626) pertencia a uma família de nobres. Desde menino, foi educado para ingressar na carreira política e projetar-se nos cargos públicos. Depois de concluir seus estudos em Cambridge, iniciou, em 1577, sua carreira política, através da qual conquistaria os mais importantes postos do reino britânico.

Apesar de ter mantido discutível conduta moral[4], Francis Bacon realizou uma obra científica de inegável valor. É considerado um dos fundadores do **método indutivo de investigação científica**. Atribui-se a ele, também, a criação do lema "saber é poder", que revela sua firme disposição de ânimo de fazer dos conhecimentos científicos um instrumento prático de controle da realidade.

Preocupado com a utilização dos conhecimentos científicos na vida prática, Bacon manifestava grande entusiasmo pelas conquistas técnicas que se difundiam em seu tempo: a bússola, a pólvora e a imprensa. Também revelava sua aversão ao pensamento meramente abstrato, característico da escolástica medieval.

Teoria dos ídolos

Para Bacon, a ciência deveria valorizar a **pesquisa experimental**, tendo em vista proporcionar resultados objetivos para o homem. Mas, para isso, era necessário que os cientistas se libertassem daquilo que denominava **ídolos**, isto é, falsas noções, preconceitos e maus hábitos mentais.

Em sua obra *Novum organum*, Francis Bacon destaca quatro gêneros de ídolos que bloqueiam a mente humana e prejudicam a ciência:

- **ídolos da tribo** — as falsas noções provenientes das próprias limitações da natureza da espécie humana;
- **ídolos da caverna** — as falsas noções do ser humano como indivíduo (alusão ao mito da caverna de Platão);
- **ídolos do mercado ou do foro** — as falsas noções provenientes da linguagem e da comunicação; e
- **ídolos do teatro** — as falsas noções provenientes das concepções filosóficas, científicas e culturais vigentes.

4. Francis Bacon ocupou importantes cargos políticos na Inglaterra. No auge de sua carreira, com o cargo de grão-chanceler, foi acusado de corrupção e suborno. Foi julgado e condenado, sendo destituído do seu cargo.

As falsas noções responsáveis pelo insucesso da ciência

Os **ídolos da tribo** estão fundados na própria natureza humana, na própria tribo ou espécie humana. É falsa a asserção de que os sentidos do homem são a medida das coisas. Muito ao contrário, todas as percepções, tanto dos sentidos como da mente, guardam analogia com a natureza humana e não com o universo. O intelecto humano é semelhante a um espelho que reflete desigualmente os raios das coisas e, dessa forma, as distorce e corrompe.

Os **ídolos da caverna** são os dos homens enquanto indivíduos. Pois cada um — além das aberrações próprias da natureza humana em geral — tem uma caverna ou uma cova que intercepta e corrompe a luz da natureza: seja devido à natureza própria e singular de cada um; seja devido à educação ou conversação com os outros; seja pela leitura dos livros ou pela autoridade daqueles que se respeitam e admiram; seja pela diferença de impressões, segundo ocorram em ânimo preocupado e predisposto ou em ânimo equânime e tranqüilo; de tal forma que o espírito humano — tal como se acha disposto em cada um — é coisa vária, sujeita a múltiplas perturbações, e até certo ponto sujeita ao acaso. Por isso, bem proclamou Heráclito que os homens buscam em seus pequenos mundos e não no grande ou universal.

Há também os ídolos provenientes, de certa forma, do intercurso e da associação recíproca dos indivíduos do gênero humano entre si, a que chamamos de **ídolos do foro** devido ao comércio e consórcio entre os homens. Com efeito, os homens se associam graças ao discurso, e as palavras são cunhadas pelo vulgo. E as palavras, impostas de maneira imprópria e inepta, bloqueiam espantosamente o intelecto. Nem as definições, nem as explicações com que os homens doutos se munem e se defendem, em certos domínios, restituem as coisas ao seu lugar. Ao contrário, as palavras forçam o intelecto e o perturbam por completo. E os homens são, assim, arrastados a inúmeras e inúteis controvérsias e fantasias.

Há, por fim, ídolos que imigram para o espírito dos homens por meio das diversas doutrinas filosóficas e também pelas regras viciosas da demonstração. São os **ídolos do teatro**: por parecer que as filosofias adotadas ou inventadas são outras tantas fábulas, produzidas e representadas, que figuram mundos fictícios e teatrais. Não nos referimos apenas às que ora existem ou às filosofias e seitas dos antigos. Inúmeras fábulas do mesmo teor se podem reunir e compor, porque as causas dos erros mais diversos são quase sempre as mesmas. Ademais, não pensamos apenas nos sistemas filosóficos, na sua universalidade, mas também nos numerosos princípios e axiomas das ciências que entraram em vigor, mercê da tradição, da credulidade e da negligência. Contudo, falaremos de forma mais ampla e precisa de cada gênero de ídolo, para que o intelecto humano esteja acautelado.

FRANCIS BACON. *Novum organum*, p. 21-3.

Método indutivo de investigação

Para combater os erros provocados pelos ídolos, Francis Bacon propôs o método indutivo de investigação, baseado na observação rigorosa dos fenômenos naturais, que cumpriria as seguintes etapas:

- **observação** da natureza para a coleta de informações;
- **organização racional** dos dados recolhidos empiricamente;
- formulação de **explicações gerais** (**hipóteses**) destinadas à compreensão do fenômeno estudado;
- comprovação da hipótese formulada mediante **experimentações** repetidas, em novas circunstâncias.

Francis Bacon dizia que "aquele que começa uma investigação repleto de certezas acabará terminando cheio de dúvidas. Mas aquele que começa com dúvidas poderá terminar com algumas certezas".

Assim, a grande contribuição de Francis Bacon para a história da ciência moderna foi apresentar o conhecimento científico como resultado de um método de investigação capaz de conciliar a observação dos fenômenos, a elaboração racional das hipóteses e a experimentação controlada para comprovar as conclusões.

Newton: a ordem do universo

Com Isaac Newton (1642-1727) é levada a termo a revolução científica iniciada por Galileu, dando origem à física clássica.

Físico, matemático e astrônomo, Newton criou no âmbito da ciência o que seria a base de inspiração para a investigação sobre o conhecimento que caracterizará, sobretudo, a filosofia do século XVIII.

Reprodução

No seu principal livro *Princípios matemáticos da filosofia natural* (denominava-se então **filosofia natural** o que hoje consideramos as **ciências naturais**), Newton estabelece regras que se baseiam na noção de **simplicidade** e **uniformidade** da natureza.

Decorre também do pensamento de Newton a concepção do mundo como uma grande **máquina**, cujas partes podem ser conhecidas através da observação e da experimentação. Esse mundo, esse grande mecanismo, por sua vez, seria obra de um Ser inteligente, de um "Regente universal".

Para Newton, não podemos conhecer Deus, porque só nos é possível conhecer através de nossos sentidos. Portanto, sobre Deus, só é possível afirmar sua existência a partir da ordem presente no universo.

O racionalismo de René Descartes: idéias claras e distintas

Penso, logo existo.

Descartes

Na pintura (detalhe), Descartes está em pé à direita, com as mãos sobre a mesa, e mostra um documento para a rainha Cristina da Suécia, sua protetora.

René Descartes (1596-1650) nasceu em La Haye, França, pertencendo a uma família de prósperos burgueses. Estudou no colégio jesuíta de La Flèche, na época um dos mais conceituados estabelecimentos de ensino europeus. Excetuando a aprendizagem que fez da matemática, decepcionou-se com a educação jesuítica de La Flèche. Confessaria, tempos depois, sua decisão de buscar a ciência por conta própria, esforçando-se por decifrar o "grande livro do mundo".

Ingressando na carreira militar, mudou-se para a Holanda, onde participou de combates contra os espanhóis. Posteriormente, em 1619, viajou por vários países europeus, estabelecendo contatos com vários sábios de seu tempo, entre eles Blaise Pascal (1623-1662), cujas principais idéias estudaremos adiante.

Temendo perseguições religiosas e tendo em mente a condenação de Galileu, tomou uma série de cautelas na exposição de suas idéias. Autocensurou vários trechos de suas obras para evitar tanto a repressão da Igreja Católica como a reação fanática dos protestantes. Apesar disso, o que publicou é suficientemente vasto e valioso para situá-lo como **um dos pais da filosofia moderna**.

Vejamos, agora, as linhas básicas de seu pensamento.

A dúvida metódica e o cogito

Descartes afirmava que, para conhecer a verdade, é preciso, de início, colocar todos os nossos conhecimentos em dúvida. É necessário questionar tudo e analisar, criteriosamente, se existe algo na realidade de que possamos ter plena certeza.

Fazendo uma aplicação metódica da dúvida, o filósofo foi considerando como incertas todas as percepções sensoriais, todas as noções adquiridas sobre os objetos materiais. E prosseguiu assim, colocando cada vez mais em dúvida a existência de tudo que constitui a realidade e o próprio conteúdo dos pensamentos.

Finalmente, estabeleceu que a única verdade totalmente livre de dúvida era a seguinte: **meus pensamentos existem**. E em seguida observou que a existência desses pensamentos se confundia com a essência da sua própria existência como **ser pensante**. Disso decorreu a célebre conclusão de Descartes:

> *Cogito ergo sum* (em latim)

ou

> Penso, logo existo.[5]

Para Descartes, esse "Penso, logo existo" seria uma verdade absolutamente **firme**, **certa** e **segura**, que, por isso mesmo, deveria ser adotada como **princípio básico** de toda a sua filosofia.

O termo **pensamento** utilizado por Descartes tem um sentido bastante amplo, abrangendo tudo o que afirmamos, negamos, sentimos, imaginamos, cremos e sonhamos. Assim, o ser humano era, para ele, uma substância essencialmente pensante.

Da afirmação cartesiana "Penso, logo existo", que ficou conhecida como ***cogito***, podemos extrair esta importante conseqüência ou **corolário** (proposição ou sentença que se deduz de outra): o pensamento (consciência) é algo mais certo que a própria matéria corporal. Note-se que é a partir do "penso" que ele conclui "logo existo".

Baseando-se nesse corolário do *cogito*, toda filosofia posterior que sofreu a influência de Descartes assumiu uma tendência **idealista**, isto é, uma tendência a valorizar a atividade do sujeito pensante em relação ao objeto pensado. Em outras palavras, uma tendência a ressaltar a prevalência da consciência subjetiva sobre o ser objetivo, "e a considerar a matéria como algo apenas conhecível, se é que o é, por dedução do que se sabe da mente".[6]

Descartes foi, portanto, um **racionalista** convicto (ver definição no capítulo 4). Recomendava que desconfiássemos das percepções sensoriais, responsabilizando-as pelos freqüentes erros do conhecimento humano. Dizia que o verdadeiro conhecimento das coisas externas devia ser conseguido através do trabalho lógico

5. DESCARTES, René. *Discurso do método*, p. 46.
6. RUSSELL, Bertrand. *História da filosofia ocidental*, v. 2, p. 88.

da mente. Nesse sentido, considerava que, no passado, dentre todos os homens que buscaram a verdade nas ciências, "só os matemáticos puderam encontrar algumas demonstrações, isto é, algumas razões certas e evidentes".[7]

Como se vê, Descartes atribuía grande valor à matemática como instrumento de compreensão da realidade. Ele próprio foi um grande matemático, sendo interessante lembrarmos sua importante contribuição para essa ciência: a criação da **geometria analítica**, que tornou possível a determinação de um ponto em um plano mediante duas linhas perpendiculares fixadas graficamente (as **coordenadas cartesianas**).

O método cartesiano

Da sua obra *Discurso do método*, podemos destacar quatro regras básicas, consideradas por Descartes capazes de conduzir o espírito na busca de verdade:

1. regra da evidência – só aceitar algo como verdadeiro desde que seja absolutamente evidente por sua clareza e distinção. Estas idéias claras e distintas, Descartes as encontra na sua própria atividade mental, independentemente das percepções sensoriais externas. Isso faz Descartes propor a existência das **idéias inatas (idéias cujas estruturas já nascemos com elas)**, que são plenamente racionais. Exemplo dessas idéias: as idéias matemáticas, as noções gerais de extensão e movimento, a idéia de infinito etc. O exemplo mais célebre de idéia inata cartesiana está expresso na fórmula: *Penso, logo existo*.

2. regra da análise – dividir cada uma das dificuldades surgidas em tantas partes quantas forem necessárias para resolvê-las melhor.

3. regra da síntese – ordenar o raciocínio indo dos problemas mais simples para os mais complexos.

4. regra da enumeração – realizar verificações completas e gerais para ter absoluta segurança de que nenhum aspecto do problema foi omitido.

A herança de Descartes

Com o seu método da dúvida crítica (**dúvida cartesiana**), Descartes abalou profundamente o edifício do conhecimento estabelecido. Sua tentativa, porém, de reconstruir esse edifício não foi talvez uma obra tão fecunda quanto o efeito demolidor que provocou.

Por isso, podemos dizer que Descartes celebrizou-se não propriamente pelas questões que

7. DESCARTES, ob. cit., p. 39.

resolveu, mas, sobretudo, pelos problemas que formulou. Problemas que foram herdados pelos filósofos posteriores.

> Por fim, as filosofias de Espinosa, de Leibniz, de Malebranche, atestam a importância da revolução cartesiana: elas constroem-se na meditação dos problemas postos por Descartes, e seguindo estruturas provindas do seu pensamento.
>
> ALQUIÉ, L. O. *A filosofia de Descartes*, p. 141

Para Espinosa (acima), "a felicidade é a compreensão lógica do mundo e da vida", o que é uma mostra do seu profundo racionalismo.

Espinosa: o racionalismo absoluto

Baruch Espinosa (1632-1677) nasceu na Holanda e era filho de imigrantes judeus de origem hispano-portuguesa. Na filosofia, desenvolveu um racionalismo radical, que se caracterizou pela crítica às superstições religiosa, política e filosófica.

De acordo com Espinosa, a fonte de toda superstição é a imaginação incapaz de compreender a verdadeira ordem do universo. Como é incapaz de conhecer verdadeiramente, a imaginação credita a realidade a um **Deus transcendental**[8] e voluntarioso, nas mãos de quem os homens não passam de joguetes. A partir da superstição religiosa, desenvolvem-se as superstições políticas e filosóficas.

Para combater essas superstições em sua origem, Espinosa escreveu a *Ética*, texto no qual busca provar, como numa **demonstração geométrica**, a natureza racional de Deus, que se manifesta em todas as coisas (**Deus imanente**).Desse modo, Deus não está fora do universo, nem dentro do universo: ele é o próprio universo.

No interior desse entendimento racionalista, não há lugar para tragédia nem mistérios: tudo se torna compreensível à luz da razão. A filosofia seria o conhecimento racional de Deus, e a liberdade humana consistiria na consciência da necessidade. Ou seja, não haveria livre-arbítrio, uma vez que Deus se identifica com a natureza universal e, portanto, tudo o que existe é **necessário**, não pode ser transgredido pois faz parte da natureza divina. Por isso, Espinosa propunha a equação Deus = Natureza que significava: Deus é a natureza criadora universal, portanto, tudo o que existe foi criado por ele e, assim, mantém-se no seu **Ser**.

8. **Transcendental**: que está além das coisas deste mundo, fugindo à compreensão e experiência do homem. O Deus transcendental se opõe ao Deus imanente (aquele que é, está ou pertence às coisas do mundo).

Pascal: um pensador contra a corrente

> Esta é uma esfera infinita cujo centro se encontra em toda parte e cuja circunferência não se acha em nenhuma.
>
> Pascal

Pascal (ao lado) foi um grande matemático e físico e inventou, em 1644, a primeira calculadora. Mas separava a ciência do ser humano, pois, para ele, "o coração tem razões que a própria razão desconhece", não aceitando o reducionismo matemático nas questões humanas.

O filósofo francês Blaise Pascal (1623-1662) foi um pensador que refletiu sobre a condição trágica do ser humano: ao mesmo tempo magnífico e miserável, capaz de alcançar grandes verdades e gerar grandes erros.

Em sua obra *Pensamentos*, escrita sob a forma de aforismos (), questiona a situação paradoxal do homem em meio a toda a realidade existente: "No fundo, o que é o homem na natureza? É nada em relação ao infinito, é tudo em relação ao nada, algo de intermediário entre o nada e o tudo". E confessa: "O silêncio eterno dos espaços infinitos apavora".

Assim, em vez de mostrar a mesma confiança na razão que caracterizou o século XVII, Pascal dirá que o homem não pode conhecer o princípio e o fim das realidades que busca compreender. Estaria limitado apenas às aparências, já que, em suas palavras, "só o autor dessas maravilhas as compreende; ninguém mais pode fazê-lo".

Pascal afirmava que a razão humana seria impotente para provar a existência de Deus. Dependeria da fé a crença em um Deus, cuja existência jamais poderá ser provada. De acordo com seu pensamento, "o supremo passo da razão está em reconhecer que há uma infinidade de coisas que a ultrapassam". Dessa forma ele dirá: "O coração — e não a razão — é que sente Deus. E isto é a fé: Deus sensível ao coração e não à razão".

Pascal polemizou contra "o Deus dos filósofos e dos sábios", um deus transformado em engenheiro do mundo, que, uma vez criado, seguiria seu rumo em cego mecanicismo.

Nessa polêmica, o seu alvo era Descartes e sua concepção de um "Deus das verdades geométricas". O que Pascal busca recuperar é o "Deus de amor e consolação, é um Deus que faz cada qual sentir interiormente a sua própria miséria e a misericórdia infinita de Deus".[9]

9. PASCAL, Blaise. *Pensamentos* (fragmentos diversos).

Análise e entendimento

Renascimento e Idade Moderna

1. Em contraste com os valores dominantes na Idade Média, destaque alguns dos valores, atitudes e/ou características da mentalidade da Idade Moderna.
2. No Renascimento revalorizou-se o ser humano e a natureza. Como se expressou essa revalorização no campo do pensamento? Identifique exemplos no texto do capítulo.
3. Diversos elementos mágicos e místicos, herdados da Antigüidade e da era medieval, tiveram lugar destacado no pensamento de diversos filósofos renascentistas. Você concorda com essa afirmação? Justifique sua resposta com exemplos.
4. Quando ficou demonstrado que a Terra não era o centro do Universo, "o homem perdeu seu lugar no mundo, ou, mais exatamente, perdeu o próprio mundo que formava o quadro de sua existência e o objeto do seu saber" (Alexandre Koyré). Identifique e explique três conseqüências dessa revolução espiritual que afetaram/contribuíram na produção filosófica do homem moderno.

Montaigne e Maquiavel

5. Identifique os valores da Idade Moderna contidos nos pensamentos de Montaigne e Maquiavel. Comente.

Galileu Galilei

6. Segundo Galileu, o "livro" do universo "está escrito em língua matemática, os caracteres são triângulos, circunferências e outras figuras geométricas". Como você explica essa afirmação? Como essa idéia se expressa no trabalho científico de Galileu?
7. Cite alguns tópicos da nova metodologia científica adotada por Galileu Galilei.

Francis Bacon

8. Francis Bacon escreveu que existem quatro fatores, ou ídolos, que bloqueiam a mente humana. Ilustre cada um deles com situações concretas da atualidade ou de sua vida cotidiana.
9. Qual a estratégia proposta por Francis Bacon para combater os erros provocados pelos ídolos? Explique cada passo.

René Descartes

10. Em que consistiu a dúvida metódica de Descartes? Qual era o seu objetivo ao aplicá-la? Comente.
11. Comente o *cogito* e seu corolário.
12. Que regras propõe Descartes para dirigir o espírito na busca da verdade? Explique-as.

Pascal e Espinosa

13. Compare o Deus de Espinosa com o Deus de Pascal. Qual Deus parece mais verossímil para você? Justifique.
14. Por que se diz que Pascal foi um filósofo "contra a corrente"?

Debate e reflexão

1. *A perda do ponto fixo*

Pascal escreveu que "O silêncio eterno dos espaços infinitos apavora", em referência clara ao mal-estar criado pelas descobertas científicas de seu tempo. Compare essa frase com os versos abaixo, do poema "Demogorgon", escrito pelo poeta português Fernando Pessoa(1888-1935). O que eles têm em comum? Escreva uma reflexão sobre esse tema.

Não, não, isso não!
Tudo menos saber o que é o Mistério!
Superfície do Universo, ó Pálpebras Descidas,
não vos ergais nunca!
O olhar da Verdade Final não deve poder suportar-se!

Deixai-me viver sem saber nada, e morrer sem ir saber nada!
A razão de haver ser, a razão de haver seres, de haver tudo,
deve trazer uma loucura maior que os espaços
entre as almas e entre as estrelas.

Não, não, a verdade não! Deixai-me estas casas e esta gente,
assim mesmo, sem mais nada, estas casas e esta gente...

2. *Saber é poder*

Francis Bacon defendia que saber é poder. Reflita sobre essa afirmação. Você acha que o conhecimento é fonte de poder? Pense nos vários tipos de conhecimento (político, tecnológico etc.) e nos vários meios de poder.

3. *A essência do homem*

Para os racionalistas do século XVII, a essência do homem é a razão. A psicologia do inconsciente questiona essa afirmação, pois o ser humano não seria apenas racional. Você acredita que exista uma essência do homem? Por quê? Pesquise sobre o assunto e discuta com seus colegas.

Sugestões de filmes

- **Giordano Bruno** (1973, Itália, direção: Giuliano Montaldo)
  Filme que retrata parte da vida de Bruno, envolvido em problemas com a Igreja devido às suas idéias. Mostra o processo movido pela Inquisição até a sua morte na fogueira.

- **Galileu** (Itália, direção: Liliane Cavani)
  Vida e obra de Galileu, com destaque para o seu julgamento pela Inquisição.

- **Rainha Margot** (1994, França/Alemanha/Itália, direção: Patrice Chéreau)
  Obra sobre a questão religiosa e política entre católicos e protestantes no século XVI.

- **Decameron** (1970, Itália/França/Alemanha, direção: Pier Paolo Pasolini)
  Adaptação de dez contos de obra homônima de Bocaccio, que mostram aspectos do cotidiano, da religiosidade e dos costumes da cidade de Nápoles no século XIV, em histórias divertidas e picantes.

Para pensar

No texto a seguir, você verá uma análise sobre como os fundadores da ciência e da filosofia modernas (Galileu, Descartes etc.) atuaram de modo decisivo para dissolver a idéia de cosmo grega, consagrada, sobretudo, na física aristotélica.

A revolução científica moderna

Não tentarei, aqui, explicar as razões e as causas que provocaram a revolução espiritual do século XVI. Para nossas finalidades, basta descrevê-la, caracterizar a atitude mental ou intelectual da ciência moderna através de dois traços que se completam um ao outro. São eles: 1) a destruição do cosmo e, conseqüentemente, o desaparecimento, na ciência, de todas as considerações baseadas nessa noção; 2) a geometrização do espaço, isto é, a substituição, pelo espaço homogêneo e abstrato da geometria euclidiana, da concepção de um espaço cósmico qualitativamente diferenciado e concreto, o espaço da física pré-galileana. Podem-se resumir e exprimir essas duas características da seguinte maneira: a matematização (geometrização) da ciência.

A dissolução do cosmo grego

A dissolução do cosmo significa a destruição de uma idéia, a idéia de um mundo de estrutura finita, hierarquicamente ordenado (...) Essa idéia é substituída pela idéia de um universo aberto, indefinido e até infinito, unificado e governado pelas mesmas leis universais, um universo no qual todas as coisas pertencem ao mesmo nível do ser, contrariamente à concepção tradicional que distinguia e opunha os dois mundos do céu e da Terra. Doravante, as leis do céu e as leis da Terra se fundem. A astronomia e a física tornam-se interdependentes, unificadas e unidas. Isso implica o desaparecimento, da perspectiva científica, de todas as considerações baseadas no valor, na perfeição, na harmonia, na significação e no desígnio. Tais considerações desaparecem no espaço infinito do novo universo. É nesse novo universo, nesse novo mundo, onde uma geometria se faz realidade, que as leis da física clássica encontram valor e aplicação.

A dissolução do cosmo, repito, me parece a revolução mais profunda realizada ou sofrida pelo espírito humano desde a invenção do cosmo pelos gregos. É uma revolução tão profunda, de conseqüências tão remotas, que, durante séculos, os homens — com raras exceções, entre as quais Pascal — não lhe apreenderam o alcance e o sentido. Ainda agora, ela é muitas vezes subestimada e mal compreendida.

A reforma das estruturas do pensamento

O que os fundadores da ciência moderna, entre os quais Galileu, tinham de fazer não era criticar e combater certas teorias erradas, para corrigi-las ou substituí-las por outras melhores. Tinham de fazer algo inteiramente diverso. Tinham de destruir um mundo e substituí-lo por outro. Tinham de reformar a estrutura de nossa própria inteligência, reformular novamente e rever seus conceitos, encarar o ser de uma nova maneira, elaborar um novo conceito do conhe-

cimento, um novo conceito da ciência, e até substituir um ponto de vista bastante natural — o do senso comum — por um outro que, absolutamente, não o é.
Isso explica por que a descoberta de coisas e de leis, que hoje parecem tão simples e tão fáceis que são ensinadas às crianças — leis do movimento, lei da queda dos corpos —, exigiu um esforço tão prolongado, tão árduo, muitas vezes vão, de alguns dos maiores gênios da humanidade, como Galileu e Descartes.

ALEXANDRE KOYRÉ.
Estudos de história do pensamento científico, p. 154-55.

Questões

1. Segundo o autor do texto, quais são os dois traços característicos que marcam a ciência moderna?

2. "Doravante, as leis do céu e as leis da Terra se fundem." O que Koyré quis dizer com essa frase? O que causou essa fusão?

3. A que se refere o autor quando diz que a ciência moderna teve "até de substituir um ponto de vista bastante natural — o do senso comum — por outro que absolutamente não o é?

9 Filosofia Moderna: Empirismo e Iluminismo

Com o Iluminismo, o homem superou sua menoridade intelectual.

Kant

A razão tudo ilumina, pensavam os iluministas. Neste quadro, a luz da sabedoria parece nascer das páginas do livro e projetar-se naquele que o lê. *O filósofo pitagórico* (1762) — Pietro Longhi.

EMPIRISMO
A experiência sensível é fundamental

Vimos no capítulo anterior que as transformações ocorridas a partir do desenvolvimento da ciência moderna levaram ao questionamento dos **critérios** e **métodos** para a elaboração de um **conhecimento verdadeiro**.

Com essa preocupação, as estruturas do pensamento passaram a ser investigadas pelos principais filósofos dos séculos XVII e XVIII, que formularam diversas **epistemologias** ou **teorias do conhecimento**. As duas principais vertentes dessa investigação foram:

- a **empirista**: defendia a tese de que, em última análise, a origem fundamental do conhecimento está na experiência sensível;
- a **racionalista**: defendia a tese de que, além do conhecimento pela experiência sensível, há principalmente o conhecimento pela razão. O racionalismo realça a importância do conhecimento pela razão, isto é, enfatiza a existência de idéias fundadoras do conhecimento.

A valorização da percepção dos sentidos. Nesta obra, o pintor holandês Jan Vermeer teria traçado a imagem projetada na câmara escura e depois copiado o padrão de luzes e sombras de forma a alcançar uma imagem "fotográfica", fiel à impressão fornecida pela visão do próprio objeto.
A menina com chapéu vermelho (1666/1667) — Jan Vermeer.

O racionalismo moderno teve em René Descartes seu primeiro e principal expoente. No capítulo anterior vimos que o ponto de partida da filosofia cartesiana é o **sujeito pensante** e não o mundo exterior. Vimos também que Descartes defendeu a tese das **idéias inatas**, isto é, de que o sujeito pensante possuiria certo tipo de idéias que teriam nascido com ele e que, por isso, dispensariam a percepção de um objeto exterior para fazê-las existir. Essa tese se denominou **inatismo** (relativo ao que é inato, que já nasce com a pessoa), e teve como maiores defensores Platão, na Antigüidade; Santo Agostinho, na Idade Média; e Descartes, na filosofia moderna.

A filosofia cartesiana provocou a reação dos empiristas modernos, que argumentaram contra a tese da existência de idéias inatas. Como já estudamos, o empirismo defende que o processo de conhecimento depende da **experiência sensível**, pelo menos como ponto de partida.

O palco inicial do empirismo moderno foi a Inglaterra. Nesse país grande parte da burguesia, a partir do século XVII, conquistou não apenas poder econômico, mas também poder político e ideológico, impondo o fim do absolutismo monárquico (Revolução Gloriosa).

Essa ascensão da burguesia pode ser relacionada, no plano epistemológico, ao empirismo (valorização da experiência concreta, da investigação natural) e, no plano sociopolítico, ao liberalismo (respeito à liberdade individual; fim do arbítrio dos monarcas, impondo-se limites constitucionais aos seus poderes).

Entre os principais representantes do **empirismo britânico** destacam-se Francis Bacon (que já estudamos no capítulo anterior), Thomas Hobbes, John Locke, George Berkeley e David Hume.

Tempos depois, o filósofo alemão Immanuel Kant será também influenciado por esse debate entre racionalistas e empiristas. No entanto, Kant procurou superar tanto o racionalismo quanto o empirismo. Para ele, o ato de conhecer resultava da **síntese** entre os conteúdos particulares do conhecimento, oferecidos pela experiência, e as formas universais do conhecimento, vinculadas às estruturas da mente humana.

Thomas Hobbes: a filosofia é a ciência dos corpos

> Todo ser vivo luta para conservar-se, isto é, evitar a morte.
>
> Hobbes

Hobbes (ao lado) desenvolveu uma compreensão materialista-mecanicista da realidade. Tudo se explicaria pela relação de causa e efeito.

Thomas Hobbes (1588-1679) nasceu em Westport, Inglaterra, e estudou no Magdalen Hall, em Oxford. No período da revolução liberal inglesa, defendeu o rei Carlos I, depois decapitado, e foi obrigado a exilar-se na França. No exílio, tornou-se preceptor do Príncipe de Gales, futuro Carlos II da Inglaterra, e acompanhou a subida ao poder de Cromwell.

A filosofia de Hobbes foi muito influenciada pelas idéias de Bacon e Galileu. Como estes, abandonou as grandes pretensões metafísicas (a busca da essência do ser) e buscou investigar as causas e propriedades das coisas. A filosofia, para ele, seria a **ciência dos corpos**, isto é, tudo que tem existência material. Os corpos se dividiriam em **corpos naturais** (filosofia da natureza) e **corpo artificial** ou **Estado** (filosofia política). Assim, tudo o que não é corpóreo seria excluído da filosofia como não-filosofia.

Para o filósofo inglês, toda a realidade poderia ser explicada a partir de dois elementos: do **corpo**, entendido como o elemento material que existe, independentemente do nosso pensamento, e do **movimento**, que pode ser determinado matemática e geometricamente. Assim, as qualidades das coisas seriam "fantasmas do sensível", ou seja, efeitos dos corpos e de seus movimentos. As principais características do empirismo hobbesiano são, portanto, o **materialismo**[1] e o **mecanicismo**[2] de suas teses.

Uma conseqüência dessa tese é que, no pensamento de Hobbes, não há lugar para o **acaso** e a **liberdade** (mudanças não-condicionadas), porque os movimentos resultam necessariamente dos nexos causais que lhe dão origem.

Da mesma forma, não há espaço em sua filosofia para o bem e o mal como valores universais que deveriam ser introjetados nas pessoas. Para Hobbes, o que chamamos de **bem** é tão-somente aquilo que desejamos alcançar, enquanto o **mal** é apenas aquilo do qual fugimos. Isso se explicaria pelo fato de que o valor fundamental para cada indivíduo seria a **conservação da vida**, isto é, a afirmação e o crescimento de si mesmo. Assim, segundo Hobbes, cada pessoa sempre tenderá a considerar como bem o que lhe agrada e mal o que lhe desagrada ou ameaça.

1. **Materialismo**: concepção de que a matéria é a realidade primeira e fundamental de tudo que existe e que despreza ou considera como inexistentes os seres imateriais.
2. **Mecanicismo**: concepção de que os fenômenos se explicam por conjuntos de causas mecânicas, isto é, de forças e movimentos.

A pergunta que pode surgir então é a seguinte: se o bem e o mal são relativos, isto é, são determinados pelos indivíduos, como será possível a **convivência entre os homens**?

Hobbes responde a essa questão nos livros *Leviatã* e *De cive*, nos quais sustenta a necessidade de um **poder absoluto** que mantenha os homens em sociedade e impeça que eles se destruam mutuamente. Estudaremos com mais detalhe o pensamento político de Hobbes no capítulo 14, sobre filosofia política.

John Locke: a experiência sensível como fonte das idéias

> Quem não quiser se equivocar deve construir sua hipótese, derivada da experiência sensível sobre um fato, e não supor um fato devido a essa hipótese.
>
> Locke

Bettmann/Corbis/Latin Stock

Um dos maiores representantes do empirismo, Locke (ao lado) afirmava que não há nada em nossa mente que não tenha passado antes pelos nossos sentidos.

Nascido em Wrington, Inglaterra, John Locke (1632-1704) estudou na Universidade de Oxford, manifestando interesse por diversos campos de estudo, como química, teologia, filosofia. Entretanto, formou-se em medicina.

Durante os tempos de Universidade, Locke decepcionou-se com o aristotelismo e com a escolástica medieval, enquanto tomava contato com o pensamento de Francis Bacon e René Descartes. Ingressou no mundo político inglês através de seu relacionamento com o conde de Shaftesbury, de quem se tornou médico particular e assessor.

Em 1675, graves problemas políticos atingiram o conde de Shaftesbury e afetaram, também, a vida de Locke. Acompanhando o amigo, exilou-se na França, deslocando-se, mais tarde, para a Holanda. Regressou à Inglaterra somente em 1688, participando da chamada Revolução Gloriosa, que levou Guilherme de Orange ao trono da Inglaterra. Sintonizado com o processo político inglês, criado pela Revolução Gloriosa, Locke pôde dedicar-se livremente às atividades intelectuais.

A mente como tábula rasa

Em sua obra *Ensaio acerca do entendimento humano*, combateu duramente a doutrina que afirmava que o homem possui **idéias inatas**. Ao contrário de Descartes, defendeu que nossa mente, no instante do nascimento, é como uma **tábula rasa**[3], um papel em branco, sem nenhuma idéia previamente escrita.

3. **Tábula rasa**: o substantivo **tábula** significa "tábua" ou "placa de madeira" ou de outro material; o adjetivo **rasa** quer dizer "plana, lisa". Assim, a expressão tábula rasa, usada por Locke, tem o significado de "tábua lisa", isto é, tábua na qual nada foi escrito nem gravado.

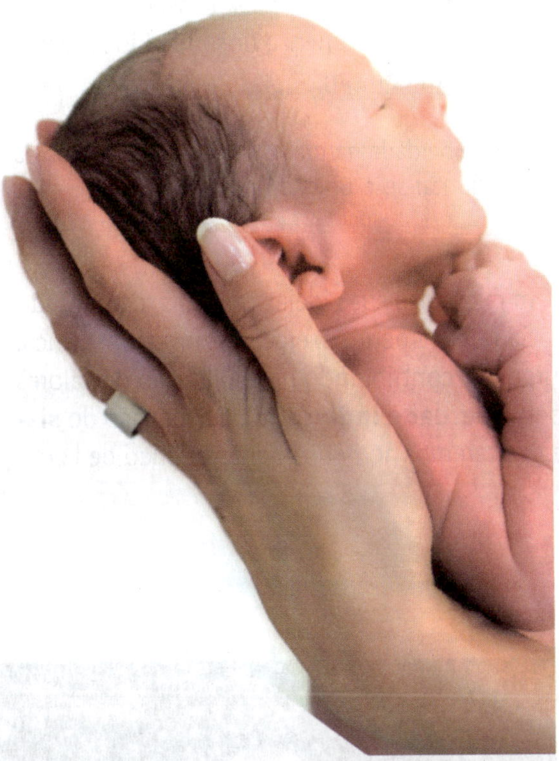

Para Locke, um recém-nascido não tem nenhuma idéia "gravada" (idéia inata) em seu cérebro. Sua mente é como um papel em branco, que passa a ser "escrito" a cada experiência sensorial que o bebê assimila.

Locke retomava, assim, a tese empirista, segundo a qual nada existe em nossa mente que não tenha sua origem nos sentidos. O filósofo defende que as idéias que possuímos (isto é, todo conteúdo do processo do conhecimento) são adquiridas ao longo da vida mediante o exercício da experiência sensorial e da reflexão. Vejamos cada uma delas:

- **experiência sensorial** — nossas primeiras idéias, as sensações, nos vêm à mente através dos sentidos, isto é, quando temos uma experiência sensorial. Essas idéias seriam moldadas pelas qualidades próprias dos objetos externos. Por sensação Locke entende, por exemplo, as idéias de amarelo, branco, quente, frio, mole, duro, amargo, doce etc.
- **reflexão** — depois, combinando e associando as sensações por um processo de reflexão, a mente desenvolve outra série de idéias que, segundo Locke, não poderiam ser obtidas das coisas externas. Seriam idéias como "a percepção, o pensamento, o duvidar, o crer, o raciocinar"[4].

Assim, a reflexão seria nosso "sentido interno", que se desenvolve quando a mente se debruça sobre si mesma, analisando suas próprias operações. Das idéias simples, a mente avança em direção às idéias cada vez mais complexas. Porém, para Locke, de qualquer maneira a mente sempre tem "as coisas materiais externas, como objeto de sensação, e as operações de nossas próprias mentes, como objeto da reflexão"[5].

Locke admitia que nem todo conhecimento limita-se, exclusivamente, à experiência sensível. Considerava, por exemplo, o conhecimento matemático válido em termos lógicos, embora não tivesse como base a experiência sensível. Nesse sentido, Locke não era um empirista radical.

Locke : adversário ferrenho do absolutismo

Analisando o filósofo e o homem político, podemos dizer que Locke, de certa maneira, "transportou" suas teorias sobre o conhecimento humano para o campo sociopolítico. Para ele, assim como não existem idéias inatas, também não deveria existir **poder inato** (ou de origem divina), como defendiam os adeptos do absolutismo monárquico.

4. LOCKE. *Ensaio acerca do entendimento humano*, p. 160.
5. Id., ibid.

Revelando sua preocupação em proteger a liberdade do cidadão, defendia que o poder social deveria nascer de um pacto entre as pessoas. Por sua vez, as leis deveriam expressar as normas estabelecidas pela própria comunidade, que, através do mútuo consentimento dos indivíduos, escolheria a forma de governo considerada mais conveniente ao bem comum.

A única maneira pela qual uma pessoa qualquer renuncia à liberdade natural e se reveste dos laços da sociedade civil consiste em concordar com outras pessoas em juntar-se e unir-se numa comunidade para viverem com segurança, conforto e paz.[6]

Adversário da tirania, do abuso do poder, Locke, em razão das suas idéias políticas, é apontado por muitos historiadores como o "pai do Iluminismo". Seu pensamento exerceu profunda influência na fundamentação ideológica da democracia liberal burguesa, contribuindo para a difusão de valores iluministas como a **tolerância religiosa**, o respeito pela **liberdade individual**, a expansão do **sistema educacional** e a **livre-iniciativa econômica**. Voltaremos ao pensamento político de Locke no capítulo 14, sobre filosofia política.

George Berkeley: tudo se reduz à percepção

> Ser é perceber e ser percebido.
>
> Berkeley

Anglo-American School/Charles Jerras

Berkeley (ao lado) desenvolveu um empirismo radical: afirmou não só que todo conhecimento provém dos sentidos, como os demais empiristas, mas também que todos seres existentes se reduzem à percepção que temos deles. Para ele, " ser é perceber e ser percebido".

Nascido em Kilkenny, Irlanda do Sul, George Berkeley (1685-1753) fez seus estudos superiores no Trinity College de Dublin, onde mais tarde se tornaria professor, lecionando grego e teologia. Impressionado pela leitura de pensadores como Locke, Newton e Descartes, despertou para a filosofia bastante jovem. Berkeley, em 1710, aos 25 anos, publicou o *Tratado sobre os princípios do conhecimento humano*. Em 1734, tornou-se bispo da Igreja anglicana.

6. LOCKE. *Segundo tratado sobre o governo*, p. 71.

Na obra citada, Berkeley defende que todo o nosso conhecimento do mundo exterior resume-se àquilo que captamos pelos sentidos, o que é uma tese empirista. Mas afirma também que a **existência das coisas** nada mais é do que a **percepção que temos dessa existência**. Ou, em suas próprias palavras: "Ser é perceber e ser percebido".

Isso significa que toda a realidade depende da **idéia que fazemos das coisas**. Desse modo, Berkeley nega a existência da matéria como algo independente da mente. "O que os olhos vêem e as mãos tocam existe; existe realmente, não o nego. Só nego o que os filósofos chamam matéria ou substância corpórea."[7] Ou seja, apesar de seu empirismo, Berkeley, como homem religioso que era, defendeu a **imaterialidade do mundo**.

Ao levar seu empirismo às últimas conseqüências, Berkeley deslizou para um idealismo imaterialista, defendendo que tudo o que existe consiste nos sujeitos com suas experiências e percepções.

Para evitar cair no **solipsismo** (teoria segundo a qual tudo o que existe no mundo resume-se ao **eu** e **sua própria consciência**) e no total subjetivismo, Berkeley defendeu a existência de uma **mente cósmica**, representada por Deus.

Para Berkeley, Deus percebe, de modo absoluto, a existência de todos os seres, coordenando as distintas percepções elaboradas pelos sujeitos. Essa mente cósmica de Deus garante e sustenta a existência dos seres que experimentamos como "seres percebidos". Assim, o mundo nada mais é do que uma relação entre Deus e os espíritos humanos.

David Hume: a força do hábito em nossas idéias

> O costume é, pois, o grande guia da vida humana. É o único princípio que torna útil nossa experiência e nos faz esperar, no futuro, uma série de eventos semelhantes àqueles que apareceram no passado.
>
> Hume

Reprodução

Apesar de viver num ambiente caracterizado pela religiosidade, Hume (ao lado) era ateu. E, curiosamente, talvez por seu acentuado ceticismo e espírito investigador, escreveu *História natural da religião* (1757), considerada por alguns como a primeira obra científica sobre a sociologia da religião.

Nascido em Edimburgo, Escócia, David Hume (1711-1776) estudou filosofia, direito e comércio. Realizou diversas viagens a países europeus, como França e Áustria, e ocupou importante posição na diplomacia inglesa. Estabeleceu contatos com grandes pensadores da época, entre eles Adam Smith e Jean-Jacques Rousseau.

Na obra *Investigação acerca do entendimento humano*, Hume formulou a sua teoria do conhecimento. Dividiu, primeiramente, tudo aqui-

7. BERKELEY, George. *Tratado sobre os princípios do conhecimento humano*, p. 19.

lo que percebemos em impressões e idéias:

- **impressões** referem-se aos dados fornecidos pelos sentidos, como, por exemplo, as impressões visuais, auditivas, táteis;
- **idéias** referem-se às representações mentais (memória, imaginação etc.) derivadas das impressões.

Assim, toda idéia é uma re(a)presentação de alguma impressão. Essa representação pode possuir diferentes graus de fidelidade. Alguém que nunca teve uma impressão visual, um cego de nascença, por exemplo, jamais poderá ter uma idéia de cor, ainda que seja uma idéia não muito fiel. Hume era, portanto, um empirista.

Crítica ao raciocínio indutivo

Conforme vimos anteriormente, o raciocínio indutivo vai do particular para o geral. As conclusões indutivas são produzidas, portanto, pelo seguinte processo mental: partindo de percepções repetidas que nos chegam da experiência sensorial, saltamos para uma conclusão geral, da qual não temos experiência sensorial.

Hume argumentou que a **conclusão indutiva**, por maior que seja o número de percepções repetidas do mesmo fato, não possui **fundamento lógico**. Será sempre um salto do raciocínio impulsionado pela **crença** ou **hábito**, isto é, as repetidas percepções de um fato nos levam a confiar em que aquilo que se repetiu até hoje irá se repetir amanhã. Assim, por exemplo, cremos que o Sol nascerá amanhã porque até hoje ele sempre nasceu. Mas nada pode garantir essa certeza em termos lógicos.

Para Hume, somente o **raciocínio dedutivo** utilizado na matemática fundamenta-se numa lógica racional:

> As proposições deste gênero podem descobrir-se pela simples operação do pensamento e não dependem de algo existente em alguma parte do universo. Embora nunca tenha havido na natureza um círculo ou um triângulo, as verdades demonstradas por Euclides conservarão sempre sua certeza e evidência.
>
> HUME, David. *Investigação acerca do entendimento humano*, p. 77.

Ao questionar a validade lógica do raciocínio indutivo, o valor da obra de Hume foi deixar um importante problema para os teóricos do conhecimento (epistemologistas). Afinal, é ou não possível partirmos de experiências particulares para chegarmos a conclusões gerais, representadas pelas leis científicas?

Enquanto o senso comum acredita que por meio de observações repetidas, realizadas no passado, podemos justificar nossas expectativas futuras, Hume sustenta que a repetição de um fato não nos permite concluir, em termos lógicos, que ele continuará a repetir-se da mesma forma, indefinidamente. Assim, Hume revela um **ceticismo teórico**, pois, para ele, o conhecimento científico que ostentava a bandeira da mais pura racionalidade também está ancorado em bases não-racionais, como a crença e o hábito intelectual.

Isso significa que, desconfiado das posições arraigadas pelo hábito, o cientista deve apresentar suas teses como **probabilidades** e não como certezas irrefutáveis. Tal atitude epistemológica, estendida ao convívio social, tornaria os homens mais tolerantes, democráticos e abertos.

O ILUMINISMO
A razão em busca de liberdade

A expansão capitalista dos séculos XVII e XVIII foi acompanhada pela crescente ascensão social da **burguesia** e sua tomada de consciência como classe social. Paralelamente, o racionalismo imperava na Europa, transmitindo a confiança de que a razão era o principal instrumento do homem para enfrentar os desafios da vida e equacionar os problemas que o rodeavam. O desenvolvimento da **Revolução Industrial**[8] e o sucesso da ciência em campos como a química, a física e a matemática inspiravam filósofos de todas as partes. Foi assim que surgiu talvez um novo mito: a idéia de **progresso**.

Desse modo, disseminou-se a crença de que a razão, a ciência e a tecnologia tinham condições de impulsionar o trem da história numa marcha contínua em direção à verdade e ao progresso humano.

Paralelamente, desenvolveu-se um pensamento que culminaria no movimento cultural do século XVIII denominado **Iluminismo**, **Ilustração** ou **Filosofia das Luzes**.

Reprodução

Durante o séc. XVIII as ciências experimentais eram uma das paixões de nobres e burgueses franceses. Aquarela de Carmontelle.

Burguesia e Iluminismo

De acordo com a análise do filósofo e sociólogo Lucien Goldmann (1913-1979), os valores fundamentais defendidos pelos iluministas (igualdade, tolerância, liberdade e propriedade privada) poderiam ser relacionados com a atividade comercial. Em outras palavras, esses pensadores teriam sido ideólogos da burguesia. Vejamos essa interpretação.

Igualdade jurídica

- No ato de comércio, como, por exemplo, a compra e venda, todas as eventuais desigualdades sociais entre compradores e vendedores não são essenciais. Na compra e venda, o que efetivamente importa é a igualdade jurídica dos participantes do ato comercial.
- Observamos que grande parte da burguesia dessa época defendeu a igualdade jurídica de todos perante a lei. Todos seriam cidadãos com direitos básicos, embora com diferentes situações socioeconômicas.

8. **Revolução Industrial**: complexo de transformações socioeconômicas que alterou a vida de sociedades da Europa ocidental e outras regiões do mundo, a partir de meados do século XVIII e ao longo do XIX.

Típica família burguesa inglesa do séc. XVIII. *Reunião de família* — Willian Hogarth.

Tolerância religiosa ou filosófica

- Para a realização do ato comercial, não têm a menor importância as convicções religiosas ou filosóficas das pessoas. Do ponto de vista econômico, seria irracional, absurdo, o processo de compra e venda somente entre pessoas da mesma religião ou filosofia. Seja muçulmano, judeu, cristão ou ateu, a capacidade econômica de um indivíduo não depende de suas crenças religiosas ou filosóficas.
- Sabemos que os representantes da burguesia assumiram na época a defesa da tolerância.

Liberdade pessoal e social

- O comércio só pode se desenvolver numa sociedade onde as pessoas estejam livres para realizar seus negócios. Pois sem homens livres, recebendo salários, não pode haver mercado comercial.
- Verificamos que a burguesia posicionou-se então contra a escravidão da pessoa humana.

Propriedade privada

- O comércio também só é possível entre pessoas que detenham a propriedade de bens ou de capitais, pois a propriedade privada confere ao proprietário o direito de usar e dispor livremente do que lhe pertence.
- Observamos que nessa época os representantes da burguesia passaram a defender o direito à propriedade privada, que se tornou essencial à sociedade capitalista.

Cf. GOLDMANN, Lucien. *La Ilustración y la sociedad actual.*

A filosofia nas ruas e nos salões

O Iluminismo não foi um movimento coeso e uniforme. Por isso, não podemos rotular todos os pensadores iluministas como "ideólogos da burguesia". Havia, por exemplo, entre os iluministas muitos pensadores que defendiam a aristocracia. No entanto, nessa pluralidade de pensadores, um traço comum é a busca pelo convencimento racional das pessoas.

A própria postura de muitos filósofos se modificou no século XVIII. Abandonando os círculos fechados de seus antecessores, os iluministas circulavam pelas ruas e salões, exibindo e exercitando a razão. Para esses filósofos propagandistas, como escreveu o pensador alemão Ernst Cassirer (1874-1945), "a razão não era o cofre da alma onde se guardavam verdades eternas, mas era a força espiritual, a energia, capaz de nos conduzir ao caminho da verdade".

O Iluminismo enfatizou a capacidade humana de, através do uso da razão, conhecer a realidade e intervir nela, no sentido de organizá-la racionalmente, de modo a assegurar uma vida melhor para as pessoas.

Através do processo de ilustração, isto é, do desenvolvimento da capacidade intelectual, havia a proposta de libertar o homem dos medos irracionais, superstições e crendices, levando-o a questionar as tradições vulgares e a construir uma nova ordem racional para a sociedade.

Podemos dizer, enfim, que talvez o grande mérito dos iluministas foi o esforço por generalizar e aplicar as doutrinas críticas e analíticas aos diversos campos da atividade humana, bem como os ideais de conhecimento forjados no grande racionalismo (o racionalismo do século XVII). Vejamos alguns indicadores dessa nova mentalidade[9]:

- **Estudos**: a atenção dos intelectuais se volta para o mundo terreno, concreto, e, dentro dele, para o estudo do próprio ser humano;
- **História**: os estudos históricos ganham expressão. Percebe-se que o conjunto dos conhecimentos adquiridos no passado pode ser colocado a serviço do bem-estar social;
- **Progresso**: o entusiasmo pelas novas descobertas tem como conseqüência a crença em um novo ideal, a idéia de progresso.

A seguir vejamos alguns pensadores representativos do Iluminismo.

Montesquieu (1689-1755)

Roger Viollet/Getty Images

Para Montesquieu (acima), "todo homem investido de poder é tentado a abusar dele".

O jurista francês Charles-Louis de Secondat, barão de Montesquieu, escreveu *O espírito das leis*. Nessa obra, formula a teoria da **separação dos poderes** do Estado em Legislativo, Executivo e Judiciário como forma de evitar abusos dos governantes e de proteger as liberdades individuais.

Montesquieu não defendia a implantação de uma república burguesa. Suas simpatias políticas inclinavam-se para um liberalismo aristocrático, uma monarquia constitucional. Dizia que "a lei é uma relação necessária que decorre da natureza das coisas". E que haveria grandes

9. FORTES, Luis Roberto Salinas. *O iluminismo e os reis filósofos*, p. 20.

riscos de tirania "se uma mesma pessoa – ou uma mesma instituição do Estado – exercesse os três poderes: o de fazer as leis, o de ordenar a sua execução e o de julgar os conflitos entre os cidadãos."[10]

Voltaire (1694-1778)

"Devemos julgar um homem mais pelas suas perguntas que pelas respostas." Como todo bom filósofo, Voltaire (acima) valoriza, nessa afirmação, o ato de perguntar.

O poeta, dramaturgo e filósofo francês François-Marie Arouet, de pseudônimo Voltaire, foi um dos mais famosos pensadores do Iluminismo. Com seu estilo literário irônico e vibrante, destacou-se pelas críticas que fez à prepotência dos poderosos, ao **clero** católico e à **intolerância** religiosa. Concordava, entretanto, com certa necessidade social da crença em Deus. Por isso, chegou a dizer que se Deus não existisse seria preciso inventá-lo.

Em termos políticos, não foi propriamente um democrata, mas defensor de uma monarquia respeitadora das liberdades individuais, governada por um **soberano esclarecido**.

Tornou-se marcante sua posição em defesa da **liberdade de pensamento**, através da célebre frase: "Posso não concordar com nenhuma das palavras que você diz, mas defenderei até a morte o direito de você dizê-las".

Diderot (1713-1784) e D'Alembert (1717-1783)

Os dois pensadores franceses Denis Diderot e Jean le Rond D'Alembert foram organizadores de uma **enciclopédia** de 33 volumes, que pretendia resumir os principais conhecimentos da época nos campos científico e filosófico. Essa obra contou com a colaboração de numerosos autores, entre os quais se destacam Buffon, Montesquieu, Turgot, Condorcet, Voltaire, Holbach e Rousseau.

A *Enciclopédia* exerceu grande influência sobre o pensamento político burguês, defendendo, em linhas gerais, o **racionalismo**, a **independência do Estado** em relação à Igreja, e a **confiança no progresso** humano através das realizações científicas e tecnológicas.

Diderot é considerado por muitos estudiosos como a principal figura da *Enciclopédia*. Rompeu com a teologia tradicional, assumindo-se como ateu e materialista. No texto seguinte, Diderot expressa esse materialismo:

> "Se é que podemos acreditar que veremos quando não tivermos olhos;
> Que ouviremos quando não tivermos mais ouvidos;
> Que pensaremos quando não tivermos mais cabeça;
> Que sentiremos quando não tivermos mais coração;
> Que existiremos quando não estivermos em parte alguma,
> Então consinto."
>
> Ou seja, se é possível acreditar em tamanhos absurdos, então consinto que há algo além da matéria. Tudo é matéria, pensa Diderot, e a matéria é a existência do real.
>
> Diderot. *A entrevista do filósofo com a marechala de* ... Em: FORTES, Luiz R. Salinas. *O Iluminismo e os reis filósofos*, p. 56. São Paulo, Brasiliense, 1981.

10. MONTESQUIEU, Charles S. *O espírito das leis*, p.168.

Rousseau (1712-1778)

Rousseau (acima) foi uma figura de transição do Iluminismo. Apesar de defender a liberdade e combater os vícios sociais, criticava os excessos racionalistas, sendo um precursor do romantismo. Para ele: "A razão forma o ser humano, o sentimento o conduz".

Jean-Jacques Rousseau nasceu em Genebra, na Suíça, transferindo-se para a França em 1742, onde escreveu suas grandes obras. Entre elas podemos destacar *Do contrato social*, na qual expõe a tese de que o soberano deve conduzir o Estado segundo a **vontade geral** de seu povo, sempre tendo em vista o atendimento do **bem comum**. Somente esse Estado, de bases democráticas, teria condições de oferecer a todos os cidadãos um regime de igualdade jurídica.

Em outra de suas importantes obras, *Discurso sobre a origem da desigualdade entre os homens*, Rousseau glorifica os valores da vida natural e ataca a corrupção, a avareza e os vícios da sociedade civilizada. Faz inúmeros elogios à liberdade de que desfrutava o selvagem, na pureza do seu **estado natural**, contrapondo-o à falsidade e ao artificialismo do homem civilizado. Foi dessas idéias que nasceu o mito do **bom selvagem**.

Rousseau tornou-se célebre como defensor da pequena burguesia e inspirador dos ideais que estariam presentes na Revolução Francesa. Estudaremos com mais detalhe o pensamento político de Rousseau no Capítulo 14, sobre filosofia política.

Adam Smith (1723-1790)

O economista e filósofo escocês Adam Smith foi o principal representante do **liberalismo econômico** e autor do *Ensaio sobre a riqueza das nações*. Criticou a política mercantilista, baseada na intervenção e regulamentação excessiva do Estado na vida econômica. Para ele, a economia deveria ser dirigida pelo **jogo livre da oferta e da procura de mercado**. O mercado se autorregularia, dando conta das necessidades sociais, desde que deixado em paz consigo mesmo.

De certo modo, as teses de Smith são também produto da crença geral iluminista, do triunfo da racionalidade e da ordem sobre o arbítrio e o caos, desde que as pessoas possam agir com liberdade social; no caso, liberdade econômica.

Segundo Adam Smith, o trabalho em geral representa a verdadeira fonte de riqueza para as nações, devendo ser conduzido pela livre iniciativa dos particulares.

Immanuel Kant: o tribunal da razão

> Confesso que David Hume me despertou, pela primeira vez, do meu sono dogmático.
>
> Kant

Parece que Kant (acima) foi em sua vida intelectual um homem tão metódico e rigoroso como em sua vida prática. Conta-se que diariamente, mesmo no inverno mais gelado, se levantava às cinco da manhã e se deitava às dez da noite, além de seguir sempre o mesmo itinerário entre sua casa e a Universidade.

Nascido em Königsberg, pequena cidade da Alemanha, Kant (1724-1804) teve uma vida longa e tranqüila, dedicada ao ensino e à investigação filosófica. Homem metódico e de hábitos arraigados, lecionou durante quarenta anos na Universidade de Königsberg, somente deixando o magistério por problemas de saúde. Morreu aos 80 anos, sem nunca ter se afastado das imediações de sua pequena cidade natal.

Kant é considerado o maior filósofo do Iluminismo alemão. Para ele, a filosofia deveria responder a quatro questões fundamentais: O que posso saber? Como devo agir? O que posso esperar? E, por fim, o que é o ser humano? Esta última questão engloba as três anteriores.

A maioridade humana

Em seu texto *O que é ilustração*, Kant sintetiza seu otimismo iluminista em relação à possibilidade de o homem se guiar por sua própria razão, sem se deixar enganar pelas crenças, tradições e opiniões alheias. Nele, descreve o processo de ilustração como sendo "a saída do homem de sua menoridade", ou seja, um momento em que o ser humano, como uma criança que cresce e amadurece, se torna consciente da força e independência (autonomia) de sua inteligência para fundamentar a sua própria maneira de agir, sem a doutrinação ou tutela de outrem.

Portanto, o ser humano, como ser dotado de razão e liberdade, é o centro da filosofia kantiana. Assim, a fim de investigar as condições nas quais se dá o conhecimento, ele desenvolve um **exame crítico da razão**, contido em sua obra mais célebre, *Crítica da razão pura*.

Depois examina o agir humano (ética) e publica os textos *Crítica da razão prática, Fundamentação da metafísica dos costumes e Metafísica dos costumes*. Outro aspecto importante da obra de Kant são suas reflexões a respeito da estética, presentes na *Crítica da faculdade de julgar*. (A ética e a estética kantiana serão estudadas, respectivamente, nos capítulos 13 e 15 deste livro.)

Tipos de juízo e conhecimento

Como já foi dito, uma das questões mais importantes que dominam o pensamento de Kant é o **problema do conhecimento**, a questão do saber. Na *Crítica da razão pura*, ele distingue duas formas básicas do **ato de conhecer**:

- **o conhecimento empírico** (*a posteriori*) — aquele que se refere aos dados fornecidos pelos sentidos, isto é, que é **posterior à experiência**. Exemplo: a afirmação "Este livro tem a capa verde". Para fazer essa afirmação, foi necessário ter primeiro a experiência de ver o livro e assim conhecer a sua cor; portanto, trata-se de um conhecimento posterior à experiência;

- **o conhecimento puro** (*a priori*) — aquele que não depende de quaisquer dados dos sentidos, ou seja, que é **anterior à experiência**, nascendo puramente de uma **operação racional**. Exemplo: a afirmação "Duas linhas paralelas jamais se encontram no espaço". Essa afirmação (**juízo**) não se refere a esta ou àquela linha paralela, mas a todas. Constitui, assim, um conhecimento **universal**. Além disso, é uma afirmação que, para ser válida, não depende de nenhuma condição específica. Trata-se, portanto, de um conhecimento **necessário**.

O conhecimento puro, portanto, conduz a **juízos universais e necessários**, enquanto o conhecimento empírico não possui essa característica. Os juízos, por sua vez, são classificados por Kant em dois tipos:

- **juízo analítico** — aquele em que o predicado já está contido no conceito do sujeito. Ou seja, basta analisar o sujeito para deduzir o predicado. Exemplo: a afirmação "O quadrado tem quatro lados". Analisando o sujeito da afirmação, **quadrado**, deduzimos necessariamente o predicado: **tem quatro lados**. Kant também chamava os juízos analíticos de **juízos de elucidação**, pois o predicado simplesmente elucida algo que já estava contido no conceito do sujeito.
- **juízo sintético** — aquele em que o predicado não está contido no conceito do sujeito. Nesses juízos, acrescenta-se ao sujeito algo de novo, que é o predicado. Assim, os juízos sintéticos enriquecem nossas informações e ampliam o conhecimento. Por isso, Kant também os denominava **juízos de ampliação**. Exemplo: a afirmação "Os corpos se movimentam". Por mais que analisemos o conceito **corpo** (sujeito), não extrairemos dele a informação representada pelo predicado **se movimentam**.

Segundo Kant, o conhecimento passa primeiro pelos sentidos. *A alma da rosa* — John Willian Waterhouse.

Por fim, analisando o **valor** de cada juízo, Kant distingue três categorias:

- **juízo analítico** — como no exemplo da afirmação "O quadrado tem quatro lados", é um juízo universal e necessário, mas serve apenas para tornar mais claro, para elucidar ou explicitar aquilo que já se conhece do sujeito. Ou seja, a rigor, é apenas importante para se chegar à clareza do conceito já existente, mas não conduz a conhecimentos novos;

- **juízo sintético *a posteriori*** — como no exemplo da afirmação "Este livro é verde", amplia o conhecimento sobre o sujeito, mas sua validade está sempre condicionada ao tempo e ao espaço em que se dá a experiência e, portanto, não constitui um juízo universal e necessário;
- **juízo sintético *a priori*** — como no exemplo da afirmação "A linha reta é o menor caminho entre dois pontos", e em outras da Matemática e da Geometria, acrescenta informações novas ao sujeito, possibilitando uma ampliação do conhecimento. E como não está limitado pela experiência, é um juízo universal e necessário. Por isso, segundo Kant, é o juízo mais importante. A Matemática e a Física seriam disciplinas científicas, para o filósofo, por trabalharem com juízos sintéticos *a priori*.

Estruturas do sentir e conhecer

Conforme vimos no capítulo 4, Kant buscou saber como é o sujeito *a priori*, isto é, o sujeito antes de qualquer experiência. Concluiu que existem no ser humano certas estruturas que possibilitam a experiência (as formas *a priori* da sensibilidade) e determinam o entendimento (as formas *a priori* do entendimento). Vejamos:

- **formas *a priori* da sensibilidade** — são o **tempo** e o **espaço**. Kant dirá que percebemos e representamos a realidade sempre

Segundo a teoria Kantiana, as coisas existem para nós não como são, mas como as percebemos. *Perspicácia* (1936) - René Magritte.

no tempo e no espaço. Essas noções são "intuições puras", existem como estruturas básicas na nossa sensibilidade e são elas que permitem a experiência sensorial.

- **formas *a priori* do entendimento** — de forma semelhante, os dados que são captados por nossa sensibilidade são organizados pelo entendimento de acordo com certas **categorias**. As categorias são "conceitos puros" existentes *a priori* no entendimento, tais como o conceito de **causa**, **necessidade**, **relação** e outros, que servirão de base para a emissão de juízos sobre a realidade.

O conhecimento, portanto, seria o resultado de uma interação entre o sujeito que conhece (de acordo com suas próprias estruturas *a priori*) e o objeto conhecido. Isso significa que não conhecemos **as coisas em si mesmas** (o ser em si), isto é, como elas são independentes de nós. Só conhecemos **as coisas tal como as percebemos** (o ser para nós), os fenômenos, isto é, as coisas são conhecidas de acordo com as nossas próprias estruturas mentais.

Para Kant, sua filosofia representava uma superação do racionalismo e do empirismo, pois argumentava que o conhecimento é o resultado de dois grandes ramos: a **sensibilidade**, que nos oferece **dados** dos objetos; e o **entendimento**, que determina as condições pelas quais o objeto é **pensado**.

A teoria kantiana se apresenta como nova revolução copernicana

Quando a teoria geocêntrica não mais conseguia explicar o conjunto de movimentos dos astros, Copérnico vislumbrou a necessidade de tirar a Terra do centro do Universo. E, lançando o modelo heliocêntrico, resolveu os impasses da astronomia da época.

Invertendo a questão tradicional do conhecimento, Kant comparou seu papel na filosofia à revolução de Copérnico na Astronomia. A mudança empreendida por Kant consistiu fundamentalmente no seguinte: propunha-se que todo o conhecimento era regulado pelos objetos. Em vez disso, Kant propôs que os objetos são regulados pelo nosso conhecimento[11].

Análise e entendimento

Empirismo

1. Em que discordavam idealistas (racionalismo) e realistas (empirismo) na discussão sobre o processo de conhecimento que marcou o pensamento da Idade Moderna?
2. Comente a relação estabelecida entre a ascensão da burguesia e o empirismo.

11. KANT, Immanuel. *Crítica da razão pura*, p.12.

John Locke

3. Explique a tese epistemológica de Locke, a partir da seguinte afirmação: "A mente humana, no instante do nascimento, é uma tábula rasa". Contra quem e o que ele está falando?
4. Como se pode relacionar o empirismo de Locke com suas concepções políticas?

Thomas Hobbes e George Berkeley

5. No pensamento de Hobbes não há lugar para a liberdade. Justifique essa afirmação.
6. Interprete o significado desta formulação de Berkeley: "Ser é perceber e ser percebido".

David Hume

7. Para Hume, um cego de nascimento jamais poderia ter uma idéia de cor. Explique essa impossibilidade a partir da teoria humeana do conhecimento.
8. Hume entendia que o hábito fundamenta muitas idéias consideradas verdadeiras sobre a realidade e os fatos. Justifique essa tese e dê um exemplo.

Iluminismo

9. Caracterize a filosofia produzida durante o Iluminismo. Exemplifique com aspectos do pensamento dos pensadores iluministas.
10. A partir da interpretação feita por Lucien Goldmann, por que os pensadores iluministas podem ser considerados "ideólogos da burguesia"? Justifique.

Immanuel Kant

11. Segundo Kant:
    a) por que o juízo sintético *a posteriori* não expressa um conhecimento necessário e universal e o juízo sintético *a priori* sim? Encontre um novo exemplo para cada um.
    b) por que o juízo analítico não conduz a conhecimentos novos? Dê um novo exemplo.
12. Não podemos conhecer o ser em si, apenas o ser para nós. Justifique essa afirmação.
13. Em que sentido a revolução causada por Kant no âmbito da filosofia pode ser comparada à causada por Copérnico na astronomia?

Debate e reflexão

1. **Limite das teses científicas**
   Hume recomenda que os cientistas apresentem suas teses como probabilidades e não como certezas irrefutáveis. Qual a diferença entre probabilidade e certeza? Pesquise e reflita sobre a afirmação.

2. **O progresso como mito**
   Com o desenvolvimento da Revolução Industrial e o sucesso da ciência surgiu o "mito do progresso". O que é o progresso? Observando o mundo hoje, você entende que o progresso é um mito? Por quê? A humanidade tem progredido? Em que termos? Reflita sobre o tema e depois discuta com seus colegas.

3. Os valores iluministas

Dos valores que marcaram o Iluminismo destacados no texto, quais, na sua opinião, são os mais necessários para uma sociedade democrática? Justifique, dê exemplos e apresente-os a seus colegas.

Sugestões de filmes

- **Amadeus** (1984, EUA, direção: Milos Forman)
  Filme que retrata a vida do compositor austríaco Wolfgang Amadeus Mozart (1756-1791) nas cortes européias do século XVIII.
- **Danton — O processo da revolução** (1982, França/Polônia, direção: Andrzej Wajda)
  Visão da Revolução Francesa a partir da ótica liberalizante de Danton contra as posições mais radicais de Robespierre.

Para pensar

Temos em seguida dois textos sobre o Iluminismo. No primeiro, o próprio Kant faz o elogio de seus ideais. No seguinte, dois filósofos alemães contemporâneos, Horkheimer e Adorno, fazem a crítica do projeto iluminista. Leia os dois textos e responda às questões que se seguem.

1. O que é ilustração

A ilustração é a saída do homem de sua menoridade. Tal menoridade, da qual ele próprio é o culpado, consiste na incapacidade de utilizar sua inteligência, dispensando o comando alheio. A causa desta incapacidade não é um defeito da inteligência, mas a falta de coragem e decisão de utilizar, por conta própria, sua capacidade racional.

Ousai Saber[3]! Tenha a coragem de servir-se de sua própria razão! Eis o lema da ilustração.

Fraqueza e covardia são as causas pelas quais a maioria das pessoas permanece infantil mesmo tendo condição de se libertar da tutela mental alheia. Por isso, fica fácil para alguns exercer o papel de tutores pois, muitas pessoas, por comodismo, não desejam se tornar adultas. Se tenho um livro que pensa por mim; um sacerdote que dirige minha consciência moral; um médico que me prescreve receitas e, assim por diante, não necessito preocupar-me com minha vida. Se posso adquirir orientações, não necessito pensar pela minha cabeça: transfiro ao outro esta penosa tarefa de pensar.

Por sua vez, os tutores das pessoas procuram demonstrar que a emancipação para a vida adulta, além de muito difícil, é uma aventura perigosa.

Assim, é difícil para cada pessoa em particular sair dessa menoridade, quase convertida em sua própria natureza.

No entanto, apesar das dificuldades, é possível que as pessoas se ilustrem (conquistem autonomia intelectual), desde que tenham liberdade para isso.

3. **Ousai Saber é tradução da expressão latina *Sapere Aude*, utilizada por Kant.**

Vivemos atualmente em um século já ilustrado, já esclarecido? Não. Mas num século em marcha para a ilustração, para o esclarecimento.

IMMANUEL KANT.
O que é ilustração (Texto traduzido e adaptado pelo Autor)

2. O que é Iluminismo

Desde sempre o Iluminismo, no sentido mais abrangente de um pensar que faz progressos, perseguiu o objetivo de livrar os homens do medo e de fazer deles senhores. Mas, completamente iluminada, a Terra resplandece sob o signo do infortúnio triunfal. O programa do Iluminismo era o de livrar o mundo do feitiço. Sua pretensão, a de dissolver os mitos e anular a ilusão, por meio do saber.
(...) A técnica é a essência desse saber. Seu objetivo não são os conceitos ou imagens nem a felicidade da contemplação, mas o método, a exploração do trabalho dos outros, o capital. (...) O que os homens querem aprender da natureza é como aplicá-la para exercer completo domínio sobre ela e sobre os homens. Fora disso, nada conta. (...) Poder e conhecimento são sinônimos.

MAX HORKHEIMER & THEODOR ADORNO.
Conceito de Iluminismo.

Questões

1. No primeiro texto, o que significa a "menoridade" do homem?
2. Por que, segundo Kant, o ser humano escolhe viver assim?
3. Com relação aos "tutores" da consciência dos homens, citados por Kant:
   a) quem seriam eles?
   b) como você entende que eles controlariam a consciência das pessoas?
   c) quem mais você acrescentaria nessa lista nos tempos atuais? há pessoas do seu cotidiano que poderiam ser denominadas "tutores" da sua consciência?
4. Qual o caminho proposto por Kant para tirar o ser humano dessa condição de menoridade? Comente essa proposta.
5. Contraponha o otimismo de Kant com o projeto iluminista e o que dizem os autores do segundo texto.
6. Que reflexões e conclusão você extrai da leitura desses dois textos?

10 Filosofia Contemporânea I

Os filósofos limitaram-se a interpretar o mundo. Cabe, agora, transformá-lo.

Karl Marx

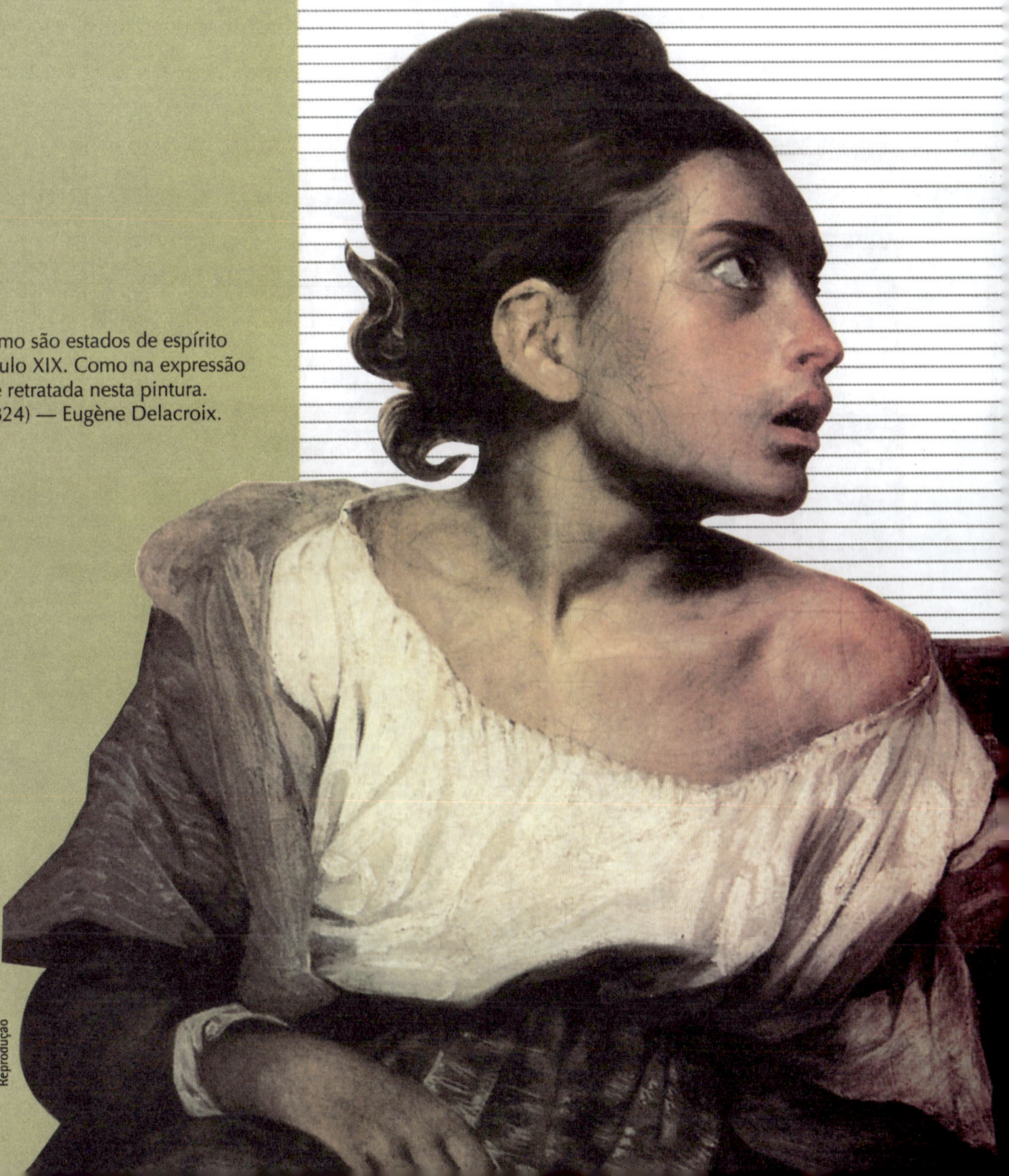

Apreensão e nervosismo são estados de espírito característicos do século XIX. Como na expressão da jovem mendicante retratada nesta pintura. *Órfã no cemitério* (1824) — Eugène Delacroix.

SÉCULO XIX

Avanços técnicos, industrialização e conflitos sociais

A partir de meados do século XVIII, o **capitalismo** foi se consolidando em diversos países da Europa ocidental e, mais tarde, em outras regiões do mundo. Esse processo de transformações, ao qual está vinculada a **Revolução Industrial**, atingiu amplos setores da economia: a produção de manufaturas, a agricultura, o comércio, os transportes etc.

Como tendência geral, as antigas oficinas dos artesãos foram sendo substituídas pelas fábricas, e muitas ferramentas, pelas novas máquinas. Em lugar das tradicionais fontes de energia, como água, vento e força muscular, passou-se a utilizar também o carvão, a eletricidade e o petróleo.

A todas essas **inovações tecnológicas** somaram-se muitas outras, ao longo do século XIX: a utilização em larga escala do aço, a invenção da locomotiva elétrica, do motor a gasolina, do automóvel, do motor a diesel, do avião, do telégrafo, do telefone, da fotografia, do cinema e do rádio etc. O impacto dessas transformações ainda ecoa em nossos dias.

Paralelamente, a expansão e a consolidação do capitalismo trouxeram também novas formas de **exploração do trabalho humano**. Isso gerou uma série de conflitos entre dois grandes grupos sociais e seus diversos segmentos: de um lado, a **burguesia empresarial** (da indústria, do comércio, das finanças etc.); de outro, os **trabalhadores** das cidades e dos campos.

Albergue noturno para os sem-teto na cidade de Londres, em 1859. Com a Revolução Industrial e o afluxo de pessoas às grandes cidades, a falta de moradia e de boas condições de vida tornaram-se problemas graves para os mais pobres.

Progresso e desumanização

Na periodização tradicional, considera-se a **Revolução Francesa** (1789-1799) como marco inicial da época contemporânea. Esse movimento histórico foi, em grande parte, liderado por grupos burgueses que, a partir de certa ascensão econômica, reivindicaram participação no poder político e na construção de novo modelo de sociedade.

A Revolução Francesa também trouxe à cena, além dos anseios próprios das burguesias, as aspirações dos trabalhadores urbanos e do campesinato. Essas aspirações iriam gerar, em seus desdobramentos, as **lutas e correntes socialistas** do século XIX, que denunciaram a exploração do trabalho no contexto do capitalismo industrial. Assim, uma série de questões sociais e políticas ganharam destaque nas reflexões filosóficas, como foi o caso da teoria marxista.

Ao mesmo tempo, o notório otimismo em relação aos poderes da razão, que dominou durante a Idade Moderna e parte do século XIX, foi, em muitos sentidos, minguando ao longo do período contemporâneo. Novas reflexões lançaram **desconfiança** em relação aos diversos frutos, tantas vezes inesperados, da ciência e da tecnologia.

Os complexos caminhos das sociedades contemporâneas nos colocaram diante de grandes questões, como as desigualdades sociais e os rumos do desenvolvimento tecnológico-científico, entre outras.

Nesse quadro de desafios, surgiram diversas propostas para os dilemas humanos, destacando-se, nesse início da Idade Contemporânea, o romantismo.

ROMANTISMO

Exaltação do indivíduo, da emoção e da natureza

O romantismo foi um **movimento cultural** que se iniciou no final do século XVIII e predominou durante a primeira metade do século XIX, envolvendo a **arte** e a **filosofia**. Expandiu-se pela Europa e por outras regiões do mundo, assumindo características peculiares em cada sociedade.

De modo geral, o romantismo reagiu contra o espírito racionalista, que pretendia abraçar o mundo e orientar a sociedade. Captou precocemente que a racionalização e a mecanização caracterizariam o mundo industrial, e intuiu a ameaça que esse processo representava para a **expressão humana**, tendo em vista que os sentimentos individuais estariam sendo relegados ao segundo plano.

Vejamos, em linhas gerais, algumas características do romantismo:

- Os românticos exaltavam as **paixões** e os **sentimentos valorosos**. Era o renascimento da intuição e da emoção contra a supremacia da razão. Era a afirmação do amor contra a frieza da racionalidade, após o reconhecimento de que o indivíduo permanecia insatisfeito em relação a seus anseios mais profundos de liberdade.
- Enfatizando a intuição, a aventura e a fantasia, o romantismo valorizou a **sensibilidade** e a **subjetividade**. O sujeito era o centro da visão romântica do mundo.
- O romantismo retomou a idéia de **natureza** como **força vital** que resiste à racionalização tecnológica. Era outra resposta a essa inconformidade com o mundo urbano-industrial. A natureza passou a ser **exaltada** e **idealizada**, a ser vista com certo **misticismo**. O homem romântico recuperava, assim, a sensação de plenitude, de pertencimento a uma totalidade, a qual ele não reconhecia mais na fragmentação racionalista do mundo social.
- A concepção de Deus como **razão suprema**, própria do Iluminismo, foi substituída pela concepção **mística** e **emocional**, segundo a qual Deus fala a linguagem do **coração**.
- O desenvolvimento do **nacionalismo**, o **amor pela pátria**, a valorização das **tradições nacionais** e o anseio de **liberdade individual**, sobretudo na fase mais madura do movimento, foram outras características românticas.

Entre os grandes nomes do romantismo nas artes, destacam-se os poetas alemães Schlegel (1767-1845), Novalis (1772-1801) e Hölderlin (1770-1843). Também os escritores alemães Schiller (1750-1805) e Goethe (1749-1832) viveram o ambiente romântico, e parte de suas obras pertence ao romantismo, embora tanto um quanto o outro procurassem, a partir de um dado momento, um equilíbrio entre o romantismo e o Iluminismo.

Na música destacam-se os compositores alemães Beethoven (1770-1827), Schumann (1810-1856) e Brahms (1833-1897), o austríaco Schubert (1797-1828) e o polonês Chopin (1810-1849), entre outros.

Uma das características marcantes do romantismo foi a defesa da liberdade, que, em certos casos, se desdobrou na simpatia pelos movimentos sociais libertários. *A liberdade guiando o povo* (1830) — Eugène Delacroix.

Difusão do romantismo

O romantismo está presente na filosofia não como um movimento ou corrente facilmente identificável, mas marcará algumas filosofias, isto é, algumas de suas características poderão ser reconhecidas em vários filósofos da contemporaneidade.

É o caso do pensamento de Rousseau. Apesar de comungar em alguns aspectos com a filosofia iluminista, Rousseau tinha reservas em relação à crença no progresso científico, além de ter concebido o bom selvagem, personagem oriundo de uma idealização da natureza. Por isso, muitos consideram Rousseau um pensador pré-romântico.

Uma das tendências literárias do romantismo foi o indianismo, que idealizava o índio americano, o bom selvagem, e a sua cultura, em contraste com a barbárie civilizatória do europeu. É o caso do romance *Iracema*, de José de Alencar.
Iracema (1881) — José Maria de Medeiros.

Outro exemplo da influência romântica é o **idealismo alemão**, importante movimento filosófico do século XIX, que veremos em seguida. O idealismo alemão reteve do romantismo o aspecto do nacionalismo, do amor à pátria, da valorização do povo e do Estado como um organismo, embora seu maior representante, Hegel, combatesse seu sentimentalismo característico.

IDEALISMO ALEMÃO
A busca de um sistema unificador do real

Como vimos antes, uma doutrina é idealista quando concebe que o sujeito tem um papel mais determinante que o objeto no processo de conhecimento. Em conseqüência, tudo o que o sujeito conhece com certeza são suas idéias, suas representações do mundo, sua consciência.

A explicação específica desse processo variará de filósofo para filósofo: Platão, que pode ser considerado o principal idealista da Antigüidade, a fez em sua teoria das idéias; Descartes desenvolveu-a no *Discurso do método* e nas *Meditações metafísicas*, onde expressou seu idealismo plenamente através do *cogito* ("Penso, logo existo"); por último, Kant explicitou sua tese idealista na *Crítica da razão pura*, em que afirma que "das coisas só conhecemos *a priori* aquilo que nós mesmos colocamos nelas".

Kant assentou as bases do que seria conhecido como **idealismo alemão**, cujas características principais estudaremos a seguir.

Fichte e Schelling: princípios unificadores

> O saber não é o absoluto, mas é absoluto como saber.
>
> Fichte

O idealismo alemão se desenvolveu no início do século XIX. **Johann Gottlieb Fichte** (1726-1814) é considerado um dos filósofos pioneiros deste movimento.

Para entender um conceito fundamental do idealismo alemão, retomemos Kant. Se das coisas só podemos conhecer *a priori* aquilo que nós mesmos colocamos nelas, como disse o filósofo, isso quer dizer que só podemos conhecer o pensamento ou a consciência que temos das coisas. Para Kant, portanto, a condição última do processo de conhecer é a existência do **Eu** como princípio da consciência. Em outras palavras, é a existência do sujeito como centro (o Eu) que torna possível e dá forma ao conhecimento, pois é o sujeito que organiza o conhecimento do objeto, ao passo que este apenas se encaixa nos "moldes" da percepção humana.

Assim, Fichte tomou esse Eu de Kant e transformou-o de princípio da consciência em **princípio criador de toda a realidade**. Dessa forma, levou o idealismo a seu apogeu, fundando, uma doutrina segundo a qual a realidade objetiva seria produto do espírito humano. Isso porque, segundo ele, trazemos em nós concepções lógicas das coisas do universo e este, necessariamente, reflete essas concepções lógicas. Fichte chegou a referir-se às coisas da realidade, ao que é exterior ao homem, como o **não-Eu** criado pelo Eu.

Essa mesma idéia, um tanto estranha para o entendimento comum das pessoas, é retomada e amadurecida por outro pensador alemão, **Friedrich Schelling** (1775-1854).

akg-images/Latin Stock

Aos 23 anos de idade, Schelling (acima) tornou-se assistente de Fichte. Um ano depois, foi nomeado seu sucessor, conseguindo então grande fama.

Schelling procurou explicar como se dá a existência do mundo real, das coisas, a partir do Eu, discordando de Fichte no que se refere à determinação do mundo como puro não-Eu, ou seja, à idéia de que a realidade exterior seria produto da concepção do Eu. Para Schelling, existe um **único princípio**, uma **Inteligência** exterior ao próprio Eu, que rege todas as coisas. Essa Inteligência se manifestaria de forma visível em todos os níveis da natureza até alcançar seu nível mais alto, isto é, "o homem ou, mais geralmente, o que nós chamamos razão"[1].

Trata-se, portanto, de uma noção mais compreensível ao senso comum, porque guarda afinidade com a idéia de Deus. A idéia de uma Inteligência, ou Espírito, que se manifesta e se concretiza no mundo sensível será o ponto de partida da filosofia de Hegel, conforme veremos em seguida.

Hegel: o projeto de conhecimento universal

> Tudo que é real é racional, tudo que é racional é real.
>
> **Hegel**

Reprodução

Na obra *Filosofia do Direito*, Hegel (acima) afirmou a racionalidade do mundo: "O racional é real. O real é racional". A frase foi muito utilizada pelo conservadorismo político, oferecendo justificativa filosófica para o "estado de coisas" predominante.

Georg Wilhelm Friedrich Hegel (1770-1831), nascido em Stuttgart, Alemanha, foi o principal expoente do idealismo alemão. Sua obra costuma ser apontada, com freqüência, como o ponto cul-

1. SCHELLING, Friedrich. *Idealismo transcendental*.

minante do racionalismo. Talvez nenhum outro pensador tenha conseguido elaborar, como ele, um sistema filosófico tão abrangente.

Buscando respostas para o maior número de questões, ele tentou reconciliar a filosofia com a realidade. Segundo o filósofo Herbert Marcuse (1898-1979), o sistema hegeliano constitui "a última grande expressão desse idealismo cultural, a última grande tentativa para fazer do pensamento o refúgio da razão e da liberdade".

Entre as principais obras de Hegel estão *Fenomenologia do Espírito*, *Princípios da filosofia do direito* e *Lições sobre a história da filosofia*.

Espírito e movimento dialético

Para entender a filosofia de Hegel, é conveniente situar alguns pontos básicos a partir dos quais se desenvolve a sua reflexão.

O primeiro desses pontos é o entendimento da realidade como **Espírito**. Esse conceito, desenvolvido a partir da filosofia de Fichte e Schelling, é ampliado ainda mais em Hegel. Entender a realidade como **Espírito**, de acordo com Hegel, é entendê-la não apenas como **substância** (um "enrijecimento" do Espírito, como pensava Schelling), mas também como **sujeito**. Isso significa pensar a realidade como processo, como movimento, e não somente como coisa (substância).

O segundo ponto básico da filosofia hegeliana diz respeito justamente a esse movimento da realidade. A realidade, enquanto **Espírito**, possui uma vida própria, um **movimento dialético**. Por movimento dialético, Hegel caracteriza os diversos momentos sucessivos (e contraditórios) pelos quais determinada realidade se apresenta. Em seu texto *Fenomenologia do Espírito*, Hegel usa o exemplo da planta, desenvolvendo o seguinte raciocínio:

> O botão desaparece no desabrochar da flor, e pode-se dizer que é refutado pela flor. Igualmente, a flor se explica por meio do fruto como um falso existir da planta, e o fruto surge em lugar da flor como verdade da planta. Essas formas não apenas se distinguem mas se repetem como incompatíveis entre si. Mas a sua natureza fluida as torna, ao mesmo tempo, momentos da unidade orgânica na qual não somente não entram em conflito, mas uma existe tão necessariamente quanto a outra; e é essa igual necessidade que unicamente constitui a vida do todo.
>
> HEGEL, Georg W. F. *Fenomenologia do Espírito*, p. 6.

Delfim Martins/Pulsar

Hegel quer captar em sua filosofia o movimento da realidade. Assim como um botão precisa desaparecer para que a flor surja, e a flor desaparece para que surja o fruto, da mesma forma todas as coisas passam por um processo dinâmico de transformações que leva a uma síntese superior.

Nesse exemplo, Hegel ressalta que a realidade não é estática, mas dinâmica, e em seu movimento apresenta momentos que se contradizem, sem, no entanto, perderem a unidade do processo, que leva a um crescente auto-enriquecimento.

Esse desenvolvimento, que se faz através do **embate** e da **superação de contradições**, Hegel denominou **dialética**. Embora esse termo apareça já na Antigüidade, com Platão, em Hegel o conceito de dialética se aplica a algo distinto: não é um método ou uma forma de pensar a realidade, mas sim o **movimento real da realidade**. Por isso, para compreender a realidade, o pensamento também deve ser dialético.

Hegel entende esse movimento do real, ou do Espírito que se realiza, como um movimento que se processa em três momentos: o primeiro, do **ser em-si**; o segundo, do ser **outro** ou **fora-de-si**; e o terceiro, que seria o retorno, do ser **para-si**. Usando o exemplo da planta, ele distingue esses momentos dizendo: "A semente é em-si a planta, mas ela deve morrer como semente e, portanto, sair fora-de-si, a fim de poder se tornar, desdobrando-se, a planta para-si."

Nesse exemplo, vemos que a realidade para Hegel é um contínuo **devir**, no qual um momento prepara o outro; mas, para que esse outro momento aconteça, o anterior tem de ser **negado**.

Esses três momentos são comumente chamados de **tese**, **antítese** e **síntese**. Eles se sucedem com um movimento em **espiral**, ou seja, um movimento circular que não se fecha. Assim, cada momento final, que seria a síntese, se torna a tese de um movimento posterior, de caráter mais avançado.

Consciência rumo ao saber absoluto

Compreender a dialética da realidade, segundo Hegel, exige um trabalho árduo da razão, que deve se afastar do entendimento comum e se colocar no ponto de vista do **absoluto**. O filósofo afirma que a consciência que alcança o saber absoluto atinge a **Razão**, ou seja, supera o entendimento finito e adquire "a certeza de ser toda a realidade". Desse modo, a Razão alcançaria a consciência da unidade entre **ser** e **pensar**, harmonizando subjetividade e objetividade.

O pensamento de Hegel se apresenta, assim, como um grande sistema, que permite pensar tanto a natureza, a realidade física, quanto o Espírito. O fio condutor dessa reflexão totalizante é a relação entre **finito** e **infinito**.

O trabalho da filosofia seria o de superar o entendimento finito e limitado das coisas finitas e limitadas para alcançar o saber absoluto, que é o saber da coisa-em-si. Seria o caminhar da consciência rumo ao saber absoluto, a busca da infinitude a partir da consciência finita.

Relação entre filosofia e história

Como sistema filosófico, a obra de Hegel procurou demonstrar esse caminho do conhecimento finito ao conhecimento absoluto em vários campos do saber, tanto em relação à natureza como ao Espírito.

No que concerne à natureza, rompeu com a visão romântica, que a divinizava, proclamando a absoluta superioridade do Espírito, que se realiza na história dos homens por meio da **liberdade**. E reconheceu no Espírito três momentos:

- **o Espírito subjetivo** — que se refere ao indivíduo e à consciência individual;
- **o Espírito objetivo** — que se refere às instituições e costumes historicamente produzidos pelos homens;
- **o Espírito absoluto** — que se manifesta na arte, na religião e na filosofia, como espírito que se compreende a si mesmo.

A história, para Hegel, é o desdobramento do Espírito objetivo. O Espírito objetivo é a realização da liberdade na sociedade, e se manifesta no direito, na moralidade e na "eticidade", englobando a família, a sociedade e o Estado. O Estado político é o momento mais elevado do Espírito objetivo, de forma tal que "o indivíduo só existe como membro do Estado", conforme afirma o filósofo em *Princípios da filosofia do direito*.

Hegel diz ainda que "a história é o desdobramento do Espírito no tempo". A filosofia da história deve captar o movimento histórico não como momentos estanques, mas do ponto de vista da Razão, do absoluto. Desse ponto de vista, a história é uma contínua evolução da idéia de liberdade, que se desenvolve segundo um **plano racional**.

Assim, os conflitos, as guerras, as injustiças, as dominações de um povo sobre outro deveriam ser compreendidos como contradições, como momentos negativos que funcionam como mola dialética que move a história. Usando os termos da dialética hegeliana, esses momentos seriam a **antítese**, que se contrapõe à **tese**, fazendo surgir uma etapa superior, que seria a **síntese**.

Hegel sintetiza essa concepção com a frase: "Tudo que é real é racional, tudo que é racional é real". Isso equivale dizer que todas as coisas existentes, mesmo as piores, fazem parte de um plano racional e que, portanto, têm um sentido dentro do processo histórico. Esse conceito hegeliano recebeu inúmeras críticas, já que pode levar a um certo conformismo ou a uma passividade diante das injustiças sociais.

Contestação do sistema hegeliano

Vários filósofos contestaram a filosofia de Hegel, de uma forma parcial ou em seu conjunto. Mesmo entre seus seguidores, temos os neo-hegelianos de direita e os neo-hegelianos de esquerda, que modificaram aspectos da sua filosofia, procurando adequá-la a seus projetos políticos.

Feuerbach: ser concreto e materialismo

Entre esses contestadores, o que mais se destacou na crítica à filosofia hegeliana foi o pensador alemão Ludwig Feuerbach (1804-1872). Recusando o idealismo de Hegel, Feuerbach qualificou-o de "especulação vazia", que não trata do ser real, das coisas reais e dos homens concretos.

Ao contrário do idealismo hegeliano, que se baseia em noções tão abstratas como as de Idéia, Espírito e Razão, Feuerbach propôs que a filosofia deveria partir do **concreto**, do ser humano considerado como um **ser natural** e **social**. Essa posição filosófica de Feuerbach, que tem como ponto de partida o **ser concreto**, é chamada de **materialismo**. Feuerbach influenciaria o pensamento inicial de Karl Marx.

Schopenhauer: vontade e representação

Schopenhauer (acima) desenvolveu uma visão pessimista da vida, encarada como uma história de sofrimentos. Por isso, aconselhava: "é mais feliz aquele que consegue viver sem grandes sofrimentos do que o outro que vive cercado de alegrias e prazeres. (...) O tolo vive perseguindo a alegria da vida e acaba ludibriado, enquanto o sábio procura evitar o mal".

O filósofo alemão Arthur Schopenhauer (1788-1860) foi o que atacou com maior veemência o pensamento hegeliano. Em sua opinião, Hegel seria um verdadeiro "charlatão", ao construir sua filosofia segundo os interesses do Estado prussiano. Isso se compreende se levarmos em conta que Hegel, ao englobar as situações históricas como desdobramento do Espírito objetivo, terminava por legitimar todas as formas de governo e instituições, mesmo as mais nefastas. Desse modo, Schopenhauer se referirá a Hegel como um "acadêmico mercenário".

Como filósofo, Schopenhauer, apesar de sua grande cultura, só seria reconhecido muito tardiamente, nos últimos anos de sua vida.

Na obra *O mundo como vontade e representação*, sustenta que, como o conhecimento é uma relação na qual o objeto é percebido pelo sujeito, o homem não conhece as coisas como elas são, mas como elas podem ser percebidas e interpretadas. Nesse aspecto, ele faz um retorno a Kant e se opõe à possibilidade do saber absoluto que Hegel preconizava.

Para Schopenhauer, porém, "tudo o que o mundo inclui ou pode incluir é inevitavelmente dependente do sujeito, não existindo senão para o sujeito. O mundo é representação". Isso quer dizer que, para ele, não existe uma realidade exterior absoluta e que, para existir o conhecimento do mundo, é preciso existir o sujeito.

Dessa forma, Schopenhauer se afastava da reflexão de Kant e iniciava sua própria filosofia. A **representação do mundo** seria para ele como uma "ilusão", pois o objeto conhecido é condicionado pelo sujeito. Mas, também diferentemente de Kant, admite ser possível alcançar a essência das coisas, através do ***insight* intuitivo**, uma espécie de iluminação. Nesse processo, a arte teria grande relevância, pois a atividade estética permitiria ao homem a compreensão da verdade. Pela arte, o sujeito se desprenderia de sua individualidade para fundir-se no objeto, numa entrega pura e plena. Nesse ponto, Schopenhauer seria um **romântico**.

Sua filosofia, por outro ângulo, se caracteriza por uma **visão pessimista** do homem e da vida. Para ele, o ser humano seria essencialmente **vontade**, o que o levaria a desejar sempre mais, produzindo uma insatisfação constante. Essa vontade, que se expressa nas ações humanas, seria parte de uma vontade que anima todas as coisas da natureza. E, se a essência do homem e do mundo é essa vontade insaciável, Schopenhauer identifica aí a origem das lutas entre os homens, da dor e do sofrimento.

A história é, para ele, a história de lutas, onde "a infelicidade é a norma", a regra geral. Temos, portanto, a recusa da concepção racionalista de história, elaborada por Hegel, segundo a qual a história possui um sentido e progride em direção a uma maior liberdade.

Para Schopenhauer, apenas pela arte e ascese, ou seja, o abandono de si, pode o homem se libertar da dor. A filosofia schopenhaueriana inspirará as chamadas **filosofias da existência**, que veremos no próximo capítulo.

Kierkegaard: a experiência única da vida

De acordo com Kierkegaard (acima), a filosofia hegeliana não consegue compreender a existência do ser humano, a sua angústia e o seu desespero.

O filósofo dinamarquês Sören Kierkegaard (1813-1855) também contestou a supremacia da razão como único instrumento capaz de estabelecer a verdade, tal como Hegel propunha. Como pensador cristão, defendeu o conhecimento que se origina da **fé**. Kierkegaard afirmava que a existência humana possui três dimensões:

- **a dimensão estética** — na qual se procura o prazer;
- **a dimensão ética** — na qual se vivencia o problema da liberdade e da contradição entre o prazer e o dever;

- **a dimensão religiosa** — marcada pela fé.

De acordo com Kierkegaard, cabe ao homem escolher em que dimensão ele quer viver, já que se trata de dimensões que se excluem entre si. Essas dimensões podem ser entendidas, também, como etapas pelas quais o homem passa durante a sua existência: primeiro viria a estética, depois a ética e, por último, a religiosa, que seria a mais elevada.

Os escritos do autor possuem grande beleza literária e tratam de temas estranhos à objetividade científica de sua época, tais como o amor, o sofrimento, a angústia e o desespero, que segundo ele não podem ser entendidos pela razão. Sua principal crítica à filosofia hegeliana se deve ao fato de ela não levar em consideração a subjetividade humana.

É nesse sentido que Kierkegaard influenciará as chamadas **correntes irracionalistas** e **existencialistas**, que recolocam a questão da verdade a partir do processo da existência. Para ele, nenhum sistema de pensamento consegue dar conta (pensar tudo) da experiência ampla e única da vida individual. Opondo-se à filosofia sistemática de Hegel e a seu caráter abstrato, Kierkegaard procurou destacar as condições específicas da existência humana e incorporá-las às reflexões filosóficas. Por isso, é normalmente considerado o "pai do existencialismo". A seu respeito escreveu o filósofo francês Jean-Paul Sartre (1905-1980): "Ao ler Kierkegaard, remonto a mim mesmo; quero captá-lo e é a mim que capto. Sören era de antemão eu, que todavia não existia, uma vez que eu o recomeço em circunstâncias distintas".

Em sua obra, Kierkegaard procurou analisar os problemas da relação existencial do homem com o mundo, consigo mesmo e com Deus:

- A **relação do homem com o mundo** — outros seres humanos e a natureza — é dominada pela **angústia**. A angústia é entendida como o sentimento profundo que temos ao perceber a instabilidade de viver num mundo de acontecimentos possíveis, sem garantia de que nossas expectativas sejam realizadas. "No possível, tudo é possível", escreve Kierkegaard. Assim, vivemos num mundo onde tanto é possível a dor como o prazer, o bem como o mal, o amor como o ódio, o favorável como o desfavorável.
- A **relação do homem consigo mesmo** é marcada pela **inquietação** e pelo **desespero**. Isso ocorre por duas razões fundamentais: ou porque o homem nunca está plenamente satisfeito com as possibilidades que realizou, ou porque não conseguiu realizar o que pretendia, esgotando os limites do possível e fracassando diante de suas expectativas.
- A **relação do homem com Deus** seria talvez a única via para a **superação da angústia e do desespero**. Contudo, é marcada pelo **paradoxo** de ter de compreender pela fé o que é incompreensível pela razão.

POSITIVISMO DE COMTE

Amor por princípio, ordem por base, progresso por fim

Hulton Archive/Getty Images

Para Comte (acima), "não pode haver qualquer conhecimento real senão aquele baseado em fatos observáveis", frase que converteu num princípio do positivismo.

Nascido em Montpellier, França, Augusto Comte (1789-1857) estudou matemática e ciência na Escola Politécnica de Paris. Foi secretário e assessor, durante sete anos, do filósofo Saint Simon (um dos primeiros expoentes do socialismo), cuja influência intelectual inspirou-lhe a idéia de criar uma ciência social específica, que chamou de **sociologia**.

Depois de dezoito anos de casamento, separou-se de Caroline Massim, que reclamava de seu temperamento intempestivo. Durante sua vida, Comte sofreu surtos de crise mental e depressão psíquica.

Dois anos após o fim de seu casamento, conheceu Clotilde de Vaux, mulher por quem se apaixonou profundamente. Casada com um homem que se encontrava preso, Clotilde considerava seu casamento indissolúvel. Assim, Comte manteve com ela um relacionamento amigável, marcado por um amor platônico, transformando-a em sua musa inspiradora. Com sua morte, o amor do filósofo por Clotilde virou veneração, e ela acabou tornando-se a santa de uma nova religião fundada por ele.

O que é positivismo

Positivismo é a designação da doutrina criada por Comte, fundada na extrema valorização do método científico das ciências positivas (baseadas nos fatos e na experiência) e na recusa das discussões metafísicas. O termo positivismo foi adotado pelo próprio Comte, definindo toda uma diretriz para a sua filosofia, de **culto da ciência** e **sacralização do método científico**.

O positivismo se caracteriza por um tom geral de confiança nos benefícios da **industrialização**, bem como por um otimismo em relação ao **progresso capitalista**, guiado pela **técnica** e pela **ciência**.

Manifestando-se de modo variado em diversos países ocidentais a partir da segunda metade do século XIX, o positivismo reflete, no plano filosófico, o entusiasmo burguês pelo progresso capitalista e pelo desenvolvimento técnico-industrial. Assim, embora criticado no plano teórico, trata-se de uma doutrina muito influente no plano prático até nossos dias.

Lei dos três estados: evolução histórica do conhecimento

A lei dos três estados resume o pensamento de Comte sobre a evolução histórica e cultural da humanidade. Conforme escreveu em seu *Curso de filosofia positiva*, "essa lei consiste em que cada uma de nossas concepções principais, cada ramo de nossos conhecimentos, passa sucessivamente por três estados históricos diferentes":

- **estado teológico ou fictício** — estágio que representaria o ponto de partida da inteligência humana, no qual os fenômenos do mundo são vistos como produzidos por seres sobrenaturais. O ponto culminante deste estado foi quando o ser humano substituiu o **politeísmo** (numerosas divindades independentes) pelo **monoteísmo** (ação providencial de um Deus único).
- **estado metafísico ou abstrato** — estágio em que a influência dos seres sobrenaturais do estágio teológico foi substituída pela ação de forças abstratas consideradas como representantes dos seres do mundo.
- **estado científico ou positivo** — estágio definitivo da evolução racional da humanidade em que, pelo uso combinado do raciocínio e da observação, o ser humano passou a entender os fenômenos do mundo.

Três estágios do progresso

Vejamos como o próprio Comte formulou sua concepção desses três grandes estágios do progresso humano, no livro *Curso de Filosofia Positiva*:

"**No estado teológico**, o espírito humano, dirigindo essencialmente suas investigações para a natureza íntima dos seres, as causas primeiras e finais de todos os efeitos que o tocam, numa palavra, para os conhecimentos absolutos, apresenta os fenômenos como produzidos pela ação direta e contínua de agentes sobrenaturais mais ou menos numerosos, cuja intervenção arbitrária explica todas as anomalias aparentes do universo.

No estado metafísico, que no fundo nada mais é do que simples modificação geral do primeiro, os agentes sobrenaturais são substituídos por forças abstratas, verdadeiras entidades (abstrações personificadas) inerentes aos diversos seres do mundo, e concebidas como capazes de engendrar por elas próprias todos os fenômenos observados, cuja explicação consiste, então, em determinar para cada um uma entidade correspondente.

No estado positivo, o espírito humano, reconhecendo a impossibilidade de obter noções absolutas, renuncia a procurar a origem e o destino do universo, a conhecer as causas íntimas dos fenômenos, para preocupar-se unicamente em descobrir, graças ao uso bem combinado do raciocínio e da observação, suas leis efetivas, a saber, suas relações invariáveis de sucessão e de similitude. A explicação dos fatos, reduzida então a seus termos reais, se resume de agora em diante na ligação estabelecida entre os diversos fenômenos particulares e alguns fatos gerais, cujo número o progresso da ciência tende cada vez mais a diminuir."

COMTE, Augusto. *Curso de filosofia positiva*, p. 4

Objetivo e características do positivismo

O objetivo do método positivo de investigação é a pesquisa das leis gerais que regem os fenômenos naturais. Assim, o positivismo diferencia-se do empirismo puro porque não reduz o conhecimento científico somente aos fatos observados. É na elaboração de leis gerais que reside o grande ideal das ciências.

Com base nessas leis, o homem torna-se capaz de prever os fenômenos naturais, podendo agir sobre a realidade. **Ver para prever** é o lema da ciência positiva. O conhecimento científico torna-se, desse modo, um instrumento de transformação da realidade, de domínio do homem sobre a natureza. As transformações impulsionadas pelas ciências visam o **progresso**; este, porém, deve estar subordinado à **ordem**. Temos, então, um novo lema positivista, aplicado à sociedade: **ordem e progresso**.

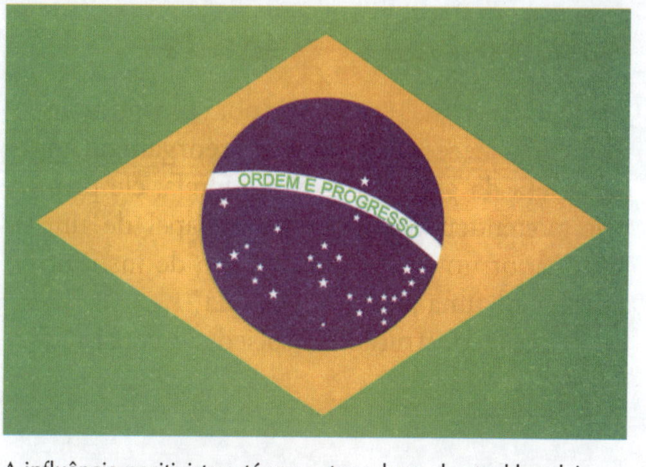

A influência positivista está presente no lema da atual bandeira do Brasil, "Ordem e progresso", expressão do próprio Comte.

Na obra *Discurso sobre o espírito positivo*, Comte aponta as características fundamentais que distinguem o positivismo das demais filosofias. Seriam o seu compromisso com a:

- **Realidade** — pesquisa de fatos concretos, acessíveis à nossa inteligência, deixando de lado a preocupação com mistérios impenetráveis referentes às causas primeiras e últimas dos seres;
- **Utilidade** — busca de conhecimentos destinados ao aperfeiçoamento individual e coletivo do homem, desprezando as especulações ociosas, vazias e estéreis;
- **Certeza** — obtenção de conhecimentos capazes de estabelecer a harmonia lógica na mente do próprio indivíduo e a comunhão em toda a espécie humana, abandonando as dúvidas indefinidas e os intermináveis debates metafísicos;
- **Precisão** — estabelecimento de conhecimentos que se opõem ao vago, baseados em enunciados rigorosos, sem ambigüidades;
- **Organização** — tendência a organizar, construir metodicamente, sistematizar o conhecimento humano;
- **Relatividade** — aceitação de conhecimentos científicos relativos. Se não fossem relativos, não poderia ser admitida a continuidade de novas pesquisas, capazes de trazer teorias com teses opostas ao conhecimento estabelecido. Assim, a ciência positiva é relativa porque admite o aperfeiçoamento e a ampliação dos conhecimentos humanos.

Reforma da sociedade

Um dos temas centrais da obra filosófica de Comte é a necessidade de uma **reorganização completa da sociedade**. Nessa tarefa, ele próprio pretendeu desempenhar o papel de um reformador universal "encarregado de instituir a ordem de uma maneira soberana"[2].

Essa reconstrução da sociedade consistia, para Comte, na regeneração das opiniões (idéias) e dos costumes (ações) dos homens. Tratava-se, portanto, de uma **reestruturação intelectual** das pessoas e não de uma **revolução das instituições sociais**, como propunham filósofos socialistas franceses de sua época, como **Saint-Simon** (1760-1825), **Fourier** (1772-1837) e **Proudhon** (1809-1865).

A reforma da sociedade proposta por Comte deveria obedecer aos seguintes passos: reorganização intelectual, depois moral e, por fim, política. Segundo ele, a Revolução Francesa destruiu uma série de valores importantes da sociedade tradicional européia, não sendo capaz, entretanto, de impor novos e permanentes valores para a emergente sociedade burguesa. E nisso residia a grande tarefa a ser desempenhada pela filosofia positiva: **restabelecer a ordem na sociedade capitalista industrial**.

Em relação aos conflitos entre proletários e capitalistas, Comte assumiu uma posição considerada reacionária e conservadora. Defendendo a legitimidade da exploração industrial, concordava com a divisão das classes sociais e considerava indispensável a existência dos empreendedores capitalistas e dos operadores diretos, o proletariado. Para os trabalhadores, defendia um tipo de doutrinação positivista destinada a confirmar a necessidade dos trabalhos práticos e mecânicos, inspirando

> o gosto por eles, quer enobrecendo seu caráter habitual, quer adoçando suas conseqüências penosas. Conduzindo, de resto, a uma sadia apreciação das diversas posições sociais e das necessidades correspondentes, predispõem a perceber que a felicidade real é compatível com todas e quaisquer condições, desde que sejam desempenhadas com honra e aceitas convenientemente.
>
> COMTE, Augusto. *Discurso sobre o espírito positivo*, p. 85.

2. VERDENAL, René. A filosofia positiva de Augusto Comte. In: CHÂTELET, François. *História da filosofia*, v. 5, p. 215.

Nos últimos quinze anos de sua vida, Comte decidiu criar uma nova seita religiosa, denominada **Religião da Humanidade**. A deusa dessa religião tinha os traços de sua amada Clotilde de Vaux e os "santos" eram pensadores como Dante, Shakespeare, Galileu, Adam Smith etc.

Elaborou também o *Catecismo positivista*, destinado a difundir os princípios religiosos da nova seita. Nessa obra, deixou explícitas suas verdadeiras intenções, formulando o que estava impensado ou oculto em outros trabalhos anteriores, isto é, suas concepções dogmáticas, autoritárias e conservadoras.

MATERIALISMO DIALÉTICO DE MARX

O ser humano é histórico-social

> Não é a consciência dos homens que determina o ser social. Ao contrário, é o ser social que determina a consciência.
>
> Karl Marx

Bettmann/Corbis

Não se sabe com certeza as razões que levaram Marx (ao lado), um intelectual de muita cultura e família rica, a abraçar a causa do proletariado. O certo é que ele foi o primeiro grande pensador a romper com uma longa tradição de pensadores e artistas, que sempre se inclinaram para o lado dos senhores, e a defender a emancipação dos trabalhadores. Ele dizia: "A cabeça desta emancipação é a filosofia; seu coração é o proletariado".

O alemão Karl Marx (1818-1883) é, provavelmente, um dos pensadores que maior influência exerceu sobre a filosofia contemporânea. Sua importância foi destacada pelo pensador francês Raymond Aron que afirmou: "se a grandeza de um filósofo devesse ser medida pelos debates que ele suscitou, ninguém nos últimos séculos pode ser comparado a Karl Marx."

De família judaica, rica e culta, nos tempos da universidade Marx revelou entusiasmo pelo estudo do direito, da filosofia e da história. Formado em filosofia no círculo do idealismo alemão, possuía vasta cultura e se destacou desde muito jovem pela profundidade de suas reflexões. A princípio, Marx tentou seguir a carreira universitária como professor, mas não conseguiu seu intento devido a questões políticas, que redundaram em perseguições contra os pensadores da chamada **esquerda hegeliana**[3].

Marx passou a trabalhar, então, em diversos jornais e se afastou num prazo de poucos anos da filosofia idealista. Em uma série de textos, escritos entre 1843 e 1848, realizou uma crítica contundente à filosofia idealista de Hegel, bem

3. **Esquerda hegeliana**: corrente filosófica que marcou muitos pensadores alemães entre 1830 e 1840. Seus seguidores defendiam aspectos da filosofia de Hegel, como a dialética, e rejeitavam outros, como a unidade entre religião e filosofia.

como dos chamados **jovens hegelianos**, e elaborou as bases teóricas de seu próprio pensamento.

Tomando conhecimento dos escritos socialistas de sua época, envolveu-se com essa causa. Desenvolveu então uma atividade teórica de análise da realidade social, que culminou na fundamentação teórica do **socialismo marxista** (que estudaremos em seguida), e uma atividade prática de participação da organização de movimentos de trabalhadores. Em virtude dessas atividades, Marx viveu, juntamente com sua família, longos períodos de exílio e grandes dificuldades financeiras.

Crítica de Marx ao idealismo hegeliano

Marx fez uma crítica radical ao idealismo hegeliano, na qual afirma que Hegel inverte a relação entre o que é determinante — a realidade material — e o que é determinado — as representações e conceitos acerca dessa realidade. A filosofia idealista seria, assim, uma grande mistificação que pretende entender o mundo real, concreto, como manifestação de uma Razão absoluta. Contrapondo sua filosofia ao idealismo hegeliano, Marx afirma na introdução do livro *Ideologia Alemã*:

> Os pressupostos com os quais começamos não são arbitrários, nem dogmas, são pressupostos reais dos quais só é possível abstrair na imaginação. Os nossos pressupostos são os indivíduos reais, a sua ação e as suas condições materiais de vida.

Marx procurou, portanto, compreender a história real dos homens em sociedade a partir das condições materiais nas quais eles vivem. Essa visão da história foi chamada posteriormente, por seu companheiro de estudos Friedrich Engels, de **materialismo histórico**.

Vejamos então os principais pontos do materialismo de Marx, em que destacaremos as concepções contrárias ao idealismo de Hegel.

Visão materialista da história

De acordo com o pensamento de Marx, os homens não podem ser pensados de forma abstrata, como na filosofia de Hegel, nem de forma isolada, como nas filosofias de Feuerbach, de Proudhon e de tantos outros que Marx criticou, como Schopenhauer e Kierkegaard.

Para Marx, não existe o indivíduo formado fora das relações sociais. Ele enfatiza esse ponto ao afirmar: "A essência humana (...) é o conjunto das relações sociais"[4].

Isso significa que a forma como os indivíduos se comportam, agem, sentem e pensam se vincula com a forma como se dão as relações sociais. Essas relações sociais, por seu lado, são determinadas pela forma de produção da vida material, ou seja, pela maneira como os homens trabalham e produzem os meios necessários para a sustentação material das sociedades. Em seu livro *Ideologia alemã*, Marx desenvolve essa reflexão dizendo:

> O modo pelo qual os homens produzem os seus meios de vida depende inicialmente da constituição mesma dos meios de vida encontrados aí e a ser produzidos. Este modo da produção não deve ser considerado só segundo o aspecto de ser a reprodução da existência física dos indivíduos. Ele já é uma maneira determinada de atividade desses indivíduos, uma maneira determinada de manifestar em sua vida, um modo de vida determinado. A forma como os indivíduos manifestam sua vida reflete muito exatamente aquilo que eles são. O

4. MARX, Karl. *Teses sobre Feuerbach*, p. 52.

que eles são coincide, portanto, com a sua produção, tanto com o que produzem quanto também com a forma como produzem. Portanto, o que os indivíduos são depende das condições materiais da sua produção.

Esse é um ponto fundamental da filosofia de Marx. Ao falar da produção material da vida, ele não se refere apenas à produção das inúmeras coisas necessárias à manutenção física dos indivíduos. Ele está considerando também o fato de que, ao produzirem todas essas coisas, os homens constroem a si mesmos como indivíduos. Isso ocorre porque, segundo Marx, "o modo de produção da vida material condiciona o processo geral de vida social, política e espiritual"[5].

Capital e trabalho

Compreende-se aí a importância que Marx deu à análise do trabalho, conforme procuramos mostrar no capítulo 2. Ele reconhece o trabalho como atividade fundamental do ser humano e analisa os fatores que o tornaram uma atividade massacrante e alienada no capitalismo.

Essa demonstração se desenvolve em vários textos, mas de forma mais rigorosa em *O capital*, livro em que expõe a lógica do modo de produção capitalista, no qual a força de trabalho é transformada em uma mercadoria com dupla face: por um lado, é uma mercadoria como outra qualquer, paga pelo salário; por outro, é a única mercadoria que produz valor, ou seja, que **reproduz o capital**.

A opressão dos seres humanos por outros seres humanos iniciou-se muito antes do sistema capitalista existir. Segundo Marx, "a opressão do homem pelo homem iniciou-se com a opressão da mulher pelo homem".

5. MARX, Karl. *Para a crítica da economia política* (Prefácio).

Dialética marxista

Marx também entende o desenvolvimento histórico-social como decorrente das transformações ocorridas no modo de produção (ver explicação detalhada do conceito adiante). Nessa análise, ele se vale dos princípios da **dialética**, mas, como afirma no posfácio da segunda edição de *O capital*, "meu método dialético não só difere do hegeliano, mas é também a sua antítese direta". Marx reconhece o mérito de Hegel por ter sido o primeiro a expor as formas gerais da dialética, mas alega que é preciso desmistificá-la, expondo o seu núcleo racional.

Conforme vimos, na concepção hegeliana, a dialética se torna instrumento de legitimação da realidade existente. Já no pensamento de Marx a dialética leva ao entendimento da possibilidade de negação dessa realidade "porque apreende cada forma existente no fluxo do movimento, portanto também com seu lado transitório". Ou seja, a dialética em Marx permite compreender a história em seu movimento, em que cada etapa é vista não como algo estático e definitivo, mas como algo transitório, que pode ser transformado pela ação humana.

De acordo com Marx, as grandes transformações históricas se deram primeiramente no campo da economia, causadas por contradições geradas no interior do próprio modo de produção. Diferentemente de Hegel, no entanto, Marx não concebe uma história que anda sozinha, guiada por uma Razão ou um Espírito, mas sim uma história feita pelos homens, que interferem no processo histórico e podem, dessa forma, transformar a realidade social, sobretudo se alterarem seu modo de produção.

Modo de produção e forças produtivas

Modo de produção é a maneira como se organiza a produção material em um dado estágio de desenvolvimento social. Essa maneira depende do desenvolvimento das **forças produtivas** (a força de trabalho humano e os meios de produção, tais como máquinas, ferramentas etc.) e da forma das **relações de produção**.

Embora a definição dos modos de produção seja um aspecto complexo na obra de Marx e entre os seus comentadores, temos no livro *Ideologia alemã* a exposição dos seguintes modos de produção dominantes em cada época: o **comunismo** primitivo, o **escravismo** na Antigüidade, o **feudalismo** na Idade Média e o **capitalismo** na Idade Moderna.

Ele afirma que a passagem de um modo de produção a outro se dá no momento em que o nível de desenvolvimento das forças produtivas entra em contradição com as relações sociais de produção. Quando isso ocorre, há um sufocamento da produção em virtude da inadequação das relações nas quais ela se dá. Nesse momento, surgem as possibilidades objetivas de transformação desse modo de produção.

Luta de classes

Caberia, segundo Marx, à **classe social** que possui um caráter **revolucionário** nesse momento intervir através de ações concretas, práticas, para que essas transformações ocorram. Foi o que aconteceu, por exemplo, na passagem do feudalismo ao capitalismo, através das revoluções burguesas.

Marx sintetiza essa análise na afirmação de que **a luta de classes é o motor da história**, isto é, a luta de classes faz a história se mover. Por isso, no *Manifesto comunista* (1848), escrito em parceria com Engels, Marx afirma:

> A história de todas as sociedades que existiram até nossos dias tem sido a história das lutas de classes.
> Homem livre e escravo, patrício e plebeu, senhor e servo, mestre de corporação e aprendiz; numa palavra, opressores e oprimidos, em constante oposição, têm vivido numa guerra ininterrupta, ora franca, ora disfarçada; uma guerra que terminou sempre, ou por uma transformação revolucionária da sociedade inteira, ou pela destruição das duas classes em luta.

As revoluções burguesas, entre o final do século XVII e XIX, foram fundamentais para a instalação, no plano político, do sistema capitalista na Europa. As principais foram a Revolução Gloriosa, na Inglaterra do século XVII, e a Revolução Francesa, no século XVIII. *A partida de um voluntário* — Louis Joseph Watteau.

De acordo com Marx, o capitalismo também criou uma classe revolucionária que, em virtude de suas condições de existência, deve se organizar para, no momento oportuno, fazer a revolução social rumo ao socialismo. Essa classe revolucionária seria o **proletariado**.

Marx e Engels

Em setembro de 1844, Marx conheceu em Paris o também alemão **Friedrich Engels** (1820-1895), que se tornou seu amigo inseparável de toda a vida. Juntos, participaram de diversas atividades políticas e escreveram várias obras, que lhes custaram duras perseguições dos governos constituídos. Em 1847, Marx e Engels filiaram-se à Liga dos Comunistas, escrevendo, a pedido da assembléia dessa sociedade, o célebre *Manifesto comunista* (1848).

Marx escreveu mais tarde uma série de obras importantes, todas voltadas para a análise da política, da história e da economia, como O *18 Brumário de Luís Bonaparte* (1852) e *Contribuição para a crítica da economia política* (1859).

Marxismo depois de Marx

A filosofia de Marx influenciou o mundo contemporâneo, em termos teóricos e práticos, inspirando correntes filosóficas, movimentos operários e revoluções. No entanto, 150 anos após a publicação de suas obras, grande parte de seu pensamento ainda não foi plenamente compreendida, sendo objeto de muitos estudos e discussões.

Na verdade, a filosofia de Marx foi sempre motivo de grande polêmica entre seus estudiosos. Isso ocorre porque, por um lado, do ponto de vista teórico, as suas obras retratam as mudanças de seu pensamento, que evoluiu constantemente, às vezes em curtos intervalos de tempo entre um escrito e outro. Por outro lado, as discordâncias se devem ao fato de que sua obra rompe com as concepções mais comumente aceitas sobre, por exemplo, o conhecimento da realidade, da política, da religião, o que dificulta a possibilidade de ser compreendida em toda a sua complexidade.

Do ponto de vista da sua aplicação prática, as dificuldades do pensamento de Marx tomaram uma dimensão ainda maior, justificando ações e interpretações divergentes por parte de teóricos e militantes do socialismo. Assim, quando falamos de **marxismo**, estamos nos referindo a um complexo campo de investigação filosófica, que envolve diversas tendências e interpretações, por vezes rivais e contraditórias em muitos aspectos.

A esse respeito, ainda em vida, ao perceber que seu pensamento estava se transformando em dogmas, em formulações rígidas e repetitivas, Marx recusou essa dogmatização dizendo: "Quanto a mim, posso dizer que não sou marxista".

Mesmo contra a vontade de Marx, sua filosofia foi por vezes interpretada e modificada por dirigentes políticos e acabou por se transformar em um dogma, em uma "verdade" que não podia ser discutida. Isso ocorreu nos países que desenvolveram o **socialismo autoritário** na primeira metade do século XX. Foram experiências históricas que, se analisadas à luz dos textos de Marx, não apresentam as características essenciais do socialismo concebido por ele.

Depois de sua morte, a teoria marxista passou a ser discutida entre intelectuais ligados à causa socialista, tanto em relação à sua compreensão teórica quanto à sua atualidade e utilidade para a compreensão da realidade social de hoje.

Veja em seguida alguns nomes importantes da tradição e da discussão marxista, de acordo com seus países de origem.

Alemanha

Eduard Bernstein (1850-1932) fez uma "revisão" da teoria marxista na qual um de seus aspectos fundamentais, a revolução proletária, é negado em favor de reformas políticas que conduzam à democracia. Bernstein é chamado, em virtude disso, de **revisionista**.

Karl Kautsky (1854-1938) não aceitava o reformismo de Bernstein, reafirmando por isso a teoria marxista. Entendia, porém, o processo de derrocada do capitalismo rumo ao socialismo como uma evolução natural e inevitável da história. Esse **determinismo** não está presente na obra de Marx, que entendia a revolução socialista como uma **possibilidade**, que se concretizaria caso houvesse condições objetivas para isso.

Rosa de Luxemburgo (1870-1919) também não aceitava o revisionismo de Bernstein nem tampouco o fatalismo evolucionista de Kautsky. Acreditava que o socialismo era uma tendência no interior do desenvolvimento histórico, mas que só seria alcançado com a ação do proletariado organizado e consciente.

Hulton Archive/Getty Images

Pensadora polonesa de origem judaica, Rosa de Luxemburgo (acima) foi uma das primeiras mulheres a concluir um doutorado em ciências políticas, em 1897. Por lutar por suas idéias, foi assassinada aos 49 anos por paramilitares a serviço do governo social-democrata alemão.

União Soviética

Lênin (1870-1922), cujo nome mesmo era **Vladimir Illitch Ulianov**, foi o grande líder da revolução socialista russa. Preocupou-se com a formação da consciência do proletariado, pois entendia que essa consciência não se formaria espontaneamente. Considerava necessária a existência de uma direção para a classe operária, um **partido político** formado por homens "cuja profissão é a ação revolucionária". A função desse partido seria fornecer orientação teórica e prática ao proletariado. Embora esse partido tenha sido concebido a partir da idéia do **centralismo democrático**, que na prática se daria pela consulta aos núcleos do operariado (os sovietes), o que ocorreu de fato foi a burocratização do partido, com o crescente afastamento de suas bases populares.

Reprodução

Líder da revolução russa, Lênin (acima) desenvolveu a teoria marxista a partir das necessidades e da experiência revolucionária soviéticas. Teria afirmado: "Enquanto o capitalismo e o socialismo existirem, não poderemos viver em paz. No fim, um ou outro terá de triunfar – um réquiem será cantado sobre a República Soviética ou sobre o mundo capitalista".

Leon Trotsky (1879-1940) foi figura central na revolução russa de 1917. Assumiu a liderança do exército vermelho durante a guerra civil que se seguiu à revolução e disputou a liderança do Partido Comunista após a morte de Lênin, mas perdeu para Stálin. Defendia a idéia de uma **revolução permanente**, pela qual se evitasse a burocratização do Partido Comunista. Também propunha a necessidade de a revolução socialista se estender para outros países.

Joséf Stálin (1878-1953) fortaleceu o marxismo-leninismo como um dogma, na tentativa de consolidar o "socialismo em um só país", uma vez que se frustrou a expectativa de que a revolução se estendesse a outros países. Atuou como um ditador perverso, que perseguiu e aniquilou aqueles a quem considerava "inimigos do povo", entre eles antigos companheiros, como o próprio Trotsky.

Itália

Antonio Gramsci (1891-1937) contribuiu para a teoria marxista desenvolvendo reflexões sobre a importância da ideologia. Segundo Gramsci, a classe dominante, para governar com eficácia, necessita criar o consentimento popular, também chamado **hegemonia**, através da ideologia (assunto estudado no capítulo 3). Isso se daria por meio da educação, da religião e da mídia.

Por esse motivo, Gramsci acreditava que a classe trabalhadora só teria um papel revolucionário se desenvolvesse uma consciência revolucionária. Isso seria possível através do desenvolvimento de uma **contra-ideologia**, uma ideologia proletária construída por intelectuais ligados à classe operária que, nessa missão, deveriam assumir lugares estratégicos nas escolas, sindicatos, associações, jornais etc.

Hungria

György Lukács (1885-1971) enfatizou a necessidade de pensar a sociedade como um todo, ligando dialeticamente os fatos entre si. Em uma de suas principais obras, *História e consciência de classe*, afirma que a única classe que tem condições de fazer essa análise da sociedade em sua totalidade é o proletariado, pois é "ao mesmo tempo o produto da crise permanente do capitalismo e aquele que leva a termo tendências que impulsionam o capitalismo em direção ao seu fim". A consciência de classe é o elo entre a teoria e a prática.

Pela ênfase que Lukács dá nessa obra ao fator subjetivo, à consciência de classe, ela foi considerada **idealista**. Posteriormente, ele próprio fez uma crítica dessa obra, apontando não apenas seus méritos mas também seus equívocos.

Lukács interessou-se também pela estética e pela crítica literária. É, no entanto, em sua última obra, *Ontologia do ser social*, que se encontra importante contribuição de Lukács ao marxismo. Nela, o autor recupera aspectos fundamentais da obra de Marx, analisando as categorias do **ser social**, o homem em sua existência social, conforme foram desenvolvidas por seu autor. Lukács também integrou os textos de Marx, reconhecendo uma continuidade entre eles.

França

Louis Althusser (1918-1990), ao contrário de Lukács, distinguiu dois momentos distintos da produção intelectual de Marx. O primeiro momento seria o de seus textos de juventude, marcados pelo humanismo e pela idéia de autoconstrução humana. O segundo seria o dos textos "científicos", em que desenvolve o materialismo histórico, que explica as formações sociais e a crítica da economia política. Para Althusser, apenas o segundo momento seria propriamente marxismo e se caracterizaria por ser anti-humanista, já que, de acordo com sua interpretação em seu texto *Para ler O capital*, "o sujeito nada mais é do que o suporte das relações de produção".

Dessa forma, a filosofia de Althusser reduz a dimensão do sujeito no processo histórico, chegando ao extremo de afirmar que a história é um processo sem sujeito.

As discussões mais atuais sobre marxismo se desenvolvem, em grande parte, a partir das diferenças interpretativas levantadas por esses dois últimos filósofos, Althusser e Lukács.

Outros nomes

Além dos nomes aqui relacionados, há muitos outros autores importantes ligados ao marxismo, como Ernst Bloch, István Meszáros, Perry Anderson, Eric Hobsbawm, Agnes Heller, Henri Lefèbvre, Ernest Mandel, entre outros. Também os filósofos que formam a chamada **Escola de Frankfurt** (que veremos no próximo capítulo) integram o marxismo em suas reflexões.

Análise e entendimento

Idade Contemporânea e romantismo

1. Sintetize as características sociais, políticas e econômicas que marcaram o início da Idade Contemporânea e que tiveram repercussão no pensamento filosófico desse período.

2. De que maneira o movimento romântico pode ser considerado uma reação ao Iluminismo? Quais suas características gerais?

Idealismo alemão e Hegel

3. O que foi o idealismo alemão? O que o caracterizou fundamentalmente como movimento filosófico?

4. Para alguns estudiosos, a filosofia de Kant pertence ao idealismo alemão. Comente essa

posição. Você concorda? Por quê?

5. Em que diferem o "princípio criador" de Fichte e o "princípio único" de Schelling?

6. A dialética de Hegel não é um método ou uma forma de pensar a realidade, mas sim o movimento do real (o Espírito). Justifique essa afirmação.

7. Segundo Hegel, compreender a dialética da realidade exige um trabalho árduo da razão, que deve se afastar do entendimento comum e se colocar no ponto de vista do absoluto.

   a) Em que se baseia essa afirmação?
   b) A partir desse ponto de vista, como teria que se posicionar a filosofia para interpretar os acontecimentos históricos?

Feuerbach, Schopenhauer e Kierkegaard

8. Destaque, nos pensamentos estudados de Feuerbach, Schopenhauer e Kierkegaard, os principais pontos de discordância da filosofia de Hegel.

Augusto Comte

9. Defina, caracterize e contextualize a doutrina filosófica do positivismo.

10. Explique os principais compromissos do positivismo, formulados por Comte. O que procuravam negar?

11. Qual a diferença entre a reforma social idealizada por Comte e as propostas pelos pensadores socialistas? Pesquise sobre os pensamentos desses filósofos.

Karl Marx

12. Marx afirma que Hegel inverteu a relação entre o que é determinante e o que é determinado em sua interpretação da história. A que ele se refere? Qual é a concepção de Marx a esse respeito?

13. "Meu método dialético não só difere do hegeliano, mas é também a sua antítese direta". Comente essa afirmação de Marx.

14. Relacione os seguintes conceitos dentro do pensamento de Marx: capital, trabalho, luta de classes, proletariado.

15. A visão da história desenvolvida por Marx se denomina, desde Engels, materialismo histórico. Por que essa doutrina se classificaria como materialista? E por que esse materialismo seria histórico?

Debate e reflexão

1. ***Progresso e desumanização***
   Horkheimer escreveu em 1946, a respeito do progresso tecnológico, que "o avanço dos recursos técnicos de informação se acompanha de um processo de desumanização". Reflita sobre as razões que levaram o filósofo a fazer essa afirmação. Você entende que essa interpre-

tação pode ser estendida aos dias atuais? A tecnologia está tornando as pessoas menos humanas? Ela tem modificado a sua vida? Como? Pesquise sobre o tema, elabore uma reflexão e apresente-a a seus colegas.

2. ***Comte e Marx***
Comte resumiu sua tese sobre a evolução histórica e cultural da humanidade na lei dos três estados. Do mesmo modo, Marx analisou as grandes transformações da humanidade, só que com base nos modos de produção econômica, chegando ao conceito de luta de classes como motor da história. Compare as etapas da lei dos três estados com as etapas relativas aos modos de produção dominantes assinalados por Marx. A que esfera da existência humana se refere cada uma? Nas duas teorias está implícita a idéia de evolução, de progresso? Na sua opinião, a humanidade tem progredido? Por quê? Debata com seus colegas.

3. ***Luta de classes***
Vivemos num país com imensa desigualdade econômica entre as classes sociais. Marx afirmou que a luta de classes é o motor da história. Você entende que existe uma luta de classes no Brasil? Por quê? Que classes estariam em conflito? Haveria entre nós uma classe revolucionária capaz de levar-nos a transformações revolucionárias? Reflita sobre o assunto e discuta com seus colegas.

4. ***Relação com Deus***
Schopenhauer diz que a história é a história de lutas, onde "a infelicidade é a norma". Muitas pessoas também sentem e interpretam a vida como um caminho de muitos sofrimentos. Com freqüência, a religião acaba sendo para elas o meio mais eficaz para conseguir a paz de espírito. O próprio Kierkegaard entendia que a relação do homem com Deus talvez seja a única via para a superação da angústia e do desespero da existência humana.
Como você sente essa questão? Como é a vida para você? Como é para as pessoas com quem você se relaciona? Como e quando você se sente em paz e feliz? Elabore uma reflexão pessoal sobre esse tema.

Sugestões de filmes

- **A época da inocência** (1993, EUA, direção: Martin Scorsese)
História que se desenrola em ambiente da burguesia norte-americana do final do século XIX. O jovem Newland Archer vê-se dividido entre o sentimento romântico da paixão por Ellen Olenska, mulher independente separada de um nobre russo, e o realismo de se submeter ao compromisso de noivado com May Welland, pertencente a importante família local.

- **O enigma de Kaspar Hauser** (cada um por si e Deus contra todos) (1975, Alemanha, direção: Werner Herzog)
Filme que se inicia em 1828, na praça central de Nuremberg, onde aparece Kaspar Hauser. Sem conseguir falar nada, é a representação pura e romântica do homem natural, do bom selvagem. Contudo, diante do racionalismo e dos costumes da sociedade a que não consegue se adaptar, acaba morto violentamente por aqueles que não conseguem conviver com a inquietação provocada pela diversidade.

- **Aguirre, a cólera dos deuses** (1972, Alemanha, direção: Werner Herzog)
Espetacular e terrível crônica do imperialismo enlouquecido, que narra a tentativa impossível de conquistar a cidade mítica de El Dorado, feita por uma expedição espanhola nos princípios da colonização.

- **Julia** (1977, EUA, direção: Fred Zinnemann)
Filme sobre episódios da vida da escritora norte-americana Lillian Hellman e de sua amiga Julia, ativista de movimentos políticos da década de 1930.

Para pensar

Temos em seguida três textos. Os dois primeiros tratam do papel da filosofia: Hegel descreve o conhecimento filosófico como algo que surge depois que a realidade se "instala"; Marx propõe, em poucas palavras, como a filosofia deve atuar. O último texto é uma defesa da tese materialista de que a vida determina a consciência. Leia e releia esses textos e responda às questões.

1. O papel da filosofia I

A tarefa da filosofia é entender o que é, pois o que é é a razão.

No que diz respeito ao indivíduo, cada um é filho de seu tempo. Do mesmo modo, a filosofia é seu tempo apreendido em pensamentos. Não é sensato crer que a filosofia possa ir além de seu tempo presente, do mesmo modo que imaginar que um indivíduo possa saltar por cima de seu tempo. E se uma teoria vai além da sua realidade e constrói um mundo tal como deve ser, este existirá por certo, mas somente em sua opinião, elemento maleável no qual se pode plasmar qualquer coisa. (...)

Para agregar algo mais sobre a pretensão de ensinar como deve ser o mundo, assinalemos, por outra parte, que a filosofia chega sempre tarde. Enquanto pensamento do mundo, aparece no tempo só depois que a realidade consumou o seu processo de formação e já se acha pronta.

O que ensina o conceito o mostra com a mesma necessidade a história: só na maturidade da realidade aparece o ideal frente ao real, e erige a este mesmo mundo, apreendido em sua substância, na figura de um reino intelectual.

Quando a filosofia pinta com seus tons cinzentos é que já envelheceu uma figura da vida que suas penumbras não podem rejuvenescer, somente conhecer. A ave de Minerva (a filosofia) alça seu vôo ao entardecer.

G. W. F. HEGEL. *Principios de la filosofia del derecho*, p. 24-6.
(texto adaptado)

2. O papel da filosofia II

Até agora os filósofos se dedicaram a interpretar o mundo; resta, de agora em diante, transformá-lo.

K. MARX. *Teses sobre Feuerbach*, 11ª tese.

3. A vida determina a consciência

Inteiramente em oposição à filosofia alemã que desce do céu para a terra, aqui (no materialismo) se sobe da terra para o céu. Em outras palavras, não se parte do que os homens dizem, imaginam, se representam; também não se parte de homens ditos, pensados, imaginados, representados, para daí chegar aos homens de carne e osso. Parte-se aqui de homens efetivamente ativos e, a partir do processo efetivo de vida deles, é também apresentado o desenvolvimento dos reflexos ideológicos e dos ecos desse processo de vida.

Também as imagens nebulosas no cérebro dos homens são sublimações necessárias do seu processo material de vida, empiricamente constatável e ligado a pressupostos materiais. Com isso a moral, a religião, a metafísica e qualquer outra ideologia e as formas de consciência correspondentes a elas não mantêm mais a aparência de autonomia. Não têm história, não têm desenvolvimento.

No entanto, desenvolvendo a sua produção material e o seu intercâmbio material, com esta sua realidade efetiva os homens mudam também o seu pensamento e os produtos do seu pensamento. Não é a consciência que determina a vida, mas a vida que determina a consciência.

K. MARX. *Ideologia alemã.*
(texto adaptado)

Questões

1. Interprete a metáfora "a ave de Minerva alça seu vôo ao entardecer".

2. Qual a discordância fundamental entre o primeiro texto e o segundo?

3. Identifique no terceiro texto todas as frases que ilustram a concepção materialista da filosofia de Marx.

4. Interprete e comente a frase de Marx: "Não é a consciência que determina a vida, mas a vida que determina a consciência".

11 Filosofia Contemporânea 2

No século XX, os fundamentos do mundo sofreram contínuos abalos. E a coisa mais penosa dessa época é que só os tolos exibem convicções e certezas, enquanto os que possuem imaginação e raciocínio vivem repletos de dúvidas e indecisões.

Bertrand Russel

Andrew Holbrooke/Corbis

Contrastes que parecem nunca acabar: chinesa lava roupa em setor miserável de Xangai, tendo modernos edifícios como pano de fundo.

SÉCULO XX: Era de incertezas

O século XIX foi um período marcado por grandes convicções. De modo geral, muitos filósofos estavam confiantes no poder da razão, os cientistas entusiasmados com o progresso tecnológico, os capitalistas radiantes com as vantagens da expansão industrial, os românticos vibrando com a valorização da pátria e dos sentimentos nacionais, os socialistas pregando ardorosamente a construção do socialismo, e assim por diante. Poucas dessas convicções subsistiram intactas no século XX, que foi, por isso, caracterizado como uma **era de incertezas**.[1]

Trágicos, maravilhosos, gigantescos! Como definir os principais acontecimentos do século XX?

Duas guerras mundiais derramaram sangue numa escala jamais vista na história. A Revolução Russa impulsionou a ascensão do socialismo em várias partes do mundo e, quase ao findar o século, desembocou no colapso da União Soviética. A explosão da barbárie nazista aterrorizou o mundo.

Depois da Segunda Guerra, a tecnologia deu um salto vertiginoso. Telescópios hiperpotentes exploraram os confins do universo. Naves espaciais iniciaram a conquista do cosmo. A engenharia genética registrou avanços antes restritos aos livros de ficção. Os computadores, a internet, o telefone celular chegaram à vida cotidiana de milhões de usuários em todo o mundo.

No entanto, a tecnologia trouxe também a corrida armamentista, o medo da destruição atômica e a degradação ambiental. E os avanços tecnológicos fizeram pouco para diminuir as imensas desigualdades sociais do mundo. Calcula-se que 80% da renda mundial concentra-se nas mãos de 15% da população do planeta, enquanto mais da metade da humanidade ainda enfrenta os problemas de desnutrição, falta de moradia, desamparo à saúde e à educação.

As impressões dos grandes intelectuais que viveram no século XX são díspares e, por

Bettmann/Corbis/Latin Stock

Corpos empilhados em campo de concentração nazista durante a Segunda Guerra Mundial. Infelizmente, não se pode dizer que esse tipo de perseguição contra diversas minorias tenha terminado em todo o mundo. Ainda hoje, muitas populações ainda vítimas do preconceito e, eventualmente, de massacres.

1. **A Era da Incerteza** é o título de um livro do economista canadense John Kenneth Galbraith que analisa e compara as grandes certezas do pensamento econômico do século XIX com as incertezas com que os problemas foram enfrentados no século XX.

vezes, antagônicas. Alguns o vêem como uma época inédita pela vastidão dos dramas humanos, pelos massacres e pelas guerras. Uma estimativa das grandes violências do século XX menciona 187 milhões de mortes provocadas por decisão humana: o equivalente a mais de 10% da população mundial em 1900.[2]

Outros pensadores reconhecem que, apesar das violências, o século XX também foi um período de progresso técnico-científico e de importantes conquistas sociais, em que se destacou, entre outras, as lutas pela emancipação feminina. Não fosse por esses avanços, a população mundial não teria crescido mais de três vezes durante o século XX. Saltou de, aproximadamente, 1,7 bilhão de pessoas em 1900 para cerca de 6 bilhões em 2000.

Ao mesclar destruição e violência com um estupendo progresso técnico-científico, desenvolveu-se no século XX uma mentalidade menos arrogante quanto aos benefícios infalíveis da racionalidade científica. Destituída de valores éticos, ciência e tecnologia nem sempre contribuem com o desenvolvimento humano. Em certos casos, prestam serviço à tirania e à barbárie.

Com suas incertezas e contradições, o século XX não pode ser fechado para balanço. Permanece aberto à busca de quem quiser compreendê-lo.

EXISTENCIALISMO

Aventura e drama da existência

O termo **existencialismo** designa o conjunto de tendências filosóficas que, embora divergentes em vários aspectos, têm na existência humana o ponto de partida e o objeto fundamental de reflexões. Por isso, podemos designá-las mais propriamente de **filosofias da existência**, no plural.

Mas o que é existir? Se refletirmos sobre o tema, veremos que existir implica a relação do homem consigo mesmo, com outros seres humanos, com os objetos culturais e com a natureza. São relações múltiplas, concretas e dinâmicas. E também relações determinadas (aquelas, por exemplo, que resultam de leis da Física) e indeterminadas (aquelas que resultam da nossa liberdade ou do acaso, sendo possíveis de acontecer ou não).

Sobre esses temas, os filósofos existencialistas elaboraram diversas interpretações, cujo denominador comum é certa **visão dramática** da condição humana. Ilustrativa dessa visão é a frase do filósofo e escritor francês Albert Camus (1913-1960): "a única questão filosófica séria é o suicídio".

Vejamos algumas concepções características do existencialismo:

- **Ser humano** — é entendido como uma realidade **imperfeita**, **aberta** e **inacabada**, que foi "lançada" ao mundo e vive sob riscos e ameaças.
- **Liberdade humana** — não é plena, mas condicionada às **circunstâncias históricas** da existência. Nesse sentido, **querer** não se identifica com **poder**. Homens e mulheres agem no mundo superando ou não os obstáculos que se lhes apresentam.
- **Vida humana** — não é um caminho seguro em direção ao progresso, ao êxito e ao crescimento. Ao contrário, é marcada por situações de sofrimento, como doença, dor, injustiças, luta pela sobrevivência, fracassos, velhice e morte. Assim, não podemos ignorar o sofrimento humano, a angústia interior, a exploração social. É preciso considerar esses aspectos adversos da vida e encará-los de frente.

As filosofias da existência propriamente ditas surgiram no século XX, mas sofreram grande influência do pensamento de alguns filósofos do período anterior, considerados por isso **pré-existencialistas**. Entre eles destacam-se **Schopenhauer**, **Kierkegaard**, **Nietzsche** e **Husserl**.

2. Cf. HOBSBAWM, Eric. *Era dos Extremos – o breve século XX: 1914-1991*. São Paulo, Companhia das Letras, 1995, p. 21.

Como já estudamos Schopenhauer e Kierkegaard no capítulo anterior, veremos em seguida um pouco sobre Nietzsche e Husserl. Depois abordaremos dois grandes pensadores do existencialismo: **Heidegger**, que, embora não aceitasse a classificação de filósofo existencialista, exerceu grande influência sobre o maior dos existencialistas, **Sartre**.

Nietzsche: humano, demasiado humano

> Não há fatos, só interpretações.
>
> Nietzsche

Nietzsche (ao lado) padeceu, durante muitos anos, de uma doença que ainda hoje é um mistério: sofria periodicamente de enxaquecas terríveis, acompanhadas de vômitos, perda da consciência e crises de loucura.

Friedrich Nietzsche (1844-1900) nasceu em Rocken, uma localidade da Alemanha atual. Filho de um culto pastor protestante, possuía um gênio brilhante, tendo estudado grego, latim, teologia e filosofia. Em 1869, tornou-se professor titular de Filosofia na Basiléia. A partir da leitura de *O mundo como vontade e representação*, de Schopenhauer, sentiu-se profundamente atraído pelas reflexões filosóficas.

Apolíneo e dionisíaco

Em sua obra, Nietzsche critica a tradição da filosofia ocidental a partir de Sócrates, a quem acusa de ter negado a intuição criadora da filosofia anterior, pré-socrática.

Nessa análise, o filósofo alemão estabelece a distinção entre dois princípios: o **apolíneo** e o **dionisíaco** — a partir, respectivamente, dos deuses gregos Apolo (deus da razão, da clareza, da ordem) e Dionísio (deus da aventura, da música, da fantasia, da desordem).

Para Nietzsche, esses dois princípios ou dimensões complementares da realidade, o apolíneo e o dionisíaco, foram separados na Grécia socrática, que, optando pelo culto à razão, secou a seiva criadora da filosofia, contida na dimensão dionisíaca.

Genealogia da moral

Posteriormente, Nietzsche desenvolveu uma crítica intensa dos **valores morais**, propondo uma nova abordagem: a **genealogia da moral**, isto é, o estudo da formação histórica dos valores morais.

A conclusão de Nietzsche foi de que não existem as noções absolutas de **bem** e de **mal**. Para ele as concepções morais são elaboradas pelos homens, a partir dos interesses humanos. Ou seja, são produtos **histórico-culturais**. No entanto as religiões, como o judaísmo e o cristianismo, impõem esses valores humanos como se fossem produtos da "vontade de Deus".

Para o filósofo, grande parte das pessoas acomoda-se a uma "moral de rebanho", baseada na submissão irrefletida aos valores dominantes da civilização cristã e burguesa.

O que é tacitamente[3] aceito por nós; o que recebemos e praticamos sem atritos internos e externos, sem ter sido por nós conquistado, mas recebido de fora para dentro, é como algo que nos foi dado; são **dados** que incorporamos à rotina, reverenciamos passivamente e se tornam peias (amarras que prendem os pés) ao desenvolvimento pessoal e coletivo. Ora, para que certos princípios, como a justiça e a bondade, possam atuar e enriquecer, é preciso que surjam como algo que obtivemos ativamente a partir da superação dos dados. (...) Para essa conquista das mais lídimas (autênticas) virtualidades do ser é que Nietzsche ensina a combater a complacência, a mornidão das posições adquiridas, que o comodismo intitula moral, ou outra coisa bem soante.

MELLO E SOUZA, Antonio Candido de. *O portador*. In: *Nietzsche*, p. 411.

Assim, se compreendermos que os valores presentes em nossas vidas são construções humanas, se questionarmos o valor dos **valores**, estamos no dever de refletir sobre nossas concepções morais e enfrentar o desafio de viver por nossa própria conta e risco.

A escrita aforismática

Diferentemente da maioria dos filósofos, Nietzsche escreveu sob a forma de **aforismos** a maior parte de suas obras. Aforismo é uma máxima, isto é, uma sentença curta que exprime um conceito, um conselho ou um ensinamento.

Os aforismos de Nietzsche tratam de diversos temas, como religião, moral, artes, ciências etc. Seu conjunto revela, no entanto, uma **crítica profunda e impiedosa à civilização ocidental**. Crítica à massificação, à visão de mundo burguesa, ao conservadorismo cristão (que ele chamava "moral de rebanho") etc. Dessa crítica surgiu também a questão do **valor da existência humana**.

O livro *Assim falava Zaratustra,* publicado pela primeira vez em 1894, é sem dúvida o texto de Nietzsche mais famoso e controvertido.

3. **Tacitamente**: de forma não conscientemente assumida, de modo implícito.

Niilismo

Segundo a análise de Nietzsche, no momento em que o cristianismo deixou de ser a "única verdade" para se tornar **uma das interpretações possíveis do mundo**, toda a civilização ocidental e seus *valores absolutos* também foram postos em xeque. Nesse contexto, ocorre uma escalada do **niilismo** que "deve ser entendido como um sentimento opressivo e difuso, próprio às fases agudas de ocaso de uma cultura. O niilismo seria a expressão afetiva e intelectual da decadência".[4]

O niilismo moderno apontado por Nietzsche assentava-se, entre outras coisas, na afirmação da "morte de Deus", que é interpretada como a rejeição à crença num ser absoluto e transcendental, capaz de traçar para todos os humanos "o caminho, a verdade e a vida".

Assim, por meio do niilismo, "o homem moderno vivencia a perda de sentido dos valores superiores de nossa cultura. Por essa ótica, niilismo seria o sentimento coletivo de que nossos sistemas tradicionais de valoração, tanto no plano do conhecimento quanto no ético-religioso, ou sociopolítico, ficaram sem consistência e já não podem mais atuar como instâncias doadoras de sentido e fundamento para o conhecimento e a ação".[5]

Apesar desse niilismo em relação aos valores consagrados da civilização, Nietzsche defendeu também valores afirmativos da vida, capazes de expandir as energias latentes em nós.

"**Ouse conquistar a si mesmo**" talvez seja a grande indicação nietzschiana àqueles que buscam viver a "liberdade da razão", sem conformismo, resignação ou submissão.

Husserl: a fenomenologia e o retorno às próprias coisas

Consciência é intencionalidade. É sempre consciência de alguma coisa.

Husserl

Husserl (ao lado) queria encontrar as bases psicológicas da lógica e da matemática. Para isso, teve de pesquisar a experiência que está antes de todo pensamento formal, realizando um estudo profundo dos empiristas ingleses. Foi assim que chegou às concepções do método de análise fenomenológico.

Edmund Husserl nasceu em 1859, na cidade de Prossnitz, situada na Morávia, região que pertencia ao império austro-húngaro. Estudou matemática e entrou para a filosofia influenciado pelo filósofo alemão Franz Brentano (1838-1917). Morreu em 1938, aos 79 anos de idade, proibido de lecionar e perseguido pelos nazistas devido a sua origem judaica.

Husserl formulou um método de investigação filosófica conhecido como **fenomenologia**. A fenomenologia husserliana surgiu primeiramente na atmosfera rarefeita da matemática. Depois de-

4. GIACOIA Jr, Oswaldo. *Nietzsche*. São Paulo, Publifolha, 2000, p. 64 e 65.
5. GIACOIA Jr, Oswaldo. *Nietzsche*. São Paulo, Publifolha, 2000, p. 65.

senvolveu-se na psicologia e na filosofia e acabou desembocando nas preocupações humanistas dos filósofos existencialistas contemporâneos.

O método fenomenológico consiste, basicamente, na observação e descrição rigorosa do **fenômeno**, isto é, daquilo que se **manifesta**, **aparece** ou se **oferece** aos sentidos ou à consciência. Dessa maneira, busca-se analisar como se forma, para nós, o campo de nossa experiência, sem que o sujeito ofereça resistência ao fenômeno estudado nem se desvie dele. O sujeito deve, portanto, orientar-se para o fenômeno. Sua consciência será sempre consciência de alguma coisa. A fenomenologia se apresenta como a investigação das experiências conscientes (fenômenos), isto é, "o mundo da vida", que Husserl denomina com o termo *Lebenswelt*.

Conforme analisou o filósofo francês Merleau-Ponty, Husserl tentou a "reabilitação ontológica do sensível". Isso significou, na história da filosofia, uma **volta às próprias coisas**, das quais o sujeito tinha se afastado.

Heidegger: o sentido do ser

Agência Estado

Também fenomenologista, Heidegger (acima) se tornaria um dos pensadores fundamentais do século XX.

> Somente na noite clara do nada da angústia surge a originária manifestação do ente enquanto tal: que o ente é – e não o nada.
>
> Heidegger

Nascido em Messkirch, na região de Baden, Alemanha, Martin Heidegger (1889-1976) desenvolveu sua formação filosófica na Universidade de Freiburg, onde foi discípulo de Edmund Husserl.

Em sua carreira universitária e filosófica, podemos destacar as seguintes etapas: doutorou-se em Filosofia no ano de 1914; assumiu uma das cátedras de Filosofia da Universidade de Masburg em 1923; publicou, em 1927, uma de suas mais importantes obras, *Ser e tempo*; em 1929, sucedeu na Universidade de Freiburg a seu antigo mestre Husserl.

Em 1933, ano em que Adolf Hitler se tornou chanceler da Alemanha, Martin Heidegger foi nomeado reitor da Universidade de Freiburg, aderindo formalmente ao Partido Nazista. No discurso que proferiu como reitor, Heidegger anunciou suas esperanças no nazismo, julgando-o capaz de promover a redenção do povo germânico. Por coerência com o nazismo, afastou-se, publicamente, do seu antigo mestre e amigo Husserl, que era judeu. Essas atitudes mancharam, para sempre, sua biografia.

Não muito tempo depois, talvez por tomar consciência das crescentes atrocidades nazistas, Heidegger demitiu-se da reitoria da Universidade de Freiburg. Durante os anos da Segunda Guerra Mundial, isolou-se em sua casa nas montanhas da Floresta Negra. Até sua morte, manteve raros contatos sociais, relacionando-se apenas com reduzido grupo de amigos.

O ente e o ser

Rompendo com a tendência dominante da filosofia moderna que, desde Descartes, estava voltada para a teoria do conhecimento, Heidegger retomou a questão da ontologia, a investigação do ser. Para ele, o problema central da filosofia é o ser, a existência de tudo.

Heidegger negou que fosse um existencialista. Para ele, devemos começar investigando nossa existência porque é dela que, primeiramente, temos consciência. Mas uma filosofia que colocasse apenas o homem como centro de preocupação seria antes uma antropologia: "a questão que me preocupa não é a existência do homem e sim a questão do ser em seu conjunto e enquanto tal". Essa sua intenção, no entanto, só ficou clara a partir de 1930, quando publicou *Da essência da verdade*.

A filosofia heideggeriana criticou aquilo que considerava uma confusão entre **ente** e **ser**, ocorrida ao longo da história da filosofia. Para Heidegger, o **ente** é a **existência**, a manifestação dos modos de ser. O **ser** é **essência**, aquilo que fundamenta e ilumina a existência ou os **modos de ser**. A partir dessa diferenciação é possível estabelecer duas fases da filosofia heideggeriana. Na primeira, ela busca o conhecimento do ser através da análise do ente humano, da existência humana. Na segunda, o ente sai do primeiro plano e o próprio **ser** torna-se a chave para a compreensão da existência.

O despertar pela angústia

Um dos objetivos básicos da obra de Heidegger *Ser e tempo* é investigar o **sentido do ser**. Para efetuar tal tarefa, começou pela análise do ser que nós próprios somos. Criando uma terminologia própria e por vezes obscura, Heidegger denominou o **modo de ser do homem**, nossa existência, com a palavra *Dasein*, cujo sentido é **ser-aí**, **estar-aí**.

Analisando a vida humana, o filósofo descreveu três etapas que marcam a existência e que, para a maioria dos homens, culminam numa **existência inautêntica**:

- **fato da existência** — o homem é "lançado" ao mundo, sem saber por quê. Ao despertar para a consciência da vida, já está aí, sem ter pedido para nascer;
- **desenvolvimento da existência** — o ser humano estabelece relações com o mundo (ambiente natural e social historicamente situado). Para existir, o homem projeta sua vida e procura agir no campo de suas possibilidades. Move uma busca permanente para realizar aquilo que ainda não é. Em outras palavras, **existir** é **construir um projeto**;
- **destruição do eu** — tentando realizar seu projeto, o homem sofre a interferência de uma série de fatores adversos que o desviam de seu caminho existencial. Trata-se do confronto do **eu** com os **outros**. Um confronto no qual o homem comum é, geralmente, derrotado. O seu eu é destruído, arruinado, dissolve-se na banalidade do cotidiano, nas preocupações da massa humana. Em vez de tornar-se ***si-mesmo***, torna-se o que os outros são, assim, o eu é absorvido no ***com –o– outro*** e ***para –o– outro***.

O sentimento profundo que faz o homem despertar da existência inautêntica é a **angústia**, pois ela revela o quanto nos dissolvemos em atitudes impessoais, o quanto somos absorvidos pela banalidade do cotidiano, o quanto anulamos nosso eu para inseri-lo, alienadamente, no mundo do outro.

> O mundo surge diante do homem, aniquilando todas as coisas particulares que o rodeiam e, portanto, apontando para o nada. O homem sente-se, assim, como um **ser-para-a-morte**.
> A partir desse estado de angústia, abre-se para o homem, segundo Heidegger, uma alternativa: fugir de novo para o esquecimento de sua dimensão profunda, isto é, o ser, e retornar ao cotidiano; ou superar a própria angústia, manifestando seu poder de transcendência sobre o mundo e sobre si mesmo. Aqui surge um dos temas-chave de Heidegger: o homem pode transcender, o que significa dizer que o homem está capacitado a atribuir um sentido ao ser.
>
> CHAUÍ, Marilena de Souza (consult.). Vida e obra. In: HEIDEGGER, Martin. *Conferências e escritos filosóficos*, p. 10.

Images.com/Corbis

Na angústia a pessoa se encontra a meio caminho entre o ser e o nada. É a experiência do tempo, da finitude da existência humana.

A angústia e o nada

A angústia é o caráter típico e próprio da vida. A vida é angustiosa. E por que é angustiosa a vida? A angústia da vida tem duas facetas. De um lado, é necessidade de viver, é afã de viver, é anseio de ser, de continuar sendo, para que o futuro seja presente. Mas, de outro lado, esse anseio de ser leva dentro o temor de não ser, o temor de deixar de ser, o temor do nada. Por isso, a vida é, de um lado, anseio de ser e, de outro lado, temor do nada. Essa é a angústia. Pois o nada amedronta o homem.

MORENTE. Manuel García, *Fundamentos de filosofia*. p. 311.

Sartre: a responsabilidade por aquilo que fazemos

Time & Life Pictures/Getty Images

> A liberdade é o fundamento de todos os valores. O homem é aquilo que ele faz de si mesmo.
>
> Sartre

Nascido em Paris, Jean-Paul Sartre (1905-1980) tornou-se o filósofo mais conhecido da corrente existencialista. Grande parte de sua fama deve-se não propriamente à sua obra filosófica, mas às suas peças de teatro e romances, dentre os quais se destacam *A náusea*, *O muro*, *A idade da razão*, *O diabo e o bom Deus*.

Sartre recebeu significativa influência filosófica de Heidegger. Durante os anos da Segunda Guerra Mundial, participou da luta da resistência francesa contra o nazismo. Também aderiu ao marxismo, considerando-o a filosofia de sua época, mas, diante da intervenção soviética na Hungria, em 1956, rompeu com o Partido Comunista, acusando-o de se desviar do sentido autêntico do marxismo.

Em 1964 foi agraciado com o Prêmio Nobel de Literatura, mas se recusou a recebê-lo. Parece que não desejava reconhecer a autoridade dos juízes que lhe ofereceram o prêmio nem aderir a essa instituição.

Ente em-si e ente para-si

A principal obra filosófica de Sartre é *O ser e o nada*, publicada em 1943. Nessa obra, ele ataca duramente a teoria aristotélica da **potência**. Como vimos no Capítulo 6, Aristóteles explicou as mudanças do ser pela passagem da potência ao ato. Para Sartre, o ser **é o que é**. Trata-se, na linguagem sartriana, do **ente em-si**. Esse ente "não é ativo nem passivo, nem afirmação nem negação, mas simplesmente repousa em si, maciço e rígido"[6].

Além do ente em-si, Sartre concebe a existência do ser especificamente humano, denominando-o **ente para-si**. O ente para-si, específico do humano, se opõe ao ente em-si, que representa a plenitude do ser. O ente para-si é o nada. Ou seja, para Sartre, a característica tipicamente humana é o **nada**: um "espaço aberto". Isso não significa que a totalidade do homem que, por exemplo, inclui seu corpo, seja nada. Esse nada é nossa característica típica, singular, aquilo que faz do homem um ente não-estático, não-compacto, acessível às possibilidades de mudança.

6. BOCHENSKI, I. M. *A filosofia contemporânea ocidental*, p. 167.

Não-ser e liberdade humana

Se o homem fosse um ser cheio, total, pleno, com uma essência definida, ele não poderia ter nem consciência nem liberdade. Primeiro, porque a consciência é um espaço aberto a múltiplos conteúdos. Segundo, porque a liberdade representa a possibilidade de escolha. Por intermédio de suas escolhas, o homem constrói a si mesmo e torna-se responsável pelo que faz.

Assim, para Sartre, se o homem não expressasse esse "vazio de ser", sua consciência já estaria pronta, acabada, fechada. E, nesse caso, ele não poderia manifestar liberdade, pois estaria preso à realidade estática do ser pleno, do ser em-si.

Outra conseqüência dessa característica específica do **não-ser**, é que não podemos falar da existência de uma **natureza humana** previamente **determinada**. Assim, para Sartre, o que existiria é uma **condição humana**, isto é, "o conjunto de limites *a priori* que esboçam a sua (do homem) situação fundamental no Universo". E o filósofo acrescenta:

> As situações históricas variam: o homem pode nascer escravo numa sociedade pagã – ou senhor feudal ou proletário. Mas o que não varia é a necessidade para ele de estar no mundo, de lutar, de viver com os outros e de ser mortal.
>
> SARTRE, Jean-Paul. *O existencialismo é um humanismo*, p. 16.

Portanto, um dos valores fundamentais da condição humana é, segundo Sartre, a **liberdade**. É o exercício da liberdade, em situações concretas, que move o homem, que gera a incerteza, que leva à produção de sentidos, que impulsiona a ultrapassagem de certos limites.

Quando se tornou mais influenciado pelo marxismo, Sartre reconheceu que era demasiada a extensão da liberdade que atribuía às pessoas, pois tinha exagerado ao desprezar o peso das pressões sociais e os vínculos culturais.

FILOSOFIA ANALÍTICA

A investigação da linguagem e suas relações com o real

Na virada do século XIX para o século XX surgiu uma corrente filosófica que, pela **análise lógica da linguagem**, procurava esclarecer o sentido das expressões (conceitos, enunciados, uso contextual) e seu uso no discurso lingüístico. Por isso, ela ficou conhecida como **filosofia analítica** ou **filosofia da linguagem**.

De acordo com essa corrente, muitos dos problemas filosóficos se reduziriam a equívocos e mal-entendidos originados do **uso ambíguo** da linguagem.

O desenvolvimento da filosofia analítica lançou luz sobre diversos aspectos da linguagem e influenciou filósofos de outros campos da filosofia, que passaram a atentar mais para o fenômeno da linguagem. Um dos filósofos contemporâneos que se vale dos resultados da filosofia analítica é **Jurgen Habermas**, pertencente à Escola de Frankfurt, que estudaremos mais adiante.

O movimento da filosofia analítica passou por várias etapas, nas quais se voltou para questões específicas em relação à linguagem. Surgiu com o reconhecimento de que as questões sobre o **sentido** e a **linguagem** desempenham papel fundamental na filosofia.

Essa preocupação teve como precursor o lógico e matemático alemão **Johann Gottlob Frege** (1848-1925). Percebendo que a linguagem comum contém expressões geradoras de equívocos, Frege propôs a constituição de uma **linguagem formal** que restringisse os inconvenientes e imprecisões da linguagem comum.

Outros nomes importantes da filosofia analítica foram **Bertrand Russel** e **Ludwig Wittgenstein**, que estudaremos em seguida, além dos britânicos **John Langshaw Austin** (1911-1960) e **Gilbert Ryle** (1900-1976).

Russell: pioneiro da filosofia analítica

> O maior desafio para qualquer pensador é enunciar o problema de tal modo que possa permitir uma solução.
>
> Russell

Além de matemático e filósofo, Bertrand Russell (ao lado) foi um grande defensor das causas humanitárias, liderando campanhas pacifistas pelo desarmamento nuclear.

Nascido no País de Gales (Grã-Bretanha), Bertrand Russell (1872-1970) dedicou-se à matemática, à lógica e à filosofia em geral. Escreveu mais de sessenta livros tratando de variados temas, como teoria do conhecimento, ciência, educação, política, lógica, matemática e história da filosofia. No entanto, sua contribuição filosófica mais reconhecida deu-se no campo da lógica matemática e da filosofia analítica, que dominou o cenário filosófico inglês durante o século XX. Em co-autoria com Alfred North Whitehead, escreveu os três volumes de *Principia Mathematica*, publicados entre 1910 e 1913. Obra densa, rigorosamente técnica e dirigida a especialistas, muitos estudiosos a consideram uma das mais importantes contribuições à lógica, desde os trabalhos de Aristóteles.

Dono de um estilo literário elegante, irônico, cativante e polêmico, Bertrand Russell recebeu o Prêmio Nobel de Literatura, em 1950. Em sua longa vida, viveu 98 anos, participou ativamente das questões sociais de sua época, lutando em prol das liberdades democráticas, da educação, da emancipação feminina, da paz mundial. Foi uma das personalidades públicas mais influentes da Europa no século XX.

A tese central de *Principia Mathematica* consiste em demonstrar que "toda a matemática pura advém dos princípios da lógica pura." Portanto, há uma identidade entre lógica e matemática. Posteriormente, Russell ampliou esta tese procurando estabelecer os fundamentos lógicos do conhecimento científico em geral. E prosseguindo neste projeto de apontar os pressupostos lógicos da racionalidade, Russell desenvolveu a filosofia analítica submetendo a linguagem humana à análise lógica. Para ele, grande parte dos problemas filosóficos se dissolvem em falsos problemas quando enfrentamos os equívocos, ambigüidades e imprecisões da linguagem cotidiana.

O problema fundamental consistiria em investigar, em termos lógicos, as proposições lingüísticas para se saber o que estamos realmente falando quando questionamos ou afirmamos isto ou aquilo. A filosofia analítica promoveria uma espécie de terapia lingüística, desmontando as armadilhas ocultas da linguagem. Vejamos como Bertrand Russell ilustra esse método com um exemplo[7]:

7. Russel oferece este exemplo do método analítico, embora ressalve que não aceita este argumento em particular.

> Acontece com freqüência de alguém se perguntar quando tudo iniciou. O que deu partida ao mundo, de que início adquiriu o seu curso? Em vez de darmos uma resposta, examinemos primeiro a formulação da pergunta. A palavra central, na pergunta, é *início*. Como se emprega essa palavra no discurso corrente? Para responder a esta indagação secundária, precisamos examinar o tipo de situação em que ordinariamente usamos essa palavra. Talvez pudéssemos pensar num concerto sinfônico e dizer que o seu início será às oito horas. Antes do início, poderíamos jantar na cidade, e depois do concerto voltar para casa. O importante é observar que faz sentido perguntar o que aconteceu antes do início e o que ocorreu depois. Um início é um ponto no tempo, que marca uma fase de algo que acontece no tempo. Se retomarmos agora a questão *filosófica* fica claro que, neste caso, empregamos a palavra *início* de modo completamente diferente, porque não se pretende que jamais perguntássemos o que aconteceu antes do início de todas as coisas. Na verdade, explicando assim, podemos ver o que há de errado com a pergunta. Perguntar por um início sem nada que o preceda, é como perguntar por um quadrado redondo. Depois de compreendermos isso, deixaremos de fazer essa pergunta, porque compreenderemos que não tem sentido.
>
> RUSSELL, Bertrand. *História do Pensamento Ocidental*, p. 494 e 495.

Wittgenstein: a estrutura lógica e o jogo social da linguagem

> Filosofar é como tentar descobrir o segredo de um cofre: cada pequeno ajuste no mecanismo parece levar a nada. Apenas quando tudo entra no lugar a porta se abre.
>
> Wittgenstein

Corbis/Latinstock

Para Wittgenstein, a linguagem é como uma caixa de ferramentas: pode ser usada em situações e contextos diversos, formando "jogos de linguagem" diferentes, como no discurso acadêmico e na gíria descontraída de um grupo de *rappers*.

Aceitando como mais provável essa segunda alternativa, o lógico e filósofo austríaco naturalizado britânico Ludwig Wittgenstein (1889-1951) concluiu que seria necessário fazer uma "terapia da linguagem", ao final da qual muitos dos problemas filosóficos se mostrariam como falsos problemas, como simples problemas de linguagem.

O percurso filosófico de Wittgenstein pode ser dividido em duas grandes fases. Na **primeira fase**, configurada no *Tractatus logico-philosophicus*, ele intensificou a busca de uma **estrutura lógica** que pudesse dar conta do funcionamento da linguagem. Para ele, a estrutura da linguagem deveria corresponder à realidade dos fatos. Em suas palavras: "um estado de coisas é pensável, quer dizer: podemos fazer uma figura dele. A totalidade dos pensamentos verdadeiros é uma figura do mundo".

Em sua **segunda fase**, Wittgenstein deu um giro de 180° e se afastou dessa compreensão de que a verdade da proposição deve ser verificada na experiência do mundo real, e passou a afirmar a impossibilidade de uma redução legítima entre um conceito lógico (da linguagem) e um conceito empírico (da realidade).

Em outras palavras, a linguagem não seria a captura conceitual da realidade, isto é, não seria a reprodução do objeto, mas sim uma **atividade**, um **jogo**. E os **jogos de linguagem** adquirem o seu significado no uso social, nos diferentes modos de ser e de viver no qual a fala está inserida.

De acordo com o filósofo, a linguagem comum possui uma riqueza de espécies e tipos de frases que são usadas em situações específicas (mandar, pedir, relatar, descrever, inventar, agradecer etc.) e formam os "jogos de linguagem", que se produzem socialmente e não individualmente.

Com essa perspectiva, Wittgenstein abandonou a intenção de fazer da linguagem comum a "pintura da realidade", como ele mesmo havia dito anteriormente. O termo lingüístico não poderia mais ser explicado por meio de uma análise lógica, mas apenas a partir de seu uso social.

Na sua obra *Investigações filosóficas*, Wittgenstein explica: "A linguagem é como uma caixa de ferramentas". Para ele, não se trata mais de considerá-la falsa ou verdadeira, mas de saber usá-la. A tarefa da filosofia é usar adequadamente a linguagem, sabendo dos seus limites e calando-se diante do que não pode ser falado.

A ESCOLA DE FRANKFURT

Uma teoria crítica contra a opressão social

Escola de Frankfurt é o nome dado ao grupo de pensadores alemães do Instituto de Pesquisas Sociais de Frankfurt, fundado na década de 1920. Sua produção ficou conhecida como **teoria crítica**. Entre eles destacaram-se **Theodor Adorno**, **Max Horkheimer**, **Walter Benjamin**, **Herbert Marcuse** e **Jurgen Habermas**, que estudaremos em seguida, além de **Erich Fromm** (1900-1980), psicanalista teuto-americano mencionado mais de uma vez neste livro.

Apesar de haver grandes diferenças de pensamento entre esses autores, identificamos neles a preocupação comum de estudar variados aspectos da vida social, de modo a compor uma **teoria crítica da sociedade como um todo**. Para tanto, investigaram as relações existentes entre os campos da economia, da psicologia, da história e da antropologia.

Os pontos de partida fundamentais de suas reflexões foram a **teoria marxista** (na verdade, uma leitura original do marxismo) e a **teoria freudiana**, que trouxe à tona elementos novos sobre o psiquismo das pessoas. Mas há também outras influências, como as de Hegel, Kant ou do sociólogo Max Weber.

A Escola de Frankfurt concentrou seu interesse na análise da **sociedade de massa**, termo que busca caracterizar a sociedade atual, na qual o avanço tecnológico é colocado a serviço da reprodução da lógica capitalista, enfatizando o consumo e a diversão como formas de garantir o apaziguamento e a diluição dos problemas sociais.

Adorno e Horkheimer: razão instrumental e massificação

> O humano estabelece-se na imitação: um homem torna-se um homem apenas imitando outros homens.
>
> Adorno

Na análise da sociedade de massa, que se desdobra em vários aspectos, um tema muito presente é a **crítica da razão**. De acordo com Max Horkheimer (1895-1973) e Theodor Adorno (1906-1969), a **razão iluminista**, que visava a emancipação dos indivíduos e o progresso social, terminou por levar a uma maior dominação das pessoas em virtude justamente do desenvolvimento tecnológico-industrial. Horkheimer acreditava que o problema estava na própria **razão controladora** e **instrumental**, que busca sempre a dominação, tanto da natureza quanto do próprio ser humano.

Assim, escreveu Max Horkheimer, em 1946:

> Parece que enquanto o conhecimento técnico expande o horizonte da atividade e do pensamento humano, a autonomia do homem enquanto indivíduo, a sua capacidade de opor resistência ao crescente mecanismo de manipulação de massas, o seu poder de imaginação e o seu juízo independente sofreram uma redução. O avanço dos recursos técnicos de informação se acompanha de um processo de desumanização.
>
> HORKHEIMER, Max. *Eclipse da razão*, p. 6.

Em um texto de autoria de Horkheimer e Adorno, *A dialética do esclarecimento*, de 1947, os dois fazem dura crítica ao Iluminismo, que estimulou o desenvolvimento dessa razão controladora e instrumental que predomina na sociedade contemporânea. Denunciam também o desencantamento do mundo, a deturpação das consciências individuais, a assimilação dos indivíduos ao sistema social dominante.

Em resumo, Horkheimer e Adorno denunciam a **morte da razão crítica**, asfixiada pelas relações de produção capitalista. Se denúncias semelhantes já haviam sido feitas no campo do marxismo, o que há de característico nos filósofos da Escola de Frankfurt é a **desesperança** em relação à possibilidade de transformação dessa realidade social.

Essa desesperança se deveria ao diagnóstico da ausência de consciência revolucionária no proletariado (trabalhadores), que teria sido assimilado, absorvido pelo sistema capitalista, seja pelas conquistas trabalhistas alcançadas, seja pela alienação de suas consciências, promovida pela indústria cultural.

Indústria cultural é um termo difundido por Adorno e Horkheimer para designar a indústria da diversão de massa, veiculada pela televisão, cinema, rádio, revistas, jornais, músicas, propagandas etc. Através da indústria cultural e da diversão se obteria a **homogeneização dos comportamentos**, a **massificação** das pessoas.

Panoramic Images/Getty Images

A banalização comercial da cultura: A "indústria cultural" expõe seus produtos como qualquer outro bem de consumo.

A falta de perspectiva de transformação social levou Adorno a se refugiar na **teoria estética**, por entender que o campo da arte é o único reduto autêntico da razão emancipatória e da crítica à opressão social.

Benjamin: arte como instrumento de politização

> Não há Messias enviado do céu. Somos nós o Messias; cada geração possui uma parcela de poder messiânico e deve se esforçar por exercê-la.
>
> Benjamin

Walter Benjamin (1892-1940) se distingue de Adorno e Horkheimer por uma postura mais **otimista** no que diz respeito à indústria cultural. Em seu texto *A obra de arte na época de suas técnicas de reprodução*, ele se mostra esperançoso com a possibilidade de que a **arte**, a partir do desenvolvimento das técnicas de reprodução (discos, reprografia e processos semelhantes), se torne **acessível a todos**.

Enquanto, na visão de Adorno e Horkheimer, a cultura veiculada pelos meios de comunicação de massa não permite que as classes assalariadas assumam uma posição crítica em relação à realidade, Benjamin acredita que a arte dirigida às massas pode servir como **instrumento de politização**.

Além disso, desenvolveu reflexões nas quais buscou conciliar a teoria marxista com a tradição judaica, dando origem a um pensamento de difícil penetração, ainda que de grande beleza literária.

Marcuse: pelo princípio do prazer

> Existe um tempo para falar e um tempo para agir; e esses tempos são definidos (marcados) pela constelação social concreta de forças.
>
> Marcuse

Hulton Archive/Getty Images

Eros, o deus grego do amor.

Herbert Marcuse (1898-1979) desenvolveu uma obra marcada significativamente pelas teorias freudiana e marxista. Em *Eros e civilização*, retomou o tema desenvolvido por Freud da necessidade de **repressão dos instintos** para a manutenção e o **desenvolvimento da civilização**.

De acordo com Freud, a história social do homem é a história de sua repressão, do combate ao livre prazer em prol do trabalho, do adiamento do **princípio do prazer** para atender ao **princípio da realidade**. Sem essa renúncia, a vida social seria impossível.

Marcuse considera que Freud tem razão em diagnosticar esse fato. Porém discorda do fundador da psicanálise quando este apresenta essa situação como algo eterno, ou seja, que é impossível uma civilização não-repressiva. Marcuse defende que as imposições repressivas são antes produtos de uma organização histórico-social específica do que uma necessidade natural e eterna das sociedades.

Ele apontou que a possibilidade de uma civilização menos repressiva pode surgir do próprio **desenvolvimento tecnológico**, que criaria condições para a **libertação** em relação à obrigação do trabalho e a conseqüente ampliação do **tempo livre**. No entanto, isso não se dará, segundo Marcuse, sem a **intervenção do ser humano** para reorientar o rumo da trajetória histórica possibilitada por esse desenvolvimento.

Nesse ponto, a tarefa da filosofia seria anunciar essa possibilidade. Se isso não ocorrer, teremos o contrário, ou seja, a perpetuação do desenvolvimento tecnocientífico a serviço da dominação e da homogeneização dos indivíduos. Tal situação criaria o que Marcuse mesmo denominou o **homem unidimensional**, incapaz de criticar a opressão e construir alternativas futuras.

Habermas: a teoria da ação comunicativa

> São as pessoas quando falam entre si, e não quando ouvem, lêem ou assistem os meios de comunicação de massas, as que realmente fazem que a opinião mude.
>
> Habermas

Jurgen Habermas (acima) propõe um novo conceito de razão, a razão comunicativa, como forma de retomar o projeto emancipatório da humanidade em novas bases.

Dentre os teóricos da Escola de Frankfurt, o que maior influência exerce atualmente é Jurgen Habermas (1929-). Ele discorda de Adorno e Horkheimer no que se refere aos conceitos centrais da análise realizada por esses dois filósofos: razão, verdade e democracia.

Vimos que, de acordo com essa análise, Adorno e Horkheimer chegam a um impasse quanto à possibilidade de uma razão emancipatória, já que a razão estaria asfixiada pelo desenvolvimento do capitalismo.

De acordo com Habermas, essa é uma posição perigosa em filosofia, pois poderia conduzir a uma crítica radical da modernidade e, em conseqüência, da razão, que levaria ao irracionalismo. Em seu artigo "Modernidade *versus* pós-modernidade", ele enfatiza esse ponto, afirmando, contra a tendência ao irracionalismo presente na chamada **filosofia pós-moderna** (que veremos em seguida), que "o projeto da modernidade ainda não foi cumprido". Ou seja, que o potencial para a racionalização do mundo ainda não está esgotado. Por isso Habermas costuma ser descrito como "o último grande racionalista".

O filósofo também discorda dos resultados pessimistas da análise de Adorno e Horkheimer, segundo a qual a razão não mais se realizaria no mundo, porque o capitalismo, em sua complexidade, teria conseguido narcotizar a consciência do proletariado e, dessa forma, perpetuar-se como sistema. Para Habermas, existem alguns pontos falhos nessa análise cuja identificação permitiria propor uma retomada do projeto emancipatório, porém em novas bases. Na realidade, o filósofo rompe com a teoria marxista em seus pontos fundamentais, tais como a **centralidade do trabalho** e a identificação do **proletariado como agente da transformação social**, como vimos no capítulo anterior.

Ação comunicativa e verdade intersubjetiva

Habermas propõe então, como nova perspectiva, outro conceito de razão: a **razão dialógica**, que brota do **diálogo** e da **argumentação** entre os agentes interessados numa determinada situação. É a razão que surge da chamada **ação comunicativa**, do uso da **linguagem** como meio de conseguir o **consenso**. Para tanto, é necessária uma ação social que fortaleça as estruturas capazes de promover as condições de liberdade e de não-constrangimento imprescindíveis ao diálogo.

O conceito de **verdade** também se modifica em função dessa nova perspectiva. Habermas propõe o entendimento da verdade não mais como uma adequação do pensamento à realidade, mas como **fruto da ação comunicativa**; não como verdade subjetiva, mas como **verdade intersubjetiva** (entre sujeitos diversos), que surge do diálogo entre os indivíduos. Nesse diálogo se aplicam algumas regras, como a não-contradição, a clareza de argumentação e a falta de constrangimentos de ordem social.

Razão e verdade deixam de ser, assim, conteúdos ou valores absolutos e passam a ser definidos **consensualmente**. E sua validade será tanto maior quanto melhores forem as condições nas quais se dê o diálogo, o que se consegue com o **aperfeiçoamento da democracia**.

O pensamento de Habermas incorpora e desenvolve reflexões propostas pela filosofia da linguagem. A ênfase dada por ele à razão comunicativa pode ser entendida como uma maneira de tentar "salvar" a razão, que teria chegado a um beco sem saída. Assim, se o mundo contemporâneo é regido pela razão instrumental, conforme denunciaram os filósofos que o antecederam na Escola de Frankfurt, para Habermas caberia à razão comunicativa, enfim, o papel de resistir e reorientar essa razão instrumental.

FILOSOFIA PÓS-MODERNA
A pluralidade dos caminhos e das culturas

O termo **pós-moderno** se aplica a um grupo de intelectuais, entre eles alguns filósofos, que têm como ponto comum a crítica ao projeto da modernidade, entendido como o projeto de emancipação humano-social através do desenvolvimento da razão.

Esses pensadores partem da constatação dos desastres sociais e ambientais aos quais a sociedade contemporânea chegou: miséria, desigualdades sociais extremas, catástrofes ambientais, guerras, dominação dos países economicamente desenvolvidos sobre os demais e a situação de barbárie que se verifica em algumas regiões do planeta.

Essa corrente de pensadores identifica, como o fizeram Adorno e Horkheimer, o fenômeno da assimilação dos indivíduos ao sistema, isto é, sua absorção pelo capitalismo, um fenômeno totalitário que se dá pela narcotização das consciências por intermédio da indústria cultural, conforme vimos anteriormente, e que alcança todos os setores da vida social.

Essa tendência se fortaleceu na segunda metade do século XX, após os sinais de degeneração das experiências socialistas, o chamado **socialismo autoritário**. Com a falência do socialismo como modelo alternativo ao sistema capitalista, o mundo teria se curvado à onipotência do *status quo*, sem qualquer perspectiva de transformação.

Lorenzo Ciniglio/Corbis/Latin Stock

Protesto diante do Fórum Econômico Mundial. A globalização da economia não tem correspondido às expectativas de melhoria da qualidade de vida da maioria da população mundial.

De uma forma geral, esse é o quadro herdado pelos filósofos da pós-modernidade. Assim, o termo **pós-moderno** designa o **fim do projeto da modernidade**, ou seja, a desesperança historicamente constatada de que a razão técnico-científica favoreça a emancipação humana.

Sem essa perspectiva de uma transformação social radical, a filosofia pós-moderna passou a analisar os diversos aspectos da vida social, principalmente aqueles em que se verifica maior racionalização rumo ao **controle** dos indivíduos, denunciando as formas de **opressão** que os acompanham em sua **vida cotidiana**.

Essa denúncia é feita de forma **fragmentária**, isto é, aborda aspectos variados e singulares do cotidiano e não se estrutura numa visão de conjunto, uma vez que a filosofia pós-moderna abandonou a pretensão de totalidade que orientava o pensamento moderno.

Podemos dizer, portanto, que os filósofos pós-modernos desenvolvem uma visão fragmentada da vida cotidiana e dos indivíduos também fragmentados. Uma visão preocupada em captar as singularidades, as particularidades e as diversidades do real. Seu mérito seria a valorização das **pluralidades culturais**, pelo respeito à **diferença do outro**.

Um traço que está presente em filósofos pós-modernos é a **debilitação das esperanças** — que um dia dominaram o mundo moderno — de compreensão e de transformação conjunta da vida social. Diante das frustrações históricas, restou a sensação de que chegamos a um ponto em que o controle da economia global está fora de nosso alcance e, diante disso, os grandes projetos emancipatórios, como o do socialismo marxista, perderam o sentido que um dia tiveram para orientar as iniciativas coletivas.

Entre os pensadores pós-modernos mais significativos estão os franceses **Michel Foucault**, **Jean Baudrillard**, **Jacques Derrida**, que estudaremos em seguida, além de **Jean-François Lyotard** (1924-1998).

Foucault: a microfísica do poder

> De homem a homem verdadeiro, o caminho passa pelo homem louco.
>
> **Foucault**

Segundo Michel Foucault (1926-1984), as sociedades modernas apresentam uma **nova organização do poder** que se desenvolveu a partir do século XVIII. Nessa nova organização, o poder não se concentra apenas no setor político e nas suas formas de repressão, pois está disseminado pelos vários âmbitos da vida social. Para Foucault, o poder se fragmentou em **micropoderes** e se tornou muito mais eficaz.

Assim, em vez de se deter apenas no macropoder concentrado no Estado, Foucault analisou esses micropoderes que se espalham pelas mais diversas instituições da vida social. Isto é, os poderes exercidos por uma rede imensa de pessoas que interiorizam e cumprem as **normas** estabelecidas pela **disciplina social**. Exemplo: os pais, os porteiros, os enfermeiros, os professores, as secretárias, os guardas, os fiscais etc.

Adotando essa perspectiva de análise, conhecida como **microfísica do poder**, Foucault afirma que "o poder está em toda parte, não porque englobe tudo" e sim "porque provém de todos os lugares".

Na vida cotidiana, segundo o filósofo, esbarramos mais com os guardiões dos micropoderes — os pequenos donos dos poderes periféricos — do que com os detentores dos macropoderes. Em seu livro *Microfísica do poder*, Foucault explica:

> Por dominação eu não entendo o fato de uma dominação global de um sobre os outros, ou de um grupo sobre o outro, mas as múltiplas formas de dominação que se podem exercer na sociedade.

O objetivo de Foucault, como filósofo, foi o de colocar à mostra estruturas veladas de poder, tendo por inspiração Nietzsche. Tanto quanto esse filósofo, Foucault afirmou a relação entre saber e poder. Em suas palavras:

> Vivemos em uma sociedade que em grande parte marcha "ao compasso da verdade" – ou seja, que produz e faz circular discursos que funcionam como verdade, que passam por tal e que detêm, por esse motivo, poderes específicos.

Steven Clevenger/Corbis/Latin Stock

A disciplina social é produto da ação de uma infinidade de agentes, com seus micropoderes, como o de um simples funcionário que fiscaliza e permite a entrada de pessoas num edifício, mediante a apresentação de documento.

Genealogia do poder

Foucault também desenvolveu seu método de pesquisa à maneira de uma **genealogia**, como o fez Nietzsche. Semelhantemente ao filósofo alemão, adota como ponto de partida a noção de que os valores — o bem e o mal, o verdadeiro e o falso, o certo e o errado, o sadio e o doente etc. — são consagrados historicamente em função de interesses relativos ao poder dentro da sociedade. Em outras palavras, a definição do que é bom, do que é verdade, do que é sadio depende das instâncias nas quais o poder se encontra.

E, no entendimento de Foucault, esse poder não seria essencialmente um poder de repressão ou de censura, mas sim um **poder criador**, no sentido de que produz a realidade e seus conceitos. Em seu livro *Vigiar e punir, uma genealogia do poder*, ele explica esse seu entendimento do que é o poder:

> É preciso cessar de sempre descrever os efeitos do poder em termos negativos: ele "exclui", "reprime", "recalca", "censura", "discrimina", "mascara", "esconde". Na verdade, o poder produz: produz o real; produz os domínios de objetos e os rituais de verdade.

Nesse mesmo livro, Foucault acompanha a evolução dos **mecanismos de controle social e punição**, que se tornaram cada vez menos visíveis e mais racionalizados. Ele caracteriza a sociedade contemporânea como uma **sociedade disciplinar**, na qual prevalece a produção de práticas disciplinares de vigilância e controles constantes, que se estendem a todos os âmbitos da vida dos indivíduos.

Uma das formas mais eficientes dessa vigilância e disciplina se dá, no seu entender, através dos discursos e práticas científicas, aparentemente neutras e racionais, que procuram normatizar o comportamento dos indivíduos.

Um exemplo disso seria o tratamento científico dado à sexualidade, no qual o comportamento sexual é normatizado por meio do convencimento racional dos indivíduos sobre os cuidados necessários à sua vida nesse âmbito. Desse modo, assumindo a face do **saber**, o poder, segundo Foucault, atinge os indivíduos em seu **corpo**, em seu **comportamento** e em seus **sentimentos**.

Assim, como o poder se encontra em múltiplos espaços, a resistência a esse estado de coisas não caberia, segundo o filósofo, a um partido ou uma classe revolucionária, pois estes se dirigiriam a um único foco de poder. Seria necessária, portanto, a ação de múltiplos pontos de resistência.

Derrida: o desconstrutivismo

Julio Donoso/Corbis Sygma/Latin Stock

De origem judaica e nascido na Argélia, Derrida (acima) assentou boa parte de suas reflexões em questões contemporâneas. Foi um dos grandes pensadores da chamada "geração de 68", grupo que reunia Roland Barthes, Gilles Deleuze, Jacques Lacan, Michel Foucault, Louis Althusser, entre outros.

Jacques Derrida (1930-2004) também critica o desenvolvimento da razão no Ocidente, a partir do próprio conceito de razão. Para Derrida toda a filosofia ocidental partilha a idéia de um **centro**, de algo que unifica e estrutura a sua construção teórica. Deus, homem, verdade são exemplos de noções que organizam o entendimento do mundo. A isso Derrida denomina **logocentrismo**.

Ele também chama a atenção para o fato de que a cada um desses centros corresponde uma **antítese**, o seu **oposto**: Deus-diabo; homem-mulher; verdade-mentira. Essa lógica das oposições que, segundo ele, teve origem na Grécia, na oposição entre ***logos*** (razão) e **mito**, foi preservada pela filosofia ocidental.

Derrida propõe então **desconstruir** o conceito de *logos*, negar sua supremacia em relação ao seu par lógico, sem o qual o *logos* não teria sentido. Em sua interpretação, o pensamento filosófico ocidental teria atribuído um valor absoluto a um dos elementos que compõem essa dualidade, criando assim verdades absolutas. Derrida não só nega essas verdades, mas também identifica nelas a condição de **construções culturais**.

Seria necessária, então, a **desconstrução** desses **centros** da filosofia ocidental, especialmente a noção de **razão** e de **sujeito**, segundo Derrida. E isso se faria a partir da **análise da linguagem**, que ele entende ser a estrutura essencial da cultura.

A desconstrução seria, portanto, uma análise que pretende mostrar:

- como se dá a **construção** de certas noções — por exemplo, o conceito de razão e os valores a ele associados;
- como depois essas noções passam a ter **função predominante na cultura ocidental**;
- e, por último, como elas podem ser usadas como forma de **dominação**.

Baudrillard: a espetacularização da realidade

> A questão agora é como podemos ser humanos perante a ascensão incontrolável da tecnologia.
>
> Baudrillard

Jean Baudrillard (1929-) dedica seus estudos à compreensão da **sociedade de massa**. Analisa aspectos como a **indústria cultural** e o fenômeno do **consumismo**, que promovem a massificação da sociedade.

Segundo o filósofo, a sociedade atual não pode mais ser compreendida a partir de sua estruturação em classes sociais, pois essas classes perderam a sua identificação como tal. No processo de massificação ocorre uma neutralização das perspectivas de transformação social, e os indivíduos aderem à banalização da vida cotidiana.

Essa adesão é reforçada pelo que ele qualificou de **hiper-realidade**, que se refere à capacidade da mídia de criar uma realidade virtual, que substituiria, para os indivíduos, a própria realidade. Para ele, a sociedade contemporânea é a sociedade do espetáculo, da vida virtual veiculada pelos meios de comunicação.

Análise e entendimento

Existencialismo

1. Nietzsche é considerado um pré-existencialista por ter inspirado as filosofias da existência com sua crítica radical e impiedosa, tanto da tradição filosófica como dos valores fundamentais da civilização ocidental. Sobre si mesmo, afirmou: "Não sou um homem, sou uma dinamite".
   Identifique e explique as "bombas" lançadas por ele nos seguintes domínios:

a) da tradição filosófica;
b) da moral;
c) da religião.

2. Por que a fenomenologia de Husserl pode ser considerada uma "reabilitação ontológica do sensível", conforme afirmou o filósofo existencialista francês Merleau-Ponty?

3. Discorra sobre dois aspectos da filosofia de Heidegger:

a) um que confirma sua recusa de ser um existencialista;
b) outro que o insere na tradição das filosofias da existência.

4. Relacione as três concepções características do existencialismo apresentadas neste capítulo com aspectos do pensamento de Sartre.

Filosofia analítica

5. Quando Bertrand Russell diz que "o maior desafio para qualquer pensador é enunciar o problema de tal modo que possa permitir uma solução", revela uma preocupação típica da filosofia analítica.
Analise essa afirmação, considerando aspectos do pensamento do filósofo inglês e as características da filosofia analítica.

6. O Wittgenstein tardio (...) parece ter-se cansado do pensamento sério e inventado uma doutrina que faria tal atividade desnecessária. Eu não acredito por um momento que a doutrina que tem estas conseqüências preguiçosas seja verdadeira (...) O desejo de compreender o mundo é, eles acham, uma tolice ultrapassada. (Russell)
Interprete o comentário de Russell sobre seu discípulo Wittgenstein.

Escola de Frankfurt

7. Encontre no texto aspectos do pensamento de Adorno e Horkheimer que caracterizam o que se poderia definir como "pessimismo teórico" desses dois filósofos.

8. Em que difere o pensamento de Benjamin do de Adorno e Horkheimer?

9. Marcuse defende que o adiamento do princípio do prazer para atender ao princípio da realidade não é uma condição necessária da vida social, como entendia Freud.
Analise e comente essa afirmação.

10. Habermas exprime uma visão mais otimista que os demais teóricos da Escola de Frankfurt em relação a três questões: a razão, a verdade e a democracia. Discorra sobre cada uma delas.

Filosofia pós-moderna

11. Explique:

a) o significado do termo pós-moderno;
b) as características principais da filosofia pós-moderna.

12. Por dominação eu não entendo o fato de uma dominação global de um sobre os outros, ou de um grupo sobre o outro, mas as múltiplas formas de dominação que se podem exercer na sociedade. (Foucault)
Quais são as múltiplas formas de dominação a que se refere Foucault, explicitadas por ele na microfísica do poder e na genealogia do poder?

13. O que é o desconstrutivismo proposto por Derrida? Qual é o objetivo dessa desconstrução?

14. Baudrillard entende que a sociedade atual não pode mais ser compreendida a partir de sua estruturação em classes sociais. Por quê?

Debate e reflexão

1. ***A morte de Deus***

   Nietzsche foi um dos críticos mais radicais da civilização ocidental. Afirmava, por exemplo, a "morte de Deus" para rejeitar a crença nos valores absolutos, na "moral de rebanho" e na tradição cultural castradora da criatividade, da ação e da emoção pura do homem. Já o escritor russo Dostoievsky (1821-1881) chamou a atenção para o perigo dessa concepção: "Se Deus está morto, tudo é permitido".

   Reflita sobre esse tema e debata com seus colegas. Qual é a sua concepção de Deus? O que representa a idéia de Deus no mundo de hoje? Quais seriam as conseqüências de um mundo com Deus e de um mundo sem Deus?

2. ***A vida e a angústia***

   Heidegger diz que o sentimento profundo que faz o homem despertar da existência inautêntica é a angústia.

   Você já sentiu angústia? O que é uma existência inautêntica? O que a experiência da angústia nos revela? Reflita sobre o tema e escreva as suas descobertas.

3. ***Condição humana***

   Há pensadores que defendem que o homem tem uma essência, uma natureza própria, um conteúdo permanente que determina aquilo que somos. Outros pensadores, como Sartre, afirmam que a existência humana precede a essência, isto é, que o homem não tem uma natureza fixa e pronta (essência) que possa ser definida por algum conceito. "Isso significa que, primeiramente, existe o homem, ele se deixa encontrar, surge no mundo, e que ele só se define depois. E ele será tal como ele se fizer: O homem é aquilo que ele faz de si mesmo." (Sartre)

   Você concorda com Sartre? Reflita e discuta sobre esse tema com seus colegas.

4. ***Sociedade de massa***

   Elabore uma reflexão que explique os seguintes conceitos relacionados com a sociedade de massa: indústria cultural (Adorno e Horkheimer), homem unidimensional (Marcuse), hiper-realidade (Baudrillard). Depois apresente-a a seus colegas.

Sugestões de filmes

- **O ovo da serpente** (1978, EUA/Alemanha, direção: Ingmar Bergman)

  Filme que se passa no período anterior à chegada dos nazistas ao poder. Demonstra as estratégias construídas pelas diversas instâncias do sistema social alemão para a aceitação do terror que viria a seguir.

- **Guerra nas estrelas** (1977, EUA, direção: George Lucas)

  Primeiro filme produzido para a série e quarto na seqüência desta saga. Apresenta todas as características de entretenimento da indústria cultural. Reunindo todos os estilos heróicos do passado — *western*, novelas de cavalaria com seus feiticeiros, samurais e os poderes da mente —, é bem o tipo de objeto de desejo do público médio.

- **O tambor** (1979, direção: Volker Schlöndorf)

  Obra em que Oskar, uma criança de três anos, perante a falsidade do mundo dos adultos, decide não mais crescer. Comenta com seu tambor e seus gritos estridentes a Alemanha de

Hitler e da Segunda Guerra Mundial. Diante da anormalidade do mundo, sua própria deficiência mostra-se um gesto de recusa. Sua fragilidade é sua beleza.

- **O fantasma da liberdade** (1974, França, direção: Luis Buñuel)
  Filme surrealista que critica o abandono da liberdade pela sociedade burguesa, para colocar em seu lugar a irracionalidade, os bons costumes e a sexualidade culpada. O título refere-se imediatamente às linhas iniciais do Manifesto Comunista, de Karl Marx: "Um espectro ronda a Europa — o espectro do comunismo".

Para pensar

O trecho a seguir é parte de um texto em que Sartre expõe o sentido do humanismo na perspectiva existencialista, ressaltando que é no abandono de si mesmo, na liberdade do seu não-ser, que o homem constrói a si mesmo, que se faz ser humano. Leia-o e reflita sobre as questões que seguem.

O existencialismo é um humanismo

Na realidade, a palavra **humanismo** tem dois significados muito diferentes.

O humanismo fechado em si mesmo

Por humanismo pode entender-se uma teoria que toma o homem como fim e como valor superior. Neste sentido há humanismo em Cocteau, por exemplo, quando, na sua narrativa *A volta ao mundo em oitenta horas*, uma personagem declara, por sobrevoar montanhas de avião: o homem é espantoso. Significa isto que eu, pessoalmente, que não construí aviões, beneficiar-me-ei destas invenções extraordinárias, e que poderei pessoalmente, na qualidade de homem, considerar-me como responsável e honrado com os atos particulares de alguns homens. Isso implicaria que poderíamos dar um valor ao homem segundo os atos mais altos de certos homens.

Este humanismo é absurdo, porque só o cão ou o cavalo poderiam emitir um juízo de conjunto sobre o homem e declarar que o homem é espantoso, coisa que eles estão longe de fazer, tanto quanto eu sei... Mas, quanto a um homem, não se pode admitir que possa emitir um juízo sobre o homem. O existencialismo dispensa-o de todo julgamento deste gênero; o existencialista não tomará nunca o homem como fim, porque ele está sempre por fazer.

E não devemos crer que há uma humanidade à qual possamos render culto, à maneira de Augusto Comte. O culto da humanidade conduz ao humanismo fechado sobre si de Comte, e, é necessário dizê-lo, ao fascismo. É um humanismo com o qual não queremos nada.

O humanismo existencialista

Mas há um outro sentido de humanismo, que significa no fundo isto: o homem está constantemente fora de si mesmo, é projetando-se e perdendo-se fora de si que ele faz existir o homem e, por outro lado, é perseguindo fins transcendentes que ele pode existir; sendo o homem esta superação e não se apoderando dos objetos senão em referência a esta superação, ele vive no coração, no centro desta superação. Não há outro universo senão o universo humano, o universo da subjetividade humana.

É a esta ligação da transcendência, como estimulante do homem — não no sentido de que Deus é transcendente, mas no sentido de superação — e da subjetividade, no sentido de que o homem não está fechado em si mesmo mas presente sempre num universo humano, é a isso que chamamos humanismo existencialista.

Humanismo, porque recordamos ao homem que não há outro legislador além dele próprio, e que é no abandono que ele decidirá de si; e porque mostramos que isso não se decide com voltar-se para si, mas que é procurando sempre fora de si um fim — que é tal libertação, tal realização particular — que o homem se realizará precisamente como ser humano.

SARTRE, Jean-Paul. *O existencialismo é um humanismo*, p. 21.

Questões

1. Em que sentido o existencialismo é um humanismo e em que sentido não o é?

2. "O culto da humanidade conduz ao humanismo fechado sobre si de Comte, e, é necessário dizê-lo, ao fascismo." A que se refere esta afirmação de Sartre? Pesquise o que é fascismo. Verifique se existem relações entre a obsessão pela ordem social e o fascismo.

3. Interprete a seguinte afirmação de Sartre: "recordamos ao homem que não há outro legislador além dele próprio".

O problema do filósofo (1926) — Giorgio de Chirico.

Alinari Archives/Corbis

GRANDES TEMAS ATUAIS

UNIDADE 3

12

Filosofia da ciência

A tendência da especialização científica é conhecer cada vez mais de cada vez menos.

Rubem Alves

The Image Bank/Getty Images

Nuvem radioativa em forma de cogumelo, fruto da explosão de uma bomba atômica jogada sobre a cidade de Nagasaki, no Japão, em 1945.

CIÊNCIA E FILOSOFIA
Relações e contradições

A palavra **ciência** vem do latim *scientia*, que significa "sabedoria", "conhecimento". Como ponto de partida, podemos dizer que a ciência se caracteriza pela busca de conhecimento sistemático e seguro dos fenômenos do mundo.

Um dos objetivos da ciência é tornar o mundo **compreensível**, proporcionando ao ser humano meios para exercer controle sobre a natureza. Assim, desenvolvendo uma **visão positiva** da ciência, o matemático britânico de origem polonesa Jacob Bronowski (1908-1974) afirma que através do conhecimento científico o "homem domina a natureza não pela força, mas pela compreensão"[1].

Mas será isso possível?

O filósofo alemão Nietzsche já dissera que não. Para ele, o conhecimento se dá através de alguma forma de dominação, isto é, todo conhecimento implica **poder**.

Sobre essa relação entre ciência e poder, Horkheimer e Adorno diriam, tempos depois: "O ditador trata o homem como o homem trata a natureza: ele os conhece para melhor os controlar".

Assim, nessa **visão negativa** da ciência, a insaciável sede de conhecimento transformou o mundo num inferno tecnológico e causou certa regressão dos valores humanos.

Cabe, portanto, ao filósofo refletir sobre essa ambigüidade da ciência, bem como sobre suas pretensões, suas possibilidades, seus acertos e seus erros, buscando compreender algumas questões, como, por exemplo: qual a especificidade do saber científico, quais as condições desse conhecimento, qual o sentido da ciência, qual o valor da ciência para a vida humana, quais os limites da atividade científica.

Método científico: cada coisa no seu tempo e lugar

Comumente, pensamos que o conhecimento científico se alcança através de um método científico. Mas o que é um método científico? O termo **método** vem do grego *meta* = através e *hodos* = caminho, significando através de um caminho, de um procedimento.

Assim, o modo dos cientistas ao conduzirem suas investigações envolve um **núcleo de procedimentos** que costuma ser chamado **método científico**.

Do ponto de vista moral, o projeto moderno de dominação da natureza, exercido principalmente pela ciência, é entendido por muitos como frio, egoísta e cruel.

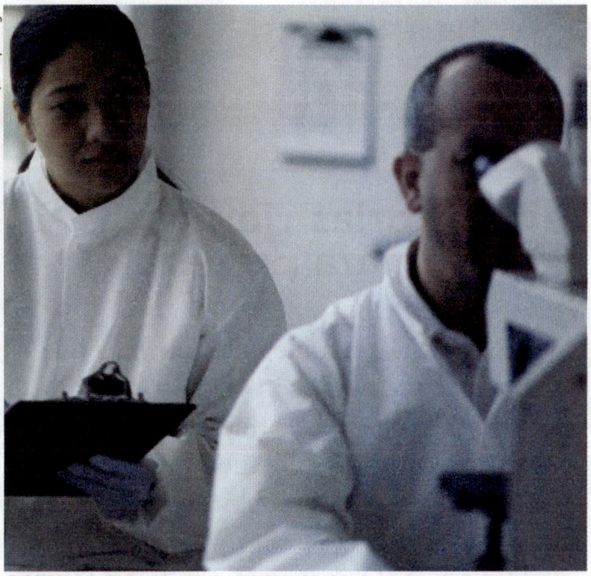

A observação, experimentação ou verificação é uma etapa importante de todo procedimento científico. Mas é preciso considerar também que toda observação é a observação de um observador, ou seja, está sempre dirigida por uma "carga" teórica que o observador (o cientista) traz consigo.

1. BRONOWSKI, Jacob. *Ciência e valores humanos*, p. 16.

Há diversos procedimentos que caracterizam diferentes métodos científicos. Estes apresentam, de modo geral, uma **estrutura** que se manifesta nas etapas percorridas para a solução de um problema. Vejamos um esquema das etapas do **método científico experimental**:

1. enunciado de um problema — observando **fatos**, o cientista enuncia um problema que o intriga e que ainda não foi explicado pelo conhecimento disponível. Nessa etapa, o cientista deve expor seu problema, com clareza e precisão, e procurar os instrumentos possíveis para tentar resolvê-lo;

2. formulação de uma hipótese — tentando solucionar o problema, o cientista propõe uma resposta possível, que constitui uma hipótese a ser avaliada na sua investigação. Isso significa que a hipótese é uma proposta não comprovada, que deve ser testada cientificamente;

3. testes experimentais da hipótese — o cientista testa a validade de sua hipótese, investigando as conseqüências da solução proposta. Essa investigação deve ser controlada por ele, para que o fator relevante previsto na hipótese seja suficientemente destacado na ocorrência do fato-problema;

4. conclusão — o cientista conclui a pesquisa científica, confirmando ou corrigindo a hipótese formulada e testada.

Além do método, a imaginação e a criatividade

Os métodos científicos não constituem conjuntos fixos e estereotipados de atos a serem adotados em todos os tipos de pesquisa científica.

Os métodos nascem da percepção de certos procedimentos recorrentes utilizados na pesquisa científica, mas que, por si só, não são suficientes para garantir o êxito desse empreendimento.

Os resultados satisfatórios de uma pesquisa dependem de amplo conjunto de fatores, que abrange desde a natureza do problema pesquisado até os recursos materiais aplicados na pesquisa. Dependem, ainda, de elementos como o acaso e, sobretudo, da criatividade, imaginação e inteligência do pesquisador.

Leis e teorias científicas: explicar para prever

Além de usar um método, sabemos que os cientistas, depois de suas investigações, também formulam leis e teorias, principalmente dentro das ciências naturais, sobretudo na física. Já nas ciências sociais, esse modelo de investigações não é tão presente.

Mas o que são exatamente as **leis** e **teorias científicas**?

Analisando inúmeros fatos do mundo, percebemos a ocorrência de **fenômenos regulares**, como, por exemplo, a sucessão do dia e da noite, das estações do ano, o nascimento dos seres vivos, a atração dos corpos em direção ao centro da Terra etc.

Para reconhecermos a ocorrência de **regularidades**, devemos observar os fenômenos semelhantes e classificá-los segundo suas características comuns. Ao examinar as regularidades, a ciência procura chegar a uma conclusão geral que possa ser aplicada a todos os fenômenos semelhantes. Através desse processo, ela procura formular **leis científicas**.

Nesse sentido, **leis** são enunciados generalizadores que procuram apresentar relações constantes e necessárias entre fenômenos regulares.

As leis científicas desempenham duas funções básicas:

- resumem uma grande quantidade de fenômenos regulares, favorecendo uma **visão global** do seu conjunto;
- possibilitam a **previsão** de novos fenômenos que se enquadrem na regularidade descrita.

As leis costumam fazer parte de uma **teoria científica**, que "especifica a causa ou mecanismo subjacente tido como responsável pela regularidade descrita na lei"[2].

Portanto, a teoria tem como objetivo explicar as regularidades entre os fenômenos e deles fornecer uma compreensão ampla. Costuma-se dizer que **explicar** e **prever** constituem a função fundamental das leis e teorias científicas.

Transitoriedade das teorias científicas

A ciência propõe-se a atingir conhecimentos precisos, coerentes e abrangentes. Caracteriza-se por tentar, deliberadamente, alcançar resultados que o senso comum, por suas condições, não pode normalmente alcançar.

O estudo da história das ciências revela, no entanto, que inúmeras teorias científicas que, por algum tempo, reinaram como absolutamente sólidas e corretas, certo dia foram refutadas, substituídas ou modificadas por outras teorias. Durante séculos e séculos, por exemplo, o mundo ocidental acreditou, de forma inabalável, que a Terra fosse o centro do Universo. Entretanto, Nicolau Copérnico, com a obra *Da revolução das esferas celestes*, publicada no ano de sua morte, 1543, demonstrou que a Terra se movia em torno do seu próprio eixo e ao redor do Sol. Era a teoria heliocêntrica, que refutava o geocentrismo de Ptolomeu.

Isso significa que os conhecimentos científicos não são inquestionavelmente certos, coerentes e infalíveis para todo o sempre. É como se eles tivessem certas "condições de validade". Além disso, como apontou, ironicamente, o dramaturgo irlandês Bernard Shaw (1856-1950), "a ciência nunca resolve um problema sem criar pelo menos dez outros".

Essa permanente possibilidade de que uma teoria científica seja revista ou corrigida por outra pode conduzir à noção pessimista de que a ciência é uma instituição falida. Ou também à

Charge sobre a Revolta da Vacina, de 1904, quando a polulação do Rio de Janeiro se revoltou contra o "espeto obrigatório", isto é, a campanha de vacinação contra a varíola comandada por Oswaldo Cruz. Esse acontecimento é um bom exemplo das conseqüências que pode ter a transitoriedade das teorias científicas. O desvendamento do mecanismo imunológico pelos cientistas havia levado, entre outras coisas, à criação das vacinas, e o uso da vacinação universal como forma de prevenção de doenças ainda era desconhecido pela população em geral.

2. KNELLER, George F. *A ciência como atividade humana*, p. 150.

posição cética de que todos os conhecimentos científicos são crenças passageiras que serão condenadas no futuro.

No entanto, é "senso comum" entre os defensores da ciência que, embora as teorias científicas possam ser refutadas, reformuladas ou corrigidas, ela cumpre a sua função, uma vez que "pode alcançar êxito no seu propósito de fornecer explicações dignas de confiança, bem fundadas e sistemáticas para numerosos fenômenos"[3].

A filosofia investiga a ciência

Essas e outras discussões levaram ao surgimento de um campo de reflexão sobre a ciência e seus métodos: a **filosofia da ciência**.

O tema geral da filosofia da ciência é o desenvolvimento da reflexão crítica sobre os fundamentos do saber científico. Esse tema geral desdobra-se numa série de questões, tais como:

- Estudo do método de investigação científica;
- Classificação da ciência;
- Natureza das teorias científicas e sua capacidade de explicar a realidade;
- Papel da ciência e sua utilização na sociedade.

A filosofia da ciência destacou-se como ramo da filosofia no final do século XIX, a partir de uma polêmica entre os pensadores ingleses **William Whewell** (1794-1866) e **John Stuart Mill** (1806-1873). As principais contribuições iniciais para a crítica da ciência foram dadas pelo físico e filósofo austríaco **Ernst Mach** (1838-1916), pelo físico e filósofo francês **Pierre Duhem** (1861-1916) e pelos pensadores do **Círculo de Viena**, que estudaremos adiante neste capítulo.

Saber científico e saber filosófico

Em sua busca de explicar e compreender o mundo, a ciência procura ampliar ao máximo o conhecimento racional do homem. Nessa trajetória, ela se desenvolve investigando setores específicos da realidade, que constituem as diversas áreas especializadas das disciplinas científicas, como a física, a matemática, a química, a biologia, a astronomia etc.

O saber científico, em última análise, não se opõe ao saber filosófico. O que os diferencia é sobretudo uma questão de enfoque: a ciência interessa-se mais em resolver problemas específicos, delimitados, enquanto a filosofia busca alcançar uma visão global, harmônica e crítica do saber humano.

Um homem não é necessariamente melhor filósofo graças ao conhecimento de maior

Time & Life Pictures/Getty Images

Albert Einstein (acima) conseguiu unir sua atividade como cientista à reflexão filosófica, manifestando uma visão global e crítica do mundo contemporâneo.

3. NAGEL, Ernest. Ciência: natureza e objetivo. In: MORGEN BESSER, Sidney. *Filosofia da ciência*, p. 18.

número de fatos científicos. Caso a filosofia seja matéria de seu interesse, deverá aprender da ciência os princípios, os métodos e as concepções gerais.

A ciência tenta agrupar fatos por meio de leis científicas. Estas leis, mais que os fatos originais, são a matéria-prima da filosofia. A filosofia envolve uma crítica do conhecimento científico de um ponto de vista menos preocupado com detalhes e mais comprometido com a harmonia do corpo genérico das ciências especiais.

RUSSELL, Bertrand. *Fundamentos de filosofia,* p. 8 (texto adaptado).

CAMINHOS DA CIÊNCIA

Desvelamento da realidade pela razão científica

O que denominamos **ciência** tem uma história recente. Até o século XVII, filosofia e ciência estavam interligadas, e foi só a partir da **revolução científica** iniciada por Galileu que teve início a história da ciência como um setor autônomo, independente da filosofia. Por isso, as origens do saber científico se confundem com as origens da própria filosofia.

Conforme já estudamos, a filosofia pré-socrática nasceu da busca pela *arché* (o **princípio** de todas as coisas da natureza), pela **unidade** em meio à **multiplicidade**, pelo **permanente** em meio ao **transitório**. Em certo sentido, esse continua sendo o objetivo da ciência: compreender o que é **universal** em relação aos objetos e fenômenos investigados. O que mudou bastante, dos antigos gregos à ciência contemporânea, foi o próprio entendimento do que é ciência e das condições nas quais se dá o conhecimento científico.

Conceito moderno de ciência

Aristóteles dizia que "**conhecer é conhecer as causas**", concebidas por ele como sendo quatro: a causa material, a causa formal, a causa eficiente e a causa final (conforme vimos no capítulo 6). Ao conhecer todas essas causas alcançaríamos um conhecimento que transcenderia a ciência, no seu sentido atual, e se confundiria com a própria metafísica, que é, como estudamos antes, o conhecimento daquilo que está além da física, além da natureza, ou seja, os princípios últimos de toda a realidade.

A partir de Galileu deu-se o abandono, em grande medida, dessa pretensão metafísica de conhecimento, de busca dos princípios últimos de todas as coisas. Conforme vimos antes, a ciência passou a se guiar por um procedimento mais específico e experimental e, sobretudo, **quantitativo**. A busca da explicação **qualitativa** e **finalística** (que busca um fim, uma finalidade, um sentido) acerca dos seres foi substituída pela **matematização**, que abstrai as características sensíveis da realidade e reduz a explicação dos fenômenos a equações, teoremas e fórmulas.

Como observou o historiador da ciência Alexandre Koyré em seu livro *Do mundo fechado ao universo infinito*, a partir do Renascimento houve a destruição da idéia de **cosmo**, de um mundo hierarquizado, dotado de centro e limitado no espaço. Em seu lugar, surgiu a idéia de um **universo infinito**, não-hierarquizado, não-místico, mas geométrico (tema estudado no capítulo 8).

Outra característica peculiar da ciência moderna é a ruptura com o aspecto **contemplativo** que predominava na ciência antiga. A ciência moderna é fundamentalmente **operativa**, isto é, tem interesse no conhecimento para poder operar, intervir na natureza e dominá-la. A filosofia de Kant reflete essa nova relação do homem com a natureza quando ele afirma:

> A razão, assim, se aproxima da natureza não como um aluno que ouve tudo aquilo que o professor se decide a dizer, mas como um juiz que obriga a testemunha a responder a questões que ele mesmo formulou.
>
> KANT. *Crítica da razão pura*, p. 11.

A **física** e a **química**, no século XVII, e, posteriormente, as **ciências biológicas** desenvolveram-se no interior dessa nova concepção de ciência.

O otimismo em relação às **ciências naturais** dominou a Idade Moderna, estendendo-se às chamadas **ciências humanas**, que, nascidas no século XIX, procuraram atingir um patamar de cientificidade próximo do alcançado pela física, considerada o modelo de ciência.

A própria sociologia foi concebida por Augusto Comte, um entusiasta da ciência, como uma "física social". Só posteriormente o sociólogo Max Weber postularia o **método da compreensão** (apreensão global dos elementos analisados) como mais adequado às ciências humanas que o **método da explicação** (esclarecimento das causas), embora ele próprio não abrisse mão da coleta de dados e das análises estatísticas, que são os procedimentos possíveis de ser efetuados pelas ciências humanas.

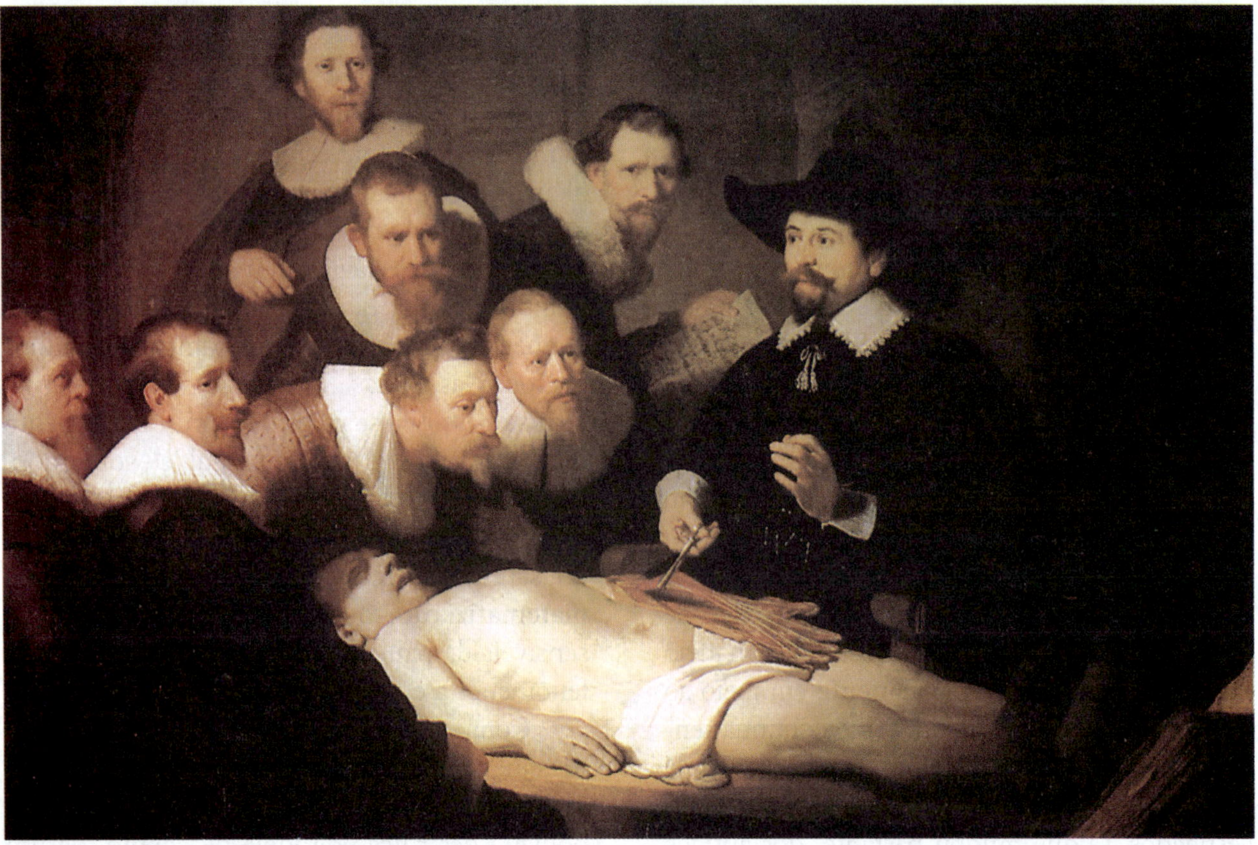

Retrato da dissecação de um corpo no século XVII, exemplo da ciência operativa da Idade Moderna. As dissecações tornaram-se acontecimentos públicos à época, pois havia grande curiosidade a respeito do funcionamento do corpo humano. Conta-se que o cadáver estudado seria de um homem que havia sido condenado à morte por ter roubado uma bolsa.
A lição de anatomia do Dr. Tulp (1632) — Rembrandt.

Foi somente na virada do século XIX para o século XX que algumas descobertas voltaram a revolucionar os **princípios da ciência**, originando questões referentes à **epistemologia**, isto é, à teoria sobre como se dá o conhecimento.

Além disso, a partir de meados do século XX começaram a surgir questionamentos sobre o **sentido** e os **limites** da ciência.

Crise da ciência

No final do século XIX e início do século XX, a matemática e a física clássicas foram revolucionadas por novas descobertas que romperam com certos **paradigmas** (modelos) estabelecidos até então.

Matemática: as geometrias não-euclidianas

No campo da **matemática**, surgiram novas concepções de geometria, desenvolvidas inicialmente pelo matemático russo **Nicolai Lobatchevski** (1792-1856) e pelo húngaro **János Bolyai** (1802-1860) (independentemente e sem conhecimento mútuo) por volta de 1826 e, posteriormente, pelo matemático alemão **Bernhard Riemann** (1826-1866).

Essas novas geometrias, denominadas **geometrias não-euclidianas**, abalaram a certeza matemática, pois rejeitavam alguns axiomas da geometria clássica euclidiana, colocando em dúvida algumas verdades até então consideradas evidentes e modificando as idéias sobre o espaço geométrico.

A partir do golpe desferido por essas novas concepções, os axiomas da geometria clássica passaram a ser entendidos não mais como **princípios irrefutáveis**, mas como simples **pontos de partida**. O matemático francês **Henri Poincaré** (1854-1912) reconheceu que, diferentemente da pretensão de irrefutabilidade que caracterizava a geometria euclidiana até então, "uma geometria não pode ser mais verdadeira que outra: ela pode ser apenas mais cômoda"[4].

Física: relatividade, incerteza e física quântica

No campo da **física**, a idéia de **determinismo** (nexos necessários entre causas e efeitos de um fenômeno), que se desenvolveu a partir da mecânica de Newton, havia se estendido aos outros ramos da Física, como a termodinâmica, a ótica e a acústica, e permeado o século XIX. Sua expressão exemplar foi o físico francês **Pierre Simon Laplace** (1749-1827), para quem "Deus é uma hipótese desnecessária".

Ao final do século XIX, no entanto, o desenvolvimento das pesquisas sobre eletrodinâmica fizeram surgir contradições que abalaram a concepção determinista do universo físico e levaram ao início da **física quântica**.

Em 1905, o físico alemão, que depois se naturalizou norte-americano, **Albert Einstein** (1879-1955) reformulou os conceitos tradicionais de espaço e tempo em um artigo intitulado *Sobre a eletrodinâmica dos corpos em movimento*, no qual, entre outras coisas, enuncia o conceito de energia como sendo igual à quantidade de massa multiplicada pela velocidade da luz ao quadrado ($E = mc^2$). Era o ponto de partida para o desenvolvimento de sua **teoria da relatividade**.

O mecanismo da física clássica newtoniana sofreu novo abalo com a formulação do **princípio da incerteza** pelo físico alemão **Werner Karl Heisenberg** (1901-1976), um dos fundadores da física quântica. O princípio da incerteza estabeleceu a impossibilidade de determinar com precisão a velocidade e localização de um elétron.

Assim, no século XX, a física passou a lidar com dois grandes níveis de observação:

- o campo dos valores e grandezas verificáveis na experiência cotidiana, que emprega a física clássica;
- o campo dos valores e grandezas envolvidos nos fenômenos microscópicos (atômicos, nucleares e subnucleares) e astronômicos, que emprega, por exemplo, a física quântica e a teoria da relatividade, respectivamente.

O desenvolvimento desses novos campos da física, além de romper com a concepção determinista e mecanicista da física clássica,

4. POINCARÉ, H. *Apud* REALE e ANTISERI. *História da filosofia*, p. 414.

passou a admitir também, com o princípio da incerteza, certo irracionalismo, o que abalou a pretensão de causalidade e previsibilidade que caracterizava a ciência até então.

Biologia: evolução, hereditariedade, cromossomos e genes

No campo da **biologia** não foi diferente. A **teoria da evolução**, estabelecida em 1859 pelo naturalista inglês **Charles Darwin** (1809-1882), veio abalar o próprio estatuto do homem como "centro do mundo", que marcou o humanismo da época moderna.

Com Darwin, a concepção de homem passou a ser associada a um processo evolutivo natural, no qual o ser humano mantém relações com os outros seres vivos. O homem deixou, assim, de ser uma criação especial de Deus para irmanar-se aos demais seres vivos, pois foi no processo de seleção natural que ele desenvolveu suas características peculiares.

Outras grandes descobertas em fins do século XIX, como as **leis da hereditariedade de Mendel**, de 1866, e a descoberta dos **cromossomos** e **genes** no início do século XX, levaram à decifração do código genético na segunda metade do século XX e possibilitaram as mais recentes e polêmicas pesquisas no campo da **engenharia genética.**

EPISTEMOLOGIA CONTEMPORÂNEA

As reflexões sobre o método científico

A partir das transformações no campo científico ocorridas na passagem do século XIX ao XX, muitas certezas foram abaladas, fazendo surgir novos questionamentos e reavaliações dos critérios de verdade e da validade dos métodos e teorias científicas.

A filosofia da ciência se debruçou sobre essas questões. É interessante observar que, entre os nomes mais significativos da filosofia da ciência, estão muitos cientistas de vários ramos, que produziram reflexões sobre sua própria prática (e nesse momento são filósofos).

Círculo de Viena: critério da verificabilidade

> As proposições fatuais são, pois, o fundamento de todo saber, mesmo que elas precisem ser abandonadas no momento de transição para afirmações gerais. Estas proposições estão no início da ciência. O conhecimento começa com a constatação dos fatos.
>
> Schlick

©Najlah Feanny/Corbis Saba

A ovelha Dolly (foto) é o resultado de uma das técnicas mais polêmicas desenvolvidas pela ciência atual: a clonagem. Ela foi gerada de forma assexuada, a partir das células mamárias de uma ovelha de 6 anos de idade.

Um grupo de cientistas que marcou a filosofia da ciência foi o chamado **Círculo de Viena**, formado na década de 1920 por cientistas de diversas áreas, tais como o físico alemão **Moritz Schlick** (1882-1936), os matemáticos alemães **Hans Hahn** e **Rudolf Carnap** (1891-1970), o sociólogo e economista austríaco **Otto Neurath** (1882-1945), entre outros.

O Círculo de Viena desenvolveu o **neopositivismo**, também denominado **positivismo lógico** ou ainda **empirismo lógico**, que pretendeu formar uma concepção científica do mundo e se opunha às especulações.

Em suas reflexões acerca do procedimento científico, enfatizou as exigências de **clareza** e **precisão** e propôs o **critério da verificabilidade** para validar uma teoria científica. Em outras palavras, a teoria deveria, para ser aceita como verdadeira, passar pelo crivo da **verificação empírica**.

Popper: critério da refutabilidade

> O método da ciência é o método de conjecturas audazes e engenhosas seguidas de tentativas rigorosas para refutá-las.
>
> Popper

Getty Images

Mais conhecido como um dos maiores nomes da filosofia da ciência, Popper (acima) também trouxe importante contribuição ao pensamento político. Com uma crítica aguçada a toda forma de totalitarismo, foi um defensor persistente do liberalismo.

O austríaco naturalizado britânico Karl Popper (1902-1994), físico, matemático e filósofo da ciência, criticou o critério da verificabilidade e propôs como única possibilidade para o saber científico o **critério da refutabilidade** ou **da falseabilidade**.

De acordo com esse critério, uma teoria se mantém como verdadeira até que seja **refutada**, isto é, a teoria permanece como verdadeira até que seja demonstrada sua **falsidade**, suas brechas, seus limites. Para Popper, nenhuma teoria científica pode ser verificada empiricamente pelo método indutivo. Isso porque,

> do ponto de vista lógico, não é nada óbvio que se justifique inferir assertivas universais a partir de assertivas singulares, por mais numerosas que sejam estas últimas. Com efeito, qualquer conclusão tirada desse modo sempre pode se revelar falsa: por mais numerosos que sejam os casos de cisnes brancos que possamos ter observado, isso não justifica a conclusão de que todos os cisnes são brancos.
>
> POPPER, K. *Apud* REALE e ANTISERI. *História da filosofia*, p. 1 022.

Com essa afirmação, Popper indicou a condição **transitória** da validade de uma teoria. Determinada teoria é válida até o momento em que é refutada, mostrando-se a sua falsidade. **So-**

mente a falsidade de uma teoria pode ser provada, mas nunca a sua veracidade absoluta. Isso significa que a ciência possui apenas **conjecturas** (hipóteses) sobre a realidade e não certeza definitiva. Mas o conhecimento científico pode progredir na sua busca de explicar o real, sendo necessário, para isso, que as sociedades estejam abertas à liberdade de crítica e de pesquisa.

Outro ponto que Popper destacou em suas reflexões sobre o conhecimento científico foi que a mente não é uma "tábula rasa" como pensam os empiristas. Para Popper, **não existe observação pura**, pois todas as observações são sempre realizadas à luz de **pressupostos** e de **teorias prévias** que o cientista traz consigo. E elas se confirmam ou não a partir da sua observação.

Bachelard: o caminho das rupturas epistemológicas

> Não há verdades primeiras, mas erros primeiros.
>
> Bachelard

Outro filósofo importante no campo da ciência foi o francês Gaston Bachelard (1884-1962), que destacou a importância do estudo da **história da ciência** como instrumento de análise da própria racionalidade. Nessa pesquisa, a atividade científica é entendida como parte de um processo histórico amplo e que possui um caráter social.

De acordo com a análise de Bachelard, a ciência progride por **rupturas epistemológicas** quando supera **obstáculos epistemológicos**. Isso quer dizer que a ciência caminha por saltos que se caracterizam pela recusa dos pressupostos e métodos que orientavam a pesquisa anterior (sustentando os erros estabelecidos), pois esses pressupostos e métodos atuavam como obstáculos, ou seja, eram entraves ao avanço do conhecimento. Esses obstáculos podem ser devidos a hábitos socioculturais cristalizados, a dogmatização de teorias que freiam o desenvolvimento da ciência etc.

Um exemplo de ruptura epistemológica é o da física quântica e da teoria da relatividade, que formularam uma nova maneira de conceber o espaço e o tempo, como resposta aos obstáculos representados pela física newtoniana, que não dava conta de explicar certos fenômenos.

Bachelard destacou também o papel da **imaginação** e da **criatividade** como elementos imprescindíveis da prática científica.

Kuhn: paradigmas e revoluções científicas

> Paradigma é o que os membros de uma comunidade científica compartilham e, reciprocamente, uma comunidade científica consiste em homens que compartilham um paradigma.
>
> Kuhn

Já o norte-americano Thomas Kuhn (1922-1996), físico e filósofo da ciência, desenvolveu sua teoria acerca da **história da ciência** entendendo-a não como um processo linear e evolutivo, mas como uma sucessão de paradigmas que se confrontam entre si. **Paradigma** é um conjunto de normas e tradições dentro do qual a ciência se move, durante um determinado período e em certo contexto cultural.

Em seu livro *A estrutura das revoluções científicas* (1962), Kuhn sustenta a tese de que a ciência se desenvolve durante certo tempo a partir da aceitação, por parte da comunidade científica, de um conjunto de teses, pressupostos e categorias que formam o seu paradigma.

Em determinados momentos, porém, o paradigma se altera, provocando uma **revolução**, que abre caminho para um novo tipo de desenvolvimento científico. Foi o que se deu, por exemplo, na passagem da física antiga à física moderna, ou ainda na passagem da física clássica à física quântica. De acordo com Kuhn, é como se ocorresse uma nova reorientação da visão científica, na qual os elementos de um problema são inseridos em novas relações.

Thomas Kuhn também faz a distinção entre ciência normal e ciência extraordinária:

- **Ciência normal**: é aquela que se desenvolve dentro de certo paradigma, acumulando dados e instrumentos em seu interior;
- **Ciência extraordinária**: é aquela que surge nos momentos de **crise** de um paradigma. Surge nova ciência questionando os fundamentos e pressupostos da ciência anterior e propondo um novo paradigma.

CIÊNCIA E SOCIEDADE

Sacralização do conhecimento científico

Vimos que a análise epistemológica contemporânea tem levado à compreensão da atividade científica como um procedimento que admite falhas.

Esse questionamento tem relativizado o conhecimento científico em relação aos outros tipos de conhecimento e jogado luz sobre o processo de conhecer, que não depende exclusivamente da atividade lógica. É interessante a observação de Einstein sobre esse tema:

> Não existe nenhum caminho lógico que nos conduza (às grandes leis do Universo). Elas só podem ser atingidas por meio de intuições baseadas em algo semelhante a um amor intelectual pelos objetos da experiência.
>
> EINSTEIN, Albert. *Como vejo o mundo*, p. 46.

Reprodução

Planetário do século XVIII, com o Sol ao centro. A mudança do geocentrismo para o heliocentrismo é um exemplo clássico de mudança de paradigma na ciência: quando o modelo geocêntrico não mais conseguia explicar certos fenômenos foi necessário encontrar outro que desse conta desses problemas.

Mito da ciência

Apesar disso, a ciência ainda é um mito. O pensador brasileiro Rubem Alves chama a atenção para o perigo de mitificar a ciência e os cientistas. Ele afirma:

> O cientista virou um mito. E todo mito é perigoso, porque ele induz o comportamento e inibe o pensamento. Este é um dos resultados engraçados (e trágicos) da ciência. Se existe uma classe especializada em pensar de maneira correta (os cientistas), os outros indivíduos são liberados da obrigação de pensar e podem simplesmente fazer o que os cientistas mandam.
>
> ALVES, Rubem. *Filosofia da ciência*, p. 11.

Ao fazer essa observação, Rubem Alves propõe algumas questões em relação ao conhecimento científico e ao poder que esse conhecimento adquiriu na sociedade contemporânea:

- a primeira diz respeito à **diferença** entre o **conhecimento científico** e o **conhecimento comum**, isto é, o senso comum, da maioria das pessoas: será o conhecimento científico superior?
- a segunda diz respeito ao **estatuto** do conhecimento científico, encarado como **modo de pensar correto**: será a ciência sempre correta, perfeita, absoluta?
- a terceira se refere propriamente ao **poder** que o saber científico confere a quem o detém, poder de induzir o **comportamento** das pessoas e se autoproclamar como **conhecedor da verdade** sobre determinados assuntos: será o cientista neutro?

A questão da superioridade

Quanto à primeira questão, vimos, ao tratar das formas de conhecimento, que o senso comum se caracteriza por certa ausência de fundamentação, por uma aceitação acrítica ou pouco criteriosa daquilo que parece ser a verdade para as pessoas em geral. A ciência, por sua vez, seria, ao contrário, a busca dessa fundamentação, a procura rigorosa dos nexos e relações entre os fatos observáveis de forma a encontrar a razão de ser dos fenômenos estudados.

No entanto, essa oposição tão rígida, que culmina numa valorização da ciência em detrimento do senso comum, não corresponde exatamente à prática do acesso ao saber. Em outras palavras, nem o senso comum é tão ingênuo

©Frank Lane Picture Agency/Corbis/Latin Stock

Descarga mineira de cobre polui as águas de rio na Espanha. Aliado fiel do capitalismo, o desenvolvimento tecnológico, resultante dos avanços no conhecimento científico, tem mostrado pouca preocupação pelo meio ambiente e a qualidade de vida das pessoas.

quanto costuma ser pintado, nem a ciência é tão rigorosa e infalível quanto se apresenta.

Primeiramente não devemos esquecer que as observações que levam ao conhecimento científico nascem de problemas com os quais o senso comum lida, a ponto de o economista sueco Gunnar Myrdal (1898-1987) afirmar que "a ciência nada mais é que o senso comum refinado e disciplinado".[5]

Mas também devemos considerar que o comportamento científico se distingue do senso comum por não se manter preso às primeiras observações, indo além do observável ao promover a elaboração de teorias que, por vezes, atingem tal complexidade que fogem ao entendimento comum. É o próprio Myrdal que afirma também: "Os fatos não se organizam em conceitos e teorias se simplesmente os contemplarmos". Isso significa que o trabalho científico envolve outros elementos, além da observação: o levantamento de hipóteses, experimentações, generalizações, até se constituir em teorias, que são abstrações razoáveis acerca do observado.

Apesar de suas diferenças, o problema da oposição extremada entre senso comum e ciência se deu a partir do positivismo, que valorizou exageradamente o saber científico em detrimento de outras formas de conhecimento, como o mito, a religião, a arte e até a filosofia. O positivismo criou o **mito do cientificismo**, a idéia de que o conhecimento científico é perfeito, a ciência caminha sempre em direção ao progresso e a tecnologia desenvolvida pela ciência pode responder a todas as necessidades humanas.

A questão da correção

Com isso, chegamos à segunda questão: o estatuto do conhecimento científico. Será ele sempre perfeito, o mais correto?

A reflexão sobre o assunto indica que não. Não há, como vimos antes, certezas absolutas em relação à validade de nenhuma teoria cien-

Reuters/Latin Stock

Cidade fantasma de Pripyat, na Ucrânia, como resultado do pior acidente nuclear da história, em 1986, na usina de Chernobil. A aplicação da energia nuclear, descoberta pela ciência, é um tema muito polêmico em nossos dias.

5. MYRDAL, G. *Apud* ALVES, Rubem, *op. cit.*, p. 9.

tífica. Essa é uma das questões mais debatidas entre filósofos da ciência e cientistas. Muitos deles encaram a ciência como uma atividade contínua e não como uma doutrina enrijecida pela pretensão de ter atingido um saber perfeito e absoluto.

Além disso, a complexidade dos fenômenos é uma interrogação sempre constante no campo do conhecimento científico. Os muitos problemas ambientais decorrentes da ação tecnocientífica são exemplos dessa incapacidade da ciência de tudo prever.

A questão da neutralidade

Por fim, chegamos à terceira questão aqui levantada: a relação entre saber e poder, primeiramente formulada por Francis Bacon e depois denunciada por Nietzsche, os filósofos da Escola de Frankfurt, Foucault e tantos outros.

O conhecimento científico não é neutro, e o seu uso é menos neutro ainda. A produção científica insere-se no conjunto dos interesses das sociedades. E, freqüentemente, é direcionada por verbas e financiamentos vinculados aos objetivos dos grupos que exercem poder social.

Ciência: para que e para quem?

Não é, portanto, só em relação à possibilidade de verdade das teorias científicas que a filosofia da ciência deve se debruçar. Outras questões ainda surgem no mundo contemporâneo em relação à ciência. Elas dizem respeito ao sentido, ao valor e aos limites éticos do conhecimento científico.

Vimos, ao tratar da filosofia contemporânea, que um ponto central de sua crítica diz respeito ao rumo tomado pelo conhecimento científico e sua aplicação prática, isto é, o desenvolvimento tecnológico.

Nos filósofos da Escola de Frankfurt essa crítica foi formulada, pelo menos por Adorno e Horkheimer, juntamente com a crítica da própria razão contemporânea, dominadora e manipuladora, uma razão instrumental. A partir dos ideais iluministas, essa razão apresentava-se como libertadora, mas passou a servir à dominação e destruição da natureza.

A vida dos indivíduos também foi submetida a mecanismos de racionalização, como a especialização do trabalho nas indústrias, que se apresentou como científica, quer dizer, neutra, desinteressada. Por trás dessa aparente neutralidade e imparcialidade, esse cientificismo escondia interesses bastante concretos.

Outro filósofo que denunciou os mecanismos de controle social através da indução racional e científica dos comportamentos foi, como vimos, Foucault. Ele mostrou que o saber especializado é usado como forma de convencimento racional das pessoas em geral, exercendo poder sobre elas.

Essa utilização do discurso científico só é possível a partir do mito do cientificismo, ou seja, a crença no poder da ciência de tudo explicar e, sobretudo, a crença na neutralidade da ciência, a idéia de que o conhecimento científico é desinteressado e imparcial.

Tomemos apenas um exemplo que, por suas dimensões e características, nos dá uma idéia precisa do que pode ser o uso "interessado" da tecnologia. A filósofa de origem alemã, naturalizada norte-americana, Hannah Arendt (1906-1975), em seu livro *Eichmann em Jerusalém*, investigou a brutalidade do regime nazista, apontando como uma das suas principais características a forma cientificista, a racionalidade perversa, com que foram mortos cerca de seis milhões de judeus nos campos de extermínio.

O emprego da tecnologia, ou seja, das câmaras de gás e dos fornos crematórios, era um procedimento frio, burocratizado, uma operação conduzida por funcionários públicos. Eichmann é o nome de um desses funcionários de Hitler, a quem Arendt identificou como um produto típico do regime nazista.

Analisando as condições em que se tornou possível o extermínio de um número tão grande de pessoas, Hannah Arendt concluiu que isso se deveu à **banalização do mal**, obtida através de uma prática **cientificamente programada** e

racionalizada da violência.

Em nossos dias, nos deparamos com situações semelhantes nos "ataques cirúrgicos" que caracterizam as guerras atuais. Resultado do refinamento da tecnologia de armamentos, essas guerras à distância também banalizam o mal, uma vez que quem aperta um botão não vê, não presencia, não vive diretamente o horror da guerra, que passa a ser assistida comodamente numa telinha de TV.

Quem controla a finalidade da pesquisa científica?

Os cientistas envolvidos na construção da bomba atômica, por exemplo, não detinham o controle do uso de seu produto. O físico norte-americano Julius Robert Oppenheimer (1904-1967), diretor do centro de pesquisas nucleares de Los Alamos durante parte dos trabalhos das pesquisas relativas a tal projeto, redigiu uma declaração na qual revelou sua ignorância política, ou seja, o desconhecimento do uso previsto para as suas pesquisas.

Muitos países dependem economicamente da indústria armamentista, pois ela é responsável por grande parte do produto interno bruto mundial. Isso faz com que se invistam mais recursos nesse tipo de tecnologia em detrimento de outros, pois estão envolvidos interesses de dominação política e econômica. Conforme disse Albert Einstein: "O pensamento científico tem um olho aguçado para métodos e instrumentos, mas é cego quanto a fins e valores. Fruto do intelecto, a ciência pode determinar como as coisas são, mas não o que devem ser".

©Patrick Robert/Corbis/ Latin Stock

Cena de destruição no Iraque, em 2003, com dezenas de civis mortos, como resultado da explosão de um míssil.

Assim, o desenvolvimento tecnológico, que traz em si a possibilidade de ser fator de emancipação da humanidade, traz também em si a possibilidade de ser instrumento de dominação das pessoas. Marcuse, um dos filósofos da Escola de Frankfurt, disse a esse respeito:

> O método científico, que levou à dominação cada vez mais eficaz da natureza, passou assim a fornecer tanto os conceitos puros, como os instrumentos para a dominação cada vez mais eficaz do homem pelo homem através da dominação da natureza (...) Hoje a dominação se perpetua e se estende não apenas através da tecnologia, mas enquanto tecnologia, e esta garante a formidável legitimação do poder político em expansão que absorve todas as esferas da cultura. (...)
>
> MARCUSE, H. *Apud* HABERMAS, J. *Técnica e ciência enquanto "ideologia"*, p. 315-16.

Jorge Araújo/Folha Imagem

Fila de desempregados em busca de uma oportunidade. O que pode fazer a ciência para ajudar essas pessoas?

De acordo com Marcuse, a tecnologia consegue submeter os indivíduos pelo seu poder real de ampliar as comodidades da vida. E essa sua capacidade é utilizada pelo sistema capitalista para "vender" a sua imagem de "sistema mais racional", que proporciona maior progresso (entendido aqui como maior capacidade de produção aliada à liberdade de consumo). Para isso, ele lança mão dos próprios recursos tecnológicos (a mídia, por exemplo) e de outros mecanismos de racionalização já apontados por Foucault e outros filósofos.

Levando-se tudo isso em consideração, percebemos que a ciência não pode ser pensada como um setor da sociedade no qual um grupo de pessoas trabalha desinteressadamente no desenvolvimento do conhecimento humano. A ciência está atrelada a interesses econômicos e políticos que norteiam sua própria ação, seja pela definição do que vai ser pesquisado, seja pela escolha das áreas que serão beneficiadas com recursos para possibilitar as pesquisas.

Não cabe, enfim, nenhuma ilusão a esse respeito: uma redefinição dos rumos do desenvolvimento tecnológico implicará, necessariamente, uma reorientação global da estrutura social.

Análise e entendimento

O que é ciência

1. Caracterize o que se entende hoje em dia por ciência, destacando seus objetivos, sua metodologia, seus resultados e sua função.
2. Considere a ambigüidade relativa à maneira de atuar da ciência, destacada ao longo do capítulo. Para você, o homem domina a natureza mais pela compreensão, como assinalou Bronowski, ou pela força, como considerou Nietzsche? Ou seria mediante uma combinação de ambas? Justifique sua opinião.

Método, leis e teorias da ciência

3. Por que se diz que o método científico apresenta uma estrutura lógica? Justifique.
4. Analise a seguinte afirmação: Explicar e prever são as funções fundamentais das leis e das teorias científicas.

O caminhar da ciência

5. A partir do século XVII, se modificou muito o entendimento do que é ciência, de qual é seu campo de atuação e de como se dá o conhecimento científico, distanciando definitivamente dois conceitos de ciência.
   Justifique essa afirmação, caracterizando e comparando os conceitos antigo e moderno de ciência.
6. Que descobertas científicas despertaram, na passagem do século XIX para o século XX, uma nova perspectiva sobre o fazer científico e seus resultados? E o que mudou com elas?

A epistemologia contemporânea

7. O conjunto de transformações da ciência, na passagem do século XIX para o XX, estimulou o surgimento de uma área de reflexão filosófica que não existia até então: a filosofia da ciência ou epistemologia. Entre os epistemólogos, passou-se a discutir, por exemplo, sobre o critério a ser adotado para validar uma teoria científica. Nesse debate se opuseram os pensadores do Círculo de Viena e Karl Popper. Que critério defendia cada um? Explique-os.
8. Albert Einstein afirmou, referindo-se à sua teoria da relatividade: "(ela) terá de se render a outra teoria, por razões que no momento ainda não imaginamos. Creio que o processo de aprofundar a teoria não tem limites".
   Você acredita que Popper concordaria com a opinião de Einstein? Por quê?
9. Em que sentido podemos dizer, junto com Bachelard, que a física newtoniana constituiu, em dado momento, um obstáculo epistemológico para os cientistas?
10. Explique os conceitos de paradigma e revolução científica em Thomas Kuhn.

O mito do cientificismo

11. O cientista virou um mito. E todo mito é perigoso, porque ele induz o comportamento e inibe o pensamento (Rubem Alves). O que significa dizer que "o cientista virou um mito"? Como o mito do cientista pode induzir o comportamento? E inibir o pensamento? Exemplifique.
12. Discorra sobre os seguintes mitos a respeito da ciência:
    a) superioridade;

b) perfeição;
c) neutralidade.

A filosofia da ciência

13. Considerando tudo o que você estudou neste capítulo, interprete qual deve ser, então, o papel da filosofia da ciência.

Debate e reflexão

1. ***Progresso científico***
Bachelard acreditava que a ciência progride por rupturas epistemológicas. Kuhn, por seu lado, formulou sua interpretação sobre as revoluções científicas entendendo-as também como um rompimento feito, pela ciência extraordinária, com um paradigma epistemológico. Já a ciência normal desenvolve suas atividades de pesquisa dentro do paradigma vigente.
Será a história da ciência um processo linear e evolutivo? A humanidade cada vez sabe mais do que sabia antes? Pesquise sobre o tema e encontre argumentos a favor e contra. Depois discuta-os com seus colegas.

2. ***Ciência e ética***
Para Einstein, "o pensamento científico tem um olho aguçado para métodos e instrumentos, mas é cego quanto a fins e valores". Você concorda com essa afirmação? Encontre exemplos na história e na realidade atual que ilustrem a sua posição. Depois apresente-os a seus colegas.

3. ***Ciência e filosofia***
O que diferencia o saber científico do saber filosófico é, segundo Russell, principalmente o enfoque: a ciência interessa-se mais em resolver problemas específicos, delimitados, enquanto a filosofia busca alcançar uma visão global, harmônica e crítica do conhecimento.
Com qual tipo de conhecimento você mais se identifica? Você prefere ser como o cientista ou como o filósofo? Elabore uma reflexão sobre a sua maneira de ser e de conhecer.

Sugestões de filmes

- **A ilha do Dr. Moreau** (1977, EUA, direção: Don Taylor)
Ficção acerca da idéia do cientista como criador, à semelhança de Deus. Em uma ilha isolada, cientista realiza experimentos de engenharia genética, criando seres, a partir de células humanas e animais, que são controlados por ele através de dispositivos que causam dor.

- **O óleo de Lorenzo** (1992, EUA, direção: George Miller)
Baseado em história real, o filme conta a luta dos pais de um garoto, que sofre de uma rara doença degenerativa, para conseguir criar um remédio que paralise o desenvolvimento do mal. Mostra a ciência como uma atividade interessada, que se principia com um problema e pode ser desenvolvida pelas pessoas comuns.

- **Frankenstein** (1931, EUA, direção: James Whale)
Filme baseado no romance de Mary Shelley, Frankenstein ou O Prometeu moderno, de 1818,

uma crítica romântica à pretensão de verdade da ciência, que no seu desenvolvimento pode acabar criando monstros. Boris Karloff faz o papel do monstro criado pelo Dr. Frankenstein.

- **Epidemia** (1995, EUA, direção: Wolfgang Petersen)
  Obra que trata de uma epidemia causada por um vírus letal e desconhecido que assola uma região da África. Uma equipe de médicos do Exército norte-americano é designada para o caso. Porém, além de descobrir o vírus causador da doença, os membros da equipe ainda têm de descobrir e desfazer a trama política que encobre a descoberta da doença. Mostra os interesses políticos e econômicos nos quais a ciência tropeça.

Para pensar

Os dois textos seguintes apresentam reflexões sobre a ciência e o fazer científico. O primeiro contextualiza a ciência no interior do conhecimento humano. Nele, o filósofo da ciência G. Kneller procurou estabelecer os limites e as peculiaridades do conhecimento científico, bem como as características de outras espécies de conhecimento (artístico, histórico, religioso, filosófico) que completam a visão do homem sobre a realidade. No segundo texto, o cientista e filósofo Karl Popper analisa por que não existe observação pura e por que a ciência só pode formular conjecturas (hipóteses) sobre a realidade e não verdades irrefutáveis. Leia os dois textos atentamente, relacione-os entre si e responda às questões que seguem.

Photodisc/Getty Images

A Terra vista do espaço.

1. A ciência e outras espécies de conhecimento

A ciência é apenas uma parte da tentativa da humanidade de compreender o mundo em todos os seus aspectos. O homem esforça-se por descobrir uma ordem no fluxo da experiência, quer essa ordem seja observada, como na repetição das estações, quer seja postulada por teorias refinadas como as da relatividade, mecânica quântica e evolução. A busca da ordem na experiência une ciência, literatura, história, religião, filosofia e arte. A ciência procura essa ordem na experiência da natureza adquirida pelo homem; a literatura e a arte procuram-na na experiência interior do homem e em suas relações com os seus semelhantes; a história, no passado humano; a religião, na relação do homem com um Ser Supremo; e a filosofia em todos esses empreendimentos humanos.

A ciência tanto restringe como amplia a experiência da natureza. Restringe essa experiência quando se empenha em eliminar tudo o que nela for puramente pessoal. Procura remover tudo o que for único no cientista, individualmente considerado: recordações, emoções e sentimentos estéticos despertados pelas disposições de átomos, as cores e os hábitos de pássaros, ou a imensidão da Via-Láctea. Também se esforça por banir seja o que for que as pessoas experienciam mas em diferentes graus, dependendo da perspectiva e das condições físicas da experiência. Por conseguinte, a ciência elimina a maior parte da aparência sensual e estética da natureza. Poentes e cascatas são descritos em termos de freqüências de raios luminosos, coeficientes de refração e forças gravitacionais ou hidrodinâmicas. Evidentemente, essa descrição, por mais elucidativa que seja, não é uma explicação completa daquilo que realmente experienciamos.

Ao esforçar-se por ser objetiva, a ciência exclui toda e qualquer referência à experiência subjetiva, individual ou coletiva. Logo, a ciência descreve um mundo de coisas sem valor, interatuando como se a humanidade não existisse. Mas como a natureza que experienciamos está impregnada de nossas avaliações — como no terror dos furacões, na calma das lagoas e na tristeza doce e suave do cair das folhas —, a descrição científica da natureza permanece fria, incompleta e insatisfatória.

Por outro lado, a ciência amplia o conhecimento ao corrigir a nossa experiência imediata da natureza. A ciência não substitui essa experiência mas transcende-a, pois a experiência imediata é o nosso primeiro e sumamente tendencioso encontro com a natureza, e está freqüentemente errada. Na experiência imediata, deparamos com objetos sólidos e cores, mas a ciência demonstrou que um objeto sólido é, na realidade, um aglomerado de partículas e que as suas cores não lhe são inerentes. A ciência começa precisamente porque não podemos entender ou controlar de forma adequada a natureza, dentro dos limites da experiência comum. (...)

Ciência, literatura, arte, história, religião e misticismo iluminam aspectos da realidade. A filosofia esforça-se por ver a realidade total. Analisa a natureza e as descobertas dos diferentes ramos do conhecimento, examina os pressupostos em que elas assentam e os problemas a que dão origem, e procura estabelecer uma visão coerente do domínio total da experiência. Cada uma dessas formas do conhecimento merece ser cultivada ***per se***. À sua maneira própria, cada uma delas familiariza-nos com uma parte da realidade. Devemos ver a ciência em seu lugar e não esperar que ela assimile ou desacredite essas outras atividades.

George F. Kneller.
A ciência como atividade humana, p. 149-152.

2. Não sabemos: podemos apenas conjecturar

A ciência não é um sistema de enunciados certos ou bem estabelecidos, nem um sistema que avança constantemente em direção a um estado final. Nossa ciência não é conhecimento (*epistéme*): ela nunca pode pretender haver atingido a verdade (...)

O avanço da ciência não se deve ao fato de se acumularem mais e mais experiências perceptivas no decorrer do tempo. Nem se deve ao fato de fazermos uso cada vez melhor de nossos sentidos. (...) Nossos únicos meios de interpretar a natureza são as **idéias** ousadas, as **antecipações** injustificadas e o **pensamento** especulativo (...).

Mesmo o teste cuidadoso e sério de nossas idéias pela experiência inspira-se, por sua vez, em **idéias**: a experimentação é uma ação planejada na qual a **teoria** guia todos os passos. Não topamos com nossas experiências, nem deixamos que elas nos inundem como um rio. Pelo contrário, temos de ser ativos: devemos "fazer" nossas experiências. Somos sempre nós que formulamos as **questões** propostas à natureza; somos nós que repetidas vezes tentamos colocar essas questões para então obter um nítido "sim" ou "não" (pois a natureza não dá uma resposta a menos que seja pressionada a fazê-lo).

E, finalmente, somos nós também que damos uma **resposta**; somos nós próprios que, após severo escrutínio, decidimos sobre a resposta à questão que colocamos à natureza —

após tentativas insistentes e sérias de obter dela um inequívoco "não". (...)
(...) o que faz o homem de ciência não é sua **posse** do conhecimento, da verdade irrefutável, mas sua persistência e destemida indagação crítica da verdade.

Karl Popper.
A lógica da pesquisa científica, p. 278-281.

Questões

1. O primeiro texto, de Kneller, compara a ciência a outras áreas de conhecimento e as coloca todas num mesmo patamar, afirmando que o conhecimento científico não deve pretender assimilar nem desacreditar as outras atividades. Que conhecimentos são esses? Que argumentos usa para justificar essa conclusão?

2. Em que sentido a filosofia se distingue dos demais tipos de conhecimento, segundo Kneller?

3. O primeiro texto também destaca duas características da ciência: uma que pode ser considerada uma debilidade e outra que pode ser interpretada como uma fortaleza. Quais são elas? Explique-as.

4. Como, no segundo texto, Popper argumenta a favor de sua tese de que não existe observação pura e de que a ciência só pode formular conjecturas sobre a realidade?

5. Que mensagem positiva você pode extrair do parágrafo final do segundo texto: "o que faz o homem de ciência não é sua posse do conhecimento, da verdade irrefutável, mas sua persistência e destemida indagação crítica da verdade".

13 Filosofia moral

O homem é uma interseção entre dois mundos: o real e o ideal. Pela liberdade humana, os valores do mundo ideal podem atuar sobre o mundo real.

Nicolai Hartmann

Prisioneiros a fazer exercícios (segundo Doré) — Saint-Rémy (1890) — Vincent Van Gogh.

ÉTICA
Do ser ao que deve-ser

No nosso dia-a-dia, encontramo-nos freqüentemente diante de situações nas quais a nossa decisão depende daquilo que consideramos bom, justo ou moralmente correto. Toda vez que isso ocorre, estamos diante de uma decisão que envolve um julgamento moral, a partir do qual vamos orientar nossa ação. Como afirmou Aristóteles:

> A característica específica do homem em comparação com os outros animais é que somente ele tem o sentimento do bem e do mal, do justo e do injusto e de outras qualidades morais.
>
> ARISTÓTELES. *Política*, p. 15.

Assim, o ser humano age no mundo de acordo com **valores**. Isso significa que as coisas e as ações que se realizam podem ser hierarquizadas de acordo com as noções de bem e de justo compartilhadas por um grupo de pessoas, em um determinado momento. Em outras palavras, **o homem é um ser moral**: um ser que avalia sua conduta a partir de valores morais.

Distinção entre moral e ética

O que é moral? E qual a diferença entre moral e ética?

Embora os termos **ética** e **moral** por vezes sejam usados como sinônimos, é possível fazer uma distinção entre eles.

A palavra **moral** vem do latim *mos mor-*, "costumes", e refere-se ao conjunto de **normas** que orientam o **comportamento humano** tendo como base os **valores** próprios a uma dada comunidade ou cultura.

Como as comunidades humanas são distintas entre si, tanto no espaço quanto no tempo, os valores podem ser distintos de uma comunidade para outra, o que origina códigos morais diferentes.

Pertencem ao vasto campo da moral a reflexão sobre questões fundamentais, como:

- O que devo fazer para ser justo?
- Quais valores devo escolher para guiar minha vida?
- Há uma hierarquia de valores que deve ser seguida?
- Que tipo de ser humano devo ser nas minhas relações comigo mesmo, com meus semelhantes e com a natureza?
- Que tipo de atitudes devo praticar como pessoa e como cidadão?

A palavra **ética**, por sua vez, vem do grego *ethikos*, "modo de ser", "comportamento", e se aplica à disciplina filosófica que investiga os diversos **sistemas morais** elaborados pelos homens, buscando compreender a **fundamentação** das normas e proibições (interdições) próprias a cada um e explicitar seus **pressupostos**, ou seja, as concepções sobre o ser humano e a existência humana que os sustentam.

Quino

Nesse sentido, a ética é uma disciplina **teórica** sobre uma **prática humana**, que é o comportamento moral. No entanto, as reflexões éticas não se restringem apenas à busca de conhecimento teórico sobre os valores humanos, cuja origem e desenvolvimento levantam questões de caráter sociológico, antropológico, religioso etc.

Como **filosofia prática**, isto é, disciplina teórica com preocupações práticas, a ética orienta-se pelo desejo de **unir o saber ao fazer**, isto é, busca aplicar o conhecimento sobre **o ser** para construir aquilo que **deve ser**. E, para isso, é indispensável boa parcela de conhecimento teórico.

Moral e direito

Se a moral é o conjunto de normas de conduta de uma sociedade, qual a diferença entre normas morais e normas jurídicas?

As normas morais e as normas jurídicas são estabelecidas pelos membros da sociedade, e ambas se destinam a regulamentar as relações nesse grupo de pessoas. Há, então, vários **aspectos comuns** entre normas morais e jurídicas. Por exemplo:

- apresentam-se como **imperativos**, ou seja, normas que devem ser seguidas por todos;
- buscam propor, através de normas, uma **melhor convivência** entre os indivíduos;
- orientam-se pelos **valores culturais próprios** de uma determinada sociedade;
- têm um **caráter histórico**, isto é, mudam de acordo com as transformações histórico-sociais.

No entanto, a despeito dessas semelhanças, há **diferenças** fundamentais entre a moral e o direito:

- as normas morais são cumpridas a partir da **convicção pessoal** de cada indivíduo, enquanto as normas jurídicas devem ser cumpridas sob pena de **punição** do Estado em caso de desobediência;
- a punição, no campo do direito, está prevista na **legislação**, ao passo que, no campo da moral, a sanção eventual pode variar bastante, pois depende fundamentalmente da consciência moral do sujeito que infringe a norma;
- a esfera da moral é mais ampla, atingindo diversos aspectos da vida humana, enquanto a esfera do direito se restringe a questões específicas nascidas da interferência de condutas sociais. O direito costuma ser regido pelo seguinte princípio: tudo é permitido que se faça, exceto aquilo que a lei expressamente proíbe;
- a moral não se traduz em um código formal, enquanto o direito sim;
- o direito mantém uma relação estreita com o Estado, enquanto a moral não apresenta essa vinculação.

Bruno Stuckert/Folha Imagem

As normas jurídicas se diferenciam das normas morais pelo seu caráter coercitivo, advindo do poder do Estado. *A Justiça* (1961) — Alfredo Ceschiatti (diante do edifício do Supremo Tribunal Federal, em Brasília).

De todas essas diferenças, talvez uma mereça maior destaque: a **coercibilidade** da norma jurídica, que conta com a força e a repressão potencial do Estado (através da ação da Justiça e da polícia) para ser obedecida pelas pessoas. Já a norma moral não é sustentada pela coerção do Estado, isso implica que ela depende, de certo modo, da aceitação de cada indivíduo para ser cumprida. Por isso, a norma moral costuma ser vinculada, por alguns filósofos, à idéia de **liberdade**. Veremos a seguir esse assunto com mais detalhe.

Moral e liberdade

Vimos no Capítulo 3 que a consciência é talvez a melhor característica que distingue o ser humano dos outros animais. Ela permite o desenvolvimento do saber e da racionalidade que se empenha em separar o falso do verdadeiro.

Além dessa consciência lógica, o ser humano possui também **consciência moral**, isto é, a faculdade de observar a própria conduta e formular **juízos** sobre os atos passados, presentes e as intenções futuras. E depois de **julgar**, o homem tem condições de **escolher**, dentre as circunstâncias possíveis, seu próprio caminho na vida.

A essa possibilidade que o homem tem de escolher seu caminho, construir sua maneira de ser e sua história chamamos **liberdade**.

Assim, se consciência moral e liberdade estão intimamente relacionadas, só tem sentido julgar moralmente a ação de uma pessoa se essa ação foi praticada em liberdade. Quando não se tem **escolha** (liberdade), quando se é coagido a praticar uma ação, é impossível **decidir entre o bem e o mal** (consciência moral). A decisão, nesse caso, é imposta pelas forças coativas, isto é, que determinam uma conduta. Exemplo: tendo o filho seqüestrado, o pai cumpre ordens do seqüestrador. A ação desse pai está determinada pela coação do criminoso.

Quando, entretanto, estamos livres para escolher entre esta ou aquela ação e fazemos uma escolha, tornamo-nos **responsáveis** pelo que praticamos e podemos ser julgados moralmente por isso.

Observemos que o termo **responsabilidade** vem do latim *respondere*, "responder", e significa estar em condições de responder pelos atos praticados, isto é, de justificá-los e assumi-los. É essa responsabilidade, enfim, que pode ser julgada pela consciência moral do próprio indivíduo ou do grupo social.

Virtude: liberdade com responsabilidade

Outra característica da consciência moral é a de que ela geralmente nos fala como uma voz interior que nos inclina para o **caminho da virtude**. Mas o que é virtude?

Nem sempre é facil distinguir entre o que é bom e o que é mal. Até mesmo os santos não estiveram livres desse dilema, como Jesus e Antão. Ambos tiveram de resistir às tentações do diabo, que se multiplicavam à sua volta no deserto.
As tentações de Santo Antão (c. 1500) — Hieronymus Bosch.

A palavra **virtude** deriva do latim *virtus*, "força ou qualidade essencial", e significa, no contexto da moral, a qualidade ou a ação que dignifica o homem. E qual é essa qualidade ou ação?

Há muitas interpretações sobre esse tema, mas podemos dizer, basicamente, que é a prática constante do **bem**, correspondendo ao uso da liberdade **com** responsabilidade moral. Assim, são consideradas virtudes a polidez, a fidelidade, a prudência, a justiça, a coragem, a generosidade etc.

À idéia de virtude se opõe a de **vício**, que consiste na prática do **mal**, correspondendo ao uso da liberdade **sem** responsabilidade moral. Assim, são considerados vícios a violência, a infidelidade, a insensatez, a injustiça, a covardia, a mesquinhez etc.

Analisando essa relação entre responsabilidade e virtude, Erich Fromm concluiu que a responsabilidade primordial do ser humano está relacionada com a própria condição humana, isto é, com a realização de suas potencialidades de vida. Assim:

> O bem é a afirmação da vida, o desenvolvimento das capacidades do homem. A virtude consiste em assumir a responsabilidade por sua própria existência. O mal constitui a mutilação das capacidades do homem; o vício reside na irresponsabilidade perante si mesmo.
>
> FROMM, Erich. *Análise do homem*, p. 30.

Liberdade X determinismo

Pelo que vimos até aqui, há responsabilidade moral quando existe liberdade pessoal. Isso nos coloca diante de outra questão: Somos realmente livres para decidir? Que liberdade é essa?

Do ponto de vista da discussão filosófica, podemos sintetizar três respostas diferentes para essa questão:

- **A ênfase no determinismo** — A liberdade não existe, pois o homem é sempre **determinado**, seja por sua **natureza biológica** (necessidades e instintos), seja por sua **natureza histórico-social** (leis, normas, costumes). Ou seja, as ações individuais seriam causadas e determinadas por fatores naturais ou constrangimentos sociais, e a liberdade seria apenas uma ilusão. Essa concepção encontra-se presente no pensamento de filósofos materialistas do século XVIII, tais como os franceses **Helvetius** (1715-1771) e **Holbach** (1723-1789).
- **A ênfase na liberdade** — O homem é sempre livre. Embora os defensores dessa posição admitam a existência das determinações de origem externa, sociais, e as de origem interna, tais como desejos, impulsos etc., sustentam a tese de que o indivíduo possui uma liberdade moral que está acima dessas determinações. Ou seja, apesar de todos os fatores sociais e subjetivos que atuam sobre cada indivíduo, ele sempre possui uma possibilidade de escolha e pode agir livremente a partir de sua autodeterminação. A maior expressão dessa concepção filosófica acerca da liberdade é encontrada no pensamento de **Jean-Paul Sartre**, que afirmou que "o homem está condenado a ser livre".[1]
- **A dialética entre liberdade e determinismo** — O homem é determinado e livre ao mesmo tempo. Determinismo e liberdade não se excluem, mas se complementam. Nessa perspectiva não faz sentido pensar em uma liberdade absoluta nem em uma negação absoluta da liberdade. A liberdade é sempre uma liberdade concreta, situada no interior de um conjunto de condições objetivas de vida. Embora a nossa liberdade seja restringida por fatores objetivos que cercam a nossa existência concreta, podemos sempre atuar no sentido de alargar as

1. SARTRE, Jean-Paul. *O existencialismo é um humanismo*, p. 9.

possibilidades dessa liberdade, e isso será tanto mais eficiente quanto maior for a nossa consciência a respeito desses fatores. Essa concepção é encontrada nos pensamentos de Espinosa, Hegel e Marx. Embora haja muitas diferenças entre eles, o ponto em comum é a idéia de que **a liberdade é a compreensão da necessidade** (dos determinismos).

Ao final do capítulo você encontrará textos dos autores mencionados acima defendendo essas três posições filosóficas acerca da liberdade.

Origens da violência e da maldade

Fine Art Photographic Library/Corbis/Latin Stock

De acordo com a *Bíblia*, a causa do mal no mundo foi a desobediência a Deus (o pecado original) de Adão e Eva ao comer a maçã da árvore proibida. Desde então toda a humanidade carrega em si esse pecado desde o nascimento.

Quando se fala em violência ou maldade, uma das primeiras coisas em que pensamos é, por exemplo, no ladrão de casas e carros, no assassino sanguinário, enfim, nos inúmeros criminosos que agridem pessoas e assaltam o patrimônio alheio. Podemos pensar também na violência dentro da família, geralmente contra mulheres e crianças.

Menos comum é pensarmos na violência institucionalizada pelos sistemas de exploração social, isto é, a violência cruel dos salários de fome, da falta de moradia, do desamparo à saúde pública, do descaso pela educação, do preconceito racial etc. Violências surdas que oprimem milhões de pessoas "sem vez" e ainda "sem voz".

Temos também a violência do homem contra a natureza, provocando graves desequilíbrios ecológicos. E, por fim, há ainda a violência do homem contra si próprio, em que o suicídio costuma ser apontado como exemplo extremo.

Então, num sentido amplo, podemos dizer que a violência ou a maldade são formas de desrespeito, agressão e destruição praticadas pelo homem contra si próprio, contra outras pessoas (sociedade) ou contra a natureza. Mas, conforme escreveu Hannah Arendt: "Qual é a causa do mal? Todo esse problema atormentou os filósofos, e suas tentativas de resolvê-lo nunca tiveram muito sucesso. O mal parece pertencer àquelas coisas sobre as quais até os homens mais cultos e inventivos não podem saber quase nada".

É possível, porém, identificar pelo menos duas respostas antagônicas sobre as causas da violência ou da maldade fornecidas pela psicologia e pela psicanálise.

- **Instintivista** — afirma que a violência humana, concretizada nas guerras, nos crimes, na opressão social, na conduta autodestrutiva, é provocada por instintos inatos decorrentes da fisiologia básica do homem. Esse instinto agressivo sempre busca sua descarga e aproveita as ocasiões favoráveis para se manifestar. No grupo de pensadores partidários do instintivismo destacam-se o austríaco **Konrad Lorenz** (1903-1989), criador da etologia, e **Sigmund Freud**, criador da psicanálise. Há, entretanto, inúmeras divergências entre as concepções de Freud e Lorenz.

- **Socioambientalista** — nega que a violência seja um atributo inato do homem. Afirma que o comportamento humano (pacífico ou violento) é moldado pela influência do meio ambiente, isto é, pelos fatores sociais, econômicos, políticos e culturais. Assim, as diferenças de conduta entre as pessoas corresponderiam às diferenças socioambientais que teriam influenciado a personalidade dos indivíduos. No grupo socioambientalista destaca-se a corrente dos psicólogos behavioristas (do inglês *behavior*, "comportamento"), fundada pelo norte-americano **J. B. Watson** (1878-1958) e desenvolvida pelo também norte-americano **B. F. Skinner** (1904-1990).

Para os instintivistas, o ser humano reproduz os impulsos orgânicos da sua espécie. O homem repete o passado filogenético. Já para os socioambientalistas, o ser humano reproduz a influência do seu meio ambiente. O homem repete o padrão cultural da sociedade em que vive.

Além dos instintivistas e dos socioambientalistas há outra posição que sustenta o seguinte: o ser humano não é um títere, que só reage passivamente ao meio ambiente (socioambientalismo). Também não é um ser aprisionado pelos instintos filogenéticos (instintivismo). O ser humano é mais que tudo isso. É multideterminado, um sistema complexo. Por isso, ele age e reage, cria e copia sentidos para a vida.

As transformações da moral

Dissemos que o sistema moral de cada grupo social é elaborado ao longo do tempo de acordo com os valores reconhecidos por aquele grupo como significativos para a convivência social.

Num primeiro momento, esses valores são adquiridos pelos indivíduos como uma herança cultural. Cada indivíduo assimila, desde a infância, as noções do que é bom e desejável, e também do que é ruim, desaconselhável ou repugnante. De acordo com esses valores, ele passará a julgar como bons ou maus o seu próprio comportamento e o dos outros.

No entanto, é importante notar que, apesar desse caráter social, a moral tem também um aspecto pessoal. Ou seja, embora herdemos um conjunto estabelecido de normas morais, chega um momento em nossas vidas em que podemos refletir sobre elas, aceitá-las consciente e livremente ou rejeitá-las. Por isso dissemos anteriormente, na comparação entre normas morais e normas jurídicas, que o comportamento moral se caracteriza essencialmente pela livre escolha do indivíduo. Portanto, a liberdade é a base da conduta moral.

Na relação entre indivíduo e sociedade, o indivíduo pode reafirmar e consolidar a moralidade existente. Mas ele pode também negá-la e, dessa forma, contribuir para a **transformação** dessa moralidade. Assim, podemos caracterizar essa relação entre sociedade e indivíduo como **dialética**, ou seja, uma relação de mútua influência entre dois pólos, em que:

- por um lado, o indivíduo, um ser singular, é levado, através da educação, à universalidade expressa nos costumes e normas morais. Isso significa que cada indivíduo assimila os princípios morais consolidados como próprios do ser humano até então.
- por outro lado, os indivíduos, não assimilando passivamente esses princípios, podem contestá-los ou interferir em sua formulação, de acordo com as novas condições histórico-sociais, e acabar por transformar as normas e costumes morais.

Moacyr Lopes Junior/Folha Imagem

Um exemplo das transformações da moralidade: Parada do Orgulho Gay, em São Paulo, com a participação de mais de um milhão de pessoas e o apoio de diversas organizações da sociedade civil e autoridades. Décadas atrás um evento como esse seria impensável.

Escolhas morais

Assim, as condutas dos indivíduos podem variar entre dois extremos, o do consentimento e o da negação da moral vigente, constituindo o que podemos chamar **escolhas morais**.

Na escolha moral estão em jogo tanto **fatores objetivos** como **subjetivos**. Os **fatores objetivos** estão relacionados aos costumes e as normas já estabelecidos, bem como a educação e a cultura em geral. Já os **fatores subjetivos** estão ligados a liberdade e a responsabilidade pessoal.

Uma primeira possibilidade de escolha é a da **ação moralmente boa** ou **correta**, que ocorre quando o indivíduo adere conscientemente a uma norma moral e cumpre-a, reconhecendo-a como legítima. É o caso, por exemplo, de uma pessoa que trata de maneira respeitosa a todas as pessoas, porque entende, como a sociedade em geral, que todas as pessoas merecem respeito.

Complementar a essa opção é a da **ação moralmente má** ou **incorreta**, ou seja, a ação que contraria uma determinada norma moral, sem, no entanto, contestá-la como norma universal. É como se o indivíduo abrisse uma exceção para agir contra a norma. É o caso, por exemplo, da pessoa que foi indelicada com outra por algum motivo banal, embora reconheça que a atitude correta é a de ter respeito por todos.

Outra possibilidade ocorre quando o indivíduo recusa conscientemente uma norma moral por entendê-la **inadequada** ou **ilegítima**. Essa situação caracteriza-se como um **conflito ético**, que aponta para uma ruptura com a moral vigente. É o caso, por exemplo, das mulheres que usaram saias com um comprimento bem menor do que o considerado adequado pela sociedade de seu tempo, confrontando a moral vigente sobre o grau "permitido" de exposição pública do corpo.

Diferente do conflito ético é a situação de **niilismo ético**, que se caracteriza pela negação radical de todo e qualquer valor moral. O **per-**

missivismo moral, por sua vez, seria uma versão deteriorada e individualista do niilismo ético, na qual, por trás da negação dos valores vigentes, se escondem interesses particulares.

A ÉTICA NA HISTÓRIA

Concepções filosóficas sobre o bem e o mal

A moral é uma **construção humana**, como vimos até agora. Mas, como o ser humano é um ser social e a sociedade sofre transformações ao longo da história, podemos dizer que a moral, além de possuir um caráter social, caracteriza-se também por ser uma **construção histórica**.

Com isso queremos ressaltar que os sistemas morais não são fixos nem imutáveis, pois estão relacionados com as transformações histórico-sociais.

Assim, embora os sistemas morais se fundamentem em valores como o bem e a liberdade, o conteúdo do que seja o bem e a liberdade varia historicamente, dando origem a moralidades e concepções éticas diversas. No limite, poderíamos dizer que vício e virtude são questões atreladas ao tempo e ao lugar social.

Vejamos, de forma resumida, algumas das concepções éticas significativas que marcaram os grandes períodos históricos. Daremos destaque às concepções éticas de Aristóteles, na Antigüidade, Santo Agostinho, na Idade Média, Kant, na Idade Moderna.

Antigüidade: a ética grega

A preocupação com os problemas éticos teve início de uma forma mais sistematizada na época de Sócrates, filósofo também conhecido como "o pai da moral". Vejamos o que disseram os principais filósofos gregos desse período sobre esses problemas:

- Os **sofistas** afirmavam que não existem normas e verdades universalmente válidas. Tinham, portanto, uma concepção ética **relativista** ou **subjetivista**.

Todd Gipstein/Corbis/Latin Stock

Os antigos gregos desenvolveram uma ética racionalista na qual a razão deveria prevalecer sobre as paixões e desejos individuais. O mal, as paixões desenfreadas, a iniqüidade, a que os gregos denominavam *hybris*, eram representados pelas personagens monstruosas que deveriam ser vencidas pelos heróis.

- Ao contrário dos sofistas, **Sócrates** sustentou que existe um saber universalmente válido, que decorre do conhecimento da **essência humana**, a partir da qual se pode conceber a fundamentação de uma moral universal. E o que é essencial no ser humano? A sua **alma racional**. O homem é, essencialmente, razão. E é na razão que se devem, portanto, fundamentar as normas e costumes morais. Por isso, dizemos que a ética socrática é **racionalista**. O homem que age conforme a razão age corretamente.
- **Platão** desenvolveu o **racionalismo éti-**

co iniciado por Sócrates, aprofundando a diferença entre corpo e alma. Argumentava que o corpo, por ser a sede dos desejos e paixões, muitas vezes desvia o homem de seu caminho para o bem. Assim, defendeu a necessidade de purificação do mundo material, para se alcançar a **Idéia de Bem**. Segundo Platão, o homem não consegue caminhar em busca da perfeição agindo sozinho. Necessita, portanto, da sociedade, da *polis*. No plano ético, o homem bom é também o bom cidadão.

- Depois do período clássico grego, o **estoicismo** desenvolveu uma ética baseada na procura da paz interior e no autocontrole individual, fora dos contornos da vida política. Assim, o princípio da ética estóica é a *apathéia*: a atitude de aceitação de tudo o que acontece, porque tudo faria parte de um plano superior guiado por uma razão universal que a tudo abrangeria.
- A ética do **epicurismo**, de forma semelhante, tinha como princípio a ***ataraxia***: a atitude de desvio da dor e procura do prazer espiritual, que contribui para a paz de espírito e o autodomínio. Minimizando a influência dos fatores exteriores sobre o bem-estar espiritual, Epicuro observou: "O essencial para nossa felicidade é nossa condição íntima e dela somos senhores".

A ética do equilíbrio de Aristóteles

Aristóteles também desenvolveu uma reflexão ética **racionalista**, mas sem o dualismo corpo-alma platônico. Procurou construir uma ética mais realista, mais próxima do homem concreto. Para tanto, perguntou-se sobre o **fim último do ser humano**. Para o quê tendemos? E respondeu: para a **felicidade**. Todos nós buscamos a felicidade.

E o que entende Aristóteles por felicidade? Para ele, a felicidade não se confunde com o simples prazer, o prazer das sensações ou o prazer proporcionado pela riqueza e pelo conforto material. A felicidade maior para Aristóteles se encontraria na **vida teórica**, que promove o que há de mais especificamente humano: a **razão**.

Para Aristóteles, o homem que se desenvolve no plano teórico, contemplativo, pode compreender a essência da felicidade e realizá-la de forma consciente. Mas isso seria privilégio de uma minoria de pessoas. Segundo o filósofo, o homem comum, aquele que não pode se dedicar à atividade teórica, aprenderia a agir corretamente apenas pelo **hábito**.

Assim, agir corretamente seria **praticar as virtudes**. E o que seria a virtude? Em seu livro *Ética a Nicômaco*, Aristóteles explica:

> A virtude moral é um meio-termo entre dois vícios, um dos quais envolve o excesso e outro deficiência, e isso porque a sua natureza é visar à mediania nas paixões e nos atos.
>
> ARISTÓTELES. *Ética a Nicômaco*, livro II.

A **coragem**, por exemplo, seria uma virtude situada entre a **covardia** (a deficiência) e a **temeridade** (o excesso). Assim, Aristóteles propôs uma **ética do meio-termo**, onde a virtude consistiria em procurar o ponto de equilíbrio entre o excesso e a deficiência.

É importante notar que, tanto em Platão como em Aristóteles, a **ética** estava vinculada à **vida política**. Aristóteles se refere mesmo à ética como sendo um ramo da política, já que a primeira trataria do **bem-estar individual**, enquanto a segunda trataria do **bem comum**.

Idade Média: a ética cristã

O que diferencia radicalmente a ética cristã da ética grega são dois pontos:

- **O abandono do racionalismo** — a ética cristã abandonou a idéia de que é pela razão que se alcança a perfeição moral e centrou a busca dessa perfeição no **amor a Deus** e na **boa vontade**.

- **A emergência da subjetividade** — acentuando a tendência já esboçada na filosofia de estóicos e epicuristas, a ética cristã tratou a moral do ponto de vista estritamente pessoal, como uma relação entre **cada indivíduo** e **Deus**, isolando-o de sua condição social e atribuindo à subjetividade uma importância desconhecida até então.

Os filósofos medievais herdaram alguns elementos da tradição filosófica grega, reconfigurando-os no interior de uma ética cristã. **Santo Tomás de Aquino** (século XIII), por exemplo, recuperou da ética aristotélica a idéia de felicidade como fim último dos homens, mas cristianizou essa noção quando identificou **Deus como a fonte dessa felicidade**.

Para Nietzsche, a moral cristã é uma moral de rebanho, de vencidos que perderam a vontade de potência. Noções como pecado, culpa e inferno seriam apenas formas de dominação da força vital individual. *Os sete pecados mortais e os quatro novíssimos do homem* — Hieronymus Bosch.

A ética do livre-arbítrio de Santo Agostinho

Santo Agostinho (século III) transformou a idéia de purificação da alma da filosofia de Platão na idéia da necessidade de **elevação ascética** para se compreender os desígnios de Deus. Também a idéia da imortalidade da alma, presente em Platão, foi retrabalhada por Agostinho na perspectiva cristã.

Mas a ética agostiniana destaca-se por outro conceito. Ao tentar explicar como pode existir o mal se tudo vem de Deus — e Deus é bondade infinita —, Santo Agostinho introduziu a idéia de liberdade como **livre-arbítrio**, isto é, a noção de que cada indivíduo pode escolher livremente entre aproximar-se de Deus ou afastar-se Dele. O afastamento de Deus é que seria o mal, de acordo com Agostinho.

Com a noção de livre-arbítrio, de uma escolha individual, ele acentuou o papel da subjetividade humana nas coisas do mundo. O livre-arbítrio é o meio pelo qual o homem realiza a sua liberdade, mas, de acordo com a concepção cristã, cada indivíduo pode usar bem ou mal esse livre-arbítrio. É no mau uso do livre-arbítrio que estaria a origem de todo o mal.

Por outro lado, o conceito de livre-arbítrio esvaziou a noção grega de liberdade como possibilidade de realização plena dos indivíduos em seu meio social. Em outras palavras, diminuiu a importância da dimensão social da liberdade, e esta passou a ter um caráter mais pessoal, subjetivo, individualista.

Idade Moderna: a ética antropocêntrica

Com o final da Idade Média, marcado pelo Renascimento, há uma retomada do **humanismo**, conforme vimos no capítulo 9. No terreno da reflexão ética, esse fato orientou uma nova concepção moral, centrada na **autonomia humana**.

No **Iluminismo**, essa orientação fica mais evidente, pois os filósofos passam a defender que a moral deve ser fundamentada não mais em valores religiosos, mas em valores oriundos da compreensão acerca do que seja a **natureza humana**.

A concepção mais expressiva do período moderno a respeito da natureza humana é a de uma **natureza racional**, que encontra em **Kant** a sua formulação mais bem-acabada.

A ética do dever de Kant

Em seus textos *Crítica da razão prática* e *Fundamentação da metafísica dos costumes*, Kant (1724-1804) aponta a razão humana como uma **razão legisladora**, capaz de elaborar normas universais, uma vez que a razão é um predicado universal dos homens. As normas morais teriam, portanto, a sua origem na razão.

Embora, em Kant, as normas morais devam ser obedecidas como deveres, a noção kantiana de **dever** se confunde com a própria noção de **liberdade**, porque, em seu pensamento, o indivíduo que obedece a uma norma moral atende à liberdade da razão, isto é, àquilo que a razão, no uso de sua liberdade, determinou como correto. Dessa forma, a sujeição à norma moral é o reconhecimento de sua legalidade, conferida pelos próprios indivíduos racionais.

Kant reforça essa idéia ao dizer que só pode ser considerado um ato moral aquele ato praticado de forma autônoma, consciente, **e por dever**. Com isso, ele acentua o reconhecimento do dever como uma expressão da racionalidade humana, única fonte legítima da moralidade.

A clareza dessa idéia kantiana é expressa da seguinte forma:

> Age apenas segundo uma máxima (um princípio) tal que possas ao mesmo tempo querer que ela se torne lei universal.
>
> KANT, Immanuel. *Fundamentação da metafísica dos costumes*, p. 59.

Essa exigência é denominada por Kant **imperativo categórico**, ou seja, é uma determinação imperativa, que deve ser observada sempre, em toda e qualquer decisão ou ato moral que venhamos a praticar. Em ou-

A Idade Moderna desenvolveu a concepção de uma natureza humana racional. A Declaração dos Direitos Humanos, do século XVIII, expressa essa concepção ao estender a todos os homens os mesmos direitos fundamentais.

tras palavras, o que Kant quer dizer é que a nossa ação deve ser tal que possa ser universalizada, ou seja, que possa ser realizada por todos os outros indivíduos sem prejuízo para a humanidade. Se não puder ser universalizada, essa ação não será moralmente correta e só poderá ser realizada como **exceção**, nunca como regra. Vejamos como Kant se expressa a esse respeito:

> Se prestarmos atenção ao que se passa em nós mesmos sempre que transgredimos qualquer dever, descobriremos que, na realidade, não queremos que a nossa máxima se torne lei universal, porque isso nos é impossível; o contrário dela é que deve universalmente continuar a ser lei; nós tomamos apenas a liberdade de abrir nela uma exceção para nós.
>
> KANT, Immanuel, *op. cit.*, p. 63.

E por que nós realizamos atos contrários ao dever e, portanto, contrários à razão? Kant dirá que é porque a nossa vontade é também afetada pelas **inclinações**, que são os desejos, as paixões, os medos, e não apenas pela razão. Por isso ele afirma que devemos educar a vontade para alcançar a **boa vontade**, que seria a vontade guiada unicamente pela razão.

Em resumo, a ética kantiana é uma ética **formal** ou **formalista**, porque postula o dever como norma universal, sem se preocupar com a condição individual na qual cada um se encontra diante desse dever. Em outras palavras, Kant nos dá a **forma** geral da ação moralmente correta (o imperativo categórico), mas não diz nada acerca do seu **conteúdo**, não nos diz o que devemos fazer em cada situação concreta.

Idade Contemporânea: a ética do homem concreto

A reflexão ética na Idade Contemporânea (séculos XIX e XX) se desdobrou em uma série de concepções distintas acerca do que seja a moral e sua fundamentação. Seu ponto comum é a **recusa** de uma **fundamentação exterior, transcendental** para a moralidade, centrando no **homem concreto** a origem dos valores e das normas morais.

Um dos primeiros passos da formulação de uma ética do homem concreto foi dado por Hegel, em sua crítica ao formalismo de Kant.

A fundamentação histórico-social de Hegel

Como diversos autores contemporâneos, Hegel (1770-1831) questionou o **formalismo** da ética kantiana. Para Hegel, ao não levar em consideração a história e a relação do indivíduo com a sociedade, a ética de Kant não apreende os conflitos reais existentes nas decisões morais. Kant teria considerado a moral apenas como uma questão pessoal, íntima e subjetiva, na qual o sujeito tem que se decidir entre suas inclinações (desejos, medos etc.) e sua razão.

Para Hegel, portanto, a moralidade assume conteúdos diferenciados ao longo da **história das sociedades**, e a vontade individual seria apenas um dos elementos da vida ética de uma sociedade em seu conjunto. A moral seria o resultado da relação entre o indivíduo e o conjunto social. E em cada momento histórico, a moral se manifestaria tanto nos códigos normativos como, implicitamente, na cultura e nas instituições sociais.

Desse modo, Hegel vinculou a ética à **história** e à **sociedade**.

A fundamentação ideológica de Marx

Marx (1818-1883) entendia a moral como uma **produção social** que atende a determinada **demanda** da sociedade. E essa demanda deve contribuir para a **regulação** das relações sociais.

Como as relações sociais se transformam ao longo da história, transformam-se também os indivíduos e as moralidades que regulam essas relações. Isso quer dizer que Marx compreende a moral como uma **forma de consciência** própria a cada momento do desenvolvimento da **existência social**.

Assim, os valores que fundamentam as normas morais derivam da existência social e, portanto, não são absolutos, não valem de forma universal para todos os homens e para todos os tempos. A liberdade, por exemplo, embora seja um valor universal, teve conteúdos diferenciados ao longo da história.

Com base no conceito de liberdade, Marx mostra como os valores morais, que são concebidos em meio a determinada forma de existência social, também **refletem essa existência**. A liberdade, de acordo com a *Declaração dos Direitos do Homem*, do final do século XVIII, "é o poder que o homem tem de fazer tudo o que não prejudique os direitos dos outros". Na análise de Marx, esse sentido de liberdade, forjado pela modernidade, reflete a existência de indivíduos isolados, competitivos, ou seja, indivíduos formados por uma sociabilidade que estimula a competitividade e a concorrência como valores.

Assim, a moral seria, para Marx, uma das formas assumidas pela **ideologia** dominante em sociedade, pois difunde determinados valores que são necessários à manutenção dessa sociedade. É a **fundamentação ideológica** da moral.

A ética discursiva de Habermas

Outra busca de respostas e fundamentação para uma ética contemporânea se desenvolveu no campo da análise da linguagem.

Jurgen Habermas (1929-) é um dos maiores representantes dessa corrente, com sua **ética discursiva**, ou seja, uma ética fundada no **diálogo** e no **consenso** entre os sujeitos. O que se buscaria nesse diálogo é a razão que, tendo sido reconhecida pelos participantes do diálogo, sirva como fundamentação última para a ação moral.

Como vimos anteriormente no capítulo 11, o conceito de **razão** em Habermas não é o mesmo do Iluminismo. Trata-se de uma **razão comunicativa**, que não existe pronta nem acabada, mas que se constrói a partir de uma argumentação que leva a um entendimento entre os indivíduos. É uma razão **interpessoal** e não subjetiva; é uma razão **processual** e não definitiva e acabada.

Para que essa argumentação leve a um entendimento real entre os indivíduos, é necessário que o diálogo seja um **diálogo livre**, sem constrangimentos de qualquer ordem e que o convencimento se dê a partir de argumentos válidos e coerentes.

A ética discursiva de Habermas é, portanto, uma aposta na linguagem e na capacidade de entendimento entre as pessoas na busca de uma **ética democrática** e **não-autoritária**, baseada em valores validados e aceitos consensualmente.

A grande questão que permanece em relação a essa proposta ética é quanto às condições de realização de um diálogo livre e igualitário na sociedade de hoje, marcada pela desigualdade e pelo constrangimento.

Carta da Terra

Nos primeiros anos do século XXI, sob os auspícios da ONU, foi elaborada por uma comissão internacional de estudiosos a **Carta da Terra**, documento que pretende ser um **código ético planetário**, capaz de orientar pessoas e povos do mundo em busca de um desenvolvimento sustentável. Transcrevemos em seguida o preâmbulo dessa Carta e um resumo de seus princípios, em que se destacam valores éticos como a **integridade ecológica**, a **justiça social e econômica**, a **democracia** e a **paz**.

PREÂMBULO

Estamos diante de um momento crítico na história da Terra, numa época em que a humanidade deve escolher o seu futuro. À medida que o mundo torna-se cada vez mais interdependente e frágil, o futuro enfrenta, ao mesmo tempo, grandes perigos e grandes promessas. Para seguir adiante, devemos reconhecer que, no meio de uma magnífica diversidade de culturas e formas de vida, somos uma família humana e uma comunidade terrestre com um destino comum. Devemos somar forças para gerar uma sociedade sustentável global baseada no respeito pela natureza, nos direitos humanos universais, na justiça econômica e numa cultura da paz. Para chegar a este propósito, é imperativo que nós, os povos da Terra, declaremos nossa responsabilidade uns para com os outros, com a grande comunidade da vida, e com as futuras gerações.

Terra, nosso lar

A humanidade é parte de um vasto universo em evolução. A Terra, nosso lar, está viva com uma comunidade de vida única. As forças da natureza fazem da existência uma aventura exigente e incerta, mas a Terra providenciou as condições essenciais para a evolução da vida. A capacidade de recuperação da comunidade da vida e o bem-estar da humanidade dependem da preservação de uma biosfera saudável com todos seus sistemas ecológicos, uma rica variedade de plantas e animais, solos férteis, águas puras e ar limpo. O meio ambiente global com seus recursos finitos é uma preocupação comum de todas as pessoas. A proteção da vitalidade, diversidade e beleza da Terra é um dever sagrado.

A situação global

Os padrões dominantes de produção e consumo estão causando devastação ambiental, redução dos recursos e uma massiva extinção de espécies. Comunidades estão sendo arruinadas. Os benefícios do desenvolvimento não estão sendo divididos eqüitativamente e o fosso entre ricos e pobres está aumentando. A injustiça, a pobreza, a ignorância e os conflitos violentos têm aumentado e são causas de grande sofrimento. O crescimento sem precedentes da população humana tem sobrecarregado os sistemas ecológico e social. As bases da segurança global estão ameaçadas. Essas tendências são perigosas, mas não inevitáveis.

Desafios para o futuro

A escolha é nossa: formar uma aliança global para cuidar da Terra e uns dos outros, ou arriscar a nossa destruição e a da diversidade da vida. São necessárias mudanças fundamentais dos nossos valores, instituições e modos de vida. Devemos entender que, quando as necessidades básicas forem atingidas, o desenvolvimento humano será primariamente voltado a ser mais, não a ter mais. Temos o conhecimento e a tecnologia necessários para abastecer a todos e reduzir nossos impactos ao meio ambiente. O surgimento de uma sociedade civil global está criando novas oportunidades para construir um mundo democrático e humano. Nossos desafios ambientais, econômicos, políticos, sociais e espirituais estão interligados, e juntos podemos forjar soluções includentes.

Responsabilidade universal

Para realizar estas aspirações, devemos decidir viver com um sentido de responsabilidade universal, identificando-nos com toda a comunidade terrestre bem como com nossa comunidade local. Somos, ao mesmo tempo, cidadãos de nações diferentes e de um mundo no qual as dimensões locais e globais estão ligadas. Cada um compartilha da responsabilidade pelo presente e pelo futuro, pelo bem-estar da família humana e de todo o mundo dos seres vivos. O espírito de solidariedade humana e de parentesco com toda a vida é fortalecido quando vivemos com reverência o mistério da existência, com gratidão pelo dom da vida e com humildade considerando o lugar que o ser humano ocupa na natureza.

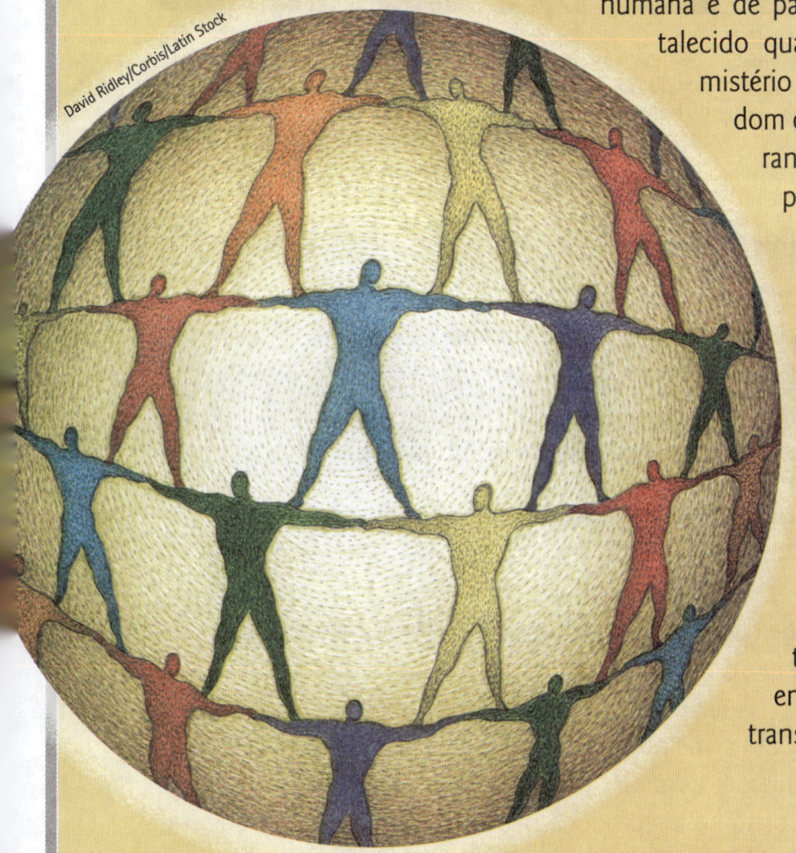
David Ridley/Corbis/Latin Stock

Necessitamos com urgência de uma visão compartilhada de valores básicos para proporcionar um fundamento ético à comunidade mundial emergente. Portanto, juntos na esperança, afirmamos os seguintes princípios, todos interdependentes, visando um modo de vida sustentável como critério comum, através dos quais a conduta de todos os indivíduos, organizações, empresas, governos, e instituições transnacionais será guiada e avaliada.

PRINCÍPIOS

Daniel Kfouri/Folha Imagem

Se cada pessoa, cada cidade, cada país fizer a sua parte, é bem provável que o mundo melhore. Como assinalou o filósofo irlandês Edmund Burke, "ninguém comete erro maior do que não fazer nada porque só pode fazer pouco", pois "tudo o que é necessário para o triunfo do mal é que os homens de bem nada façam".

I. Respeitar e cuidar da comunidade da vida

1. Respeitar a Terra e a vida em toda sua diversidade.
2. Cuidar da comunidade da vida com compreensão, compaixão e amor.
3. Construir sociedades democráticas que sejam justas, participativas, sustentáveis e pacíficas.
4. Garantir as dádivas e a beleza da Terra para as atuais e as futuras gerações.

Para poder cumprir estes quatro amplos compromissos, é necessário:

II. Integridade ecológica

5. Proteger e restaurar a integridade dos sistemas ecológicos da Terra, com especial preocupação pela diversidade biológica e pelos processos naturais que sustentam a vida.
6. Prevenir o dano ao ambiente como o melhor método de proteção ambiental e, quando o conhecimento for limitado, assumir uma postura de precaução.
7. Adotar padrões de produção, consumo e reprodução que protejam as capacidades regenerativas da Terra, os direitos humanos e o bem-estar comunitário.
8. Avançar o estudo da sustentabilidade ecológica e promover a troca aberta e a ampla aplicação do conhecimento adquirido.

III. Justiça social e econômica

9. Erradicar a pobreza como um imperativo ético, social e ambiental.
10. Garantir que as atividades e instituições econômicas em todos os níveis promovam o desenvolvimento humano de forma eqüitativa e sustentável.
11. Afirmar a igualdade e a eqüidade de gênero como pré-requisitos para o desenvolvimento sustentável e assegurar o acesso universal à educação, assistência de saúde e às oportunidades econômicas.
12. Defender, sem discriminação, os direitos de todas as pessoas a um ambiente natural e social, capaz de assegurar a dignidade humana, a saúde corporal e o bem-estar espiritual, concedendo especial atenção aos direitos dos povos indígenas e minorias.

IV. Democracia, não-violência e paz

13. Fortalecer as instituições democráticas em todos os níveis e proporcionar-lhes transparência e prestação de contas no exercício do governo, participação inclusiva na tomada de decisões, e acesso à justiça.
14. Integrar, na educação formal e na aprendizagem ao longo da vida, os conhecimentos, valores e habilidades necessárias para um modo de vida sustentável.
15. Tratar todos os seres vivos com respeito e consideração.
16. Promover uma cultura de tolerância, não-violência e paz.

Dave Cutler/Corbis/Latin Stock

Análise e entendimento

Conceito de ética

1. Embora sejam usadas muitas vezes como sinônimos, que significados específicos possuem as palavras **moral** e **ética**?
2. Na sua opinião, quais as grandes questões que a ética procura responder no mundo de hoje? Comente.
3. Sintetize:

   a) em que são semelhantes as normas morais e as normas jurídicas?
   b) o que as distingue?
   c) a que campo de estudo pertence cada uma?

Moral e liberdade

4. Procure expressar o que você entendeu da relação entre moral e liberdade, usando os seguintes conceitos: consciência moral, juízo, escolha, liberdade.
5. Só faz sentido julgar moralmente a ação de uma pessoa se essa ação foi praticada em liberdade. Comente essa afirmação e dê exemplos.
6. Discorra sobre a virtude e o vício. Analise-os, compare-os e dê exemplos para cada um baseados em seu cotidiano.

Transformação da moral

7. Como se expressa, no âmbito da moral, a relação dialética entre o indivíduo e a sociedade? Quando ocorrem transformações nas normas morais?
8. Com base nas distinções feitas neste capítulo, analise e compare as seguintes escolhas morais:

   a) a ação correta com a ação incorreta;
   b) a ação incorreta com a que expressa conflito ético;
   c) o niilismo ético com o permissivismo ético.

Ética grega

9. Por que a ética do período clássico grego é considerada racionalista? Justifique com exemplos das concepções éticas dos filósofos desse período.
10. Aristóteles explicava a virtude como o meio-termo entre dois vícios. Com base nessa afirmação, explique a ética aristotélica.

Ética cristã medieval

11. Por que a ética do período medieval é chamada de cristã? Quais são os aspectos que a caracterizam como cristã e que a diferenciam da ética grega?
12. Para Santo Agostinho, a virtude é o bom uso da liberdade de escolha, do livre-arbítrio. Com base nessa afirmação, explique a ética agostiniana.

Ética moderna

13. Por que a ética da Idade Moderna pode ser considerada uma ética antropocêntrica? Vincule sua resposta a uma interpretação da seguinte frase de um filósofo desse

período, Voltaire:
Ser desprezado por aqueles com quem se vive é coisa que ninguém pôde e jamais poderá suportar. Talvez seja esse o maior freio que a natureza tenha posto nas injustiças dos homens.

14. Para Kant, "a virtude é a força das máximas do homem na realização de seu dever". Com base nessa afirmação, explique a ética kantiana.

Ética contemporânea

15. Desde o inicio do período contemporâneo, a reflexão ética radicalizou a recusa de uma fundamentação transcendental para a moralidade. Seu ponto de partida passou a ser não o homem ideal, mas o homem concreto e social, com suas necessidades, desejos, limitações e aberturas.
Sintetize como se expressa essa tendência nas concepções éticas dos seguintes filósofos:

a) Hegel;
b) Marx;
c) Habermas.

Debate e reflexão

1. ***Liberdade × determinismo***
O homem é determinado e livre ao mesmo tempo. Determinismo e liberdade não se excluem, mas se complementam. Liberdade é a compreensão da necessidade.
Você concorda com esse raciocínio? Por quê? Você se sente livre? Reflita sobre esse assunto e elabore uma dissertação sobre ele.

2. ***Vício ou conflito ético***
Hoje em dia, novas práticas, como as da engenharia genética, ou antigas proibições, como o aborto, têm gerado muitas discussões éticas. O que se observa é que, na maioria das vezes em que surge uma nova proposta de conduta, aqueles que se opõem a ela a vêem como um "mal, vício ou corrupção". No entanto, passada a fase do "conflito ético", tal proposta pode tornar-se moralmente aceita pela sociedade.
Pesquise sobre o assunto e identifique pelo menos três casos de práticas que foram um dia ou ainda constituem conflitos éticos. Depois apresente-os a seus colegas e faça o seu juízo a respeito de cada um.

3. ***Ética global***
"Estamos diante de um momento crítico na história da Terra, numa época em que a humanidade deve escolher o seu futuro. (...) Devemos somar forças para gerar uma sociedade sustentável global, baseada no respeito pela natureza, nos direitos humanos universais, na justiça econômica e numa cultura da paz" (Preâmbulo da Carta da Terra).
Que momento crítico é esse? Você sente que pode escolher o seu futuro? Você acredita que sua escolha pode afetar o futuro do mundo? Você está disposto ou disposta a somar forças com o resto da humanidade? Como? Você acredita nos princípios propostos pela Carta da Terra? Por quê? Reflita sobre todas essas perguntas, apresente sua opinião e suas sugestões a seus colegas e escute atentamente as deles.

Sugestões de filmes

- **A Lista de Schindler** (1993, EUA, direção: Steven Spielberg)
  Filme sobre industrial alemão que salva centenas de judeus poloneses durante a Segunda Guerra Mundial. Mostra como o componente moral de um indivíduo pode interferir nas suas decisões e escolhas, levando-o a ações fundamentais em sua vida e nas vidas de outros seres humanos.

- **Pulp Fiction** (1994, EUA, direção: Quentin Tarantino)
  Filme polêmico sobre o mundo do crime, retratando a gratuidade da violência na atualidade. A violência se torna banal, mata-se por qualquer motivo. Pode ser visto como uma crítica da perda dos valores morais na sociedade contemporânea.

- **Central do Brasil** (1998, Brasil, direção: Walter Salles Jr.)
  Filme que mostra a amizade entre uma mulher e um menino em busca de seu pai. Parte da apatia e da indiferença moral que caracteriza o Brasil de hoje, buscando recuperar a importância dos atos individuais no resgate de nossa cidadania.

- **Poderosa Afrodite** (1995, EUA, direção: Woody Allen)
  Comédia centrada na relação de um homem (casado) com uma prostituta, que no passado, deu o filho para adoção. Ele deve decidir se conta ou não a ela que foi ele quem adotou a criança. Mostra ainda, de forma divertida, a prostituta de maneira não-preconceituosa e a difícil relação no casamento, marcada pelo amor, pelos conflitos e pela rotina.

Para pensar

Leia com atenção os três blocos de textos que seguem. São textos nos quais estão expressas concepções diferentes sobre a liberdade. Pesquise sobre os autores e depois responda às questões propostas.

1. O determinismo

Os homens não são maus, mas submissos aos seus interesses... Portanto, não é da maldade dos homens que é preciso se queixar, mas da ignorância dos legisladores, que sempre colocaram o interesse particular em oposição ao geral. (...) Até hoje, as mais belas máximas morais não conseguiram produzir nenhuma mudança nos costumes das nações. Qual é a causa? É que os vícios de um povo estão, se ouso falar, sempre escondidos no fundo da legislação. Na Nova Orleans, as princesas podem, quando elas se cansam de seus maridos, repudiá-los para se casarem com outros. Neste lugar, não encontramos mulheres falsas, porque elas não têm nenhum interesse em ser falsas.

HELVETIUS.
In: Karl Marx e Friedrich Engels. *Sagrada família*, p. 130.

Entre os objetos que ele ama, o homem só pode amar a si mesmo entre os seres de sua espécie, ele só pode se afeiçoar a si mesmo; o homem não pode se separar dele mesmo em nenhum momento de sua vida, ele não pode se perder de vista. (...) É sempre nossa utilidade, nosso interesse que nos leva a amar ou odiar os objetos.

HOLBACH.
In: *op. cit.*, p. 131.

2. A relação entre liberdade e determinismo

Os homens fazem sua própria história, mas não a fazem como querem; não a fazem sob circunstâncias de sua escolha e sim sob aquelas com que se defrontam diretamente, legadas e transmitidas pelo passado.

KARL MARX.
O 18 Brumário de Luís Bonaparte, p. 329.

3. A liberdade

Dostoievski escreveu: "Se Deus não existisse, tudo seria permitido". Aí se situa o ponto de partida do existencialismo.

Com efeito, tudo é permitido se Deus não existe; fica o homem, por conseguinte, abandonado, já que não encontra em si, nem fora de si, uma possibilidade a que se apegue. Antes de mais nada, não há desculpas para ele.

Se, com efeito, a existência precede a essência, não será nunca possível referir uma explicação a uma natureza humana dada e imutável; por outras palavras, não há determinismo, o homem é livre, o homem é liberdade.

Se, por outro lado, Deus não existe, não encontramos diante de nós valores ou imposições que nos legitimem o comportamento. Assim, não temos nem atrás de nós nem diante de nós, no domínio luminoso dos valores, justificações ou desculpas. Estamos sós e sem desculpas.

É o que traduzirei dizendo que o homem está condenado a ser livre. Condenado porque não se criou a si próprio; e, no entanto, livre porque, uma vez lançado ao mundo, é responsável por tudo quanto fizer.

O existencialista não crê na força da paixão. Não pensará nunca que uma bela paixão é uma torrente devastadora que conduz fatalmente o homem a certos atos e que, por conseguinte, tal paixão é uma desculpa. Pensa, sim, que o homem é responsável por essa sua paixão.

O existencialista não pensará também que o homem pode encontrar auxílio num sinal dado sobre a Terra, e que o há de orientar; porque pensa que o homem decifra ele mesmo esse sinal como lhe aprouver.

Pensa, portanto, que o homem, sem qualquer apoio e sem qualquer auxílio, está condenado a inventar o homem.

JEAN-PAUL SARTRE.
O existencialismo é um humanismo, p. 9.

Questões

1. Destaque, nos dois textos do primeiro bloco, as idéias que podem ser consideradas como defesas do determinismo absoluto nas ações humanas.

2. Destaque, no segundo bloco, as idéias que podem ser consideradas como defesas da existência de uma relação dialética entre liberdade e determinismo nas ações humanas.

3. Destaque, no texto do terceiro bloco, as idéias que podem ser consideradas como defesas da liberdade absoluta nas ações humanas.

14 Filosofia política

"O melhor Estado é aquele em que os homens vivem harmoniosamente, vivem uma vida propriamente humana."

Espinosa

"Faça, o Príncipe, tudo para alcançar e manter o poder. Os meios de que se valer serão sempre julgados honrosos."

Maquiavel

Numa demonstração de poder, aviões nazistas aliados a Franco (ditador espanhol) bombardearam, no dia 26 de abril de 1937, o povoado de Biscaia, no vale de Guernica, na Espanha. Era dia de feira-livre e a praça estava cheia. Morreram mais de 1.600 pessoas e centenas ficaram feridas. *Guernica* (1937) — Pablo Picasso.

Reprodução

POLÍTICA E PODER
O estudo do domínio social

O termo **política** vem do grego *polis* ("cidade-Estado") e designa, desde a Antigüidade, o campo da atividade humana que se refere à cidade, ao Estado, à administração pública e ao conjunto dos cidadãos. Os vínculos entre política e filosofia remontam à própria origem do pensamento filosófico.

Vimos no Capítulo 5 que o desenvolvimento da **pólis** e o nascimento da filosofia são fenômenos interligados. Quando Aristóteles definiu o homem como *animal político* é porque, na sua concepção, a própria razão é, essencialmente, política. Disso resulta que a filosofia (a razão grega) é filha da *polis*[1].

A **filosofia política** pode ser definida como o campo de reflexão filosófica que, historicamente, se ocupou do fenômeno político e das características que o distinguem dos demais fenômenos sociais, analisando as instituições e práticas das sociedades políticas existentes e conjecturando sobre a melhor maneira de se construir as sociedades futuras.

Integra a temática básica da filosofia política as reflexões em torno do poder, do Estado, dos regimes políticos e formas de governo, da participação dos cidadãos na vida pública, da liberdade, entre outros temas.

Conceito antigo e moderno de política

A obra de Aristóteles intitulada *Política* é considerada um dos primeiros tratados sistemáticos sobre a arte e a ciência de governar a pólis e, portanto, da filosofia política. Foi devido, em grande medida, a essa obra clássica que o termo **política** se firmou nas línguas ocidentais.

Para Aristóteles, a política era uma **continuação da ética**, só que aplicada à **vida pública**. Assim, depois de refletir sobre o modo de vida que conduz à felicidade humana em *Ética a Nicômaco*, Aristóteles investigou em *Política* as **instituições públicas** e as **formas de governo** capazes de propiciar uma **melhor maneira** de viver em sociedade. Aristóteles considerava essa investigação fundamental, pois, para ele, a cidade (a pólis) é uma criação natural e o homem também é, por natureza, um animal social e político.[2]

O **conceito grego** de política como esfera de realização do **bem comum** se tornou um conceito clássico e permanece até nossos dias, mesmo que seja como um ideal a ser alcançado.

No entanto, conforme assinalou o filósofo político italiano **Norberto Bobbio**, o **conceito moderno** de política está estreitamente ligado ao de **poder**. Essa ligação é enfatizada na célebre definição dada por Harold Dwight Lasswell e Abraham Kaplan: "Política é o processo de formação, distribuição e exercício do poder".

O fenômeno do poder

Sendo o poder um tema central da discussão política moderna e contemporânea, os estudos nessa área geralmente se iniciam com uma análise do **fenômeno do poder**. Vejamos então o que é poder.

A palavra **poder** vem do latim *potere*, *posse*, "poder, ser capaz de". Refere-se basicamente à faculdade, capacidade, força ou recurso para produzir certos efeitos. Assim, dizemos: o poder da palavra, o poder do remédio, o poder da polícia, o poder da imprensa, o poder do presidente.

Por isso, com base no sentido etimológico da palavra, o filósofo Bertrand Russell (1872-1970) formulou a seguinte definição: "Poder é a posse dos meios que levam à produ-

1. VERNANT, Jean-Pierre. *As origens do pensamento grego*. São Paulo, Difel, 1984, p. 94-95.
2. Cf. ARISTÓTELES. *Política*. Trad. de Mário da Gama Kury. Brasília, Editora da Universidade de Brasília, 1985, p.15.

ção de efeitos desejados". Em outras palavras, o indivíduo que detém esses meios tem a capacidade de exercer determinada influência ou domínio e, por seu intermédio, alcançar os efeitos que desejar.

O fenômeno do poder costuma ser dividido em duas categorias: o poder do **homem sobre a natureza** e o poder do **homem sobre outros homens**. Freqüentemente, essas duas categorias de poder estão juntas e se complementam.

A filosofia política investiga o poder do homem sobre outros homens, isto é, o **poder social**, embora também se interesse pelo poder sobre a natureza, porque essa categoria de domínio também se transforma em instrumento de poder social.

As três formas do poder social

Assim, voltando à definição de poder, se levarmos em conta o **meio** do qual se serve o indivíduo para conseguir os efeitos desejados, podemos encontrar três formas básicas de poder social:

- **Poder econômico** — que utiliza a posse de certos **bens** socialmente necessários para induzir aqueles que não os possuem a adotar determinados comportamentos, como, por exemplo, realizar determinado trabalho.
- **Poder ideológico** — que utiliza a posse de certas **idéias**, **valores**, **doutrinas** para influenciar a conduta alheia, induzindo as pessoas a determinados modos de pensar e agir.
- **Poder político** — que utiliza a posse dos **meios de coerção social**, isto é, o uso da força física considerada legal ou autorizada pelo **direito** vigente na sociedade.

O que essas três formas de poder têm em comum? "É que elas contribuem conjuntamente para instituir e manter sociedades de desiguais divididas em fortes e fracos, com base no poder político; em ricos e pobres, com base no poder econômico; em sábios e ignorantes, com base no poder ideológico. Genericamente, em superiores e inferiores."[3]

O poder econômico preocupa-se em garantir o domínio da riqueza controlando a organização das **forças produtivas** (por exemplo: o tipo de produção e o alcance de consumo das mercadorias). O poder ideológico preocupa-se em garantir o domínio sobre o saber controlando a organização do **consenso social** (por exemplo: os meios de comunicação de massa — televisão, jornais, rádios, revistas etc.). E o poder político preocupa-se em garantir o domínio da força institucional e jurídica controlando os **instrumentos de coerção social** (por exemplo: forças armadas, órgãos de fiscalização, polícia, tribunais etc.).

Desses três poderes (econômico, político e ideológico) qual seria o principal, o mais eficaz? Para Bobbio, é o poder político cujo meio espe-

Dick Browne © 2006 King Features Syndicate/Ipress

Hagar — Dik Browne

3. BOBBIO, Norberto. *Estado, governo, sociedade* – para uma teoria geral da política. Rio de Janeiro, Paz e Terra, 1987, p. 83.

cífico de atuação consiste na possibilidade de utilizar a força física legalizada para condicionar comportamentos. Assim, "o poder político é, em toda sociedade de desiguais, o poder supremo, ou seja, o poder ao qual todos os demais estão de algum modo subordinados".[4]

Bobbio desenvolve o argumento de que o poder econômico é fundamental para que o mais rico subordine o mais pobre, bem como o poder ideológico é necessário para conquistar a adesão da maioria das pessoas aos valores do grupo dominante. No entanto, só o uso do poder político, da força física, serve, em casos extremos, para impedir a insubordinação ou desobediência dos subordinados. E nas relações entre dois ou mais grupos poderosos, em termos econômicos ou ideológicos, o instrumento decisivo na imposição da vontade é a guerra, que consiste no recurso extremo do poder político.

ESTADO

Essa instituição poderosa que estabelece regras de convivência

Vejamos agora uma das mais complexas instituições sociais criadas e desenvolvidas pelo homem ao longo da história: o Estado.

O termo Estado deriva do latim *status* (estar firme), significando a permanência de uma situação de convivência humana ligada à sociedade política.[5]

Muitos estudiosos procuraram compreender a realidade do Estado, mas foi o pensador alemão **Max Weber** (1864-1920) quem elaborou uma conceituação, largamente conhecida e debatida entre os estudiosos do assunto[6]. A partir de

AFP/Getty Images

Soldado dos Estados Unidos conduz prisioneiro na Guerra do Iraque. Após o genocídio de duas guerras mundiais pensava-se que a humanidade podia aprender a lição. Mas após o fim da Guerra Fria, as atrocidades voltaram, usando velhas ou novas justificativas. "A guerra é a eterna luta do homem contra o homem, conduzida por meios violentos, em que homens, transformados em lobos famintos, devoram uns aos outros" (Bobbio).

4. BOBBIO, Norberto et alii. *Dicionário de Política*, p. 995-96.
5. DALLARI, Dalmo de Abreu. *Elementos de teoria geral do Estado*. São Paulo, Saraiva, 2005, p. 51.
6. WEBER, Max. *Ciência e Política*. São Paulo, Cultrix, 1970, p. 56.

Weber, podemos derivar o seguinte conceito:

> Estado é a instituição política que, dirigida por um **governo soberano**, reivindica o **monopólio do uso legítimo da força física** em determinado **território**, subordinando os membros da **sociedade** que nele vivem.

Origem do Estado

Como se formou o Estado? E por quê?

As circunstâncias específicas que deram origem à formação do Estado nas diversas sociedades humanas é um tema de difícil verificação, embora essa questão tenha despertado muita especulação ao longo da história da filosofia política, conforme veremos adiante.

Para a maioria dos autores, o Estado nem sempre existiu ao longo da história. Sabe-se que diversas sociedades, do passado e do presente, organizaram-se sem ele. Nelas as funções políticas não estavam claramente definidas e formalizadas numa determinada instância de poder. No entanto, em dado momento da história da maioria das sociedades, com o aprofundamento da divisão social do trabalho, certas funções político-administrativas e militares acabaram sendo assumidas por um **grupo específico** de pessoas. Esse grupo passou a **deter o poder** de impor normas à vida coletiva. Assim teria surgido o governo, por meio do qual foi se desenvolvendo o Estado.

Função do Estado

E para que se desenvolveu o Estado? Qual seria a sua função em relação à sociedade?

Não existe consenso sobre essa questão. Muitas respostas já foram dadas. Mas podemos destacar duas, que representam correntes opostas: uma é fornecida pela **corrente liberal**, e a outra, pela **corrente marxista**.

Resposta liberal: o que "deve ser" o Estado

Para o pensamento liberal, a função do Estado é agir como **mediador** dos conflitos entre os diversos grupos sociais, conflitos inevitáveis entre os homens. O Estado deve promover a conciliação dos grupos sociais, amortecendo os choques dos setores divergentes para evitar a desagregação da sociedade. A função do Estado é, portanto, a de alcançar a **harmonia** entre os grupos rivais, preservando os **interesses do bem comum**.

Entre os pensadores liberais clássicos destacam-se **John Locke** e **Jean-Jacques Rousseau**, cujas concepções políticas veremos adiante.

Resposta marxista: o que "é" o Estado

Para o pensamento marxista, o Estado **não é** um simples mediador de grupos rivais, isto é, entre aqueles que protagonizam a luta de classes, conforme a terminologia marxista. O Estado é uma instituição que interfere nessa luta de modo parcial, quase sempre tomando partido das **classes sociais dominantes**. Assim, a função do Estado é garantir o domínio de classe.

Isso ocorre por sua origem. Nascido dos conflitos de classe, o Estado tornou-se a instituição controlada pela classe mais poderosa, a classe dominante. Assim,

> na maior parte dos Estados históricos, os direitos concedidos aos cidadãos são regulados de acordo com as posses dos referidos cidadãos, pelo que se evidencia ser o Estado um organismo para a proteção dos que possuem contra os que não possuem.
>
> ENGELS, Friedrich. *A origem da família, da propriedade privada e do Estado*, p. 194.

Os fundadores dessa corrente são **Karl Marx** e **Friedrich Engels**, cujas concepções políticas também serão estudadas adiante.

Relações entre sociedade civil e Estado

Na linguagem política contemporânea, tornou-se comum estabelecer a contraposição **so-**

ciedade civil *versus* Estado.

Nessa contraposição, o **Estado** costuma ser entendido como a instituição que exerce o poder coercitivo (a força) por intermédio de suas diversas funções, tanto na administração pública como no judiciário e no legislativo.

Por sua vez, a **sociedade civil** costuma ser definida como o largo campo das relações sociais que se desenvolvem fora do poder institucional do Estado. Fazem parte da sociedade civil, por exemplo, os sindicatos, as empresas, as escolas, as igrejas, os clubes, os movimentos populares, as associações culturais.

O relacionamento entre os membros da sociedade civil provoca o surgimento das mais diversas questões: econômicas, ideológicas, culturais etc. Questões que, muitas vezes, criam conflitos entre pessoas ou grupos. Em face desses conflitos, o Estado é chamado a intervir.

Nas relações entre Estado e sociedade civil, os **partidos políticos** desempenham uma função importante: podem atuar como **ponte** entre a sociedade civil e o Estado, pois não pertencem, por inteiro, nem ao Estado nem à sociedade civil. Assim, caberia aos partidos políticos captar os desejos e aspirações da sociedade civil e encaminhá-los para o campo da decisão política do Estado.

Conforme a época e o lugar, o tipo de relacionamento entre Estado e sociedade civil varia bastante. Assim, as relações entre governantes e governados podem tender para um **esquema fechado**, caracterizado pela opressão e autoritarismo do Estado sobre a sociedade, como para um **esquema aberto**, evidenciado pela maior participação política da sociedade nas questões do Estado e pelo respeito que o poder público confere aos direitos individuais e coletivos.

Regimes políticos

Regime político é justamente o **modo** característico pelo qual o **Estado se relaciona com a sociedade civil**.

Na linguagem política contemporânea, os regimes políticos são classificados em dois tipos fundamentais: **democracia** e **ditadura**.

Democracia: participação política do povo

Democracia é uma palavra de origem grega que significa **poder do povo** (*demo*, "povo"; *cracia*, "poder").

Foi a antiga cidade grega de Atenas que deixou ao mundo ocidental uma das mais citadas referências de regime democrático. Em Atenas, os cidadãos (pequena parcela da população ateniense) participavam **diretamente** das assembléias e decidiam os rumos políticos da cidade. Havia, portanto, em Atenas, uma **democracia direta**.

Em nossa época, a democracia direta praticamente não existe mais. Os Estados foram ficando, com o tempo, muito complexos, os territórios extensos e as populações numerosas. Tornou-se inviável a proposta de os próprios cidadãos exercerem diretamente o poder. Assim, a democracia deixou de ser o governo direto do povo. O que encontramos, atualmente, é a **democracia representativa**, em que os cidadãos elegem seus representantes políticos para o governo do Estado.

O ideal de democracia representativa é ser o governo dos **representantes do povo**. Representantes que deveriam exercer o poder **pelo povo** e **para o povo**.

Nos dias de hoje, um Estado costuma ser considerado democrático quando apresenta as seguintes características:

- **Participação política do povo** — o povo exerce o direito de participar das decisões políticas elegendo seus representantes no poder público. Geralmente, essa participação é garantida por meio do direito ao **voto direto** e **secreto**, em **eleições periódicas**. Existem, ainda, outras formas de manifestação política do povo: o plebiscito, o referendo, as reuniões populares (passeatas, associações em praça pública etc.);
- **Divisão funcional do poder político** — o poder político do Estado não fica concentrado num único órgão. Ao contrário, apresenta-se dividido em vários órgãos, que se agrupam em torno das seguintes **funções** típicas: função **legislativa** (elaboração das

leis); função **executiva** (execução das leis pela administração pública); função **jurisdicional** (aplicação das leis e distribuição da justiça). Nos regimes democráticos, deve existir **independência** e **harmonia** entre os poderes legislativo, executivo e judiciário;

- **Vigência do Estado de direito** — o poder político é exercido dentro dos limites traçados pela lei a todos imposta. A lei, assim, subordina tanto o Estado como a sociedade. A isso se chama **Estado de direito**. Onde vigora o Estado de direito, o cidadão respeita o Estado, mas o Estado também respeita os direitos do cidadão, como, por exemplo, o direito à liberdade de pensamento, expressão, associação, imprensa, locomoção etc. Na democracia,

> o governo deve ser de muitos para resistir à imposição de poucos, e o poder deve ser limitado pelas normas para evitar o arbítrio discricionário de quem o exerce. O reconhecimento destas regras tem como objetivo conseguir na vida coletiva o salto qualitativo da passagem do reino da violência para o reino da não-violência, através da domesticação do poder pelo direito.
>
> LAFER, Celso. Trecho do discurso proferido na abertura da 47ª Assembléia Geral da ONU. *O Estado de S. Paulo*, 22 set. 1992.

Ditadura: concentração do poder político

Ditadura é uma palavra de origem latina, derivada de *dictare*, "ditar ordens". Na antiga república romana, **ditador** era o magistrado que detinha temporariamente plenos poderes, após ser eleito para enfrentar situações excepcionais, como, por exemplo, os casos de guerra. Seu mandato era limitado a seis meses, embora houvesse a possibilidade de renovação, dependendo da gravidade das circunstâncias.

Comparado com suas origens históricas, o conceito de ditadura conservou apenas esse caráter de poder excepcional, concentrado nas mãos do governante. Atualmente, um Estado costuma ser considerado ditatorial quando apresenta as seguintes características:

- **Eliminação da participação popular nas decisões políticas** — o povo não tem nenhuma participação no processo de escolha dos ocupantes do poder político. Não existem eleições periódicas (ou, quando existem, são eleições fraudulentas) e se proíbem as manifestações públicas de caráter político;
- **Concentração do poder político** — o poder político fica centralizado nas mãos de um único governante (ditadura pessoal) ou de um órgão colegiado de governo (ditadura colegiada). Geralmente, o ditador é membro do poder executivo. O poder legislativo e o poder judiciário são aniquilados ou bastante enfraquecidos.

- **Inexistência do Estado de direito** — o poder ditatorial é exercido sem limitação jurídica. As leis só valem para a sociedade. O ditador está acima das leis. E, nessa condição, costuma desrespeitar todos os direitos fundamentais do cidadão, principalmente o direito de livre expressão e a liberdade de associação política.

Além das características anteriores, as ditaduras se sustentam mediante dois fatores essenciais:

- **Fortalecimento dos órgãos de repressão** — as ditaduras montam um forte mecanismo de repressão policial destinado a perseguir brutalmente todos os cidadãos considerados adversários do regime. Esses órgãos de repressão espalham pânico na sociedade e implantam um verdadeiro terrorismo de Estado, utilizando terríveis métodos de tortura e de morte;
- **Controle dos meios de comunicação de massa** — as ditaduras procuram controlar todos os meios de comunicação de massa, como programas de rádio e de televisão, espetáculos de teatro, filmes exibidos pelo cinema, jornais e revistas etc. Monta-se um departamento autoritário de **censura oficial** destinado a proibir tudo aquilo que é considerado contra o governo. Somente são aprovadas as mensagens públicas julgadas favoráveis ao governo ditatorial.

Esses instrumentos de controle e opressão foram utilizados em diversos regimes ditatoriais de nosso século. Exemplos: as ditaduras implantadas por Hitler (Alemanha nazista), Stálin (União Soviética), Fidel Castro (Cuba), Pinochet (Chile), Getúlio Vargas (Brasil) e Franco (Espanha) e regimes militares como os que vigoraram na Argentina e no Brasil.

O PENSAMENTO POLÍTICO NA HISTÓRIA

Reflexões sobre o poder político

Por que e para que existe o poder político? Por que encontramos, em toda a parte, um Estado que comanda e um povo que é comandado? Será que sempre existiu o poder político do Estado? Como esse poder surgiu?

Na investigação sobre as origens e os fundamentos das associações políticas, inúmeras respostas foram elaboradas ao longo da história. Vejamos então algumas das formulações mais célebres do pensamento político e seus autores.

Platão: o rei-filósofo para a justiça

O filósofo grego Platão (428-347 a.C.), em seu livro *A república*, explica que o indivíduo possui **três almas** que o compõem. Essas almas correspondem aos princípios:

- **Racional**, que busca o conhecimento e deve reger a vida humana;
- **Irascível**, que se ocupa da defesa e da guerra;
- **Passional**, que busca a satisfação dos desejos, instintos e impulsos da paixão.

Através da educação, o indivíduo deve alcançar um equilíbrio entre esses três princípios, mas um equilíbrio hierárquico, pois, para o filósofo, a alma racional deve preponderar.

Depois, fazendo uma analogia entre o indivíduo e a cidade (pólis), Platão também dividiu esta em **três grupos sociais**:

- **Produtores**: responsáveis pela produção econômica, como os artesãos e agricultores, criadores de animais etc. Esse grupo corresponderia à alma passional;
- **Guardiães**: responsáveis pela defesa da cidade, como os soldados. Esse grupo corresponderia à alma irascível;
- **Governantes**: responsáveis pelo governo da cidade. Esse grupo corresponderia à alma racional.

A **justiça** na cidade dependeria do **equilíbrio** entre esses três grupos sociais, ou seja, cada qual cumprindo a sua função, uma vez que se trata de aspectos necessários à vida da cidade. A cidade é como um corpo no qual

> tendo posto de acordo seus três elementos, exatamente como os três termos de uma harmonia, o da corda grave, o da alta e o da intermédia, e qualquer outro que possa haver entre esses – depois de enlaçar tudo isso, e de construir com essa variedade a sua própria unidade, então é que, bem afinado e temperado, passa a agir (...) e em tudo isso julga e denomina **justa e boa** à ação que conserve e corrobore esse Estado.
>
> PLATÃO. *A república*, p. 120.

E, da mesma forma que a alma racional prepondera no indivíduo, a esfera preponderante na cidade deve ser, para Platão, a dos **governantes**. Mas quem deve ser o governante?

Platão propõe um modelo educativo que possibilita a todos igual acesso à educação, independentemente do grupo social a que pertença cada indivíduo por nascimento. Em sua formação, as crianças iriam passando por processos de seleção, ao longo dos quais seriam destinadas a um dos três grupos sociais que formam a cidade. Os mais aptos continuariam seus estudos até o ponto mais alto desse processo — a filosofia — a fim de se tornarem sábios e, assim, se habilitarem a administrar a cidade.

Dizemos, portanto, que a concepção política de Platão é **aristocrática**, pois supõe que a grande massa de pessoas é incapaz de dirigir a cidade e que apenas uma pequena parcela de sábios está apta para exercer o poder político. **Aristocracia** (do grego *aristoi* = melhores, e *cracia* = poder) é a forma de governo em que o poder é exercido pelos "melhores", que, na proposta de Platão, seriam uma **elite** (do latim *eligere* = escolhido) que se distinguiria pelo saber. Trata-se, portanto, de uma "aristocracia do espírito", que não está baseada no poder econômico.

Isso significa também que Platão **não** propunha a democracia como a forma ideal de governo. A justificativa para essa posição está na sua "Alegoria da caverna", à qual já nos referimos no Capítulo 6. Para Platão, o filósofo é aquele que, saindo do mundo das trevas e da ilusão, busca o conhecimento e a verdade no mundo das idéias. Depois ele deve voltar para dirigir as pessoas que não alcançaram esse ponto.

Por isso Platão criou a idéia do **rei-filósofo**: aquela pessoa que, pela contemplação das idéias, conheceu a **essência da justiça** e deve governar a cidade.

Aristóteles: o homem como animal político

O filósofo grego Aristóteles (384-322 a.C.), conforme vimos, afirmava que o homem é por **natureza** um ser **social**, pois, para sobreviver, não pode ficar completamente isolado de seus semelhantes.

Assim, constituída por um impulso natural do homem, a sociedade deve ser organizada conforme essa mesma natureza humana. O que deve guiar, então, a organização de uma sociedade? É a busca de um determinado bem, correspondente aos anseios dos homens que a organizam.

Para Aristóteles, a organização social adequada à natureza do homem é a **pólis**: "a cidade (pólis) encontra-se entre as realidades que existem naturalmente, e o homem é por natureza um animal político".

A pólis grega, portanto, é vista por Aristóteles como um fenômeno **natural**. Por isso, o homem verdadeiramente digno desse nome é um **animal político**, isto é, envolvido na vida da pólis. Assim, Aristóteles toma um fenômeno social característico da Grécia como modelo natural de todo o gênero humano.

Aristóteles também entende que a cidade tem precedência sobre cada um dos indivíduos, uma vez que cada indivíduo isoladamente não é auto-suficente, enquanto a falta de um indivíduo não destrói a cidade. Por isso ele disse: "o todo deve necessariamente ter precedência sobre as partes"[7].

É por isso que, para Aristóteles, conforme vimos, a política é uma continuidade da ética, ou melhor, a ética é entendida como uma parte da política. A ética se dirige ao bem individual, enquanto a política se dirige ao bem comum.

Aristóteles: um estrangeiro em Atenas

O historiador francês Gustave Glotz, em *Cidade grega*, conta que Aristóteles distinguia duas espécies de seres humanos: "os que vegetam em tribos amorfas e selvagens ou formam imensos rebanhos em monarquias monstruosas; os que se encontram harmoniosamente associados em cidades (pólis). Os primeiros nasceram para ser escravos, para que os últimos pudessem dar-se ao luxo de gozar de um modo mais nobre de vida".

Reprodução

Embora o conceito grego de democracia não fosse igual ao atual, é na **pólis ateniense** que – como mostrou Jean-Pierre Vernant –, o poder, que antes ficava oculto nos palácios, torna-se visível em praça pública. Era uma nova maneira de pensar e praticar o poder. Cena de vaso em que são retratados cidadãos gregos.

Como se vê, Aristóteles defendia que os homens não são **naturalmente** iguais, pois uns nascem para a escravidão e outros para o domínio. O pensamento aristotélico refletia, dessa maneira, a

7. ARISTÓTELES. *Política*, p.15.

realidade social estabelecida na Grécia antiga. Em Atenas — cidade em que ele viveu e uma das mais importantes do mundo grego —, a sociedade estava dividida em três grandes grupos sociais:

- **cidadãos** — eram os homens maiores de 21 anos, nascidos de pai e de mãe atenienses. Somente eles possuíam direitos políticos de participar da democracia. O número de cidadãos variou conforme a época. Alguns historiadores calculam que representou, em média, cerca de 1/10 da população total. As mulheres não faziam parte do grupo dos cidadãos.
- **metecos** — eram os estrangeiros que habitavam Atenas. Não tinham direitos políticos e estavam proibidos de adquirir terras, mas podiam dedicar-se ao comércio e ao artesanato. Em geral, pagavam impostos para viver na cidade e, em certas épocas, podiam ser convocados à prestação do serviço militar. Aristóteles viveu em Atenas na condição de meteco, pois sua cidade natal era Estagira, na Macedônia. Muitos autores referem-se a Aristóteles como "o estagirita".
- **escravos** — formavam a grande maioria da população e eram considerados propriedade do seu senhor, embora houvesse leis que os protegessem contra maus-tratos.

A teoria do direito divino de governar

As influências de Platão e Aristóteles no terreno da reflexão política foram marcantes tanto na Antigüidade como na Idade Média. A idéia de que a política tem como objetivo o **bem comum**, que em Platão seria a **justiça** e em Aristóteles a **vida boa e feliz**, orientou grande parte da reflexão política até hoje.

Entre os filósofos romanos antigos, como Cícero e Sêneca, a teoria política privilegiava a formação do **bom príncipe**, educado de acordo com as **virtudes** necessárias ao bom desempenho da função administrativa (embora na prática essa teoria tenha se revelado muitas vezes catastrófica).

Na Idade Média, com o desenvolvimento do cristianismo e o esfacelamento do Império Romano, a Igreja se consolidou, primeiramente, como um poder extrapolítico. Santo Agostinho, por exemplo, separava a **Cidade de Deus**, a comunidade cristã, da **cidade dos homens**, a comunidade política.

Mas depois, ao longo da Idade Média e em parte da Idade Moderna, ocorreu uma aliança entre o poder eclesiástico e o poder político. E como a Igreja Católica entendia que todo poder pertence a Deus, surgiu a idéia de que os governantes seriam **representantes de Deus na Terra**. O rei passou, então, a ter o **direito divino** de governar.

Assim, embora a relação entre o poder temporal dos reis e o poder espiritual da Igreja tenha sido um grande problema durante a Idade Média, de uma forma geral persistiu o elo entre idéia do governante como representante de Deus e a idéia de monarquia como a forma política mais natural e mais adequada à realização do bem comum. Os principais defensores da **teoria do direito divino dos reis** seriam Jean Bodin (cujas idéias veremos adiante) e Jacques Bossuet.

Maquiavel: os fins justificam os meios

O filósofo italiano Nicolau Maquiavel (1469-1527) é considerado o **fundador do pensamento político moderno**, porque desenvolveu a sua filosofia política em um quadro teórico completamente diferente do que se tinha até então.

Vimos que, no pensamento antigo, a política estava relacionada com a ética e que, na Idade Média, essa idéia permaneceu, acrescida dos valores cristãos. Ou seja, o bom governante seria aquele que possuísse as virtudes cristãs e que as implementasse no exercício do poder político.

Maquiavel observou, porém, que havia uma distância entre o **ideal** de política e a **realidade** política de sua época. Por isso escreveu o livro *O príncipe* (1513-15) com o propósito de tratar da política tal como ela se dá, ou seja, sem pretender fazer uma teoria da política ideal, mas, ao contrário, compreender e esclarecer a política real. Dessa forma, ele se afastou da concepção idealizada de política.

Maquiavel centrou sua reflexão na constatação de que o poder político tem como função regular as **lutas** e **tensões** entre os grupos sociais, que, conforme ele, eram basicamente dois: o grupo dos poderosos e o povo. Essas lutas e tensões existiriam sempre, de tal forma que seria uma ilusão buscar um bem comum para todos.

Mas, se a política não tem como objetivo o bem comum, qual seria o seu objetivo então?

Maquiavel respondeu: a política tem como objetivo a **manutenção do poder do Estado**. E, para manter o poder, o governante deve lutar com todas as armas possíveis, ficando sempre atento às correlações de forças que se mostram a cada instante. Isso significa que a ação política não cabe nos limites do juízo moral. O governante deve fazer aquilo que, a cada momento, se mostra interessante para conservar o seu poder. Não se trata, portanto, de uma decisão moral, mas sim de uma decisão que atende à **lógica do poder**. Para ele, na ação política não são os **princípios** morais que contam, mas os **resultados**. É por isso que, para Maquiavel, **os fins justificam os meios**. Desse modo, escreveu Maquiavel:

> Não pode e não deve um príncipe prudente manter a palavra empenhada quando tal observância se volte contra ele e hajam desaparecido as razões que a motivaram. (...) Nas ações de todos os homens, especialmente os príncipes, (...) os fins é que contam. Faça, pois, o príncipe tudo para alcançar e manter o poder; os meios de que se valer serão sempre julgados honrosos e louvados por todos, porque o vulgo (o povo, a maioria das pessoas) atenta sempre para aquilo que parece ser e para os resultados.
>
> MAQUIAVEL, Nicolau. *O príncipe*, p.112-3.

Em *O príncipe*, Maquiavel faz uma análise não-moral dos atos de diversos governantes, procurando mostrar em que momentos as suas opções foram interessantes para a manutenção do poder político. Deve-se a essa franqueza despudorada maquiaveliana o uso pejorativo que tem o adjetivo **maquiavélico**, que designa o comportamento "sem moral".

Mas o que se deve reter do pensamento de Maquiavel é que ele inaugura um novo patamar de reflexão política, que procura compreender e descrever a ação política tal como ela se dá realmente. Esse é o mérito de Maquiavel: ter compreendido que a política, no início da Idade Moderna, se desvinculava **das esferas da moral e da religião**, constituindo-se em uma **esfera autônoma**.

Assim, no campo da política, os fins justificam os meios. Já no campo da moral, não seria correto separar meios e fins porque toda conduta deve ser julgada pelo seu valor intrínseco, independente do fim, do resultado.

Bodin: a defesa do governo nas mãos de um só

Jurista e filósofo francês, Jean Bodin (1530-1596) defendeu em sua obra *A república* o conceito de soberano perpétuo e absoluto, cuja autoridade representa "a imagem de Deus na Terra" (**teoria do direito divino dos reis**). O termo **república** é usado aqui em seu sentido etimológico de **coisa pública** (do latim *res*, "coisa") e não como forma de governo oposta à **monarquia**. Mesmo porque, para ele, a forma preferida de governo era a monarquia, em que a soberania absoluta se concentrava num só príncipe.

Na mesma linha de pensamento de Santo Tomás de Aquino, Jean Bodin afirmava ser a monarquia o regime mais adequado à **natureza das coisas**. Argumentava que a família tem um só chefe, o pai; o céu tem apenas um sol;

o Universo, só um Deus criador. Assim, a soberania (força de coesão social) do Estado só podia se realizar plenamente na monarquia.

A ligação entre a figura do rei e o sagrado é bem antiga, mas foi com o absolutismo europeu, dos séculos XV a XVIII, que o direito divino teve seu apogeu como teoria política.

Essa, entretanto, não devia ser confundida com o governo tirânico, em que o

> monarca, desprezando as leis da natureza, abusa das pessoas livres como de escravos, e dos bens dos súditos como dos seus (...) quanto às leis divinas e naturais, todos os princípios da terra estão sujeitos, e não está em seu poder transgredi-las (...).
>
> BODIN, Jean. *A república*. In: CHEVALIER, Jean-Jacques. *As grandes obras políticas*, p. 59-60.

Dentre essas leis naturais, Bodin destacava o respeito que o Estado deve ter em relação ao **direito à liberdade dos súditos** e às suas **propriedades materiais**.

Hobbes: a necessidade do Estado soberano

Outra questão que ocupou bastante os filósofos dos séculos XVII e XVIII foi a justificação racional para a **existência das sociedades humanas** e para a **criação do Estado**. De modo geral, essa questão apresentou-se da seguinte forma:

- **qual é a natureza do ser humano? qual é o seu estado natural?** — em suas diversas conjecturas chegaram em geral à conclusão básica de que os homens são, por natureza, **livres** e **iguais**.
- **como explicar então a existência do Estado e como legitimar seu poder?** — com base na tese de que todos são naturalmente livres e iguais, deduziram que, em dado momento, por um conjunto de circunstâncias e necessidades, os homens se viram obrigados a abandonar essa liberdade e estabelecer entre si um acordo, um **pacto social** ou **contrato social**, o qual teria dado origem ao Estado.

Por esse motivo, essas explicações ficaram conhecidas como **teorias contratualistas**. O primeiro grande **contratualista** foi o filósofo inglês Thomas Hobbes (1588-1679).

Em sua investigação, Hobbes concluiu que o homem, embora vivendo em sociedade, não possui o instinto natural de sociabilidade, como afirmou Aristóteles. Cada homem sempre encara seu semelhante como um concorrente que precisa ser dominado. Onde não houve o domínio de um homem sobre outro, dirá Hobbes, existirá sempre uma competição intensa até que esse domínio seja alcançado.

A conseqüência óbvia dessa disputa infindável entre os homens em **estado de natureza** foi gerar um **estado de guerra** e de matança permanente nas comunidades primitivas. Nas palavras de Hobbes: "o homem é o lobo do próprio homem", da expressão latina *homo homini lupus*.

Só havia uma solução para dar fim à brutalidade social primitiva: a criação **artificial** da sociedade política, administrada pelo Estado. Para isso, os homens tiveram que firmar um **contrato** entre si, pelo qual cada um transferia seu poder de governar a si próprio para um terceiro — o Estado — para que esse Estado governasse a todos, impondo ordem, segurança e direção à conturbada vida social.

Hobbes apresentou essas idéias primeiro em sua obra *Sobre o cidadão* e depois em *Leviatã*. Nesta, o Estado é comparado a uma criação monstruosa do homem, destinada a pôr fim à anarquia e ao caos da comunidade primitiva. O nome **Leviatã** refere-se ao monstro bíblico citado no *Livro de Jó (Bíblia)*, descrito da seguinte maneira: "O seu corpo é como escudos de bronze fundido (...) Em volta de seus dentes está o terror (...) O seu coração é duro como a pedra, e apertado como a bigorna do ferreiro. No seu pescoço está a força, e diante dele vai a fome (...) Não há poder sobre a terra que se lhe compare, pois foi feito para não ter medo de nada (Jó, 40-41)".

Vejamos, nas palavras do próprio Hobbes, como ele imaginou o estabelecimento do contrato social que deu origem ao Estado (Leviatã). Para Hobbes, a única maneira que os homens tinham para instituir, entre si, um poder comum era

Em sua obra *Leviatã*, Hobbes atribui legitimidade ao poder político absoluto, baseando-se na concepção de uma natureza humana competitiva e destrutiva para a qual somente um poder forte do Estado teria condições de fazer frente.

> conferir toda sua força e poder a um homem, ou a uma assembléia de homens, que possa reduzir suas diversas vontades, por pluralidade de votos, a uma só vontade (...) é como se cada homem dissesse a cada homem (...) transfiro meu direito de governar-me a mim mesmo a este Homem, ou a esta Assembléia de homens, com a condição de transferires a ele teu direito, autorizando de maneira semelhante todas as suas ações.
> Feito isto, à multidão assim unida numa só pessoa se chama Estado (...) É esta a geração daquele grande Leviatã (...) ao qual devemos (...) nossa paz e defesa. Pois graças a esta autoridade que lhe é dada por cada indivíduo no Estado, é-lhe conferido o uso de tamanho poder e força que o terror assim inspirado o torna capaz de conformar as vontades de todos eles, no sentido da paz em seu próprio país, e da ajuda mútua contra os inimigos estrangeiros. É nele que consiste a essência do Estado, a qual pode ser assim definida: uma pessoa de cujos atos uma grande multidão, mediante pactos recíprocos uns com os outros, foi instituída por cada um como autora, de modo a ela poder usar a força e os recursos de todos, da maneira que considerar conveniente, para assegurar a paz e a defesa comum. Àquele que é portador dessa pessoa se chama Soberano, e dele se diz que possui poder soberano. Todos os restantes são súditos.
>
> HOBBES, Thomas. *Leviatã*, p. 105-6.

Locke: a concepção do Estado liberal

Assim como Hobbes, o filósofo inglês John Locke (1632-1704) também refletiu sobre a origem do poder político e sobre sua necessidade para congregar os homens, que, em **estado de natureza**, viviam **isolados**.

No entanto, enquanto Hobbes imagina um estado de natureza marcado pela violência e pela "guerra de todos contra todos", Locke faz uma reflexão mais moderada. Refere-se ao estado de natureza como uma condição na qual, pela falta de uma normatização geral, cada qual seria juiz de sua própria causa, o que levaria ao surgimento de **problemas nas relações entre os homens**.

Para evitar esses problemas, é que o Estado teria sido criado. O Estado teria a função de garantir a **segurança** dos indivíduos e de seus **direitos naturais**, como a **liberdade** e a **propriedade**, conforme expõe Locke em sua obra *Segundo tratado sobre o governo*.

Diferentemente de Hobbes, portanto, Locke concebe a sociedade política como um meio de **assegurar os direitos naturais** e não como o resultado de uma transferência dos direitos dos indivíduos para o governante. E assim nasce a concepção de **Estado liberal**, segundo a qual o Estado deve regular as relações entre os homens e atuar como juiz nos conflitos sociais. Mas deve fazer isso garantindo as **liberdades e direitos individuais**, tanto no que se refere ao pensamento e expressão quanto à propriedade e atividade econômica.

Montesquieu: a divisão de poderes

É de autoria do pensador francês Charles

Neste quadro, Thomas Jefferson segura a Declaração de Independência dos Estados Unidos. A república norte-americana tem, entre suas inspirações, a concepção de Estado liberal de Locke. *Declaração de Independência dos EUA* — John Trumbull.

de Secondat, mais conhecido como barão de Montesquieu (1689-1755), a teoria a respeito de uma das características mais interessantes do Estado moderno: a **divisão funcional dos três poderes**.

Ao refletir sobre a possibilidade de abuso do poder nas monarquias, Montesquieu propôs que se estabelecesse a divisão do poder político em três instâncias: **poder executivo** (que executa as normas e decisões relativas à administração pública), **poder legislativo** (que elabora e aprova as leis) e **poder judiciário** (que aplica as leis e distribui a proteção jurisdicional pedida aos juízes).

Em sua obra *O espírito das leis* (1748), Montesquieu assim escreve sobre a questão dos poderes:

> Quando os poderes legislativo e executivo ficam reunidos numa mesma pessoa ou instituição do Estado, a liberdade desaparece (...) Não haverá também liberdade se o poder judiciário se unisse ao executivo, o juiz poderia ter a força de um opressor. E tudo estaria perdido se uma mesma pessoa ou instituição do Estado exercesse os três poderes: o de fazer as leis, o de ordenar a sua execução e o de julgar os conflitos entre os cidadãos.
>
> MONTESQUIEU.
> *O espírito das leis*, p. 168.

Embora já houvesse na época uma divisão de poderes próxima da que é proposta por Montesquieu, é significativa na sua obra a ênfase atribuída à necessidade de separação desses poderes, que devem ser exercidos por pessoas diferentes, e à necessidade de equilíbrio entre eles.

Rousseau: a legitimação do Estado pela vontade geral

O filósofo de origem suíça Jean-Jacques Rousseau (1712-1778) é outro pensador que formulou uma teoria contratualista, como Hobbes e Locke.

Conforme vimos no Capítulo 9, em sua obra *Discurso sobre a origem da desigualdade entre os homens*, Rousseau glorifica os valores da **vida natural** e ataca a corrupção, a avareza e os vícios da sociedade civilizada. Exalta a **liberdade** que o homem selvagem teria desfrutado na pureza do seu **estado natural**, contrapondo-o à falsidade e ao artificialismo da vida civilizada.

Já na sua obra *Do contrato social*, procurou investigar não só a origem do poder político e se existe uma justificativa válida para os homens, originalmente livres, terem submetido sua liberdade ao poder político do Estado, mas também qual a condição necessária para que o poder político seja legítimo.

> O homem nasceu livre e, não obstante, está acorrentado em toda parte. Julga-se senhor dos demais seres sem deixar de ser tão escravo como eles. Como se tem realizado esta mutação? Ignoro-o. Que pode legitimá-la? Creio poder responder a esta questão.
>
> ROUSSEAU, Jean-Jacques.
> *Do contrato social*, p. 37.

Rousseau defende a tese de que o único fundamento legítimo do poder político é o **pacto social** pelo qual cada cidadão, como membro de um povo, concorda em submeter sua vontade particular à **vontade geral**. Isso significa que cada homem, como cidadão, somente deve obediência ao poder político se esse poder representar a vontade geral do povo ao qual pertence. O compromisso de cada cidadão é com o seu povo. E somente o povo é a fonte legítima da soberania do Estado.

Essencialmente, Rousseau define o pacto social nos seguintes termos: “Cada um de nós põe sua pessoa e poder sob uma suprema direção da vontade geral, e recebe ainda cada membro como parte indivisível do todo"[8].

O mito do **bom selvagem** está vinculado a uma atitude crítica em relação à sociedade européia e a uma idealização de outros modos de ser e viver, por exemplo: as comunidades indígenas americanas, donas de uma sabedoria sem livros e de uma vida considerada paradisíaca. *Os índios da Amazônia adorando o rei Sol* — François Auguste Biard.

Assim, cada cidadão passa a assumir obrigações em relação à comunidade política, sem estar submetido à vontade particular de uma única pessoa. Unindo-se a todos, cada cidadão só deve obedecer às leis — que, por sua vez, devem exprimir a vontade geral. Desse modo, respeitar as leis é o mesmo que obedecer à vontade geral e, ao mesmo tempo, é respeitar a si mesmo, sua própria vontade como cidadão, cujo interesse deve ser o **bem comum**.

Hegel: do Estado surge o indivíduo

O filósofo alemão Georg Wilhelm Friedrich Hegel (1770-1831) criticou a concepção liberal do Estado, encontrada tanto em Locke como em Rousseau, porque essa concepção parte da idéia do indivíduo isolado que, posteriormente, teria se organizado em sociedade. Para Hegel, isso é um equívoco. Não existe o homem em estado de natureza. O indivíduo humano é um ser social, que só encontra o seu sentido no Estado. O indivíduo isolado é uma **abstração**.

O Estado, por sua vez, não é a simples soma de muitos indivíduos, não é formado a partir da vontade dos indivíduos, nem é fruto de um contrato, como haviam pensado Hobbes, Locke e Rousseau.

De acordo com a reflexão política de Hegel, o indivíduo é **parte orgânica de um todo**: o Estado. O indivíduo é historicamente situado, al-

8. ROUSSEAU, Jean-Jacques. *Do contrato social*, p. 49.

guém que fala uma **língua** e é criado dentro de uma **tradição**. Essas características são **anteriores** a cada um dos indivíduos isolados, e são elas que o definem como ser. É por isso que Hegel considera que **o Estado precede o indivíduo**.

O Estado é concebido, portanto, como fundador da sociedade civil, ao contrário de Rousseau, por exemplo, para quem é a sociedade, os homens em seu conjunto, que cria o Estado.

Para entender melhor essa concepção hegeliana, é preciso recordar um pouco da sua filosofia. Conforme vimos no Capítulo 10, para Hegel a realidade é a manifestação da Razão ou Espírito. O Estado seria, então, a manifestação do Espírito objetivo em seu desenvolvimento, uma esfera que concilia a universalidade humana com os interesses particulares dos indivíduos da sociedade civil. Sendo uma manifestação da Razão, o Estado possui uma universalidade que está acima da soma dos interesses individuais. Conforme escreve Hegel:

> O Estado é a realidade efetiva da idéia ética (...). O indivíduo tem, por sua vez, sua liberdade substancial no sentimento de que ele (o Estado) é sua própria essência, o fim e o produto de sua atividade (...) por ser o Estado o espírito objetivo, o indivíduo só tem objetividade, verdade e ética se toma parte dele.
>
> HEGEL, G. W. G. *Principios de la filosofia del derecho*, p. 283-84.

Marx e Engels: o Estado como instrumento de dominação de classe

Para os filósofos alemães Karl Marx (1818-1883) e Friedrich Engels (1820-1895), a sociedade humana primitiva era uma sociedade **sem classes e sem Estado**. Nessa sociedade pré-civilizada, as funções administrativas eram exercidas pelo conjunto dos membros da comunidade (clã, tribo etc.).

Num determinado estágio do desenvolvimento histórico das sociedades humanas, certas funções administrativas, antes exercidas pelo conjunto da comunidade, tornaram-se privativas de um **grupo separado de pessoas** que detinha força para impor normas e organização à vida coletiva. Teria sido através desse núcleo de pessoas que se desenvolveu o Estado.

Isso teria ocorrido, segundo Marx e Engels, em certo momento de desenvolvimento econômico em que surgiram as **desigualdades de classes** e os conflitos entre **explorados** e **exploradores**. Assim, o papel do Estado teria sido o de amortecer o choque desses conflitos, evitando uma luta direta entre as classes antagônicas.

Até aqui, não estamos longe da teoria liberal. Mas, conforme escreveu Engels em *A origem da família, da propriedade privada e do Estado*, embora o Estado tenha nascido da necessidade de conter esses antagonismos, nasceu também no meio do conflito e, por isso, acabou sendo sempre representado pela classe mais poderosa, aquela que tinha a força para reprimir a classe dominada: os escravos na Antigüidade, os servos e camponeses no feudalismo e os trabalhadores assalariados no capitalismo.

Assim, Marx e Engels concebem o Estado atuando geralmente como um **instrumento do domínio de classe**. Na sociedade capitalista, por exemplo, o domínio de classe se identificaria diretamente com a "proteção da propriedade privada" dos que possuem, contrariando os interesses daqueles que nada têm. Proteger a propriedade privada capitalista implica preservar as relações sociais, as normas jurídicas, enfim, a segurança dos proprietários burgueses.

Essa concepção do Estado como instrumento de dominação de uma classe sobre a outra estabelece, portanto, uma relação entre as **condições materiais** de existência de determinada sociedade e a forma de Estado que ela adota. Ou seja, o Estado é determinado pela estrutura social de modo a atender às demandas específicas de uma dada forma de sociabilidade, garantindo que essa forma se mantenha.

Isso significa que o Estado só é necessário devido ao "caráter anti-social desta vida civil"[9]. Ou seja, o Estado existe para administrar os problemas causados pela forma anti-social (desigual, excludente) da sociedade civil. E ele só poderia deixar de existir quando a sociedade não fosse mais dividida em classes antagônicas.

Assim, Marx e Engels diferenciaram-se de todos os outros autores anteriores, porque sua crítica ao Estado não visava atingir uma ou outra forma de Estado, mas a essência mesma do Estado, de qualquer Estado: o Estado se origina exatamente das insuficiências de uma sociedade em realizar em si mesma, de forma concreta, os ideais universalistas, ou seja, em garantir em sua dinâmica a igualdade de condições sociais. Portanto, o Estado **nasce da desigualdade para manter a desigualdade**.

Marcos Vicente/Folha Imagem

De acordo com Karl Marx, no Estado capitalista é necessário produzir-se de forma mais ou menos permanente um grupo social de desempregados, pobres ou miseráveis. Esse grupo foi chamado de "exército de reserva": uma população que pode ser utilizada e desprezada à vontade pelo capitalista.

Análise e entendimento

Política e poder

1. Sintetize e compare os conceitos antigo e moderno de política.
2. "Poder é a posse dos meios que levam à produção de efeitos desejados" (Russell). Explique essa afirmação.
3. "O poder político é, em toda sociedade de desiguais, o poder supremo, ou seja, o poder ao qual todos os demais (poderes) estão de algum modo subordinados" (Bobbio). Analise e comente essa afirmação, com base nas três formas básicas de poder social analisadas pelo filósofo italiano.

9. MARX, Karl. Glosas críticas ao artigo "O rei da Prússia e a reforma social." p. 513.

O Estado e sociedade civil

4. Analise e comente o conceito de Max Weber para Estado.
5. Em que sentido podemos falar de uma contraposição entre a sociedade civil e o Estado?
6. Qual deve ser a função dos partidos políticos em relação à sociedade civil? Na sua opinião, eles cumprem essa função no Brasil? Pesquise e justifique sua resposta.
7. Regime político é o modo característico pelo qual o Estado se relaciona com a sociedade civil. Como se relacionam com a sociedade civil os regimes políticos democrático e ditatorial? Detalhe suas características.

A reflexão política antiga e medieval

8. Destaque os aspectos do pensamento político de Platão que culminam com a idéia de um rei-filósofo.
9. A base do pensamento político de Aristóteles é a afirmação de que "O homem é por natureza um animal político". Explique:
   a) como ele chegou a tal conclusão;
   b) como essa conclusão se vincula à idéia de que o objetivo da política é o bem comum, e o que é o bem comum para ele.
10. A partir da Idade Média, que relação se estabeleceu no pensamento político entre a idéia de Deus e a de governante? Que teoria se formulou a seu respeito no início da Idade Moderna? Explique-a.

A reflexão política moderna

11. O realismo político de Maquiavel inaugurou uma nova maneira de pensar a política. Que novidade foi essa? Como essa novidade se expressou?
12. Hobbes entendia que o "homem é o lobo do próprio homem". Explique essa tese e como ela o levou a sua concepção de Estado.
13. Locke e Rousseau também formularam suas teorias contratualistas acerca da origem do Estado, polemizando em grande parte com as concepções de Hobbes. Assim, discorra sobre essas teorias, procurando destacar os aspectos desse debate.

A reflexão política contemporânea

14. Que crítica faz Hegel às concepções de Hobbes, Locke e Rousseau?
15. Como se posicionam Marx e Engels em relação à teoria contratualista e liberal a respeito da origem e do papel do Estado?

Debate e reflexão

1. ***Interesse público e interesse particular***
   Dependendo do uso que se faz do poder político, podemos distinguir a ação política voltada ao interesse público e a ação política voltada aos interesses particulares ou privados. Pesquise o que é interesse público e interesse particular. Depois reflita sobre que tipo de

ação política é, na sua opinião, mais dominante na prática social brasileira e por quê. Fundamente com exemplos. Por último, debata sobre esse tema com seus colegas.

2. ***A importância da divisão dos poderes***
   Qual a importância da separação e o equilíbrio dos poderes, proposta por Montesquieu? O que acontece se não há essa divisão? Quando isso ocorre? Mesmo se há essa divisão, é possível que um poder interfira no outro? Isso ocorre ou já ocorreu no Brasil? Elabore uma reflexão a respeito e apresente-a a seus colegas.

3. ***Liberalismo e neoliberalismo***
   Pesquise sobre a versão contemporânea do liberalismo, dirigida ao âmbito econômico, que é conhecida como "neoliberalismo". Ela deu bons resultados? Que críticas se fazem a ela? Reflita e forme uma opinião sobre esse tema. Depois discuta a seu respeito com seus colegas.

Sugestões de filmes

- **O que é isso, companheiro?** (1997, Brasil, direção: Bruno Barreto)
  Filme que se passa na época da ditadura militar no Brasil. Baseado em livro homônimo do jornalista e político brasileiro Fernando Gabeira, retrata a organização dos movimentos clandestinos e, especificamente, o seqüestro de um embaixador norte-americano para depois negociar a sua libertação em troca da soltura de presos políticos.

- **Testa-de-ferro por acaso** (1976, EUA, direção: Martin Ritt)
  Filme que retrata a histeria do anticomunismo nos EUA na época do macarthismo.

- **Missing — o desaparecido** (1982, EUA, direção: Constantin Costa-Gravas)
  Relato dramático, baseado em fato real, sobre a busca empreendida pelo pai e a esposa de um norte-americano desaparecido após o golpe de Pinochet, no Chile.

- **Reds** (1981, EUA, direção: Warren Beatty)
  Filme que enfoca uma parte da revolução socialista soviética, através da história do repórter norte-americano John Reed, que fazia a cobertura dos acontecimentos. Mostra o processo revolucionário, suas tensões e suas contradições.

Para pensar

Temos em seguida dois textos que tratam da criação do Estado e de sua função. O primeiro apresenta um trecho do texto em que John Locke formula a sua teoria contratualista acerca dessa criação. Nele, o filósofo procura explicar por que o homem, possuindo uma natureza própria que lhe garante a liberdade e a igualdade, criou o Estado, que para ele deve ser liberal. No segundo texto, Friedrich Engels se opõe a essa concepção, formulando a tese conhecida como marxista sobre a origem do Estado e sua função. Leia os dois textos e responda às questões que seguem.

1. O Estado deve ser liberal

Se o homem no estado de natureza é tão livre, conforme dissemos, se é senhor absoluto da sua própria pessoa e posses, igual ao maior e a ninguém sujeito, por que abrirá ele mão dessa liberdade, por que abandonará o seu império e sujeitar-se-á ao domínio e controle de qualquer outro poder?

Ao que é óbvio responder que, embora no estado de natureza tenha tal direito, a fruição do mesmo é muito incerta e está constantemente exposta à invasão de terceiros porque, sendo todos reis tanto quanto ele, todo homem igual a ele, na maior parte pouco observadores da eqüidade e da justiça, a fruição da propriedade que possui neste estado é muito insegura, muito arriscada.

Estas circunstâncias obrigam-no a abandonar uma condição que, embora livre, está cheia de temores e perigos constantes, e não é sem razão que procura de boa vontade juntar-se em sociedade com outros que estão já unidos, ou pretendem unir-se, para a mútua conservação da vida, da liberdade e dos bens a que chamo de "propriedade".

JOHN LOCKE. *Segundo tratado sobre o governo,* p. 88.

2. O Estado é um instrumento da dominação de classe

(...) como o Estado nasceu da necessidade de conter o antagonismo das classes, e como, ao mesmo tempo, nasceu em meio ao conflito delas, é, por regra geral, o Estado da classe mais poderosa, da classe dominante, classe que, por intermédio dele, se converte em classe politicamente dominante e adquire novos meios para a repressão e exploração da classe oprimida.

Assim, o Estado antigo foi, sobretudo, o Estado dos senhores de escravos para manter os escravos subjugados; o Estado feudal foi o órgão de que se valeu a nobreza para manter a sujeição dos servos e camponeses dependentes; e o moderno Estado representativo é o instrumento de que se serve o capital para explorar o trabalho assalariado.

Entretanto, por exceção, há períodos em que as lutas de classes se equilibram de tal modo que o poder do Estado, como mediador aparente, adquire certa independência momentânea em face das classes.

FRIEDRICH ENGELS. *A origem da família, da propriedade privada e do Estado,* p. 193-94.

Questões

1. O que caracteriza o primeiro texto como uma interpretação liberal do Estado?

2. O que caracteriza o segundo texto como uma interpretação marxista do Estado?

3. Como você avalia a interpretação de Locke? Na sua opinião o Estado pode ser liberal? Deve ser liberal? Justifique suas respostas.

4. Você concorda com a interpretação de Engels? Ela exclui a hipótese liberal do Estado? Ou a complementa, expondo seus limites? Justifique suas respostas.

15 Estética

Se procurar bem, você acaba encontrando não a explicação (duvidosa) da vida mas a poesia (inexplicável) da vida.

Carlos Drummond

A arte desperta nossos sentidos.
Chega como uma onda e nos abraça:
"A onda anda / aonde anda / a onda? /
a onda ainda / ainda onda / ainda anda /
aonde? / aonde? / a onda a onda"
(Manoel Bandeira)
A onda (1897) — Camile Claudel.

ESTÉTICA
A vivência através da arte

Em sua origem, o termo **estética** vem da palavra grega *aisthetiké*, que se refere a tudo aquilo que pode ser percebido pelos sentidos.

Baseado nessa etimologia, Kant definiu a estética como o estudo **das condições da percepção pelos sentidos**. Foi, no entanto, o alemão Alexander Baumgarten (1714-1762) quem talvez utilizou o termo estética pela primeira vez no sentido de **teoria do belo e das suas manifestações através da arte**.

Assim, como estudo e teoria do belo, a estética pretende alcançar um tipo específico de conhecimento: aquele que é **captado pelos sentidos**. Por esse motivo, ela difere e se contrapõe à lógica e à matemática. Essas duas disciplinas partem da **razão**, e não dos sentidos, para estabelecer um conhecimento que é "claro e distinto", conforme o ideal de saber proposto por Descartes (ver Capítulo 8).

A estética, por sua vez, parte da experiência sensorial, da sensação, da percepção sensível, para chegar a um resultado que não apresenta a mesma clareza e distinção da lógica e da matemática. Seu principal objeto de investigação é o fenômeno artístico que se traduz na **obra de arte**.

O que é belo?

O ser humano pode fazer **juízos de fato** (dizer o que são as coisas) e **juízos de valor** (julgar se determinada coisa é boa, ruim, agradável, bonita, feia etc.). Entre os juízos de valor, podemos distinguir o **juízo moral** e o **juízo estético**. E é este último que nos interessa neste capítulo.

Através do juízo estético, julgamos se algum objeto, algum acontecimento, alguma pessoa ou algum outro ser é belo. Mas o que é a beleza?

De uma forma geral, a maioria das pessoas concordaria que belo é algo que nos agrada, que nos satisfaz os sentidos, que nos proporciona prazer sensível e espiritual. No entanto, essas mesmas pessoas não chegariam a um consenso sobre se determinado objeto é belo ou não. Tanto assim que já se tornou senso comum a afirmação de que "gosto não se discute".

Os filósofos que se dedicaram à investigação do que é a beleza se dividem quanto a essa questão: para uns, a beleza é algo que está **objetivamente nas coisas**; para outros, a beleza é apenas um **juízo subjetivo**, pessoal e intransferível a respeito das coisas.

Onde se encontra a beleza?

O que torna tão belos esses passarinhos coloridos voando sobre a pauta musical? Cada obra de arte constitui uma experiência singular. Muitas vezes, é um enigma a ser decifrado. Ou talvez seja mesmo indecifrável e exista apenas para instigar ou surpreender.
Estudo em mi menor — Antonio Peticov.

Interpretações idealista e empirista

Para os filósofos **idealistas**, cuja tradição começa com Platão, a beleza é algo que existe em si mesma. Para o filósofo grego, a beleza seria uma **forma ideal** que subsistiria por si mesma, como um modelo, no mundo das idéias. E o que percebemos no mundo sensível e achamos bonito só pode ser considerado belo porque se assemelharia à idéia de beleza que trazemos guardada em nossa alma.

Para os filósofos **materialistas-empiristas**, como Hume, por exemplo, a beleza não está propriamente nos objetos (não é algo puramente objetivo), mas depende do gosto de cada um, da maneira como cada pessoa vê e valoriza o objeto, ou seja, o juízo do que é ou não belo é **subjetivo**. Esse gosto estético seria, em grande parte, desenvolvido sob a influência da cultura em que se vive.

Interpretação de Kant

Tentando superar esse impasse, Kant buscou mostrar, em seu livro *Crítica da faculdade do juízo*, que, ainda que o juízo estético sobre as coisas seja uma **capacidade subjetiva**, pessoal, há, no entanto, **aspectos universais** na percepção estética dos indivíduos. Ou seja, a nossa estrutura sensível (os órgãos dos sentidos) e a nossa imaginação são as condições que tornam possível a percepção estética, mas essas condições são comuns a todos os homens e, nesse sentido, pode haver certa universalidade nas avaliações estéticas. Vejamos como o filósofo justifica isso[1].

Kant entendia que o juízo estético não é guiado pela razão e sim pela faculdade da imaginação. Julgamos belo aquilo que nos proporciona prazer, o que não é nada lógico ou racional e sim algo subjetivo, já que se relaciona ao prazer ou desprazer individual. Para Kant, "todos os juízos de gosto são juízos singulares".

No entanto, Kant também diz que "belo é o que apraz universalmente sem conceito". O que isso significa? Kant afirma que é impossível conceituar, definir racionalmente o belo, pois "quando se julgam objetos simplesmente segundo conceitos, toda a representação da beleza é perdida". Mas, quando dizemos que algo é belo, pretendemos que esse juízo esteja afirmando algo que pertence ao objeto realmente, ou seja, não dizemos "isto é belo **para mim**", mas sim "isto **é** belo", esperando que os outros concordem com esse julgamento. Portanto, esse julgamento pretende ser voz **universal**, pois contém uma expectativa de que aquilo que julgamos belo seja, **de fato**, belo.

Essa expectativa se torna possível, para Kant, devido ao **fundamento do juízo de gosto**, que seria a **vinculação universal** entre o belo e o sentimento de prazer. E, como determinados objetos despertam em grande quantidade de pessoas o mesmo sentimento de prazer, é possível supor a existência de **certa universalidade** nos juízos estéticos.

Admirada em todas as épocas, a obra-prima do gênio Leonardo da Vinci, *Mona Lisa* (1503-1507), é, provavelmente, o quadro mais famoso da história da pintura.

1. Cf. KANT, Immanuel. *Crítica da faculdade do juízo*, p. 93-104.

Interpretação de Hegel

Diferentemente de Kant, que em sua reflexão levou em consideração apenas as condições da própria estrutura da sensibilidade humana, Hegel foi um filósofo que trabalhou a questão da beleza numa **perspectiva histórica**.

Para ele, o relativo consenso acerca de quais são as coisas belas mostra apenas que o entendimento do que é belo depende do **momento histórico** e do **desenvolvimento cultural**. Esses dois fatores determinariam certa visão de mundo, a partir da qual algumas coisas seriam consideradas belas e outras não.

Hegel procurou demonstrar isso analisando a história da arte, da Antigüidade até o seu tempo, e mostrando que a noção de belo variava através do tempo e conforme o lugar.

Por isso, em Hegel, a beleza artística não diz respeito apenas à sensação de prazer que determinada obra possa proporcionar, mas à capacidade que ela tem de sintetizar um dado conteúdo cultural de um momento histórico. Em outras palavras, a arte não é apenas fruição, mas tem como função mostrar, de modo sensível, a **evolução espiritual** dos homens ao longo da história.

Se uma obra consegue isso, ela é bela, de acordo com Hegel. Mesmo a representação de algo feio pode ser bela, e o será quanto mais conseguir comunicar às pessoas o sentido de mostrar "aquele feio".

Essa concepção hegeliana implica também que a percepção da beleza é uma construção social que depende do alargamento da **capacidade de recepção** do indivíduo, ou seja, da sua capacidade de ver, ouvir, sentir. Em outras palavras, a **capacidade estética**, que é subjetiva, seria formada a partir das relações objetivas da vivência social de cada um. Portanto, para Hegel, tanto a definição do que é beleza quanto a capacidade individual de percebê-la são **construções histórico-sociais**.

ARTE

Expressão criativa da sensibilidade

Desde os tempos pré-históricos, o ser humano constrói no mundo suas próprias coisas, demonstrando maior ou menor habilidade para isso. Ao conjunto de coisas que se distinguem por revelar talento, perícia, habilidade e beleza costumamos associar o nome **arte**.

Colar de ouro usado pelo faraó Tutancâmon, em que as 250 peças que compõem as asas apresentam incrustrações em vidro colorido: exemplo de habilidade e beleza.

Em algum momento de nossas vidas, já sentimos o efeito agradável de alguma obra de arte: uma música, um romance, uma pintura, uma dança, um poema. Mas não é fácil explicar, exatamente, o que nos encanta numa obra de arte ou entender os motivos pelas quais milhões de seres humanos, ao longo da história, são atraídos pela arte.

Afinal, o que é arte?

Para a pensadora norte-americana contemporânea Susanne K. Langer (1895-1985), a arte pode ser entendida como **a prática de criar formas perceptíveis expressivas do sentimento**

humano. Analisemos, então, o conteúdo essencial dos termos dessa definição:

- **Prática de criar** — a arte é produto do fazer humano. Deve combinar a habilidade desenvolvida no trabalho (prática) com a imaginação (criatividade).
- **Formas perceptíveis** — a arte se concretiza em **formas** capazes de serem **percebidas** por nossa mente. Essas formas podem ser estáticas (uma obra arquitetônica, uma escultura) ou dinâmicas (uma música, uma dança). Qualquer que seja sua forma de expressão, cada obra de arte é sempre um todo perceptível, com identidade própria. A palavra **perceptível** não se refere às formas captadas apenas pelos sentidos exteriores, mas também pela imaginação.

> Um romance, por exemplo, é usualmente lido em silêncio, com os olhos, porém não é feito para a visão, como o é um quadro; e conquanto o som represente papel vital na poesia, as palavras, mesmo em poema, não são estruturas sonoras como a música.
>
> LANGER, Susanne K. *Ensaios filosóficos*, p. 82.

- **Expressão do sentimento humano** — a arte é sempre a manifestação (expressão) dos sentimentos humanos. Esses sentimentos podem revelar emoção diante daquilo que amamos ou revolta em face dos problemas que atingem uma sociedade. Sentimentos de alegria, esperança, agonia ou decepção diante da vida. A função primordial da arte seria "objetivar o sentimento de modo que possamos contemplá-lo e entendê-lo. É a formulação da chamada 'experiência interior', da 'vida interior', que é impossível atingir pelo pensamento discursivo".[2]

O pintor norueguês Edvard Munch foi um especialista em retratar emoções. Para ele, o importante não era pintar as pessoas, mas os sentimentos que elas expressavam, como podemos observar em sua obra mais destacada, *O grito* (1893) — Edvard Munch.

Arte e técnica

Ao criar uma obra, podemos nos preocupar, de modo mais ou menos intenso, com a produção de objetos úteis ou de objetos belos.

2. LANGER, Susanne K. *Ensaios filosóficos*, p. 87.

Quando a intenção de produzir **obra útil** é dominante, temos as **realizações técnicas**, que se desenvolvem pela aplicação prática de um conhecimento.

Quando a intenção de produzir **obra bela** é dominante, temos as chamadas **belas-artes**, ou simplesmente **artes** — embora toda arte dependa sempre de uma técnica, isto é, do domínio de uma habilidade prática.

Pense nessa cadeira. Onde termina o "técnico"? Onde começa a "arte"?
Multidão — Irmãos Campana.

Essa distinção não significa que as artes não estejam voltadas também para a dimensão da utilidade ou que as realizações técnicas não revelem interesse pelo elemento beleza. O que se quer dizer é que as artes enfatizam o belo, enquanto as técnicas enfatizam a utilidade, a aplicação prática.

A arte como fenômeno social

Há estudiosos que vêem na obra de arte uma manifestação pura e simples da sensibilidade individual do artista. Outros a encaram como uma atividade plenamente lúdica, gratuita, livre de quaisquer preocupações utilitárias ou condicionamentos exteriores à sua própria criação.

Não é preciso negar totalmente a validade de cada uma dessas concepções para reconhecer na atividade artística outra característica importante: o fato de que a arte é um **fenômeno social**. Isso significa que é praticamente impossível situar uma obra de arte sem estabelecer um vínculo entre ela e determinada sociedade. A arte é fenômeno social porque:

- **o artista é um ser social** — como ser social, o artista reflete na obra de arte sua maneira própria de sentir o mundo em que vive, as alegrias e as angústias, os problemas e as esperanças de seu momento histórico. Para o pensador húngaro Georg Lukács (1885-1971):

> O artista vive em sociedade e – queira ou não – existe uma influência recíproca entre ele e a sociedade. O artista – queira ou não – se apóia numa determinada concepção do mundo, que ele exprime igualmente em seu estilo.
>
> LUKÁCS, Georg. Arte livre ou arte dirigida? *Revista Civilização Brasileira*, n. 13, p.176.

O grafite, perseguido no início, consegue hoje o *status* de *interferência artística*, nos muros e paredes das cidades, principalmente nos grandes centros urbanos. A obra acima foi pintada na Avenida Paulista, em São Paulo, em 2004.

- **a obra de arte é percebida socialmente pelo público** — por mais íntima e subjetiva que seja a experiência do artista deixada em sua obra, esta será sempre percebida de alguma maneira pelas pessoas. A obra de arte será, então, um elemento social de **comunicação** da mensagem de seu criador. Assim, como afirmou Lukács:

> Uma arte que seja por definição sem eco, incompreensível para os outros – uma arte que tenha o caráter de puro monólogo – só seria possível num asilo de loucos (...) A necessidade de repercussão, tanto do ponto de vista da forma, quanto do conteúdo, é a característica inseparável, o traço essencial de toda obra de arte autêntica em todos os tempos.
>
> *Id., ibid.*, p. 163.

Como fenômeno social, a arte possui, portanto, relações com a sociedade. Essas relações não são estáticas e imutáveis, mas, ao contrário, são dinâmicas, modificando-se conforme o contexto histórico. E envolvem três elementos fundamentais: a obra de arte, o seu autor e o público. Forma-se em torno desses três elementos (autor, obra e público) os vínculos entre arte e sociedade "num vasto sistema solidário de influências recíprocas".[3]

No que diz respeito ao artista, as relações da sua arte com a sociedade podem ser de paz e harmonia, de fuga e ilusão, de protestos e revolta. Quanto à sociedade — considerando principalmente os órgãos do Estado —, seu relacionamento com determinada arte pode ser de ajuda e incentivo ou de censura e limitação à atividade criadora.

O poeta mexicano Octavio Paz (1914-1998) escreveu a seguinte observação acerca da

3. CANDIDO, Antonio. *Literatura e sociedade*. São Paulo, T. A. Queiroz/Publifolha, 2000, p. 22.

relação entre o artista e a sociedade:

> O poeta não escapa à história, inclusive quando a nega ou a ignora. Suas experiências mais secretas ou pessoais se transformam em palavras sociais, históricas. Ao mesmo tempo, e com essas mesmas palavras, o poeta diz outra coisa: revela o homem. Essa revelação é o significado último de todo o poema e quase nunca é dita de modo explícito, mas é o fundamento de todo dizer poético.
>
> PAZ, Octavio. *Signos em rotação*, p. 55.

A arte como fenômeno universal

Afirmar que a arte é um fenômeno social não significa reduzi-la a mero produto de condicionamentos históricos e ideológicos. Não há dúvida de que esses condicionamentos existem e atuam sobre o artista. Mas, na realização da obra de arte, todos os elementos que a envolvem precisam ser resolvidos artisticamente, isto é, precisam ser traduzidos em termos de criação estética. Nessa criação é que reside o valor essencial de toda grande obra de arte. Ocorre nela uma espécie de rompimento com o tempo imediato e um **encontro do homem com a eternidade**.

Pela criação estética, a obra tende a se universalizar, a permanecer viva através dos tempos, anunciando uma mensagem artística que, independentemente de seu conteúdo ideológico, expressa profunda sensibilidade. Por isso, ela é capaz de atrair homens de diferentes países, culturas ou sociedades. Como escreveu o filósofo austríaco contemporâneo Ernst Fischer (1899-1972):

> Toda arte é condicionada pelo seu tempo e representa a humanidade em consonância com idéias e aspirações, as necesidades e as esperanças de uma situação histórica particular. Mas, ao mesmo tempo, a arte supera essa limitação e, dentro do momento histórico, cria também um momento de humanidade que promete constância no desenvolvimento.
>
> FISCHER, Ernst. *A necessidade da arte*, p. 17.

Assim, as **circunstâncias particulares** que estão presentes na criação artística se unem, harmoniosamente, a elementos de **universalidade**, que penetram profundamente no espírito humano, gerando um sentido de permanente fascínio.

Esta bailarina é uma das obras-primas do pintor francês Edgard Degas (1834-1917), que dedicou boa parte de suas telas a cenas do cotidiano feminino, produzindo uma desmitificação da mulher. *Pequena bailarina de 14 anos* (1879-81).

Arte e educação

Por diversos ângulos e com diferentes enfoques, as discussões sobre a beleza e o estético tiveram uma presença marcante no pensamento de vários autores, desde a Antigüidade grega até os nossos dias. Muitas dessas especulações tomaram o rumo de associar o **belo** ao **bom**, entrelaçando os campos filosóficos da estética e da ética. Sócrates e Platão, por exemplo, já diziam que o que é bom é belo, e o que é belo é bom. Não precisamos, porém, ir tão longe: o próprio senso comum (as pessoas em geral) faz essa ligação. Quando um indivíduo age mal, costuma-se dizer: "Que feio!" Se ele age de maneira ética, corretamente, fala-se que ele teve uma atitude "bonita".

Também se verifica um entrelaçamento entre estética e ética quando se constata que **o belo** pode despertar o **bom** no indivíduo e que, por isso, deve fazer parte de sua **educação**.

Nesse sentido, o escritor e pensador alemão Friedrich von Schiller (1759-1805) propôs a **educação estética**, além da **educação ética**, como forma de harmonizar e aperfeiçoar o mundo e de o indivíduo alcançar a sua liberdade. Em suas palavras, "para chegar a uma solução, mesmo em questões políticas, o caminho da estética deve ser buscado, porque é pela beleza que chegamos à liberdade". Ou seja, se o belo desperta o bom no indivíduo, este se verá menos pressionado por insatisfações e necessidades, poderá agir mais de acordo com sua boa consciência.

Se através do belo o mundo material se reconciliasse com uma forma superior de moralidade, o ensino da arte, educando os sentidos e a sensibilidade, poderia tornar, portanto, o homem melhor.

Arte e cultura de massa

Há 200 anos, o mesmo Schiller que defendia a educação estética alertava:

> a arte é filha da liberdade e quer ser legislada pela necessidade do espírito, não pela carência da matéria. Hoje, porém, a carência impera e curva em seu jugo tirânico a humanidade caída. O proveito (a vantagem, o lucro) é o grande ídolo do tempo; quer ser servido por todas as forças e cultuado por todos os talentos. Nesta balança grosseira o mérito espiritual da Arte não pesa, e ela, roubada de todo estímulo, desaparece no ruidoso mercado do século.
>
> SCHILLER, Friedrich. *Sobre a educação estética*, p. 35.

Apesar de escrita há cerca de dois séculos, essa observação de Schiller continua atual. O autor considera que existe uma **arte ideal**, cuja função seria servir à necessidade do espírito humano e não ao "mercado do século", ou seja, aos interesses econômicos que determinam o que pode e deve ser feito para atender à demanda de mercado.

A *arte pop* nasceu na década de 1950 com a proposta de empregar signos e símbolos extraídos do imaginário da cultura de massas e da vida cotidiana. Grande expoente desse movimento, Andy Warhol (1928-1987) retratava em suas obras produtos industrializados e celebridades do mundo artístico. *Campbell's soup* (1968) — Andy Warhol.

Schiller está se referindo a um fenômeno contemporâneo que já despontava à sua época, a **indústria cultural**, termo cunhado por outro filósofo alemão, Theodor Adorno (1906-1969), conforme vimos no capítulo 11.

De acordo com Adorno, também a arte e os bens culturais estão submetidos aos interesses do mercado e, dessa forma, não passam de negócios, como qualquer outro produto. O cinema produzido nos Estados Unidos, por exemplo, é em grande medida uma vitrine para vender mercadorias: automóveis, roupas, cigarros, refrigerantes, computadores etc.

A indústria de lazer e divertimento investe em determinados produtos culturais que agradam às massas de forma imediata. Ela não está preocupada com uma educação estética, ou seja, com a criação de condições para que a maioria das pessoas possa receber manifestações artísticas de maior qualidade. A indústria cultural lucra mais com investimentos baratos e com produções artísticas (músicas, filmes etc.) de pouca qualidade e de entretenimento fácil, que não trazem para o público nenhum enriquecimento pessoal e nenhuma contribuição ao questionamento das coisas, à reflexão.

É a indústria do simples divertimento, da distração e, por isso mesmo, da perpetuação das atuais condições de existência. Indústria que pela difusão de suas "mercadorias culturais" (filmes, músicas, *shows*, revistas) vende os valores dominantes do capitalismo, promovendo uma "colonização do espírito" dos consumidores desses produtos.

Cabe assinalar, no entanto, que, embora a indústria cultural perverta o sentido da arte ao transformar tudo em negócio, podemos ainda ter uma esperança na existência de uma **arte**, que não sucumba aos ditames do mercado, como defendeu o próprio Adorno.

Seria uma arte que não acoberta a realidade, que não é fuga da realidade, mas, sim, a expressão sensível e crítica de uma realidade que pode se tornar mais humana. Apesar do embotamento da sensibilidade e do sufocamento da arte pela indústria cultural, a arte conseguirá assim sobreviver.

Cultura de massa × cultura popular

A indústria cultural cria a **cultura de massa**, ou seja, a cultura destinada às massas. Isso não tem nada que ver com **cultura popular**, que seria a cultura própria e espontânea de um povo, refletindo as suas particularidades regionais e recuperando a tradição e os valores autênticos de um dado grupo.

A cultura de massa, ao contrário, homogeneíza as manifestações artísticas ao oferecer à exaustão um determinado fenômeno de venda e veicular sempre o mesmo, o que desestimula o espírito inovador e empobrece o cenário cultural.

Rogério Reis - Pulsar

A cerâmica *Maria Bonita e Lampião*, do mestre Vitalino (1909-1963), é uma peça de arte popular que, com estilo ingênuo e significativa brasilidade, resgata nossas tradições.

Análise e entendimento

Conceito de estética

1. O que diferencia fundamentalmente o conhecimento que a estética pretende atingir do conhecimento lógico matemático?

O que é o belo

2. "Gosto não se discute." O que você acha que opinariam sobre essa máxima uma pessoa que sustenta uma posição idealista e outra que defende uma concepção empirista a respeito da beleza? Estariam de acordo com a frase? Por quê?
3. Analisando o relativo consenso entre as pessoas acerca de quais são as coisas ou pessoas belas, Kant e Hegel chegaram a conclusões distintas. Discorra sobre elas.

O que é a arte

4. Analise o conceito de arte proposto por Susanne Langer.
5. Baseando-se nesse conceito, identifique o que faltaria às realizações técnicas para serem consideradas realizações artísticas. Justifique.

Arte, história e eternidade

6. O artista vive em sociedade e — queira ou não — existe uma influência recíproca entre ele e a sociedade (Lukács). Comente essa afirmação.
7. Se a arte mantém uma relação dinâmica com a sociedade, modificando-se no tempo, o que faz com que ela não seja mero produto de condicionamentos históricos ou ideológicos? O que distingue a realização artística das outras realizações humanas?

Arte, educação e cultura de massa

8. O ensino da arte, ao educar os sentidos e a sensibilidade, pode tornar o homem melhor. Fundamente esta afirmação.
9. Qual a diferença entre cultura de massa e cultura popular?
10. Analise a relação entre arte e cultura de massas, tendo como referência o problema apontado por Schiller há cerca de 200 anos:
    Hoje, porém, a carência impera e curva em seu jugo tirânico a humanidade caída. O proveito é o grande ídolo do tempo; quer ser servido por todas as forças e cultuado por todos os talentos.

Debate e reflexão

1. ***O bom e o belo***
   Muitos pensadores procuraram associar o belo ao bom, entrelaçando os campos da estética e da ética. Será o sentimento do belo sempre bom? E a percepção do bem, será sempre bela? Como é para você? Procure recordar momentos que exemplifiquem essas condições e imaginar situações futuras. Depois escreva uma reflexão sobre as suas percepções e conclusões.

2. *Arte e sociedade*
Identifique o tipo de arte com o qual você mais se identifica. Será música, cinema, teatro, dança, pintura, escultura etc.? Como essa arte e seus artistas se relacionam com você e com a sociedade a que pertencem? Você gostaria de praticar essa atividade artística? Reflita sobre o tema e relate a seus colegas as conclusões a que chegou.

3. *Indústria cultural*
A indústria cultural não está preocupada com a educação estética, ou seja, com a criação de condições para que a maioria das pessoas possa receber manifestações artísticas de maior qualidade.
Você concorda com essa afirmação? Encontre no rádio, na televisão, no cinema, nas livrarias e na programação cultural da sua cidade exemplos de programas, filmes, artistas, livros, eventos culturais que confirmam a sua opinião. Depois debata o tema com seus colegas, mostrando-lhes o resultado de sua pesquisa.

Sugestões de filmes

- **Minha amada imortal** (1994, EUA, direção: Bernard Rose)
Biografia de Beethoven que, embora não seja fiel, tem como mérito mostrar a força e a beleza do romantismo.

- **Shine** (1996, Austrália/Inglaterra, direção: Scott Hicks)
Filme sobre David Helfgott, um dos principais intérpretes da obra pianística de Rachmaninoff. Retrata o processo de formação do artista.

- **Basquiat — traços de uma vida** (1996, EUA, direção: Julian Schnabel)
História real do espirituoso imigrante haitiano negro e pobre que saiu da mendicância para as mais altas rodas de Nova Yorque. Tornou-se artista de estimação do *jet set* mundial com a ajuda do artista multimídia Andy Warhol, mas acabou entregando-se tragicamente às drogas.

- **O carteiro e o poeta** (1995, Inglaterra/França/Itália, direção: Michael Radford)
Retrato do processo de educação estética de um carteiro italiano, Mário, a partir de seu contato e amizade com o poeta chileno Pablo Neruda.

Para pensar

Os dois textos seguintes tratam da significação da arte para o ser humano. O primeiro, escrito pelo dramaturgo, poeta e filósofo alemão do século XVIII Friedrich von Schiller é sobre educação estética. Em suas cartas sobre essa temática, Schiller desenvolve, a partir da filosofia kantiana, uma reflexão sobre a necessidade da educação dos sentidos e da sensibilidade para se alcançar o reino da moralidade. No segundo texto, o filósofo austríaco Ernst Fischer analisa a função da arte na vida humana e por que sentimos essa eterna e fundamental necessidade da atividade artística. Leia os dois textos, relacione-os e responda às questões que seguem.

1. A necessidade da educação estética

Nosso tempo é ilustrado; vale dizer que foram encontrados e tornados públicos os conhecimentos que seriam suficientes, ao menos, para a correção de nossos princípios práticos; o espírito da livre investigação destruiu os conceitos fantasiosos que por muito tempo vedaram o acesso à verdade e minou o solo sobre o qual erguiam seu trono a mentira e o fanatismo; a razão purificou-se das ilusões dos sentidos e dos sofismas enganadores, e a própria filosofia, que a princípio nos rebelara contra a natureza, chama-nos de volta para seu seio com voz firme e urgente — onde a causa de, ainda assim, continuarmos bárbaros?

(...)

Não é suficiente, pois, dizer que toda ilustração do entendimento só merece respeito quando reflui sobre o caráter; ela parte também, em certo sentido, do caráter, pois o caminho para a cabeça precisa ser aberto pelo coração. A educação do sentimento, portanto, é a necessidade mais urgente de nosso tempo, não somente por ser um meio de tornar ativamente favorável à vida o conhecimento aperfeiçoado, mas por despertar ela mesma o aperfeiçoamento do saber.

FRIEDRICH SCHILLER.
Sobre a educação estética, p. 55-6.

2. A necessidade da arte

As limitações do ser humano

Na verdade, o homem sempre quererá ser mais do que é, sempre se revoltará contra as limitações da sua natureza, sempre lutará pela imortalidade. Se alguma vez se desvanecesse o anseio de tudo conhecer e tudo poder, o homem já não seria mais homem. Assim, ele sempre necessitará da ciência, para desvendar todos os possíveis segredos da natureza e dominá-la. E sempre necessitará da arte para se familiarizar com a sua própria vida e com aquela parte do real que a sua imaginação lhe diz ainda não ter sido devassada.

(...) Sendo mortal e, por conseguinte, imperfeito, o homem sempre se verá como parte de uma realidade infinita que o circunda e sempre se achará em luta contra ela. Volta e meia se defrontará com a contradição constituída pelo fato de ser ele um "Eu" limitado e, ao mesmo tempo, fazer parte de um todo ilimitado (...)

A busca de plenitude pela arte

Assim como a linguagem representa em cada indivíduo a acumulação de milênios de experiência coletiva, assim como a ciência equipa cada indivíduo com o conhecimento adquirido pelo conjunto da humanidade, da mesma forma a função permanente da arte é recriar para a experiência de cada indivíduo a plenitude daquilo que ele não é, isto é, a experiência da humanidade em geral. A magia da arte está em que, nesse processo de recriação, ela mostra a realidade como passível de ser transformada, dominada e tornada brinquedo.

Toda a arte se liga a essa identificação, a essa capacidade infinita do homem para se metamorfosear, de modo que, como Proteu, ele pode assumir qualquer forma e viver mil vidas diferentes sem se destruir pela multiplicidade da sua experiência. Balzac costumava imitar o andar e os gestos das pessoas que caminhavam adiante dele na rua, com a finalidade de absorvê-las a seu próprio ser, ainda que fossem pessoas estranhas. Apaixonava-se tão obsessivamente por seus romances que os personagens destes se lhe tornavam mais reais do que a realidade exterior que o cercava.

Aqueles que, entre nós, se limitam a consumir a arte como entretenimento não correm semelhante risco: porém o nosso "Eu" limitado sofre uma ampliação maravilhosa pela experiência de uma obra de arte. Realiza-se dentro de nós um processo de identificação, de modo que podemos sentir, quase sem esforço, que não somos meras testemunhas da criação, que somos um pouco, também, criadores daquelas obras que estendem os nossos horizontes e nos elevam acima da superfície a que estamos pegados. Desse modo, não deixa de haver uma verdade na idéia de que a arte é um substituto da vida.

A evolução da arte junto com a humanidade

(...) A arte — como meio de identificação do homem com a natureza, com os outros homens e com o mundo, como meio de fazer o homem sentir e conviver com os demais, com tudo o que é e com o que está para ser — está fadada a crescer na mesma medida em que cresce o homem. (...)

O homem, que se tornou homem pelo trabalho, que superou os limites da animalidade transformando o natural em artificial, o homem, que se tornou um mágico, o criador da realidade social, será sempre o mágico supremo, será sempre Prometeu trazendo o fogo do céu para a terra, será sempre Orfeu enfeitiçando a natureza com a sua música. Enquanto a própria humanidade não morrer, a arte não morrerá.

ERNST FISCHER.
A necessidade da arte, p. 247-54.
(texto adaptado)

Questões

1. No primeiro texto, que grande contradição do período ilustrado causa assombro no autor?

2. Que solução propõe Schiller para resolver essa contradição? Por quê?

3. Para melhor entender o segundo texto, pesquise os mitos de Proteu, de Prometeu e de Orfeu, pertencentes à mitologia grega. O que simbolizam os três no texto de Fischer?

4. Como Fischer caracteriza a natureza humana? E o que decorre dessa natureza, ou seja, que conduta ou sentimento causa no ser humano essa sua natureza?

5. Para que o ser humano necessita da arte, segundo Fischer? Que função tem a arte então? Como ela cumpre essa função, isto é, que "magia" ela realiza?

6. Justifique a frase: "A arte (...) está fadada a crescer na mesma medida em que cresce o homem".

Bibliografia Complementar

ABBAGNANO, Nicola. *Dicionário de filosofia*. São Paulo, Mestre Jou, 1982.

ABELARDO, Isagoge. *Apud História do Pensamento*. São Paulo, Nova Cultural, 1987. 4 v.

ADORNO, Theodor. Teoria estética. In: DUARTE, Rodrigo (org.). *O belo autônomo*. Belo Horizonte, UFMG, 1997.

ALQUIÉ, L. O. *A filosofia de Descartes*. São Paulo, Presença, 1974.

ALVES, Rubem. *Filosofia da ciência*. São Paulo, Brasiliense, 1993.

ARISTÓTELES. *Ética a Nicômaco*. Brasília, UnB, 1985.

___________. *Política*. Brasília, UnB, 1985.

AUBENQUE, Pierre. As filosofias helenísticas: estoicismo, epicurismo e ceticismo. In: CHÂTELET, François (dir.). *História da filosofia — idéias, doutrinas*. Rio de Janeiro, Zahar, 1981. 8 v.

ÁVILA, Padre Fernando Bastos S. J. *Solidarismo*. Rio de Janeiro, Agir, 1965.

BACON, Francis. *Novum Organum*. 4. ed. São Paulo, Nova Cultural, 1988. (Col. Os Pensadores)

BASTOS, Fernando. *Panorama das idéias estéticas no Ocidente*. Brasília, UnB, 1981.

BAUDRILLARD, Jean. *Para uma crítica da economia política do signo*. Lisboa, Martins Fontes, s/d.

BAZARIAN, Jacob. *O problema da verdade*. São Paulo, Círculo do Livro.

BERKELEY, George. *Tratado sobre os princípios do conhecimento humano*. São Paulo, Nova Cultural, 1989. (Col. Os Pensadores)

BERNHARDT, Jean. O pensamento pré-socrático: de Tales aos sofistas. In: CHÂTELET, François (dir.). *História da filosofia — idéias, doutrinas*. Rio de Janeiro, Zahar, 1981. 8 v.

BOBBIO, Norberto. *Estado, governo, sociedade. Para uma teoria geral da política*. Rio de Janeiro, Paz e Terra, 1987.

___________ et alii. *Dicionário de política*. Brasília, UnB, 1986.

BOCHENSKI, Innocentius Marie. *A filosofia contemporânea ocidental*. 3. ed. São Paulo, EPU/Edusp, 1975.

BODIN, Jean. A república. In: CHEVALIER, Jean-Jacques. *As grandes obras políticas: de Maquiavel a nossos dias*. 3. ed. Rio de Janeiro, Agir, 1982.

BOFF, Clódovis & BOFF, Leonardo. Carta aberta ao cardeal-prefeito da Congregação da Doutrina da Fé. *Folha de S. Paulo*, São Paulo, 11 maio 1986.

BRAIDWOOD, Robert. *Homens pré-históricos*. Brasília, UnB, 1985.

BRONOWSKI, Jacob. *As origens do conhecimento e da imaginação*. Brasília, UnB, 1985. (Col. Pensamento Científico, 13)

___________. *Ciências e valores humanos*. Belo Horizonte, Itatiaia; São Paulo, Edusp, 1979. (Col. O Homem e a Ciência, 6)

BRUNO, Giordano. *Sobre o infinito, o universo e os mundos*. 2. ed. São Paulo, Abril Cultural, 1978. (Col. Os Pensadores)

BUZZI, Arcângelo R. *Filosofia para principiantes. A existência-humana-no-mundo*. Petrópolis, Vozes, 1992.

CARROLL, Lewis. *Aventuras de Alice*. Rio de Janeiro, Fontana/Summus, 1977.

CHARDIN, Teilhard de. *O fenômeno humano*. São Paulo, Cultrix, 1987.

CHASIN, José. Marx: estatuto ontológico e resolução metodológica. In: *Pensando com Marx*. São Paulo, Ensaio, 1995.

___________. *Rota e prospectiva de um projeto marxista*. Revista *Ad Hominem*, t. I. São Paulo, 1999.

CHÂTELET, François. Do mito ao pensamento racional. In: *História da filosofia — idéias, doutrinas*. Rio de Janeiro, Zahar, 1981. 8 v.

CHAUÍ, Marilena. Ideologia e educação. In: Revista *Educação e Sociedade*. São Paulo, n. 5, jan. 1980.

_______. *O que é ideologia*. São Paulo, Brasiliense, 1980. (Col. Primeiros Passos, 13)

_______ et alii. *Primeira filosofia. Aspectos da história da filosofia*. São Paulo, Brasiliense, 1992.

_______. *Primeira filosofia. Tópicos de filosofia geral*. São Paulo, Brasiliense, 1992.

CHERRY, Colin. *A comunicação humana*. São Paulo, Cultrix, 1974.

CHILDE, Gordon. *A evolução cultural do homem*. Rio de Janeiro, Zahar, 1971.

COMTE, Augusto. *Curso de filosofia positiva*. São Paulo, Abril Cultural, 1978. (Col. Os Pensadores)

___________. *Discurso sobre o espírito positivo*. São Paulo, Abril Cultural, 1978. (Col. Os Pensadores)

CORBISIER, Roland. *Introdução à filosofia*. 2. ed. Rio de Janeiro, Civilização Brasileira, 1986, 2 t.

CUVILLIER, Armand. *Sociologia da cultura*. Porto Alegre, Globo, 1975.

DE LÉRY, Jean. *Viagem à terra do Brasil*. Belo Horizonte, Itatiaia, São Paulo, Edusp, 1980.

DESANTI, Jean-Toussaint. Galileu e a nova concepção de natureza. In: CHÂTELET, François (dir.). *História da filosofia — idéias, doutrinas*. Rio de Janeiro, Zahar, 1981. 8 v.

DESCARTES, René. *Discurso do método*. 3. ed. São Paulo, Nova Cultural, 1983. (Col. Os Pensadores)

____________. *Meditações*. 3. ed. São Paulo, Nova Cultural, 1983. (Col. Os Pensadores)

ECO, Umberto. Elogio de Santo Tomás de Aquino. In: *Viagem na irrealidade cotidiana*. Rio de Janeiro, Nova Fronteira, 1984.

EINSTEIN, Albert. *Como vejo o mundo*. Rio de Janeiro, Nova Fronteira, 1981.

ENGELS, Friedrich. *A origem da família, da propriedade privada e do Estado*. Rio de Janeiro, Civilização Brasileira, 1975. (Col. Perspectivas do Homem, 99)

FERNANDES, Florestan. *Organização social do Tupinambá*. São Paulo, Difusão Européia do Livro, 1963.

____________ (org.). *K. Marx/F. Engels*. São Paulo, Ática, 1983. (Col. Grandes Cientistas Sociais)

FERRY, Luc. *A nova ordem ecológica*. São Paulo, Ensaio, 1994.

FISCHER, Ernst. *A necessidade da arte*. 6. ed. Rio de Janeiro, Zahar, 1977.

FLEW, Antony. *Pensar direito*. São Paulo, Cultrix/Edusp, 1979.

FOULQUIÉ, Paul. *O existencialismo*. 3. ed. São Paulo, Difel, 1975.

FREIRE, Jurandir. O gozo com a destruição (entrevista). *Jornal do Brasil*, Rio de Janeiro, 12 mar. 1995.

FROMM, Erich. *Análise do homem*. São Paulo, Círculo do Livro, s/d.

____________. *Conceito marxista do homem*. 6. ed. Rio de Janeiro, Zahar, 1975.

____________. *Psicanálise da sociedade contemporânea*. 7. ed. Rio de Janeiro, Zahar, 1974.

GADOTTI, Moacir. *Transformar o mundo*. São Paulo, FTD, 1991.

GALBRAITH, John Kenneth. *A era da incerteza*. São Paulo, Pioneira, 1950.

GARCÍA MORENTE, Manuel. *Fundamentos de filosofia*. São Paulo, Mestre Jou, 1970.

GIANOTTI, José Arthur. Moralidade pública e moralidade privada. In: NOVAES, Adauto (coord.). *Ética*. São Paulo, Cia. das Letras, 1992.

GILES, Thomas Ransom. *Introdução à filosofia*. São Paulo, EPU/Edusp, 1979.

GOLDMANN, Lucien. *A criação cultural na sociedade moderna*. São Paulo, Difel, 1972.

____________. *La ilustración y la sociedad actual*. Caracas, Monte Ávila, 1967.

GRIMAL, Pierre. *A mitologia grega*. 3. ed. São Paulo, Brasiliense, 1982. (Col. Primeiros Vôos)

HABERMAS, Jurgen. *Teoría y práxis*. Madri, Tecnos, 1987.

____________. *Técnica e ciência enquanto "ideologia"*. São Paulo, Abril Cultural, 1983. (Col. Os Pensadores)

HEGEL, G. W. F. *Fenomenologia do espírito*. Petrópolis, Vozes, 1988.

____________. *Principios de la filosofía del derecho*. Buenos Aires, Sudamerica, 1975.

HEIDEGGER, Martin. *Conferências e escritos filosóficos*. São Paulo, Abril Cultural, 1979. (Col. Os Pensadores)

HEMPEL, Carl. *Filosofia da ciência natural*. 3. ed. Rio de Janeiro, Zahar, s/d. (Curso Moderno de Filosofia)

HESSEN, Johannes. *Teoria do conhecimento*. Coimbra, Armênio Amado Editor, 1980.

História do pensamento. São Paulo, Nova Cultural, 1987. 4 v.

HOBBES, Thomas. *Leviatã*. 2. ed. São Paulo, Abril Cultural, 1979. (Col. Os Pensadores)

HORKHEIMER, Max. *Eclipse da razão*. Rio de Janeiro, Labor do Brasil, 1976.

____________. *Teoria crítica I*. São Paulo, Perspectiva/ Edusp, 1990.

____________ & ADORNO, Theodor. *Conceito de iluminismo*. São Paulo, Abril Cultural, 1983. (Col. Os Pensadores)

HUME, David. *Investigação acerca do entendimento humano*. São Paulo, Nova Cultural, 1989.

INSTITUTO CATEQUÉTICO SUPERIOR DE NIJMEGEN. *O novo catecismo*. São Paulo, Loyola, 1975.

JAPIASSU, Hilton & MARCONDES, Danilo. *Dicionário básico de filosofia*. Rio de Janeiro, Zahar, 1991.

JERPHAGNON, Lucien. *História das grandes filosofias*. São Paulo, Martins Fontes, 1992.

JOLIVET, Régis. *Curso de filosofia*. Rio de Janeiro, Agir, 1972.

KANT, Immanuel. Crítica da faculdade do juízo. In: DUARTE, Rodrigo (org.). *O belo autônomo (textos clássicos de estética)*. Belo Horizonte, UFMG, 1997.

____________. *Crítica da razão prática*. Lisboa, Edições 70, 1989. (Col. Textos Filosóficos)

____________. *Crítica da razão pura*. São Paulo, Abril Cultural, 1979. (Col. Os Pensadores)

____________. *Fundamentação da metafísica dos costumes*. Lisboa, Edições 70, 1988. (Col. Textos Filosóficos)

KNELLER, George F. *A ciência como atividade humana*. Rio de Janeiro, Zahar; São Paulo, Edusp, 1980.

____________. *Arte e ciência da criatividade*. São Paulo, Ibrasa, 1971.

KOFLER, L.; ABENDROTH, W. & HOLZ, H. H. *Conversando com Lukács*. Rio de Janeiro, Paz e Terra, 1969.

KONDER, Leandro. *O futuro da filosofia da práxis: o pensamento de Marx no século XXI*. Rio de Janeiro, Paz e Terra, 1992.

__________. *O que é dialética*. São Paulo, Brasiliense, 1981. (Col. Primeiros Passos)

__________. *Os marxistas e a arte*. Rio de Janeiro, Civilização Brasileira, 1967. (Col. Perspectivas do Homem)

KOYRÉ, Alexandre. *Do mundo fechado ao universo infinito*. Rio de Janeiro, Forense Universitária; São Paulo, Edusp, 1974.

__________. *Estudos de história do pensamento científico*. Rio de Janeiro, Forense Universitária; Brasília, UnB, 1982.

LAFER, Celso. Trecho do discurso proferido na abertura da 47ª Assembléia Geral da ONU. *O Estado de S. Paulo*, São Paulo, 22 set. 1992.

LAKATOS, Imre & MUSGRAVE, Alen (orgs.). *A crítica e o desenvolvimento do conhecimento*. São Paulo, Cultrix/Edusp, 1979.

LALANDE, André. *Vocabulário técnico e crítico da filosofia*. 10. ed. Porto, Rés-Editora, s/d.

LANGER, Susanne. *Ensaios filosóficos*. São Paulo, Cultrix, 1971.

LAPLANCHE, J. & PONTALIS, J. B. *Vocabulário da psicanálise*. São Paulo, Martins Fontes, 1988.

LEBRUN, Gérard. *O que é poder*. São Paulo, Abril Cultural/Brasiliense, 1984. (Col. Primeiros Passos, 4)

LÊNIN. *As três fontes e as três partes constitutivas do marxismo*. São Paulo, Global. (Col. Bases, 9)

LEOPOLDO E SILVA, Franklin. Teoria do conhecimento. In: MORA DE OLIVEIRA, Armando et al. *Primeira filosofia. Tópicos de filosofia geral*. 9. ed. São Paulo, Brasiliense, 1992.

LIARD, Louis. *Lógica*. 9. ed. São Paulo, Nacional, 1979.

LOCKE, John. *Ensaio acerca do entendimento humano*. 2. ed. São Paulo, Abril Cultural, 1978. (Col. Os Pensadores)

__________. *Segundo tratado sobre o governo*. 2. ed. São Paulo, Abril Cultural, 1978. (Col. Os Pensadores)

LORENZ, Konrad. *Civilização e pecado*. São Paulo, Círculo do Livro, 1973.

LOWEN, Alexander. *Prazer*. São Paulo, Summus, 1988.

LUKÁCS, Georg. *Princípios ontológicos fundamentais de Marx*. São Paulo, Ciências Humanas, 1979.

__________. Arte livre ou arte dirigida? Revista *Civilização Brasileira*, n. 13, 1967.

MAAR, Wolfgang Leo. *O que é política*. São Paulo, Abril Cultural/Brasiliense, 1985. (Col. Primeiros Passos, 17)

MAQUIAVEL, Nicolau. *O príncipe*. São Paulo, Círculo do Livro, s/d.

MARIAS, Julián. *Introdução à filosofia*. 3. ed. São Paulo, Livraria Duas Cidades.

MARITAIN, Jacques. *Introdução geral à filosofia*. Rio de Janeiro, Agir, 1989.

MARX, Karl. Glosas críticas marginais ao artigo "O rei da Prússia e a reforma social". *Marx: escritos de juventud*. México, Fondo de Cultura Económica, 1987.

__________. *Grundisse*. México, Fondo de Cultura Económica, 1985.

__________. *Manuscritos econômico-filosóficos*. Lisboa, Edições 70, 1989.

__________. *O 18 Brumário de Luís Bonaparte*. 2. ed. São Paulo, Abril Cultural, 1978. (Col. Os Pensadores)

__________. *Teses contra Feuerbach*. 2. ed. São Paulo, Abril Cultural, 1978. (Col. Os Pensadores)

__________ & ENGELS, F. *A ideologia alemã*. Lisboa, Presença/Martins Fontes, 1974.

__________. Manifesto do Partido Comunista. In: FERNANDES, F. (org.). *K. Marx/F. Engels*. São Paulo, Ática, 1983.

__________. *Textos*. São Paulo, Edições Sociais, 1975.

MATOS, Olgária Chain Féres. Introdução. In: HORKHEIMER, Max. *Teoria crítica I*. São Paulo, Perspectiva/Edusp, 1990.

MONTESQUIEU, Charles S. *O espírito das leis*. São Paulo, Martins Fontes, 1996.

MORA DE OLIVEIRA, Armando et al. *Primeira filosofia. Tópicos de filosofia geral*. 9. ed. São Paulo, Brasiliense, 1992.

MORA, José Ferrater. *Dicionário de filosofia*. Lisboa, Publicações Dom Quixote, 1982.

MOUNIER, Emmanuel. *Introdução aos existencialismos*. São Paulo, Livraria Duas Cidades, 1963.

NAGEL, Ernest. Ciência: natureza e objetivo. In: MORGEN BESSER, Sidney (org.). *Filosofia da ciência*. São Paulo, Cultrix, s/d.

NIETZSCHE, Friedrich. A filosofia na época trágica dos gregos. In: *Os Pré-socráticos*. 2. ed. São Paulo, Abril Cultural, 1978. (Col. Os Pensadores)

NOVAES, Adauto (coord.). *Ética*. São Paulo, Cia. das Letras, 1992.

NOWELL-SMITH, P. H. *Ética*. São Paulo, Bestseller, 1966.

OFFE, Claus. Trabalho: a categoria-chave da sociologia? *Revista Brasileira de Ciências Sociais*, São Paulo, v. 4, n. 10, jun. 1989.

OS PRÉ-SOCRÁTICOS. 2. ed. São Paulo, Abril Cultural, 1978. (Col. Os Pensadores)

PASCAL, Blaise. *Pensamentos*. São Paulo, Abril Cultural, 1984. (Col. Os Pensadores)

PASCUAL, Juan José Abad & HERNÁNDEZ, Carlos Díaz. *Historia de la filosofía*. Madri, McGraw-Hill, 1996.

PAZ, Octavio. *Signos em rotação*. São Paulo, Perspectiva, 1976.

PEIXOTO, Fernando. *Brecht. Vida e obra*. Rio de Janeiro, Paz e Terra, 1979.

PETERSON, Marianna Allen. *Introdução à filosofia medieval*. Fortaleza, Edições UFC, 1981.

PLATÃO. *A República*. Rio de Janeiro, Tecnoprint, s/d.

____________. Carta VII. Apud *História do Pensamento*. São Paulo, Nova Cultural, 1987. 4 v.

____________. Crátilo. In: *Os Pré-Socráticos*. 2. ed. São Paulo, Abril Cultural, 1978. (Col. Os Pensadores)

____________. *Defesa de Sócrates*. 4. ed. São Paulo, Nova Cultural, 1987. (Col. Os Pensadores)

____________. *Fédon*. 4. ed. São Paulo, Nova Cultural, 1987. (Col. Os Pensadores)

POLITZER, Georges. *Princípios fundamentais de filosofia*. São Paulo, Hemus, 1970.

POPPER, Karl. *História do Pensamento*. São Paulo, Nova Cultural, 1987. 4 v.

PRADO JR., Bento et al. *A filosofia e a visão comum do mundo*. São Paulo, Brasiliense, 1981. (Col. Almanaque)

RAEYMAEKER, Luís. *Introdução à filosofia*. 2. ed. rev. São Paulo, EPU, 1973.

REALE, Giovanni & ANTISERI, Dario. *História da filosofia*. São Paulo, Paulus, 1990. 3 v.

REZENDE, Antonio (org.). *Curso de filosofia*. Rio de Janeiro, Zahar, 1986.

ROGERS, Carl R. *Tornar-se pessoa*. 3. ed. São Paulo, Martins Fontes, 1977. (Série Pedagogia e Psicologia)

ROMANO, Roberto. A estética de Marx: a tradução do mundo. In: *História do Pensamento*. São Paulo, Nova Cultural, 1987. 4 v.

RORTY, Richard. *A filosofia e o espelho da natureza*. Lisboa, Publicações Dom Quixote, 1988.

ROUSSEAU, Jean-Jacques. *Discurso sobre a origem da desigualdade entre os homens*. São Paulo, Abril Cultural, 1978.

____________. *Do contrato social*. Rio de Janeiro, Tecnoprint, s/d.

RUSSELL, Bertrand. *Fundamentos de filosofia*. Rio de Janeiro, Zahar, 1977.

____________. *História da filosofia ocidental*. 4. ed. Brasília, UnB; São Paulo, Nacional, 1982. 3 v. (Col. Pensamento Científico)

____________. Quais desejos são politicamente importantes? In: RUSSELL, Bertrand et al. *As mais belas palavras*. São Paulo, Hemus, s/d.

SALINAS FORTES, Luiz Roberto. *O iluminismo e os reis filósofos*. 6. ed. São Paulo, Brasiliense, 1989. (Col. Primeiros Passos)

SALMON, Wesley C. *Lógica*. Rio de Janeiro, Zahar, 1969. (Curso Moderno de Filosofia)

SÁNCHEZ VÁZQUEZ, Adolfo. *As idéias estéticas de Marx*. Rio de Janeiro, Paz e Terra, 1968.

____________. *Ética*. Rio de Janeiro, Civilização Brasileira, 1984.

SANTO AGOSTINHO. *De magistro*. 4. ed. São Paulo, Nova Cultural, 1987. (Col. Os Pensadores)

SANTOS, Maria Carolina Alves dos. *Textos filosóficos*. São Paulo, SE/CENP, 1956.

SARTRE, Jean-Paul. *O existencialismo é um humanismo*. São Paulo, Abril Cultural, 1978. (Col. Os Pensadores)

SCHOPENHAUER, Arthur. *Aforismos sobre filosofia de vida*. Rio de Janeiro, Ediouro, 1991.

SCHILLER, Friedrich. *Sobre a educação estética*. São Paulo, Herder, 1963.

SCHÜLLER, Donaldo. *Literatura grega*. Porto Alegre, Mercado Aberto, 1985.

SEVERINO, Antonio Joaquim. *Educação, ideologia e contra-ideologia*. São Paulo, EPU, 1986.

STEGMÜLLER, Wolfgang. *A filosofia contemporânea: introdução crítica*. São Paulo, EPU/Edusp, 1977. 2 v.

TSÉ-TUNG, Mao. Teses filosóficas. In: *Filosofia de Mao Tsé-Tung*. Belém, Editora Boitempo, 1978.

VAZ, Henrique C. de Lima. *Escritos de filosofia II. Ética e cultura*. São Paulo, Loyola, 1988.

VERDENAL, René. A filosofia positiva de Augusto Comte. In: CHÂTELET, François (dir.). *História da filosofia — idéias, doutrinas*. Rio de Janeiro, Zahar. 8 v.

VERNANT, Jean-Pierre. *As origens do pensamento grego*. 7. ed. Rio de Janeiro, Bertrand Brasil, 1992.

YUTANG, Lin. *A importância de viver*. São Paulo, Círculo do Livro.